OEUVRES

COMPLÈTES

DE PIGAULT-LEBRUN.

TOME XVI.

TABLEAUX DE SOCIÉTÉ.
SUITE D'UNE MACÉDOINE.

DE L'IMPRIMERIE DE FIRMIN DIDOT,
RUE JACOB, N° 24.

OEUVRES

COMPLÈTES

DE PIGAULT-LEBRUN.

TOME SEIZIÈME.

A PARIS,

CHEZ J.-N. BARBA, LIBRAIRE,

ÉDITEUR DES OEUVRES DE M. PICARD ET DE M. ALEX. DUVAL,
PALAIS-ROYAL, N° 51, DERRIÈRE LE THÉATRE-FRANÇAIS.

1824.

TABLEAUX DE SOCIÉTÉ,

OU

FANCHETTE ET HONORINE.

INTRODUCTION.

Il a écrit ses mémoires, peut-être pour conserver des souvenirs, toujours attachans; peut-être aussi par un pur mouvement d'amour-propre : on n'est pas fâché d'apprendre au public qu'on a été l'objet des affections constantes de deux femmes, jeunes, bonnes, belles, et en même temps très-jolies. Le portrait est vrai, parfaitement vrai, à l'égard de madame de Mirville... Je suis tentée de croire, je l'avoue, que le mien n'est pas très-flatté.

Et moi aussi, je vais écrire mes mémoires. Je ne pense pas à consacrer mes souvenirs; ils sont inaltérables, je les porte avec moi. Une force expansive, dont je ne suis pas maîtresse, semble répandre, autour de moi, la joie et le bonheur. Mon dessein n'est pas non plus de sacrifier à ma vanité : j'ai un but plus louable.

Avant d'apprendre à penser, à écrire, j'ai senti la nécessité d'observer. Reléguée, d'abord, dans un cercle obscur, j'ai vu les hommes à peu près tels qu'ils sont : je ne paraissais pas digne qu'on prît un masque pour moi. Élevée, peu à peu, par l'amour, je me suis trouvée en relation avec des hommes d'un rang distingué. J'ai cessé de les voir ce qu'ils sont; je les ai vus ce qu'ils veulent paraître.

Je ne crois pas, cependant, qu'il soit impossible de les dépouiller du prisme brillant qui les environne, et de retrouver la nature, sous l'enveloppe où on s'efforce de la cacher. Cette connaissance de l'homme conduit à expliquer, amener, prévenir, ou détourner mille particularités, en apparence insignifiantes, et qui sont cependant les causes premières d'événemens sérieux, qui influent essentiellement sur notre destinée.

L'étude que je vais faire ne peut être l'objet d'un travail sérieux. C'est en folâtrant qu'on provoque la confiance; c'est par une contradiction modérée, et toujours aimable, qu'on arrache *un trait de nature*. On n'a pas eu l'air de le saisir : le soir, on l'inscrit sur ses tablettes.

Peut-être le relevé de ces tablettes n'offrira-t-il qu'une bigarrure sans agrémens. Pourquoi écrire, me demanderez-vous, si vous vous défiez à ce point de vous-même ?

J'ai une fille. Il y aura une époque, où l'expérience de sa mère lui sera utile, et si elle parvient à dire avec certitude : Cet homme rit, et n'est pas gai; cet autre me flatte, il n'est pas vrai, je n'aurai pas perdu mon temps.

Peut-être encore Honorine ne lira-t-elle ceci que lorsque le sort de toute sa vie sera décidé. Cet ouvrage offrira, très-probablement, des détails et des scènes, que l'innocence ne doit voir qu'avec un voile sur les yeux. Cette opinion est assez généralement adoptée. Je ne sais si, pour cela, elle est la meilleure : il est difficile d'échapper à un danger qu'on ne connaît pas. La surveillance la plus active d'une mère ne s'étend pas à tous les instans, et il ne faut qu'une minute... j'en sais quelque chose.

Au reste, je me conduirai selon les circonstances, et s'il s'en présente une qui exige que la vérité paraisse nue, Honorine la verra.

CHAPITRE PREMIER.

J'entre en matière.

Nous avons été reçus dans cette ville, comme le sont partout les gens en place. Félicitations prématurées des autorités civiles, qui quelquefois, trois mois après, maudissent l'homme qu'elles ont sottement adulé; visites de Francheville à toutes les personnes un peu marquantes; visites de madame à toutes les femmes d'un certain rang; ensuite, pendant huit jours, l'hôtel de la préfecture a ressemblé à une église fréquentée, d'où les uns sortent, pendant que d'autres entrent. On nous annonçait des gens dont nous ne savions pas même les noms, et que les noms de ceux qui leur succédaient nous faisaient aussitôt oublier.

Des assurances de respect, ou d'attachement, selon l'importance des personnages, commençaient l'entrevue. Venaient ensuite la pluie et le beau temps, le chaud et le froid. Quelques complimens à Honorine, qui n'y entend rien du tout, et qui par cela même s'adressaient au papa et à la maman; enfin la promptitude avec laquelle on s'échappait, lorsqu'on annonçait deux ou trois acteurs nouveaux, prouvait la vérité de ce qu'a écrit Francheville : Les visites sont toujours du temps perdu, et souvent ennui ou dégoût pour ceux qui les font et les reçoivent.

A ce premier et insignifiant brouhaha, avaient succédé des démarches plus directes, commandées par l'intérêt, ou une affection naissante. Un préfet peut faire beaucoup de bien, et tant de gens ont besoin qu'on leur en fasse! un préfet, à la fleur de l'âge, très-bel homme, dont la noblesse extérieure est tempérée par une amabilité rare; un homme investi d'une grande portion d'autorité, et qui veut bien être l'égal de tous ceux qui ont avec lui quelques rapports d'esprit, de goût, de caractère, doit nécessairement être recherché.

Une femme très-jeune, jolie, très-jolie même, dit-on, bonne par caractère, gaie par penchant, simple parce qu'elle n'oublie pas son origine, trouve facilement des amis. Mais cette femme, qui paraît n'avoir aucune prétention, a celle de connaître avant de juger, et de juger avant de s'attacher.

Francheville et moi n'avons pas une pensée qu'elle ne devienne aussitôt commune à tous deux. Nous avons résolu de ne former, d'abord, que de ces liaisons superficielles, qu'on peut rompre, sans blesser les personnes dont on s'éloigne. Nous fixerons aisément celles qui nous paraîtront pouvoir ajouter aux agrémens de notre vie, et en trouver elles-mêmes auprès de nous.

Il y a du caquetage ici, comme ailleurs. J'ai su que plusieurs dames ont fait circuler, sur mon compte, des historiettes, qui ne sont pas flatteuses, et qui n'en sont pas moins vraies. Pourquoi les femmes, en général, poursuivent-elles, sans relâche, celle dont les aventures ont fait quelque éclat? Faibles, ou prêtes à le devenir, selon qu'elles sont plus ou moins sensibles, elles croient, peut-être, détourner d'elles l'attention, en la fixant sur une autre, et elles ne sentent pas que commencer par faire des victimes, c'est renoncer pour soi-même à l'indulgence, et même à la pitié. Quoi qu'il en soit, j'ai prouvé à celles-ci que la faiblesse est un vice, quand elle change d'objet; un mal irréparable pour celle qui est abandonnée; une qualité dans celle qu'un amant estimable a jugée digne d'être son épouse, et qui justifie son élévation par sa conduite. C'est du moins ainsi qu'on a parlé de la mienne, à la suite d'une fête brillante, dont on a trouvé que j'ai fait les honneurs avec une aisance, un bon ton, une grace remarquables, et pendant laquelle j'ai comblé d'attentions et de prévenances les femmes mêmes dont j'avais à me plaindre. Il est, dit-on, des gens qui trouvent du plaisir à écraser leurs ennemis. Je préfère ramener les miens, et me les attacher.

Francheville s'était dépouillé de l'éclat de sa dignité. Il m'avait promis d'être charmant; il l'a été au-delà de toute expression. Il ne disait pas quatre mots à une femme, sans amener le sourire sur ses lèvres; la physionomie de l'homme auquel il adressait la parole, prenait aussitôt une teinte d'intérêt et de bienveillance, qui se rapportait à Francheville, et non au préfet. J'étais fière de mon époux. Animée par son exemple, je désirais plaire aussi, et je plus.

Jamais on n'eut autant d'esprit dans cette ville, parce que personne ne chercha à en montrer. Une gaieté douce, une liberté décente, amènent toujours des idées agréables, qui plaisent généralement, et qui font naître la saillie. L'âme jouit, et semble s'agrandir, pendant une conversation animée, fine et délicate. Le trait malin, au contraire, fatigue jusqu'à la causticité qui le lance, et blesse toujours quelqu'un plus ou moins. Le calembour est une sottise; les petits jeux, une niaiserie; les cartes, la ressource de la nullité. Vivons avec des gens qui puissent se passer de cartes et de calembours, ou qui, du moins, les prennent pour ce qu'ils valent.

J'ai réfléchi, pendant plusieurs jours, aux résultats de cette fête, et je suis forcée d'avouer que la réparation authentique, mais tardive, que j'ai reçue de ces dames, a quelque chose d'humiliant. Ce retour peut être l'effet de la complaisance, autant que de la conviction : je crois peu à la sincérité des gens qui passent rapidement d'un extrême à un autre; et il me semble que l'unique moyen d'être toujours bien avec soi-même, et quelquefois avec les autres, c'est de n'avoir rien à se reprocher.

Nous commençons à vivre un peu pour nous. Nous avons repris nos habitudes ; on y revient avec empressement, quand habitude et bonheur signifient la même chose. Le cabinet de Francheville a une porte de dégagement qui communique chez moi. Plein de facilité, il termine, en deux heures, ce qui coûterait à une autre une journée de travail. Il s'échappe quand il est seul. Les affaires prêtent un nouveau charme à l'amour; l'amour s'appuie sur la tendresse paternelle; il en devient plus fort. Sommes-nous seuls? Francheville retrouve sa maîtresse. Honorine est-elle avec nous? il me rend un culte moins vif, mais plus solennel. Je m'aperçois alors qu'une jeune et bonne mère est quelque chose de plus qu'une femme, et j'aime à retrouver, en considération, ce que je perds en jouissances.

Les bureaux de la préfecture sont nombreux, et vous sentez que je suis l'objet des hommages de ces messieurs. Ils se sont promptement aperçus que le moyen, le plus sûr, de plaire à monsieur, est d'être bien dans l'esprit de madame, et il n'en est aucun qui ne fasse ce qu'il faut pour cela, et peut-être sans efforts. Cependant je me suis aperçue qu'à la longue l'encens devient fatigant. J'ai réglé les jours où je consens qu'on m'amuse ou qu'on m'ennuie. Le secrétaire-général est le seul à qui l'importance de ses fonctions donne le droit d'être importun; mais j'ai, moi, celui d'être indisposée, et j'en use lorsque je veux jouir de moi-même, et lorsque Francheville est en tête à tête avec moi.

A propos de ce secrétaire-général, c'est un homme de l'embonpoint de du Reynel; gourmand comme lui; beaucoup moins simple; cherchant l'occasion de jouer l'important; se plaisant à dominer; faisant sans cesse sentir sa supériorité à ceux qui sont sous lui; ayant, dans ses moyens, une confiance qui va jusqu'à l'audace, et ne concevant pas que Francheville, au bout d'un mois, en sache tout autant que lui. Le fat!

Nous avons ici un mauvais spectacle, que la privation fait trouver excellent. La première fois que j'y ai été, mes yeux et mes oreilles ont horriblement souffert. Mais je commence à concevoir qu'on peut se faire à la gaucherie, aux contre-sens et aux tons faux, comme un moine du Clos-Vougeot se serait fait au vin de Surène, s'il eût été forcé d'opter entre cette boisson et de l'eau.

Il y a ici, comme partout, des habitués et des protecteurs de théâtre. Quand ils ont adopté tel acteur, ou telle actrice, il faut bien se garder d'en médire devant eux, à peine de passer pour un être sans discernement. Ils le disent, ils le répètent, ils le font enfin croire aux bonnes gens, à peu près comme on leur a persuadé que Voltaire fut un sot.

Nous avons aussi trois ou quatre poètes, qui

commencent par déchirer Racine et Gresset, pour préparer l'assemblée à entendre leurs petits vers, et à les applaudir. Ces messieurs sont parfaitement bien avec nos dames, et la raison en est simple : leurs ouvrages leur sont alternativement adressés, et contiennent leur éloge.

En qualité de jolie femme, et de femme importante, j'ai été, à mon tour, l'objet des veilles de ces messieurs. J'ai reçu, dans un seul jour, un madrigal, une ode et une idylle. Je me connais très-peu en vers; mais je suis fondée à croire ceux-ci mauvais, parce qu'ils m'ont ennuyée, bien que les Pindares provençaux aient fait de moi une Hébé et une dixième Muse : comparaisons exagérées, usées, dont j'ai beaucoup ri avec Francheville. Cependant, comme il ne faut se brouiller avec personne, et que l'amour-propre est la passion dominante des auteurs, je me suis décidée à lire ces vers dans un cercle brillant. On les a loués à l'excès, les femmes par reconnaissance, les hommes pour ne pas déplaire aux protectrices des talens.

Un de ces messieurs m'a appris aujourd'hui que le *Tartufe* est une comédie de mauvais goût, et la *Métromanie* une hyperbole. Je ne sais trop ce qu'il entend par une hyperbole; mais je prévois que nous sommes menacés d'une pièce qu'il faudra voir jouer et applaudir.

Nous commençons à fixer notre choix, à attirer le petit nombre de personnes que nous voulons admettre dans notre intimité. Il ne faut que du bruit à beaucoup de gens. Il nous faut, à nous, une conversation douce, aimable, instructive, qui délasse Francheville des affaires, et le ramène, par une pente insensible, à sa fille et à l'amour.

Le premier sur qui j'ai jeté les yeux, est un contre-amiral, qui a laissé une main dans la mer du Sud, et qui n'est pas très-adroit de l'autre; qui a une joue horriblement balafrée, l'articulation d'un genou un peu gênée; mais qui, par cela même, inspire de l'intérêt. Il joint, à beaucoup de gaieté, des connaissances étendues. Il n'affecte rien, on aime à l'entendre, et on finit toujours par avoir appris quelque chose auprès de lui.

Il a épousé, à quarante-cinq ans, une jeune personne qui n'en avait que seize. Mademoiselle Lusson ne connaissait le monde que par les romans. Lorsqu'elle sut qu'on la destinait à M. Ducayla, elle jeta les hauts cris, et conçut pour lui une aversion telle qu'elle ne put la lui cacher. M. Ducayla eut le courage ou la témérité de passer là-dessus. En revenant de l'église, il lui adressa ces paroles remarquables :

« Madame, je sais que l'amour ne se commande « point, et je ne suis pas offensé de l'éloignement « que vous avez pour moi. Voilà la première fois « que je vous en parle, ce sera la dernière.

« En rejetant ma main, vous aviez demandé, « pour unique grace, à vos parens de rester de- « moiselle. Je vous offre ce qu'ils vous ont refusé,

« Vous suivrez tous vos goûts, parce que je suis
« certain que vous n'en aurez que d'honnêtes.
« Vous ne me rendrez aucun compte de vos ac-
« tions, parce que vous n'en ferez que d'esti-
« mables. Je ne bornerai point votre dépense,
« parce que vous la réglerez sur mes revenus.

« Mes soins, mes prévenances, mes égards mé-
« riteront votre amitié, et vous me l'accorderez.
« Vous verrez en moi un père tendre, unique-
« ment occupé de votre bonheur présent et futur.
« Et si enfin vous n'avez pas connu les plaisirs d'un
« mariage assorti, vous n'en aurez point éprouvé
« les tiédeurs, les tracasseries, les dégoûts, que
« le temps amène presque toujours.

« Ce langage vous étonne, madame, et vous ne
« pénétrez pas le motif qui m'a déterminé à vous
« épouser. Le voici : la fortune vous a maltraitée,
« et j'ai voulu réparer ses torts, d'une manière
« qui ne blessât pas votre délicatesse. »

La jeune femme lui répondit en l'embrassant, et, de toutes les façons de répondre à un tel homme, celle-là était la meilleure. Elle étudia les goûts de M. Ducayla, pour y conformer les siens; elle ne lui rendit pas compte de ses actions, mais elle s'observa jusque dans ses moindres démarches; elle devint économe, par la crainte de gêner son mari, et elle mérita ses attentions, par celles qu'elle eut pour lui. Jusqu'alors elle n'avait cédé qu'à la reconnaissance.

La conduite de M. Ducayla se soutint sans altération, et, à la fin du premier mois, la jeune femme avait oublié son âge et sa laideur. A la fin du second, elle éprouva que l'amour n'est pas toujours l'effet des agrémens extérieurs. Elle passa un soir dans l'appartement de M. Ducayla, et elle lui dit : Soyez mon époux.

Cette femme est digne de toute mon amitié, et son mari m'a remerciée de la préférence que je lui donne. Il est bien bon. C'est à moi d'être sensible à l'estime, qui, seule, a pu le déterminer à me confier ce qu'il a de plus cher.

Montbrun, négociant riche, probe et sans vices, chose assez rare, et que, par cela même, on ne peut trop rechercher; sa femme, bonne et sans prétention; leur fille, étourdie, légère, mais modeste, et, par conséquent, toujours soumise aux convenances; deux conseillers de préfecture, aimables et instruits, sont les personnes à qui l'hôtel est toujours ouvert, qui y viennent tous les jours, et qui ne nous quittent jamais, sans nous faire désirer le lendemain.

Nous connaissons encore, dans la ville, cinquante à soixante personnes, que nous voyons le moins que nous pouvons. Ici, comme ailleurs, ces connaissances-là s'appellent des amis, parce que maintenant on exagère tout. C'est ainsi qu'un homme passable est charmant, et qu'on adore les femmes, depuis qu'on ne sait plus les aimer.

CHAPITRE II.

D'anciens amis vont reparaître.

J'ai fini le chapitre précédent par une espèce de blasphème. Ducayla n'adore pas sa femme; je ne sais pas même s'il lui a dit qu'il l'aime : il fait mieux, il le lui prouve. Francheville? il m'adore, il le dit; il n'est pas exagéré. Il ne vit, il ne respire que pour moi; il n'est heureux qu'auprès de moi. J'ai, dit-il, un talisman, à la puissance duquel il ne peut se soustraire. Mon secret est bien simple.

J'unis au cœur le plus sensible les sens les plus irritables. Un mot, un signe, un regard de Francheville me mettent hors de moi. Je ne sais comment je le regarde alors; mais il s'élance, mes bras s'ouvrent...

Ce n'est pas ainsi, je le crois, qu'on parvient à fixer un homme. Tout s'use, jusqu'au bonheur; et celui qui naît d'une seule illusion doit s'user plus promptement qu'un autre.

Je suis jolie; mais Francheville me sait par cœur. Mon secret consiste à lui paraître toujours nouvelle, et surtout à lui présenter, le soir, la tournure de celle qui a fixé son attention pendant la journée. Des idées nouvelles amènent nécessairement les sensations qui en dérivent; la physionomie les exprime, et la jolie femme qui rit, n'est pas celle qui soupire. Les traits sont les mêmes, et cependant tout est changé.

Ainsi, tantôt d'une gaieté folâtre, et tantôt sentimentale; empruntant aujourd'hui le langage de la raison; extravagant demain, presque jusqu'au ridicule; provoquant quelquefois la volupté; quelquefois aussi m'échappant des bras qui croient m'enlacer, et dans lesquels je brûle de tomber; fuyant de l'appartement, pour y rentrer par une autre porte; attirant par des mines piquantes; éloignant par un air railleur; cédant enfin, après m'être montrée sous mille formes; variant le plaisir, comme ma physionomie et ma manière d'être, je semble me multiplier. Quelquefois il reconnaît les originaux que je copie. C'est madame une telle! s'écrie-t-il, que tu pares de tes graces, que tu animes de ton cœur.

La tâche que je me suis imposée doit paraître pénible à une femme froide. Elle ne me coûte rien à remplir, parce que la sécurité et les jouissances de l'amour sont le prix de cette espèce de travail; parce que le cœur de Francheville est pour moi d'un prix inestimable, et que si je le perdais, je donnerais, pour le reconquérir, toute ma vie, moins une heure. Je me réserverais celle-là pour jouir de son retour.

Je lui ai persuadé d'acheter une maison de campagne à une lieue de la ville. La santé d'Honorine a été mon prétexte. Fille de la jeunesse et de la force, Honorine n'a pas besoin de l'air des champs; mais j'ai besoin, moi, de ménager des intervalles et des repos au bonheur. Je pars sans prévenir Francheville; je reviens au moment où il y pense le moins. Je le trouve, je l'embrasse, au milieu du cercle le plus nombreux. On sourit, mais il m'aime : je sens qu'il me presse, plus tendrement, sur son cœur. Je sors, comme je suis entrée, sans motifs, sans explications, sans excuses. Je remonte dans ma voiture; une demi-heure après, je suis dans mon petit bois. Honorine saute, court, jase. Je saute, je cours, je déraisonne avec elle. Nos mots sont sans suite, et même sans liaison; n'importe, nous nous entendons à merveille. J'ai appris sa langue, en la tenant à mon sein. Je n'ai pas connu l'humiliation de demander à une nourrice : Que veut-elle dire?

Souvent Francheville vient nous surprendre, au milieu de nos jeux. Est-il gai? Je vole au-devant de lui. Est-il sérieux? Je mets sa fille dans ses bras. Son cœur se ranime, et de l'amour paternel à l'amour conjugal, la transition est douce et facile.

Je révèle les secrets de mon sexe. Quelques femmes les connaissent; le nombre en est borné. J'ai la louable intention d'instruire celles qui ne le sont pas. On estime une femme vertueuse; mais on ne caresse pas la vertu. Une épouse croit avoir tout fait, quand elle a cédé aux vœux de son époux. C'est un devoir qu'elle remplit, et elle ne se doute pas qu'amour et devoir sont incompatibles. Il y aurait bien moins d'époux infidèles, si ce malheureux devoir ne se montrait pas si souvent à découvert. En le respectant, mesdames, effeuillons, sur lui, les roses du plaisir.

Il sort d'avec moi. Nous avons épuisé ce que la volupté a de délices. Il faut que je m'éloigne; il m'en coûte; mais je veux lui donner le temps de désirer. « Honorine, partons pour Brécour. — « Pâtons, petit' maman. — Justine, un paquet de « nuit, et les chevaux. »

Justine est toujours avec moi. Elle ne me convient point, et je n'ai pas la force de la renvoyer : il est si dur d'affliger quelqu'un! Je me rappelle cependant certains services, très-précieux sans doute à l'époque où elle les a rendus, mais qu'elle renouvellerait, sans balancer, si l'amour s'éloignait de notre toit, si l'intrigue et le mystère le remplaçaient. Justine n'est pas, d'ailleurs, l'institutrice qui convient à ma fille.

Le lecteur s'étonne. Pourquoi, dit-il, Justine serait-elle l'institutrice d'Honorine? N'y a-t-il pas des maîtres dans la capitale d'un département?

La contrainte déplaît à tous les âges. Les enfans ne donnent à leurs maîtres qu'une attention forcée. Très à leur aise à l'antichambre, ils s'y glissent sans qu'on s'en aperçoive. Ils sont très-attentifs, parce que nos gens ne s'observent pas, parlent de tout, donnent aux enfans des idées de tout, et un enfant, bien organisé, est avide d'idées, et il saisit toutes celles qu'on lui présente.

C'est sous ce rapport, que les domestiques sont les premiers instituteurs de l'enfance, et presque toujours des instituteurs dangereux. Au reste, il s'écoulera un an encore avant qu'Honorine entende, écoute, cherche Justine, et d'ici là, je trouverai un moyen honnête de l'éloigner.

« Madame! madame!...—Que voulez-vous?—Une « berline, à quatre chevaux de poste, entre dans « la cour. — Une berline ici! On sait que j'aime « à être seule à Brécour!—Hé, madame, ces voya- « geurs-là viennent de loin : la voiture est chargée « de poussière. — Voyons qui ce peut être. »

C'est Soulanges, ce digne ami de Francheville, à qui je dois mon bonheur; c'est son intéressante compagne; c'est l'insouciant, mais bon du Reynel. Qu'ils soient les bienvenus.

Soulanges et sa femme s'ennuyaient à Paris. Le bruit les fatigue, et ils viennent chercher la solitude en province. La solitude! n'est-elle point partout pour deux êtres qui se conviennent? L'amour ne se cache-t-il pas dans un palais, comme dans un entresol? Pauvres amis! ils ne s'aiment plus, et ne s'en doutent pas encore. Ils croient fuir Paris, et cherchent à échapper l'un à l'autre. Gardons-nous de détruire cette erreur.

Du Reynel est las des marinades. Il veut manger les productions de la vieille Provence telles qu'elles sortent de la mer : il sera satisfait.

Je les établis à Brécour. La solitude y est entière. Soulanges et sa femme prétendent qu'ils seront ici à merveille ; leurs yeux disent le contraire : ils ne resteront pas long-temps avec moi.

... Est-il donc impossible de leur faire chérir ma petite maison ? Leur donner du monde, c'est les isoler l'un de l'autre ; c'est leur fournir les moyens de se juger par comparaison ; cette comparaison peut tourner à leur avantage, leur inspirer le désir de se retrouver le soir. Si je ne réussis pas, j'aurai fait du moins ce qui est en moi, pour les rendre au bonheur.

Et du Reynel !... J'ai un excellent cuisinier : il n'aura rien à désirer ici. Dans la circonstance présente, c'est un de ces hommes dont on tire parti, sans qu'ils s'en doutent. Je le mettrai entre Soulanges et sa femme. Il les occupera alternativement. Il ne parlera que gastronomie, et nos époux, en le quittant, en sentiront mieux le prix d'une conversation intéressante.

Je me charge, moi, de faire briller madame de Soulanges. Cela ne m'est pas difficile. Je connais les objets qu'elle a étudiés ou observés ; elle n'est pas sans esprit, et je l'amènerai au point d'étonner Soulanges, auquel, depuis long-temps, elle n'a plus rien à dire. L'étonnement n'est pas de l'amour ; mais il flatte l'amour-propre, qui, comme l'autre, a ses sensations, ses jouissances, ses illusions. L'époux, fier de sa femme, peut se tromper sur le sentiment qu'elle lui inspire, et l'amour lui-même est-il autre chose que la plus douce des erreurs ?

Quel mot ai-je prononcé! Ce feu dévorant que Francheville a allumé dans mes veines; ce feu qui s'est identifié avec moi, ne serait-il qu'une illusion? Oh! non, non, il est l'ame de ma vie; il en fait tout le charme; il ne s'éteindra qu'avec elle. Mais il n'est qu'un Francheville. Peut-être aussi n'y a-t-il qu'une Fanchette.

Une lettre de mon mari!... elle m'est présentée par un jeune homme de la plus jolie figure... Ah! c'est un proche parent de feu madame de Francheville. Madame d'Elmont nous l'adresse. Elle désire qu'il soit employé. A cet âge, dit-elle, et avec cette figure, il faut s'occuper utilement, ou faire des sottises. Elle a raison. Elle prie Francheville de le placer. Elle compte sur sa bienveillance; elle a raison encore. Francheville l'envoie se remettre à Brécour des cahots de la diligence... La diligence! il paraît que le jeune homme n'est pas riche. Francheville espère que je rendrai le séjour de la campagne agréable au parent d'une femme que j'ai estimée, pleurée, et dont j'ai recueilli, consacré la cendre. Ils ont raison, ils ont tous raison, et je serai digne d'eux. Pauvre Sophie!

Mais... je me vois arrêtée à Brécour, où je ne venais, où je ne restais qu'autant que l'exigeait mon plan de conduite... Hé! ne dois-je rien à de bons amis, à la mémoire d'une infortunée, dont j'ai peut-être à me reprocher la mort!... Et puis, qui m'empêche d'aller à la préfecture, lorsque mon cœur, ou les circonstances m'y porteront? Il n'existe ici ni cérémonie, ni gêne, et je laisserai Justine pour veiller aux besoins de tous.

Comme elle est empressée auprès de M. de Sainte-Luce! C'est le jeune parent de Sophie. Dix-neuf ans, une taille bien prise, des joues qui ressemblent à deux pêches, la pudeur d'une jeune fille, que de titres auprès de Justine!... Elle ne le pervertira pas. Elle voulait le loger, d'une manière tout-à-fait commode pour elle; je l'ai logé, moi, comme doit l'être un enfant confié à mes soins. Décidément, Justine ne me convient plus.

Que nous sommes injustes, nous autres maîtres! Elle me convenait lorsqu'elle quittait notre carrosse pour partager la carriole de Georges; lorsqu'elle suspendait la barcelonnette devant moi, sous le prétexte qu'Honorine me gênait, me fatiguait... On condamne, plus tard, tel bon office, qu'on a reçu avec la plus vive satisfaction; on en tire des conséquences fâcheuses pour l'avenir; on mésestime, on redoute le sujet qui l'a rendu, et, alors, on l'eût chassé peut-être, s'il eût eu moins de pénétration... Que je sois injuste ou non, Justine ne restera pas ici.

Oh! oh! que se passe-t-il donc à la préfecture? Tous nos gens sont sans doute occupés, puisque Francheville m'expédie Georges, ce bon vieux Georges, qui, sans avoir rien à faire, abrite au milieu de nous, son front patriarcal. Bon dieu!

M. Ducayla part pour Toulon. Il va prendre le commandement d'une escadre, qui mettra à la voile au premier bon vent. Mutilé, presque infirme, il court s'exposer à de nouveaux dangers. Un guerrier est donc avide de gloire, comme un avare d'or : l'un et l'autre n'en ont jamais assez.

Et sa pauvre petite femme, si jeune, si gentille, si intéressante, et que cependant ses parens aiment si peu, que va-t-elle devenir? Ducayla part cette nuit; Francheville donne un grand souper à la préfecture. Je veux y être; je m'y rendrai, avec tous nos amis. Je veux embrasser mon brave contre-amiral. L'embrasser!... peut-être pour la dernière fois.

Je prendrai aussi le jeune Sainte-Luce : à son âge, on se délasse en courant. Je veux lui faire voir la bonne compagnie. Elle est quelquefois l'écueil de la jeunesse, elle est plus souvent encore une excellente école.

« Justine, tout est-il prêt? — Oui, madame. — « Allons, partons. M. de Sainte-Luce, donnez la « main à madame de Soulanges. » Il allait me la présenter. A cet âge-là, on se conduit toujours par un sentiment de préférence... Petite vaniteuse !

« Et où est donc M. du Reynel? — Il est à « l'office, madame. Il y préside à la confection « d'un pâté d'ortolans. — Vite, vite, qu'il vienne. »

Il arrive en haletant, son pâté sur ses deux mains. « Hé! M. du Reynel, il y aura à souper à

« la préfecture. — Madame, ce pâté ne peut être
« de trop nulle part. Un pâté que j'ai fait exécuter
« sous mes yeux ! — Il fallait au moins le faire
« mettre ici par un domestique. — Madame, un
« amant ne confie pas sa maîtresse, un écuyer
« son cheval, un chasseur son chien, un avare
« son trésor, je ne confie pas mon pâté.

« — Hé bien ! M. de Sainte-Luce, qu'attendez-
« vous pour monter en voiture ? — Madame, j'at-
« tends ce bon vieillard, qui sort son cheval de
« l'écurie, et qui n'a personne pour l'aider à se
« mettre en selle. » C'est de Georges dont il s'agit.
La figure de ce jeune homme m'intéressait ; j'estime maintenant, j'aime son caractère. Puisse-t-il
ne jamais s'écarter de la nature !

Je regrette de lui faire voir le monde, qui ne
la connaît plus. Mais obligé d'être l'artisan de sa
fortune, il faut qu'il s'approche de ceux qui tiennent les clés de son temple ; qu'il leur plaise ;
qu'il sollicite leurs bontés. Un peu d'or le dé-
dommagera-t-il des qualités qu'il va perdre ? Pauvre enfant !

CHAPITRE III.

Départ pour Toulon.

« Il y a deux jours que je ne t'ai vue, me dit
« Francheville. » Il compte les momens ; bon. Il
m'embrasse, et sa main parle à la mienne. Je

l'entends, je le suis. Je n'ai encore adressé un mot à personne; mais mon premier vœu, mes premiers désirs n'appartiennent-ils pas à mon amant? L'amour d'abord; l'amitié ensuite.

Je rentre au salon. Je cherche Ducayla; je le presse contre mon sein. Sa jeune femme lui tient la main, et la mouille de ses larmes. Ducayla, calme, grand, paraît un homme nouveau. Il est détaché de toutes ses affections. Servir son pays, l'honorer par sa conduite, telle est la seule idée qui l'occupe en ce moment.

Il fixe l'attention de tous, il est l'objet de tous les égards. Chacun semble se dire : Honorons un brave, que peut-être nous ne reverrons plus.

Ces tristes pensées n'animent pas une fête. Celle-ci prend une teinte sombre, qui n'est pas propre à soutenir le courage de l'homme qui va nous quitter. Francheville, l'aimant Francheville, modèle d'amitié, comme d'amour, ose seul entreprendre de nous distraire, et il y réussit. Il ne pouvait nous entretenir de futilités : nous ne l'aurions pas écouté. Il nous parle de la gloire; il l'embellit du coloris enchanteur, dont il pare les objets qu'il décrit; il la rend séduisante, même pour ces femmes, qui ne voyaient, un instant avant, que le cortége funèbre qui l'accompagne toujours. Le sourire se montre sur les lèvres de Ducayla.

Bientôt il regarde attentivement son bras mutilé, et il reprend cet air austère qu'il avait, quand je suis entrée au salon. Serait-ce un pressentiment?... Conservez-le-nous, mon Dieu, conservez-le à cette jeune femme!

Mes regards se portent sur Sainte-Luce. Son visage est coloré, son œil étincelant; ses muscles sont en contraction. Francheville a fait passer, dans cette ame élevée, l'enthousiasme, le mépris de la mort, dont nous sommes tous plus ou moins pénétrés. « Si monsieur, dis-je tout haut,
« avait du goût pour la marine, et que le contre-
« amiral lui permît de l'accompagner... » La physionomie du jeune homme change en un instant. Il pâlit, me regarde, rougit, et balbutie ces mots :
« Je ne balancerais pas, madame, si je n'avais
« l'honneur de connaître M. de Francheville. L'ac-
« cueil que j'ai reçu de lui, ne me permet pas de
« penser à le quitter. » Des larmes roulent dans ses yeux, et c'est toujours moi qu'il regarde, même en parlant de mon mari, de mon mari qui est présent... A quelle idée vais-je m'arrêter! Sans doute nos sensations sont indépendantes de notre volonté; mais éprouver en si peu de temps... Hé! combien en a-t-il fallu à Francheville pour me charmer?... Ce jeune homme partira.

« Mon mari, monsieur, s'est chargé de com-
« mencer votre fortune, et les moyens, que vous
« croirez pouvoir vous y conduire, lui seront
« agréables. J'ai lu, sur votre physionomie, cette
« noble ardeur qui décèle un cœur brûlant de se
« signaler. Obéissez à cette voix intérieure, qui

« ne trompe jamais. Contre-amiral, vous vous
« chargez de monsieur? — Je n'ai rien à vous
« refuser, madame. »

Sainte-Luce ne réplique pas un mot; mais il
me regarde, il me regarde!... Comme il souffre!
pauvre enfant!... Il partira, il le faut.

« Georges, la malle de monsieur a-t-elle été
« portée à Brécour? — Non, madame, elle est
« encore ici. — Faites-la attacher derrière une des
« voitures du contre-amiral. »

Onze heures et demie sonnent. Trente minutes
encore, et notre ami ne sera plus avec nous.

Cette pensée est commune à tous; elle se peint
sur tous les visages. Un morne silence règne dans
l'assemblée.

Ducayla se lève. Il presse, dans ses bras, sa
jeune femme, qui répond à ses caresses par des
sanglots. « Encore ce moment à mon cœur, dit-il,
« le reste à mon devoir.

« Madame de Francheville, Julie a besoin de
« consolation et de conseils. Elle n'en attend pas
« de sa famille, et il n'est pas dans les convenances
« de tenir une maison à son âge. »

Je regarde Francheville. Il m'a entendue; il
pense comme moi. « Monsieur, ma maison sera
« celle de madame Ducayla, si elle trouve autant
« de plaisir à s'y fixer, que j'en aurai à l'y rece-
« voir. » Ducayla prend sa femme; il la met dans
mes bras. « Soyez plus que sa mère, dit-il; soyez
« son guide et son amie. » Minuit sonne...

Ducayla marche d'un pas ferme vers la porte. Sa femme s'élance après lui; elle saisit encore sa main, qu'elle couvre de baisers et de larmes. Ducayla ne tourne point la tête; il fait un léger effort pour dégager sa main; la jeune femme cède à sa volonté; elle quitte la main chérie, mais elle suit son époux; elle espère un dernier adieu; son œil contristé l'implore.

Nous l'accompagnons tous. Nous voulons voir monter le brave homme en voiture; le suivre de l'œil, autant que le permettra l'obscurité; entendre résonner les roues qui vont l'entraîner; écouter encore, quand le bruit aura cessé pour nous.

Pourquoi chercher à prolonger une scène déchirante? Tout est-il aliment pour les cœurs sensibles, et la douleur a-t-elle aussi ses jouissances?

Que vois-je! on a mis des chevaux de poste à notre berline et à notre diligence! Je me jette au cou de Francheville; je lui donne mille baisers. « Mesdames et messieurs, dit-il, on ne quitte un « bon ami, que lorsqu'il n'est plus possible de « l'accompagner. Ducayla recevra nos derniers em- « brassemens, en montant sur son bord. »

Un cri s'échappe..., celui-ci est de joie. C'est Sainte-Luce, qui revient à lui, qui respire librement. Il s'approche de moi. « Encore un jour, « dit-il à voix basse! je ne l'espérais pas. » Je le regarde d'un œil sévère. Il se tait; il rougit; il baisse les yeux.

« Partons, s'écrie Francheville. Et les paquets
« de nuit, s'écrie madame Montbrun; et les dé-
« bris de mon pâté, s'écrie du Reynel. Bah, bah!
« réplique Francheville, les voyages les plus heu-
« reux sont les voyages impromptus. Le contre-
« amiral d'ailleurs n'a pas de temps à perdre. »

Comment l'ai-je donc regardé, quand il a parlé de voyage impromptu? Il me sourit si tendrement! il me regarde lui-même... « Ah! me dit-il « à l'oreille, nous sommes toujours à Chantilly! »

Ainsi, dans tous les lieux, dans toutes les circonstances, l'amour reçoit de nous un hommage, nous lui offrons au moins un souvenir.

Sainte-Luce brûle d'envie de me présenter la main, et il n'ose. Il avance, il recule; il s'arrête à deux pas de moi. Lui refuserai-je cette légère faveur?... Oui, tout est encouragement à une passion naissante, et Sainte-Luce, mécontent de moi, m'oubliera plus tôt.

Je prends la main de Soulanges; je monte en voiture, nous partons. J'ai près de moi la petite Ducayla. Je la tiens dans mes bras; je sens son cœur battre contre le mien; je recueille ses larmes. Le contre-amiral est avec nous, dans le fond de la diligence. J'entends, de loin en loin, des soupirs qu'il s'efforce en vain d'étouffer : la valeur n'est qu'une habitude; elle ne peut rien contre un sentiment.

Nous avançons en silence. Quand on est fortement affecté, on dédaigne les mots; on ne leur trouve plus d'expression.

Il est trois heures. Le crépuscule commence à naître; tant mieux : la nuit est longue pour des êtres souffrans. La lumière ramène l'attention sur les objets extérieurs, et j'ai un besoin inexprimable de distraction.

Je ne sais encore qui sont les trois personnes qui occupent le devant de la voiture... Ah! mon Francheville, Soulanges, et, entre eux, un petit être qui ne sait quelle contenance tenir. Comment Sainte-Luce s'est-il donc glissé ici? Hélas! comme je me suis glissée dans le jardin d'Eustache, dans sa grotte, comme nous cherchons tous le bonheur.

Ma figure exprime-t-elle du mécontentement? « Madame, me dit-il, d'un ton timide, attaché à « monsieur le contre-amiral, j'ai cru de mon de- « voir de ne pas m'éloigner de lui. » Je ne peux m'empêcher de louer son exactitude. Mon approbation lui donne la force de lever ses grands yeux bleus sur les miens. Oh! comme il est joli!

C'est toujours à moi qu'il s'adresse, quand il a un mot à dire. C'est toujours moi que son œil interroge, quand il est indécis. C'est pour moi qu'il est disposé à tout faire; il ne voit, il n'entend que moi, et je suis encore la seule qui s'aperçoive de tout cela. Non, jamais une femme ne se trompe sur le sentiment qu'elle inspire, et elle est toujours maîtresse de le comprimer à sa naissance, quand elle a la force de le vouloir sérieusement.

L'amour de cet enfant m'afflige. Il s'annonce, à chaque instant, avec plus de violence. Il nous épie maintenant, Francheville et moi. Nous avons une manière de nous regarder, qui ne lui convient pas. Je lis au fond de cette petite ame; je vois ce qu'elle souffre; mais sacrifierai-je un regard de Francheville à l'extravagance d'un enfant? Oh! non.

De quel droit qualifié-je ce qu'il éprouve d'extravagance? Étais-je plus sensée, quand je me donnai à Francheville, sans oser espérer rien, pas même un lendemain? J'avais vingt ans; il n'en a que dix-neuf. J'étais fille, soumise à des bienséances, qu'un homme brave impunément; j'étais certainement plus folle que lui, et je le blâme... Allons, allons, un peu de pitié, je lui en dois. Bientôt d'ailleurs il ne me verra plus.

Je lui parle avec bonté, et cela lui fait un bien! Je l'interroge; il répond toujours juste, mais avec la concision d'un homme qui se hâte de revenir à sa pensée chérie, qui veut s'en occuper exclusivement.

Ah!... une campagne de mer, des occupations toujours renaissantes, des objets toujours nouveaux, m'effaceront de sa mémoire; je le désire, au moins. Hélas! il est des cœurs qui ne peuvent aimer qu'une fois : j'en sais quelque chose. Allons, allons, je ne veux plus m'occuper de tout cela.

CHAPITRE IV.

Une larme au malheur.

Nous apercevons le port de Toulon. Après la surprise imposante que procure le spectacle de la mer, vue pour la première fois, rien n'est plus grand, je crois, que l'aspect d'un port du premier ordre. C'est là où l'intelligence, l'industrie de l'homme se développent dans toute leur étendue; c'est là qu'on s'enorgueillit de tenir à une espèce qui enfante des prodiges; c'est là qu'on rencontre, à chaque pas, des créations nouvelles, et qu'on applaudit à la magnificence, toujours unie à l'utile.

Le préfet maritime vient nous trouver à l'auberge, où nous sommes descendus. Il remet un paquet cacheté à Ducayla, et il le tire à l'écart. J'ignore ce qu'ils se disent; mais leur conversation est animée. Ducayla semble opposer, au préfet, de fortes objections. Celui-ci ne répond qu'un mot; Ducayla se tait.

Il vient à moi. « Je reçois des ordres, me dit-il, « qui m'enjoignent d'appareiller à l'instant même. « Mon escadre doit convoyer des transports, des- « tinés pour Corfou. La flotte anglaise, qui croise « à la vue du port, est beaucoup plus forte que « la mienne, et je n'ai jamais amené mon pavillon. « Le convoi passera peut-être, et moi, je périrai.

« Je ne veux pas voir ma femme, dans un mo-
« ment où j'ai besoin de toute mon énergie. Vous
« l'avez reçue chez vous ; adoptez-la, promettez-
« le-moi. »

Sa femme, Francheville et nos amis étaient
dans une pièce voisine. Je me laissai aller aux
sentimens, que m'inspiraient ce qu'il m'avait dit,
et ce qu'il allait faire. Je lui promis, en pleurant,
d'aimer, de protéger sa Julie; je l'embrassai, le
cœur navré de douleur.

« Suivez-moi, monsieur, dit-il à Sainte-Luce. »
Je n'avais pas aperçu le jeune homme. Je le croyais
auprès de nos amis... Je ne suis pas avec eux, pou-
vait-il y être ! Cet enfant me fait pitié. Il s'approche, il recule. Je vais à lui ; je le baise au front ;
il tombe sur le parquet, privé de sentiment. Ducayla est déjà sorti.

Je lui fais respirer des sels, des odeurs. « Mon
« cher enfant, revenez à vous. Pensez à mériter
« l'estime de votre chef, de M. de Francheville,
« la mienne, celle de tous les honnêtes gens qui...
« — La vôtre, madame, la vôtre ! je n'ambitionne
« que celle-là ; je ferai tout pour l'obtenir. »

Il se relève ; il saisit ma main ; il la couvre de
baisers ; je n'ai pas la force de la retirer. Il prend
un de mes gants, il le cache sur son cœur ; je
n'ai pas la force de le reprendre. Il sort, en m'a-
dressant un regard... Quel regard ! j'entends tout
ce qu'il veut dire ; il m'est impossible de l'exprimer.

J'ai eu tort de le baiser au front, de lui abandonner ma main, de lui laisser mon gant. Si l'idée des dangers, auxquels il va s'exposer, n'excusait en quelque sorte l'oubli des convenances, que penserait-il de moi?... Hé! bon dieu, bon dieu! ne devais-je pas quelque chose à un enfant que j'envoie peut-être à la mort !

Nos amis rentrent. Julie cherche son mari. « Il « est parti, ma chère, ne le suivez pas; épargnez-« lui la vue de vos larmes; séchez-les, soyez aussi « grande que lui. — Non, je ne suis pas grande; « je n'ai pas la prétention de l'être; ma sensibilité « est ma gloire; c'est celle de notre sexe. » Elle s'échappe; je la suis; nos amis accourent, l'environnent, lui parlent; rien ne peut la persuader, ou plutôt elle n'entend rien. La voilà dans la rue. Elle va se donner en spectacle.

Mesure de prévoyance et de rigueur!... dois-je y applaudir, ou la condamner? Le stoïque Ducayla a fait placer deux factionnaires à la porte. Personne ne peut sortir de la maison.

« Que je le voie! que je le voie encore! s'écrie « Julie en rentrant. » Francheville appelle un homme qui passe; il lui donne un mot pour le préfet maritime. Bientôt nous sommes pourvus de longues vues et d'un télescope. Le toit de l'auberge est en terrasse; nous allons nous y établir.

Trois vaisseaux de ligne et cinq frégates sortent du port à pleines voiles. Quinze transports suivent l'escadre.

Les Anglais commencent à manœuvrer. Ils ont cinq vaisseaux, qui doivent être de quatre-vingts à cent dix canons. Huit à dix bâtimens légers s'éloignent de la flotte, et menacent déja le convoi. Ducayla détache ses frégates pour le protéger, et il s'avance en longeant le convoi qui est à sa droite, ayant à sa gauche les cinq gros vaisseaux anglais. Le combat est inévitable ; il sera terrible : jamais, dit-il, il n'a amené son pavillon.

Ignorante en manœuvres, comme en mille autres choses, je reçois ces détails de Francheville, de Soulanges : je ne perds pas un mot de ce qu'ils disent.

Ah! pourquoi être venus à Toulon? Là-bas, notre séparation n'eût été que douloureuse : ici, nous allons souffrir mille morts. Francheville, qui a vu la sienne de sang-froid, ne peut supporter l'idée de la destruction de son ami. Il est pâle, défait. Il souffre horriblement, puisque ses yeux se portent sur moi vidés d'expression et d'amour.

Un frisson glacial règne dans tout mon corps. Je voudrais être au fond de la maison; ne rien entendre; ne rien voir, et je sens qu'il est moins cruel de tout voir que de tout craindre.

Et cette pauvre petite Julie! elle ne se soutient plus. Assise sur la plombée, sans voix, sans haleine, levant au ciel des yeux qui semblent l'implorer, les reportant à son télescope, sur Francheville, sur moi; ne trouvant pas une larme; suffoquée par son cœur, qui bat avec violence, et que son faible corps semble ne pouvoir plus contenir, elle offre à nos regards ce que la douleur physique et morale a de plus poignant.

Francheville lui propose de descendre. « Non, « non, dit-elle, je le vois. Je vis encore de sa « vie. »

Et moi aussi j'ai une longue vue. Je l'ai fixée sur le vaisseau amiral. Voilà le brave homme ; il est au bout de ma lunette. Au pied de son grand mât, droit comme aux jours de sa première jeunesse, la figure animée d'un feu que je ne lui ai jamais vu, il donne ses ordres avec réflexion ; on les exécute avec confiance.

Et Sainte-Luce !... Ah ! je le vois. Il est à côté du contre-amiral, une hache d'armes à la main. Il fait bonne contenance. Oh ! oui, il méritera mon estime.

Il tire ce gant !... il le baise à la dérobée !... Pauvre enfant ! pauvre Ducayla !

Ces châteaux flottans s'avancent, avec majesté, les uns contre les autres. Chacun est à sa place de bataille. Ducayla embouche le porte-voix.

La première volée part... Oh ! mon dieu ! mon dieu !

Mes yeux se voilent ; je ne distingue plus rien ; à peine puis-je penser.

Qui s'empare de moi ? « Ah ! c'est toi, mon ami ! « tu abandonnes donc cette pauvre petite Julie ? « — Soulanges est avec elle. D'ailleurs, ne me

« dois-je pas tout entier à Fanchette? Viens, mon
« ange, viens; tu n'es pas bien ici. »

Je suis Francheville. Je me laisse conduire dans une chambre à l'extrémité de la maison. Justine me met au lit. En vérité, je ne me sens pas bien.

Ah! j'entends, j'entends tout. L'enfer est à une lieue de moi. Mon dieu, conservez Ducayla; conservez cet enfant!

Quelle explosion terrible vient de frapper mon oreille! « Justine, appelez M. de Francheville : je « ne peux supporter l'anxiété où je suis. »

On entre... c'est lui... Ciel! il soutient Julie, pâle, mourante, anéantie. C'en est fait! si Ducayla vivait, elle ne serait pas descendue.

« Mon excellente amie, oublie-toi pour la con-
« soler. — La consoler, Francheville! je n'ai rien
« à lui dire; je n'ai que des pleurs à lui donner. »

Je passe une robe. Je prends Julie dans mes bras; je la presse contre mon cœur. Le froid de la mort est répandu par tout son corps. Je mouille son visage de larmes brûlantes. Leur chaleur la ranime; elle revient à la vie : est-ce un service que je lui rends?

Pauvre petite! elle tombe à genoux au milieu de la chambre. Elle prie pour son époux; elle prie avec ferveur. Consolation des malheureux, espoir d'une autre vie, ne l'abandonnez pas!

« Francheville, mon ami, partons à l'instant
« même; retournons à Brécour; trompons la dou-

« leur de Julie, en l'éloignant du lieu de la scène
« terrible. Tout la lui rappelle ici. Là-bas, une
« nature riante, nos soins assidus, notre pré-
« voyante amitié, tout concourra à la rendre à
« elle-même. Jamais elle n'oubliera son bienfai-
« teur, je le sens; mais, à ce sombre désespoir,
« succédera bientôt une mélancolie, qui n'est pas
« sans quelque charme, et que le temps et la jeu-
« nesse dissiperont insensiblement. »

Quel est ce jeune homme qu'on soutient sous
les bras?... Ciel! ô ciel!... pâle, défait, Sainte-Luce
est méconnaissable. Un coup de feu dans la cuisse
gauche! un autre dans le corps!... Malheureuse!
c'est moi qui l'ai voulu.

L'amour est-il un sentiment volontaire? le sien
est-il criminel? de quel droit me suis-je fait son
juge? Si cet enfant avait des vues répréhensibles,
son premier soin serait de dissimuler ses sensations, et en ce moment il s'y abandonne en présence même de Francheville. « Je me sens mourir,
« madame; mais j'ai tout fait pour vous, rien que
« pour vous. Qu'au moins, j'emporte votre es-
« time. » Il me déchire le cœur. Quelle journée!
ô gloire, gloire! que déja vous me coûtez cher!
si Francheville servait, je ne vivrais pas vingt-
quatre heures.

Les chirurgiens s'emparent de ce pauvre enfant. Ils se disposent à déchirer ce faible corps,
pour en extirper les balles... Je vais me retirer.

« J'ai besoin de courage, me dit-il d'une voix

« éteinte, vous seule pouvez m'en donner. » Non, certes, je ne le verrai pas mutiler.

Cependant, il est seul. Point de parens, pas encore de vrais amis; il n'a que moi au monde. Ne puis-je le considérer comme mon fils? Une mère de vingt-quatre ans; un fils de dix-neuf, beau comme un ange!... Non, non, je ne dois pas rester. Julie, d'ailleurs... Hé! n'a-t-elle pas madame Montbrun, madame de Soulanges?... Mais je l'ai promis à son époux, marchant à la mort: je retourne auprès d'elle.

Et cet enfant! cet enfant! tout ce qui n'est pas amour, et tout ce qu'un cœur peut avoir, d'ailleurs, de sensibilité et d'affection, je le partage entre eux. Je voudrais être avec l'une et l'autre; cependant il faut opter.

Mes promesses, la décence, tout m'indique le parti que je dois prendre. « Justine, ôtez-moi d'ici. « Francheville, Soulanges, restez auprès de ce jeune « homme. Donnez-lui du courage et des forces. »

Je retrouve Julie. Elle me demandait, elle m'appelait, elle me cherchait; elle retombe dans mes bras dans la chambre voisine de celle... J'entends le premier cri de ce malheureux; il prononce mon nom... ses plaintes retracent à Julie la scène de sang dans son horrible vérité. Il faut qu'on nous emporte l'une et l'autre.

Oh! qu'est-ce que la vie? Je renoncerais à la mienne, si je croyais à un autre jour semblable à celui-ci. La mort n'est rien auprès de ce que j'éprouve.

A travers le tumulte, les larmes, les plaintes, je saisis quelque chose des détails du combat. Le vaisseau de l'infortuné Ducayla a été attaqué de bas-bord et du tribord. Un troisième vaisseau l'a pris en poupe. Il s'est défendu comme un lion. Un des bâtimens anglais a pris feu, et au moment qui a précédé l'explosion, les deux autres se sont hâtés de s'éloigner. Le capitaine, qui a remplacé Ducayla sur son bord, a profité de cette circonstance pour s'échouer sous les batteries des forts. On a porté les blessés à terre; le malheureux enfant s'est fait conduire ici.

Ma pauvre tête est aussi malade que mon cœur. Il faut que j'oublie tout, pendant quelques heures, ou que je succombe. Ah! voilà Francheville. « Mon « ami, quel besoin j'avais de te voir! viens me rat- « tacher à la vie, me la faire aimer encore. »

CHAPITRE V.

Nous revenons à Brécour.

« Et Sainte-Luce, mon ami? — Ses blessures « ne sont pas dangereuses. Il peut supporter la « voiture. Un chirurgien l'accompagnera jusqu'à « Brécour. — Jusqu'à Brécour! Francheville, ne « serait-il pas plus sage de le laisser ici? — Non, « ma bonne amie. Il t'est très-attaché, et ta pré- « sence accélérera son rétablissement. — Très- « attaché! Oui, mon ami, très-attaché, trop atta-

« ché. — Trop attaché! pourquoi? — Comment!
« tu ne prévois pas ce que doit souffrir un jeune
« homme ardent, qui aime sans espoir? Tu ou-
« blies ce que nous fûmes, ce que nous sommes
« encore.— Sainte-Luce est un enfant facile à con-
« tenir, et je crois, ma chère amie, que ce qui peut
« arriver de plus heureux à un jeune homme, qui
« entre dans le monde, c'est de s'attacher à une
« femme jolie, aimable et honnête. Elle n'use de
« son ascendant, que pour l'éloigner des écueils
« de son âge; elle forme son cœur; elle le tourne
« au bien, et lorsqu'il parvient à l'âge de raison,
« il peut prétendre à tout, parce qu'il n'a que des
« qualités; que sa protectrice les fait valoir, et
« qu'une femme charmante réussit, tôt ou tard,
« dans tout ce qu'elle entreprend. Sainte-Luce
« partira avec nous, si vous le trouvez bon. »

Sans doute une femme aimable et aimée peut
tout sur son jeune amant; mais je ne sais quel
est le terme où elle s'arrêtera, si le jeune homme
est fait pour plaire. On parle beaucoup aujour-
d'hui de ces éducations, faites par des femmes de
trente ans. On ne voit, dans leurs soins, qu'a-
mitié, pureté, délicatesse. Moi, je ne comprends
pas comment ces dames font, et si Francheville
n'occupait la première place dans mon cœur, s'il
était possible que jamais j'en aimasse un autre,
bien certainement Sainte-Luce ne me suivrait pas.

Tout est prêt; nous allons monter en voiture.
Julie est assez tranquille. Je vais voir si on n'a

rien oublié de ce qui est nécessaire à cet enfant.

Il est seul avec Justine. Elle lui lit... Que lui lit-elle? Quelques pages brûlantes de la Nouvelle Héloïse. Il tient ce gant!... Malheureux gant! je donnerais de l'or pour le ravoir. Le demander, c'est y mettre toute l'importance que Sainte-Luce y attache, et je n'ai qu'un moyen de le tenir à une distance convenable de moi, c'est de paraître considérer tout ceci comme un pur enfantillage; de plaisanter, quand il parlera sérieusement, et surtout de ne plus le baiser au front, ni ailleurs.

« Justine, je vous défends de faire à monsieur
« de semblables lectures : il a besoin de tranquil-
« lité. Il est même inutile que vous lui donniez
« des soins : j'ai besoin de vos services. »

Je mettrai près de lui, à Brécour, une femme attentive, qui ne sait pas lire, et qui a cinquante ans.

Tout est préparé. La litière est à la porte. Georges et Philippe descendent le charmant blessé. Justine s'empresse de lui soutenir la tête. Ses doigts effleurent ses joues. Bien certainement cette femme a des projets : je les déjouerai.

Nous partons.

« Mon ami, je ne suis pas contente de Justine.
« — Ma chère amie, il faut la renvoyer. — J'y
« pensais. — Mais qu'a-t-elle donc fait qui rende
« cette mesure si nécessaire, et si prompte? —
« Je la trouve beaucoup trop empressée auprès de
« M. de Sainte-Luce, et tu sais combien elle est
« adroite et entreprenante. — Au pis aller, que

« peut-il résulter de tout cela? quelques distrac-
« tions, dont on a besoin à dix-neuf ans, qui ne
« peuvent nuire à personne, et qui rendront Sainte-
« Luce moins importun près de toi. Renvoyer, par
« la crainte de ce qui peut-être n'arrivera pas, une
« femme qui nous sert depuis plusieurs années, et
« qui nous sert bien, c'est plus que de la pré-
« voyance, c'est du rigorisme, et si tu m'en crois,
« nous ne serons exagérés que dans notre amour. »

Il a raison. Mes craintes sont peut-être déplacées. Cependant je serais très-fâchée que cet enfant tombât dans de telles mains. De semblables
liaisons ôtent le goût du beau, du bon, entraînent vers les plaisirs faciles, et un homme de dix-
neuf ans, qui descend de sa place, y remonte
difficilement.

Depuis quelques jours, je n'entreprends rien
qui ne tourne contre moi. Je veux éloigner un
jeune homme qui n'a plus sa tête à lui; les circonstances me le ramènent, me forcent à lui
donner ma maison pour asile, et mes soins en
dédommagement de ce qu'il souffre. Je veux congédier une intrigante; mon mari prend la chose
en homme du monde, et je n'ose insister, de peur
de me donner un ridicule et de lui déplaire. Peut-
être contiendrai-je Justine; mais Sainte-Luce? Ma
position est désagréable : je crains qu'elle devienne
pénible.

Avec quel charme Francheville parle à Julie!
Elle ne répond pas encore; mais elle écoute, et

c'est beaucoup : cet homme a le don des miracles. Et moi aussi je parle à l'aimable affligée. Mes expressions sont sans grace, parce que je suis fortement émue ; mais je ne dis pas un mot qui n'exprime un sentiment, et je m'aperçois souvent que mon ame et celle de Julie sont à l'unisson. Nous sommes faits les uns pour les autres. Nous nous convenons trop pour nous quitter jamais.

Nous marchons lentement, pour ne pas fatiguer notre intéressant blessé, et le voyage ne nous ennuie pas. Chacun de nous a de quoi penser, a toujours quelque chose à dire, et le temps n'est long que pour ceux qui cherchent des idées, parce que les chercher est le moyen le plus sûr de n'en pas trouver, et que l'absence d'idées laisse en nous un vide insupportable.

Il est constant que des occupations variées, utiles ou agréables, peuvent seules nous séparer de nous-mêmes. Il est difficile d'être avec soi, sans sentir le fardeau de son existence, et quand on en est là, la vie est sans attraits.

Je bénis ma destinée, qui m'a prodigué tous les moyens d'échapper à ce triste sentiment. S'il m'arrive d'en éprouver quelque atteinte, je prends la main de Francheville, et je ne suis plus moi. Je vis en lui, il vit en moi, nous vivons dans Honorine. Puisse cet état durer cent ans !

Nous arrivons. On m'apporte mon Honorine. Son père et moi nous disputons le premier baiser. La chère enfant nous met d'accord ; elle passe un bras au cou de Francheville, elle arrondit l'autre autour du mien ; elle nous attire, nous approche à la fois, et ses petites joues rondelettes disparaissent en même temps. Julie nous regarde, et pousse un profond soupir. Je la pénètre : Ducayla ne lui a laissé que des souvenirs.

Mais elle n'a que dix-sept ans ; sa fortune est honnête, et la douleur n'est pas éternelle. Hélas ! la félicité l'est-elle ? Cette idée me fait frémir : je suis au point où le bonheur ne peut croître. Je me serre contre Francheville, je l'enlace dans mes bras ; une larme s'échappe, il la recueille, il m'interroge ; je lui ouvre mon ame, il me couvre de baisers : le sourire reparaît sur mes lèvres.

Imprudente ! Sainte-Luce est là. Il a tout vu ; une douleur profonde se peint dans tous ses traits. Hé ! qu'ai-je à me reprocher, après tout ? Lui dois-je le sacrifice de mes plus douces sensations ? Non, sans doute ; mais je dois lui dérober des scènes qui l'affligent. Je ne l'affligerai plus. Je vais le loger. Je le logerai près de moi. Je le verrai à tous les instans du jour ; je le traiterai avec bonté ; mais avec une réserve, qui l'empêchera de se déclarer. Un aveu positif me mettrait mal à mon aise, et quelles seraient mes ressources ? imposer silence à cet enfant ? il ne m'obéirait plus. Le plaindre, compatir à ses souffrances, le consoler, essayer de le ramener doucement à la raison ? Qui peut raisonner n'aime pas. Francheville a voulu qu'il vînt ici : il a eu tort.

Je l'ai logé dans une chambre, qui n'est séparée de mon appartement que par un cabinet, où est ma petite bibliothèque. J'en ai ôté tous les romans, excepté Robinson, Gil-Blas, et le Diable boîteux : un homme passionné ne peut lire que ceux-là.

Derrière cette chambre, est un autre cabinet qui s'ouvre sur un escalier dérobé. J'en ai pris la clé. Justine n'entrera chez Sainte-Luce que quand cela me conviendra, et ce sera lorsque je serai avec lui.

Julie a trois pièces dans un arrière-corps de logis, qui communique, par une galerie, à l'appartement de Francheville et au mien. Nos autres amis occupent le second étage. Ils sont dédommagés du désagrément de monter quelques degrés de plus, par l'aspect d'un paysage délicieux. Tout le monde est bien, tout le monde est content, ou paraît l'être. Soulanges peut-être eût désiré que je n'arrangeasse pas les choses aussi conjugalement. Il regarde la petite Montbrun à la dérobée, et je n'aime pas cette manière de regarder. On est franc et ouvert avec la femme pour qui on n'a que des sentimens honnêtes : Sainte-Luce me regarde en face. Au reste, je ne crois pas Soulanges capable de suivre un plan de séduction.

Sept à huit personnes, qui habitent ensemble, n'ont pas toujours quelque chose à se dire, et il est bon de se séparer, avant que la conversation

languisse. C'est alors que le travail devient une distraction nécessaire. C'est après avoir travaillé une heure ou deux, qu'on se retrouve avec plaisir, et que les idées renaissent. « Nous travaillerons,
« n'est-il pas vrai, mesdames? Voyons, distribuons
« le temps.

« On se lèvera quand on voudra. Moi, j'aime le
« lit, parce qu'Honorine vient m'y trouver, et me
« fait de petits contes, de petites caresses, qui me
« plaisent beaucoup.

« Le déjeuner à dix heures. Ensuite le billard,
« le volant, le siam, ou la promenade à pied, à
« cheval, en calèche, selon le temps et les goûts.

« A midi, réunion au salon. Des livres, des
« échecs, le trictrac pour les messieurs. Pour vous,
« mesdames, la broderie, le feston, la tapisserie.
« Pour moi, la leçon de lecture à Honorine. Je la
« donne moi-même, parce qu'une mère ne compte
« ni le temps, ni les difficultés, et, qu'assez ordi-
« nairement, un maître ne s'occupe que de son ca-
« chet. Je la donne en jouant, en folâtrant, parce
« que l'enfance est ennemie de la contrainte. Je
« connais un homme, qui a fait de très-bonnes
« études, et qui n'a pas ouvert Virgile depuis
« qu'il a quitté les bancs, par la seule raison qu'il
« a appris le latin malgré lui.

« A deux heures, la conversation et la lecture
« des journaux, qui ne sont ni fort amusans, ni
« fort utiles. Mais il faut savoir le titre de la pièce
« nouvelle, et le nom de la débutante.

« A trois heures, chacun se retire chez soi, pour
« la toilette, ou ce qu'il juge à propos de faire.

« A quatre heures, le dîner.

« A cinq heures... — Ah! madame! madame!
« dîner dans une heure! n'être qu'une heure à ta-
« ble! c'est insoutenable, impossible. — Ne vous
« fâchez pas, mon cher du Reynel. A six heures,
« le café, la liqueur, puis les folies tant qu'on vou-
« dra, tant qu'on en pourra faire.

« Le lendemain, même distribution du temps,
« avec des occupations et des jeux différens, qui
« seront arrêtés de la veille.

« — Ma chère amie, tu nous mets au couvent.
« Mais la jolie supérieure nous le fera aimer. —
« Madame de Francheville oublie que nous ne
« sommes pas heureux en statuts et en réglemens.
« Nous en avons fait, dans une occasion impor-
« portante, qui n'ont été observés que deux heu-
« res. — M. de Soulanges, c'est qu'alors les parties
« intéressées grillaient de les violer. Aujourd'hui,
« l'amour et l'amitié ne sont plus en opposition,
« et trouvent du temps pour tout. — Je me rends,
« madame, et j'approuve. — Et moi aussi. — Et
« moi aussi.

« — Parbleu, nous pouvons commencer de suite
« à suivre les réglemens de notre charmant législa-
« teur : il est deux heures, et voilà Georges qui
« nous apporte les journaux. Dis-moi, mon aima-
« ble amie, est-on obligé de les lire tous? — Non,
« Francheville; on n'y tiendrait pas. Le journal du

« Commerce à Montbrun : il donne le prix du su-
« cre et du café. Celui de l'Empire à Soulanges,
« pour le punir d'aimer Voltaire. Les Petites-Affi-
« ches à du Reynel : il y trouvera de jeunes per-
« sonnes de dix-huit à vingt ans, *bien élevées,*
« *d'un physique agréable,* et qui désirent se pla-
« cer chez un homme *seul.* A toi, mon ami, le
« journal de ton département : tu y apprendras
« peut-être quelque chose de ce qui s'y passe.
« Le Moniteur à M. de Sainte-Luce : il a besoin
« de sommeil. Pour nous, madame, le journal des
« Arts : il ne paraît que deux fois la semaine; nous
« ne serons pas les plus mal traitées.

« — Messieurs, messieurs, un prix à gagner. L'A-
« cadémie de la capitale de mon département pro-
« pose... — Quoi, mon ami? quelque découverte
« en agriculture? nous n'y entendons rien. — Bien
« mieux que cela, Fanchette. — Je devine, moi.
« Depuis que je suis ici, je n'ai mangé qu'un
« aloyau, et... — Que voulez-vous, du Reynel?
« Dans notre vieille Provence, le bœuf n'est pas
« commun. — Et sans doute l'Académie propose
« d'en faire avec du mouton. — Hé, non, hé,
« non! quelle absurdité! Écoutez-moi. — Écou-
« tons le préfet.

« *Une médaille d'or, du poids de cinq cents francs,*
« *à l'auteur qui prouvera le mieux qu'au physique*
« *et au moral, tout n'est pas mal ici-bas.* Et en note :
« *L'ouvrage doit être en prose, court, gai, sans pro-*
« *fondeur ni raisonnement.*

« Oh! ma foi, je n'entends rien à ce program-
« me-là. — Ni l'académie non plus, peut-être.
« Mesdames, c'est à vous à relever le gant. — Vous
« êtes un impertinent, M. de Soulanges. — Ne
« nous fâchons pas si vite, ma bonne amie. Je
« trouve, moi, que votre mari vient de nous faire
« un compliment. Prouver une abstraction gaie-
« ment, brièvement, sans érudition, sans déve-
« loppemens, n'est certainement pas chose facile.
« Acceptons le défi, et défions ces messieurs à
« notre tour. Soit, dirent ensemble toutes les
« bouches.

« Mesdames et messieurs, reprit du Reynel,
« vous n'entendez pas la cloche, et je soutiens aux
« académies, nées et à naître, que tout est très-
« mal, pour qui a faim, et ne dîne pas.

CHAPITRE VI.

Le concours.

Ce petit Sainte-Luce a toujours quelque prétexte pour me retenir près de lui. Il veut concourir
aussi, dit-il; il sent le besoin d'être dirigé, par
une personne de goût, et il me prie de lui donner des conseils; il me fait bien de l'honneur.
Tantôt il prétend que sa vieille garde lui présente
tout trop chaud, ou trop froid; tantôt, que ses
ligatures sont trop serrées ou trop lâches; il se
garde bien de me rien demander; mais il est si re-

connaissant de ce que je fais pour lui ! il exprime ce sentiment avec un feu ! il n'y a que le mot à changer. Mais ce mot, j'espère qu'il n'osera jamais le dire.

Savez-vous où il cache ce gant ? dans un des plis du mouchoir qui lui enveloppe la tête, un madras à moi, que mademoiselle Justine lui a donné, et que bien certainement il ne me rendra pas plus que le gant. Ah ! laissons-lui tout cela : il faut des hochets à l'enfance.

Par exemple, voilà qui passe la plaisanterie. Je lui présente la potion, et il tient un de mes doigts sous les siens. Il est rouge comme une cerise, il me regarde, et oublie le breuvage. « Otez votre « main, M. de Sainte-Luce. — Madame... ma- « dame... —Madame vous prie d'ôter votre main ; « elle n'aime pas ces libertés-là. — Des libertés, « madame ! des libertés ! vous me croiriez capable « d'en prendre avec vous ! » Et il retire précipitamment sa main ; je dégage la mienne ; la potion tombe sur son lit, sur son turban, sur sa charmante figure... La mère Dumont s'y prend si gauchement, pour réparer le désordre ! Elle lui barbouille tout le visage : c'est l'amour travesti en ramoneur. « Donnez-moi ce linge, madame Du- « mont. De l'eau tiède... » A quoi pense-t-il donc ? Je crois en vérité... Je n'en saurais douter. Sa couverture... Fiez-vous à des enfans de ce genre-là. Bien certainement je n'approcherai plus de son lit.

Je repasse au salon. Francheville y a fait établir sept à huit tables, bureaux ou pupitres. C'est l'heure du travail, et chacun se frotte l'oreille, le front, ou le menton. J'éclate de rire, et le rire gagne et se communique, et les idées se perdent, et on me gronde, et je ris plus fort, et en riant, en sautant, en chantonnant, je m'assieds devant le bureau qu'on m'a laissé. Je me frotte l'oreille à mon tour, en cherchant une épigraphe, je n'en trouve point, et je prie ces messieurs de m'en donner une, s'ils en ont de reste, car une épigraphe est ici de première nécessité; une épigraphe est à un ouvrage académique ce qu'est un texte à un sermon, un prologue à une pantomime, et une épigraphe donne à une femme un air d'érudition! ah!

« Messieurs, messieurs, revenons sur notre pre-
« mier jugement, et convenons qu'un journal est
« quelque chose de fort utile. Nous voilà tous oc-
« cupés, très-occupés, et que nous fassions bien
« ou mal, nous aurons employé quinze à vingt
« heures, grace au journal du département. —Hé!
« madame, sous ce rapport-là, tout est utile, jus-
« qu'aux chenilles : les écraser, c'est toujours faire
« quelque chose. —Allons, allons, une épigraphe.
« Donnez-moi donc une épigraphe. — Ma chère
« amie, tu fais un bruit affreux. — Hé! que t'im-
« porte, Francheville? écris tout ce qui te passera
« par la tête, et je te réponds du prix. Quand on
« te saura au nombre des concurrens, on s'arra-

4.

« chera les yeux pour lire ton nom à travers le
« papier; et s'il est trop épais, on lèvera la bande
« avec une innocente adresse, on te proclamera,
« et le public applaudira : il est tout simple que
« le préfet soit le plus bel esprit de son départe-
« ment.

« Ah çà, vous ne voulez pas me donner d'épi-
« graphe? — Hé! ma bonne amie, nous en cher-
« chons pour nous. — Justine, apportez-moi des
« diablotins... Voyons cela. Finissez donc, mes-
« sieurs, finissez donc. Vous videz mon cornet,
« il ne me restera pas une devise.

« Voici la mienne, s'écrie du Reynel.

> Le bon vin et la bonne chère
> Font tout oublier sur la terre.

« — Hé! celle-là est assez analogue au sujet. —
« — Madame, en voilà une qui vous convient à
« merveille.

> En tous lieux elle est la plus belle;
> Elle est l'objet de tous les vœux.
> Elle soumet jusques aux dieux :
> Apollon écrira pour elle.

« — Finissez, M. de Soulanges; vous me faites
« rougir jusqu'aux yeux. — Et la devise vous en
« convient davantage. Oh! la méchante! elle dé-
« chire l'innocent papier. »

Je m'attache à une devise fort insignifiante,
mais très-modeste. Chacun cherche, choisit ce qui

a rapport à son goût, à son caractère, et pendant qu'on écrit, Honorine croque les diablotins.

La pauvre petite Julie ne prend aucune part à ces jeux. Elle sourit de loin en loin; mais c'est de ce rire machinal, qui annonce une tête vide et fatiguée, et qui affecte péniblement ceux qui en sont les témoins. Je me reproche mes folies : la gaieté des autres est une insulte à nos maux. Je vais à elle; j'avoue l'inconvenance de ma conduite; je la prie de me la pardonner. Elle m'embrasse, et pleure. Francheville se lève, lui prend la main; elle se laisse conduire. Il la mène dans le bosquet. Il sait ce que peut sa voix sur cette infortunée. Il nous la ramènera plus calme; il finira par la consoler, et je l'en aimerai davantage.

L'aimer davantage! nos facultés ne sont-elles pas bornées? N'épuise-t-il pas déjà toutes les miennes?

Savez-vous ce qu'a imaginé Sainte-Luce, pour me rappeler près de lui? Il attire Honorine avec des friandises, dont mademoiselle Justine ne le laisse pas manquer. Je montre à lire à l'enfant. Il s'est établi son maître d'écriture, et il a une main superbe. Raisonnablement je ne peux rien opposer à la prétention qu'il annonce. La lecture et l'écriture se rapprochent tellement, qu'il est difficile de ne pas fondre les deux leçons en une. Il espère, en secret, que je serai là; que j'unirai mes efforts aux siens; que je lui saurai gré de ce qu'il fait pour ma fille, et mon amitié et ma présence le dédommageront de son travail. Il y a bien quelque chose de vraisemblable dans son petit plan. Mais comme il se lève, maintenant, pendant quelques heures, il voudra bien donner sa leçon dans une salle commune, où il sera distrait de manière à ne pas retomber dans l'état... vous vous rappelez? lorsque j'ai voulu être plus adroite que la mère Dupont...

Il me lit le commencement de la pièce qu'il compte envoyer au concours. *Besoin d'aimer est à notre ame ce que le soleil est aux fleurs.*

Voilà son épigraphe. Il écrit le roman de son cœur. Tout est bien, dit-il, tout est au mieux pour l'amant fortuné, et il s'agit de prouver que tout n'est pas mal; ainsi, il ne remplit pas les conditions voulues par l'académie; mais il écrit, il lit avec une chaleur, un charme inexprimables. A chaque page, je trouve une application, et si je prends un air réservé, il comble Honorine de caresses : il pressent qu'une bonne mère passe bien des choses à qui chérit son enfant. Il embrasse ma fille, avec une ardeur qui m'alarmerait, si elle avait cinq ou six ans de plus, et, en l'embrassant, il me regarde à la dérobée; mais avec une expression! Hélas! il cherche des prestiges, il se nourrit d'illusions. Quand il serre Honorine dans ses bras, quand elle lui rend ses baisers, il croit embrasser sa mère; la presser sur son cœur, la sentir répondre à ses transports.

Rien ne m'échappe, et je me rends impénétrable. Paraître m'apercevoir de quelque chose, ce serait le porter à parler, et si le mot *amour* s'échappait de sa bouche, je n'aurais plus la puissance de l'arrêter.

Comme il doit peindre le sentiment, d'après sa manière d'écrire! avec quel plaisir l'écoutera celle à qui il sera permis de l'aimer! mais quand pourra-t-il goûter les douceurs d'un engagement raisonnable et assorti? Hé! mon Dieu, mon Dieu, de quoi m'occupé-je là! Je reviens aux mêmes idées sans m'en apercevoir : je crois même les répéter sur le papier... Un enfant de dix-neuf ans!

Francheville est aussi pénétrant que moi. Il démêle tout ce qui se passe dans cette ame neuve et pleine de candeur. Assez souvent il m'en parle le soir, et il en rit jusqu'aux larmes : je ne vois pas de côté plaisant à tout cela.

Julie revient, peu à peu, à son caractère. C'est un composé de sensibilité, de douceur, de bonté. Son retour, à elle-même, est l'ouvrage de Francheville. Elle trouve, dit-elle, dans sa conversation un attrait qui lui fait tout oublier. Ah, je le crois! Sa douleur, au reste, ne pouvait être que celle d'une tendre fille, à qui la mort enlève un père chéri. Jamais Ducayla ne lui a inspiré ce délire du cœur et des sens, qui est la félicité suprême, et dont elle ne doit pas même avoir d'idée. Oh! c'est lorsqu'on s'identifie avec l'objet de son amour; qu'on n'existe que par lui et pour lui; qu'on lui doit une suite de jouissances; que chaque jour, chaque instant rendent plus vives, qu'il est affreux de le perdre. J'ignore si on peut lui survivre.

Soulanges ne regarde plus du tout la petite Montbrun. S'est-il aperçu que je l'observe, et se flatte-t-il de m'abuser? Les hommes dissimulent si gauchement! Un homme bien élevé, qui manque d'attention pour une fille aimable, a certainement des motifs, sur lesquels il cherche à faire prendre le change. Rose a constamment les yeux fixés sur Soulanges. Une fille décente, qui regarde continuellement un joli homme, est nécessairement entraînée par un sentiment irrésistible; mais elle n'a rien à se reprocher encore. De bons principes préviennent long-temps une première chute; on ne la fait pas sans une confusion, qui se décèle à chaque instant, et le séducteur est le dernier qu'on ose fixer. Ainsi Soulanges ne s'est pas positivement déclaré, puisqu'on ne le redoute pas; mais il emploie des moyens secrets de plaire, et il plaît.

Il connaît l'adresse et la facilité de Justine. Peut-être joue-t-elle un rôle important dans cette affaire, et si elle obtient la confiance de la petite Montbrun, elle la perdra infailliblement.

Il est convenu que demain nous lirons ce que nous avons fait pour le concours, et peut-être demain démêlerai-je les sentimens positifs de Soulanges et de Rose : il est, je crois, impossible d'écrire sans laisser percer quelque chose des sensations qui nous affectent le plus ordinairement, et les lumières, que j'ai déja acquises, me guideront dans les ténèbres, où le cœur humain cherche à s'envelopper. Il faut sauver cette jeune folle, sans expérience d'elle-même, ni des autres.

Nous montons en voiture, pour aller dîner à une lieue d'ici. Soulanges se place dans la berline où est sa femme; sa femme qu'il n'aime plus, moi qu'il n'aime pas, et du Reynel, dont on ne peut tirer une phrase qui n'ait rapport à la gastronomie : il y a affectation dans cette conduite de Soulanges.

Rose est dans la calèche avec ses parens et Julie. La pauvre petite allonge le cou à se le démonter, pour voir Soulanges, qui a la cruauté de se tenir dans le fond de la berline. Non, elle n'a rien à se reprocher encore, puisqu'elle croit n'avoir pas besoin de dissimuler, et quand les circonstances l'exigent, nous dissimulons toutes, par instinct, quand ce n'est point par raisonnement.

Comment Montbrun et sa femme ne s'aperçoivent-ils de rien ? Peut-être considèrent-ils cette préférence de Rose comme un enfantillage; peut-être croient-ils à l'inviolabilité de la maison de Francheville, peut-être sont-ils persuadés de l'honnêteté de Soulanges. Cette sécurité fait leur éloge, mais n'a pas de fondement. Tel qui rougirait de la seule pensée de prendre un anneau à la mère, lui ravit sa fille sans scrupule, et tire vanité, dans le monde, du désespoir où il a plongé une famille. Voici un paragraphe qu'Honorine lira un jour. Mais revenons.

Je voulais laisser Sainte-Luce à Brécour. Il m'a regardée d'un air si suppliant, que je n'ai pas eu la force d'insister. Il voulait monter dans la berline; j'ai exigé qu'il prît sa litière, dont cependant il pourrait se passer. Mais je ne veux pas qu'il touche mes pieds, mes genoux, pas même ma robe.

Francheville monte un superbe cheval, avec l'aisance et la grace qu'il met à tout ce qu'il fait. Il voltige de la calèche à la berline, et je le renvoie de la berline à la calèche : il se doit à Julie, et ses soins ont tant de succès!

Nous arrivons, et le premier soin du propriétaire est, selon l'usage, de nous faire voir ses parterres, son potager, son parc. Il a des plantes exotiques, dont il sait à peine le nom; dont il ignore les propriétés; qui ne flattent ni la vue ni l'odorat; mais dont il fait un cas infini, parce que son voisin ne peut offrir à l'amateur que l'œillet, la rose et le jasmin. Pauvres humains! Tous prétendent à une supériorité quelconque, et la plus frivole suffit souvent à leur amour-propre.

Le parc est vraiment délicieux; c'est la nature embellie, et l'art se cache partout. Voilà une grotte qui me rappelle celle d'Eustache, et les premiers jours de mon bonheur. Il faut que je m'arrête ici : je crois voir un temple, partout où je trouve un souvenir.

Du haut de la roche, s'échappe une source, qui tombe, en cascade, dans un bassin, dont les bords sont garnis d'un gazon frais et vert, sur lequel je suis assise. Sainte-Luce est resté, sous le prétexte d'amuser Honorine. La petite court après des papillons.

...Malheur! malheur, peut-être irrémédiable... Elle s'est élancée, elle est tombée... Sainte-Luce part avec la rapidité de l'éclair... Ah! je respire : Honorine est dans ses bras.

Emportée par sa vivacité, elle a suivi un papillon ; elle s'est précipitée dans le bassin. Sainte-Luce y est arrivé avant moi. Il a de l'eau jusqu'aux épaules, et ses blessures ne sont pas fermées! Il met mon Honorine sur mes genoux ; il me fait remarquer la tranquillité de l'enfant. Il me conjure de me calmer. Bon, excellent jeune homme!

Oh! je lui dois la vie de ma fille, et peut-être la mienne. Sans lui, il est vraisemblable que nous périssions toutes deux. Chère enfant! toi que j'ai crue perdue, et que je retrouve, viens, viens sur mon cœur, sur mon sein... Et vous, vous qui me l'avez rendue, recevez le témoignage de la plus juste, de la plus vive reconnaissance...

Insensée, qu'ai-je fait! je l'ai pressé dans mes bras ; je l'y ai pressé avec transport ; j'ai senti ses lèvres brûlantes... « Sainte-Luce, que faites-vous?

« Laissez-moi, laissez-moi, vous dis-je. Comment, « monsieur, vous tombez à mes pieds! que signifie « cette attitude? que prétendez-vous? me faire « acheter le bienfait, en perdre tout le prix, me « forcer à désirer qu'un autre ait sauvé mon Ho-« norine... » Sais-je ce que j'ai ajouté? Nos amis, les maîtres du château n'étaient pas à cent pas. Sainte-Luce pouvait être vu embrassant mes genoux, et le trouble, inséparable d'un pareil moment, ne m'eût pas servi d'excuse. Je m'éloigne à grands pas, entraînant, portant Honorine. J'appelle Francheville à haute voix; j'ai besoin d'un appui contre un jeune homme qui, tout à coup, a passé de l'extrême timidité à l'aveu le plus clair, aux expressions les plus délirantes... Hé! qu'ai-je à lui reprocher? Ne l'ai-je pas encouragé par mes caresses? elles étaient innocentes, mais quelle explosion elles ont produite! et ne devais-je pas la prévoir?

Des mots entrecoupés apprennent à Francheville le danger qu'a couru sa fille, et lui font connaître son bienfaiteur et le mien. J'avais envie de lui parler des détails : ce parti était le plus sage sans doute. Hélas, je n'ai pas eu la force de l'adopter.

Il prend sa fille, et court avec elle vers le château. Je le suis, appuyée sur le bras de Montbrun, dont j'ai un extrême besoin. Nous déshabillons la petite, nous la couchons. Elle nous sourit, et me demande des bonbons. Heureux âge, où tout est vie, et où on n'a pas encore d'idée de sa destruction !

« Et ce malheureux, mon ami, ce malheureux
« qui s'est précipité dans l'eau, et dont les bles-
« sures sont encore saignantes?... Il en mourra
« peut-être. » Francheville ne me laisse pas achever. Il court, il vole, il revient. Il soutient l'intéressant jeune homme. On le met sur un lit : il était temps.

Francheville l'a trouvé à genoux, à la place même où je l'ai laissé. Il tenait dans sa main quelques marguerites, que j'avais cueillies pour Honorine, et que j'ai laissées échapper au moment de sa chute. Il les a mises sous son oreiller, et c'est Francheville qui me raconte tout cela, avec un ton d'aisance qui me confond. Il est sûr de moi, sans doute; mais ne sent-il pas combien il est désagréable, fatigant pour une femme d'avoir à contenir, sans cesse, un jeune homme, dont la passion paraît s'accroître chaque jour ?

« Je le répète, mon ami, il faut éloigner M. de
« Sainte-Luce; il le faut absolument. Son fol
« amour l'attache ici, l'y fixe, et lui fera perdre
« ses plus belles années, et son état à venir.

« — Éloigner un homme recommandé par ma-
« dame d'Elmont, l'éloigner avant son entière
« guérison, et cela, parce qu'il fait cas aujourd'hui
« de quelques marguerites que tu as touchées, et
« auxquelles demain il ne pensera plus ! Comment

« colorer ce brusque départ? Comment nous sau-
« ver du reproche d'avoir chassé, de chez nous,
« celui qui nous a conservé notre enfant, qui a
« tout bravé pour y parvenir, et qui peut-être
« sera victime de son dévouement? Il faudra donc
« avouer notre véritable motif; nous résigner à
« passer, moi pour un jaloux, toi pour une prude.
« En vérité, ma chère amie, je n'y puis consentir. »

Pour une prude! Faut-il, pour éviter cette qualification, attendre que... Hé! sa bouche n'a-t-elle pas touché la mienne, ne s'y est-elle pas fixée? Mais Francheville ne sait pas cela.

Si je le lui dis, Sainte-Luce partira; mais il perdra son protecteur, tout espoir de s'avancer dans le monde. Dois-je le punir aussi cruellement d'une étourderie, qui n'a pas eu de témoins, et dont je pourrai toujours prévenir les suites? Ce serait une atrocité.

La fièvre vient de le prendre. Francheville donne l'ordre de le reconduire à Brécour. Ne manquera-t-il de rien? Sera-t-il convenablement soigné pendant mon absence? Si je retournais avec lui... si... si... : cela n'est pas possible.

Madame Montbrun se propose; ne puis-je faire ce qu'elle se permet? Non, non, elle a quarante ans, et moi... je bénis madame Montbrun.

Quel triste dîner j'ai fait là! Ma pauvre tête est pleine d'une foule d'idées qui se heurtent, se confondent, et ne me laissent pas un moment de repos.

Mon premier soin, à notre retour, est de m'informer de son état. La fièvre a cessé, et cependant, me dit-il, son mal augmente à chaque instant. Ah! je sais bien quel est ce mal, et je n'y peux apporter de remède.

Voyons, quelle conduite tiendrai-je à l'égard de ce jeune homme, qu'on ne veut pas éloigner? Lui parler de ce qui s'est passé, c'est le rendre à son délire; lui marquer du mécontentement, de la sévérité, n'est pas un moyen sûr de le réduire au silence. Quelque chose que dise une femme, tendrement aimée, elle provoque, elle amène une réponse; l'amour se reproduit; la discussion s'engage, se prolonge, et écouter, n'est-ce pas, en quelque sorte, autoriser des espérances?... des espérances! s'il était capable d'en concevoir! s'il me faisait cet outrage... Je paraîtrai n'attacher aucune importance à ce qu'il m'a dit, à ce qu'il a fait; je paraîtrai avoir tout oublié... Mais oublier aussi facilement, n'est-ce pas encourager une continuité d'aveux, de plaintes, auxquelles je ne sais que répondre. M. de Francheville avait bien affaire de recevoir ce jeune homme chez lui; de l'y ramener de Toulon. Je lui ai dit ce que je pouvais dire; j'en ai dit assez pour le déterminer à prendre des mesures promptes et sérieuses, et il garde ici Sainte-Luce; il le garde malgré moi. Je ne sais où j'en suis.

Il faut que je m'étourdisse sur tout cela, que je cesse de voir celui... Cesser de voir l'homme à qui je dois la vie de mon enfant! il m'accusera d'ingratitude, moi, qui réunis, au plus haut degré, tous les sentimens que peut concentrer le cœur humain. Hé bien! qu'il me croie ingrate; qu'il me mésestime; qu'il me haïsse; qu'il m'oublie; c'est ce qui peut lui arriver de plus heureux... Et à moi aussi.

« A quoi penses-tu donc, Fanchette? Tu oublies
« que c'est aujourd'hui que doit se faire la lecture
« des pièces destinées au concours. — Mon ami,
« je m'en occupais. — Et rien n'est disposé encore.
« Georges, faites-nous arranger une espèce de tri-
« bune. Voyez s'il n'y a pas, là-haut, quelque fau-
« teuil antique, qu'on juchera sur une table; un
« pupitre devant le fauteuil; des siéges rangés cir-
« culairement; ce qu'il faut pour écrire nos ré-
« flexions, sur ce que chacun de nous va lire. Il
« est fort agréable, pour ceux qui vont s'exposer
« aux traits de la critique, de prendre leur re-
« vanche par anticipation; et il faut que la criti-
« que soit quelque chose de bien beau, de bien
« grand, car je prends déja l'air d'importance, le
« ton tranchant, qui annoncent que je suis péné-
« tré de la dignité de mes fonctions. Allons, Mont-
« brun, à vous. »

Ce que j'avais prévu est arrivé. Chacun a traité son sujet d'après ses goûts, ses habitudes, son caractère.

Montbrun trouve, dans le commerce, l'unique remède au mal physique et moral. C'est le commerce, dit-il, qui rapproche, qui unit les hommes; c'est cette union qui rend chaque individu fort de la force générale. Il est vrai que le commerce brouille les peuples quelquefois; mais ils s'égorgent avec des égards, des procédés, une générosité, qui honorent l'humanité, et dont les principes imprescriptibles sont consignés dans un beau livre intitulé : *Du Droit des gens*.

On s'attend bien que du Reynel trouve l'oubli de tous les maux dans les plaisirs de la table. Un gastronome, dit-il, s'occupe de son dîner dès la veille; ainsi il est bercé par des songes agréables; il se réveille entre les bras de l'espérance, qui ne le quitte que pour le jeter dans ceux de la jouissance : c'est le moment où il se met à table. Il digère, paisiblement, le reste de la journée : quand serait-il accessible au mal physique et moral?

« Et la goutte? dit Francheville.—Je ne l'ai pas; « ainsi tout est bien pour moi. »

Les critiques observent à ces messieurs qu'ils sont longs, diffus, obscurs; qu'il faut aider à la lettre, et même à la pensée. Ces messieurs ont le bon esprit de ne pas se fâcher, chose rare, et par conséquent remarquable. Ils répondent qu'ils ont cherché à s'amuser, sans prétention au prix, et voilà la critique désarmée.

J'attendais Soulanges. Je ne perdrai pas un mot de ce qu'il va lire.

Il parle, assez éloquemment, des maux, de

toute espèce, qui affligent ce pauvre globe, et il s'étend sur les moyens de calmer les douleurs les plus vives, les chagrins les plus cuisans, d'ajouter au bonheur même. Le plus puissant, selon lui, c'est d'ouvrir son cœur à l'amitié; de l'y faire régner exclusivement. Il n'entend point parler de cette amitié froide, qui unit deux êtres du même sexe; mais de celle qu'éprouvent, l'un pour l'autre, un homme et une femme honnêtes et délicats. Eux seuls connaissent cette confiance absolue, cette douce intimité, ce charme qu'on ne peut décrire, mais dont on jouit si parfaitement. Il pare ses pensées des graces du style et des images. Changez le mot, c'est l'amour qu'il a peint; c'est l'amour qu'il présente à l'inexpérience, sous le nom de l'amitié.

Sa figure s'anime; ses yeux parlent. Rose ne pense pas à cacher le plaisir qu'elle trouve à l'entendre. Ses joues se colorent, son sein s'agite, un doux frémissement règne par tout son corps.

Francheville attaque fortement l'ouvrage; il fait tomber tout cet échafaudage d'amitié chimérique. Rose marque de l'humeur : il est dur de renoncer à des illusions flatteuses. Mais il est heureux d'être détrompé, et Francheville, sans s'en douter, a commencé ce grand ouvrage. Je le seconderai.

Soulanges me présente la main, et me conduit à la tribune. Je lis, je lis mal; Francheville rit, l'auditoire est glacé. Peut-être ce que j'ai fait n'a pas le sens commun. Je ne suis pas, d'ailleurs, dans une situation à faire valoir quelque chose. Pourquoi me suis-je avisée d'écrire?... Bon! ne vais-je pas mettre de l'importance à ces bagatelles-là?

Sainte-Luce me succède. Il est aussi loin du programme, que la comète l'est de la terre. Mais ce qu'il lit est bien, très-bien fait, trop fortement senti, trop bien lu. En vérité, cette manière de lire m'embarrasse. Francheville éclate de rire. Il s'écrie qu'on ne peut écrire ainsi sans être amoureux. Sainte-Luce se déconcerte; il descend de la tribune, humilié, rouge de dépit. Pauvre enfant! je souffre pour lui.

Julie n'a rien écrit, et s'excuse : elle n'en avait pas besoin.

Rose ne peut vaincre sa timidité : qu'objecter à cela?

Madame Montbrun assure n'avoir jamais écrit que des lettres de voiture et des connaissemens : on paraît assez disposé à la croire. On n'insiste pas.

Madame de Soulanges a réfléchi qu'une femme qui donne de la publicité à ses écrits, se charge presque toujours d'un ridicule. Elle n'a pas le travers de vouloir passer pour un bel-esprit; elle refuse de lire.

Est-ce une leçon qu'elle veut me donner? Ma foi, je la mérite, et je la reçois volontiers.

« A ton tour, aimable et inexorable critique.
« Tu n'as ménagé personne : tiens-toi bien.—Par-
« bleu, ma chère amie, je n'ai pas la prétention

« d'avoir mieux fait que les autres. Je me suis
« amusé à vos dépens; vous allez prendre votre
« revanche. Georges, distribuez des clés forées :
« je vais commencer.

« — Bravo! bravo! Comment donc, mon ami,
« voilà qui est très-supérieur à ce que nous avons
« entendu. — Très-supérieur, ma chère amie, c'est
« un peu fort. Ce n'est pas ton esprit qui juge,
« c'est ton cœur. — Tu vois que ta femme n'est
« pas la seule qui pense ainsi : tous nos amis te
« comblent d'éloges. — L'académie pourrait fort
« bien n'être pas de votre avis. — Hé! une acadé-
« mie ne se trompe-t-elle jamais? Confie-moi ton
« manuscrit. Je prierai M. de Sainte-Luce de le
« copier. »

J'ai parlé, et le jeune homme a déja le cahier
entre les mains. Il ne court pas encore; il trottille
jusqu'à sa chambre. Il va travailler sans interruption, j'en suis sûre, et j'aurai ma copie avant la
fin du jour.

Prévention, vanité, faiblesse de femme, va-t-on
dire. On dira tout ce qu'on voudra : je ne peux
résister au désir d'insérer ici la pièce de Francheville.

CHAPITRE VII.

Tout n'est pas mal.

Trick s'était éloigné du monde, qu'il haïssait, sans trop savoir pourquoi. Il habitait un coin de terre, qui lui appartenait, dans la vallée de Chamouni. Malgré sa misanthropie, il y pratiquait les vertus patriarcales, qui distinguent les peuples qui ont conservé quelques traits de leur physionomie primitive. Il exerçait l'hospitalité, envers ceux que la curiosité ou le goût de l'observation conduisait aux glaciers. Sa haine des hommes n'altérait ni sa candeur, ni son désintéressement, et il était amoureux, comme un solitaire, qui vit habituellement avec son cœur et sa maîtresse.

Mademoiselle Crettle était fort jolie et fort sensible. Seule avec M. Trick, elle l'écoutait avec plaisir, parce qu'il était beau, et que d'ailleurs elle ne pouvait entendre que lui. Elle crut que le respect, que lui inspiraient les vertus simples de son maître; que l'intérêt, qui naissait de la peinture naïve de ses sentimens, étaient quelque chose de plus que de l'amitié, et jusque-là tout allait bien : croire qu'on a de l'amour, c'est être bien près d'en avoir.

Le diable, qui se mêle des affaires des patriarches, comme de celles des réprouvés, amena, dans la cabane de Trick, un pâtre plus jeune et plus beau que lui, qui demanda du pain, du lait, et de l'emploi.

Un patriarche, un misanthrope, ont leur petite vanité, comme les gens du grand monde. Trick passait déja pour un homme riche : il fut flatté de l'idée d'avoir un serviteur. Il remit à Wolf la garde de son troupeau, et Crettle, obligeante envers tout le monde, se chargea de lui porter, aux champs, le plat de lentilles, et le fromage à la crème.

Crettle, très-ingénue, pensait que l'homme qu'on doit préférer est celui qu'on aime le plus. Ce raisonnement est un peu suisse : elle eût peut-être pensé différemment, après un séjour de six mois à Paris. Qu'elle eût tort ou raison, la disposition à aimer, qu'elle éprouvait depuis quelque temps, se tourna tout à coup en faveur de Wolf. Dès ce moment, la conversation sentimentale de Trick lui parut ce qu'elle était, monotone, très-monotone, et ennuyeuse, lorsque le causeur n'inspire plus d'intérêt.

Wolf, de son côté, trouvait la petite Crettle très-séduisante, et, comme on est vrai, en proportion du plus ou du moins d'éloignement où on se tient de la nature, Wolf dit un jour à Crettle : Je t'aime. Crettle répondit : Je t'aime aussi.

Et comme on n'a nul intérêt à cacher ce qui fait plaisir, et ce qui ne nuit à personne, ils dirent tous deux à Trick, en rentrant dans la cabane : Maître, nous nous aimons.

Trick frissonna, pâlit, rougit, et chercha, dans

sa tête, les moyens de conserver sa petite Crettle.
Il en trouva un, qui lui parut infaillible : il proposa d'épouser. « Voulez-vous, maître, que je vous
« épouse, lorsque j'en aime un autre? Je serais
« malheureuse, Wolf le serait, vous le seriez aussi
« de n'être pas aimé, et il vaut mieux qu'il y ait
« un malheureux que trois. »

Trick essaya de répondre à un raisonnement, qui était sans réplique. Crettle passa son bras sous celui de Wolf; de l'autre main, ils tenaient chacun leur petit paquet. Ils saluèrent Trick, et partirent.

« Où allez-vous donc? leur cria-t-il. — Nous
« marier. — Et de quoi vivrez-vous? — Wolf trou-
« vera partout des moutons à conduire, et moi un
« ménage à soigner. »

Oh! les femmes, disait Trick, en se renfermant chez lui, les femmes sont plus haïssables encore que les hommes. L'ingrate! Je l'aimais assez pour l'élever jusqu'à moi, et elle me préfère un malheureux berger! Il ne réfléchissait pas que, pour une fille de seize ans, il n'y a qu'un homme au monde, et celui-là a tout.

Trick resta, deux jours, enfermé dans sa cabane. Il avait encore la faiblesse d'aimer Crettle, et il ne voulait pas que ses voisins fussent témoins de sa douleur. Nous avons quelquefois des peines qui ne sont que des ridicules : ce sont à peu près celles que nous n'osons avouer.

Cependant, comme la douleur est à charge à

un misanthrope, comme à un autre, Trick pensa qu'il ferait bien de se défaire de la sienne, et il se décida à se rapprocher un peu des hommes.

Comme on n'est jamais plus gai qu'à table, en Suisse ainsi qu'ailleurs, il sortit pour choisir le plus gras de ses agneaux. Le troupeau, abandonné à lui-même pendant deux jours, s'était dispersé. Trick courut toute la journée pour le rassembler, et en courant il disait : A quelque chose malheur est bon; en cherchant mes moutons, je ne pense pas à Crettle.

Et il cherchait ses moutons du côté par où Crettle avait disparu à ses yeux. Il rentra chez lui, excédé de fatigue, ayant à peine rassemblé le quart de son troupeau. Au moins, dit-il, je n'aurai plus besoin de berger, et si je retrouve une jolie ménagère, personne ne me l'enlèvera.

Voilà pourtant deux malheurs, au lieu d'un, dont il faut se consoler. Au lieu d'un agneau, il en tue deux; au lieu d'un voisin, il en convie trente.

Deux jours et deux nuits se passèrent à table. On rit, on chanta. Trick oubliait ses pertes, et il trouvait que pour être heureux, il faut vivre sans amour, et afin de n'en plus avoir, il avait placé, près de lui, la plus jolie de ses voisines.

La voisine prétendait que l'amour seul nous rend heureux. Elle soutenait son opinion, avec des regards si doux, des inflexions de voix si pénétrantes, que Trick la trouva fort au-dessus de

Crettle : notre amour-propre pare la femme qui nous aime, des charmes qu'elle n'a pas.

Trick allait se livrer au plaisir d'être aimé, lorsqu'il se rappela que sa voisine était mariée. Cette seule idée le fit frémir. Jamais, dit-il, je ne me reprocherai d'avoir convoité la femme de mon voisin.

La femme du voisin, beaucoup moins scrupuleuse, lui dit à l'oreille : Trick, je t'aime. Trick lui répondit : Madame, vous ne le devez pas.

La dame, qui avait quelque chose du caractère de madame Putiphar, dit à son mari que Trick lui faisait des propositions inconvenantes.

Et le mari, à demi-ivre de la bière de Trick, le battit, prit sa femme, et l'emmena.

Oh! quel monde que celui-ci, pensait Trick. Une petite fille que j'aime, et dont je me croyais aimé, me quitte pour suivre un jeune homme, qu'elle connaissait depuis vingt-quatre heures; la plus grande partie de mes moutons s'égare, et personne n'a la bonne foi de me les ramener; je me défends d'un amour illicite, je suis battu, et pendant qu'on me bat, mes amis achèvent tranquillement de vider mon quarteau de bière! Oh! quel monde! quel monde!

Si je n'avais au moins qu'à déplorer mes malheurs personnels! mais tout ici est perversité, destruction, calamité. Le renard mange les poules; le loup, la brebis; le vautour, la colombe; le brochet, le goujon; l'araignée, la mouche; l'hirondelle, l'araignée; la piegrièche, l'hirondelle. L'homme mange tous les animaux, et il se bat, jusqu'à la mort, pour savoir si sa haie de séparation sera placée une toise plus loin, ou une toise plus près de sa maison. Des poisons sont épars çà et là; des reptiles venimeux infectent la terre; des épidémies la ravagent. Ah! quel monde! quel monde!

Pendant que Trick fait le philosophe, un orage affreux se prépare. Chacun court, autant que le permettent des jambes et des têtes appesanties : on a ses fruits, ses légumes, ses fleurs à sauver. De la grêle le 1er de juin, disait Trick, et notre pasteur prétend que tout est bien! La Providence, dit-il, veut éprouver les hommes! j'aimerais mieux plus de bonheur, et moins d'épreuves. La Providence est bien bonne de s'occuper autant de moi!

Trick n'eût pas fini, si le bruit de ses cloches et de ses châssis, brisés par la grêle, ne l'eût tiré de ses profondes réflexions. Il va, il court à son jardin, et à peine est-il sorti de chez lui, que la foudre tombe sur sa maison et l'écrase. Les débris de la maison écrasent les moutons que la grêle n'a pas tués. Les moutons écrasent les poules; les poules leurs poussins. En un instant il ne reste à Trick que le fardeau de son existence.

Tout est mal sans doute, disait-il; mais les hommes ont aggravé des maux inévitables. Si nous avions conservé notre état d'innocence, les choses iraient bien mieux. Les dons de la terre seraient suffisans, et communs à tous. Les animaux ne seraient pas victimes de notre voracité, ou de notre barbarie. Le mouton, libre dans nos prairies, ne craindrait ni le loup, ni le boucher. Le cheval, loin du fouet oppresseur, trouverait, dans les forêts, le plaisir et le repos, auprès de la souple et vigoureuse jument. L'homme vivrait, sans avarice et sans ambition, par conséquent sans orgueil et sans haine. L'amitié cesserait d'être un vain mot; l'amour serait un sentiment; les épouses resteraient fidèles, et les petites Crettles ne courraient pas les champs, avec leurs amoureux.

Quand on est abondant en idées, qu'on est seul, et qu'on marche, on fait du chemin sans s'en apercevoir. Trick avait gravi le Montanverd, et il arriva à la porte d'un ermitage.

Il avait faim; il frappa. Un vieillard vint ouvrir, et lui offrit du pain noir et des noisettes. En prenant ce frugal repas, Trick examinait son hôte. L'isolement absolu; le renoncement à soi-même; une vie austère, au milieu de glaciers, vieux comme le monde; une barbe blanche, qui tombait jusqu'à la ceinture; un front sillonné de rides; des yeux animés et perçans, tout cela semblait tenir à quelque chose de surnaturel : il fallait que l'ermite fût un saint ou un sorcier. Dans l'un ou l'autre cas, pensait Trick, il pourrait réparer mes malheurs. L'espérance le ranima, et il commença à raconter à l'ermite sa déplorable histoire.

A mesure qu'il avançait, dans son récit, la physionomie de l'ermite se développait, s'animait, se parait de graces. Les rides ont disparu; la barbe grise et la robe de bure sont tombées; Trick a devant lui un génie brillant de jeunesse et de beauté.

On n'a pas, tous les jours, l'occasion de voir un génie. Trick ouvrait de grands yeux, et contemplait celui-ci avec admiration, lorsqu'il se sentit enlever par les cheveux, et transporté avec la rapidité de la foudre. Cette manière de voyager n'est pas la plus commode, mais elle est expéditive. C'est ainsi que certain prophète de Judée courait le monde pour la plus grande gloire de Dieu.

Trick eut peur, et commença à regretter cette terre, si imparfaite, où cependant on se procure, par-ci par-là, quelques jouissances. Mais comme les regrets ne servent à rien, quand on s'est jeté d'une mauvaise condition dans une pire, Trick ferma les yeux, et se résigna.

Il parcourut cinq millions de lieues en cinq minutes, et tout à coup il sentit ses pieds appuyés sur quelque chose de solide. Il ouvrit les yeux; le génie avait disparu, et Trick se trouva dans un monde, qu'il ne connaissait pas; mais où, fort heureusement pour lui, tous les habitans parlaient suisse.

« Mais, disait-il, comment parle-t-on suisse
« dans un monde, où on ignore qu'il existe treize

« cantons? Rien de plus simple, lui répondit une
« jeune fille : on parle suisse ici, comme Aga-
« memnon parle français à Paris. »

Cette jeune fille est grande, sa taille est svelte, élancée; mais est-elle jolie? C'est la première chose qu'un homme veut savoir, et comment s'en assurer? celle-ci porte un masque; ses mains et ses bras sont cachés dans des gants d'une demi-aune de longueur. Nos Suissesses, pensait Trick, sont bien plus coquettes que les femmes de ce monde-ci. Les jolies filles ne veulent pas de masque; les laides croient n'en avoir pas besoin. Je remarque déja qu'ici le sexe est modeste, et j'en augure bien, pour la suite de mes observations.

Un jeune homme a toujours quelque chose à dire à une jeune fille; une jeune fille aime à répondre à un joli garçon; aussi la conversation fut très-animée.

« Dites-moi, jeune demoiselle, comment se
« nomme ce monde-ci? — L'univers, monsieur,
« ou le monde par excellence. — Ah! j'entends :
« on croit ici, comme chez nous, que la nature
« ne s'est occupée que du globe que nous habi-
« tons, et que les étoiles fixes sont là uniquement
« pour nous récréer la vue. Et quelles sont les
« mœurs de votre terre? — Des mœurs, mon-
« sieur! Que signifie ce mot? — Peut-être ne le
« connaissez-vous point, parce que vous n'avez
« que des qualités. — Qu'est-ce que c'est que des

« qualités? — Je vais tâcher de vous en donner
« une idée. Aimez-vous, respectez-vous vos pa-
« rens? — Douteriez-vous de cela? — Êtes-vous
« sensible aux charmes de l'amitié? — Partout
« ici vous lui trouverez des autels. — Connaissez-
« vous l'amour? — Il est ici le complément de l'a-
« mitié. — Les épouses sont-elles fidèles? — Est-il
« possible qu'elles ne le soient pas? — Les jou-
« vencelles sont-elles sages? — Sages? Qu'en-
« tendez-vous par là? — Je vois qu'ici vous pra-
« tiquez toutes les vertus, sans orgueil, puisque
« vous n'avez pas même de mot pour les expri-
« mer. Oh! si vous ignoriez aussi l'argent et l'or!
« — Nous les connaissons. — Tant pis. — Mais
« nous les laissons dans les mines. — Ainsi, ja-
« mais de haines, de querelles, de guerres parmi
« vous? — Qu'est-ce que tout cela? — La guerre
« est l'art de se ranger en ligne, et de se tuer
« méthodiquement. — Comment, il y a des mondes
« où les hommes se tuent! — Comment, vous êtes
« assez heureuse pour vous étonner de cela! Vous
« m'enchantez, mademoiselle. Et sans doute vous
« vivez dans une égalité absolue? Vous n'avez
« point parmi vous de grands seigneurs? — Dites-
« moi encore ce que c'est qu'un grand seigneur?
« — C'est quelquefois un homme de fort peu de
« mérite: c'est toujours le propriétaire d'une vaste
« étendue de terrain, qui le fait exploiter à son
« compte, et qui, au moyen de la sueur de ses
« paysans, a des valets qui le servent, des che-

« vaux qui éclaboussent ses semblables, quand
« ils ne les écrasent pas, et il en est qui appel-
« lent drôle celui qui n'éclabousse personne, et
« qui ne gaspille pas, en un jour, ce qui ferait
« exister vingt familles. — Quoi! monsieur, vous
« avez dans votre monde des hommes comme
« cela! — Quoi! mademoiselle, ce monde-ci n'est
« point partagé entre cinq à six mille individus?
« — Ici, monsieur, la terre n'est à personne, et
« ses fruits sont à tous. — Et vous n'avez point
« de supérieurs? — Qui ne veut pas l'être, n'en
« reconnaît point.

« — Oh! quel monde! quel monde! C'est chez
« vous que règne l'âge d'or, qui n'est sur notre
« terre que le rêve de quelques honnêtes gens...
« Mais, mademoiselle, il me semble que vous avez
« bien des mouches. — Voilà pourquoi nous por-
« tons des masques. En voulez-vous un? — Je
« vois qu'il est difficile de s'en passer, à moins
« pourtant que nous n'écrasions ces mouches im-
« portunes. — Ah! quelle horreur! ôter la vie à
« quelqu'un! Le temps ne détruit-il pas assez
« vite? — Que cette générosité est sublime! Ne
« pas se permettre d'écraser une mouche! Préfé-
« rer porter un masque toute sa vie! Oh! génie
« bienfaisant, reçois l'hommage de ma reconnais-
« sance : tu m'as jeté dans le meilleur des mondes
« possibles. J'y passerai le reste de mes jours. —
« Comme il vous plaira, monsieur. — Je vous
« offre mon cœur. — Je vous donne le mien. —

« Mais, mademoiselle, vous avez sur moi un avan-
« tage. — Lequel, monsieur ? — Vous me voyez,
« et je ne connais pas votre figure. — Je vais sou-
« lever mon masque. — Quelle candeur! quelle
« bonté!... Mademoiselle, vos traits sont d'une
« régularité parfaite, d'un charme inexprimable;
« mais vous me paraissez bien pâle, et bien mai-
« gre. — Nous sommes tous dans cet état-là. —
« Mademoiselle, si le mariage ôte quelquefois
« l'embonpoint, assez souvent il en donne : ma-
« rions-nous tout de suite. — Vous me plaisez
« beaucoup, monsieur; mais je ne vous épouserai
« jamais. — Et la raison de cela, mademoiselle?
« — Je ne redoute rien autant que d'être mère.
« — Voilà une idée bien singulière. — Je ne me
« singularise pas : toutes mes compagnes pensent
« de même. — Que font donc ces époux si fidèles,
« dont vous me parliez tout à l'heure? — Ils se
« regardent, et ils bâillent. — Il y a là-dessous,
« mademoiselle, quelque chose d'incompréhensi-
« ble. Que des époux bâillent, en se regardant,
« cela est assez ordinaire; mais que des jeunes
« filles qui aiment refusent de se marier, par la
« crainte d'avoir des enfans, voilà ce qui a besoin
« d'explication. — Et c'est ce qui va s'expliquer.
« Suivez-moi. »

Elle passe son bras sous celui de Trick, avec
cette mollesse, cet abandon auxquels se laissait
aller Crettle, en prenant le bras de Wolf, et ils
se mirent ensemble à parcourir le pays.

Trick s'aperçut bientôt que ce qui est, ici, une simple marque de politesse, une demi-faveur de l'amour, est, dans ce nouveau monde, un secours nécessaire à la beauté défaillante : les genoux de celle-ci ployaient sous elle.

Trick allait l'interroger sur les causes de cette faiblesse, lorsqu'il vit des choses qui lui confirmèrent l'excellence de son système, en excitant son admiration.

Ici, c'est un lion qui joue avec un agneau. Le lion est maigre comme la jolie demoiselle ; mais l'animal féroce a vaincu sa voracité : donc nos passions ne sont pas invincibles ; donc l'homme, doué de raison, est inexcusable, quand il ne surmonte pas les siennes.

Plus loin, un homme, soutenu par deux de ses compatriotes, pousse de longs gémissemens. Trick s'approche, s'informe : cet homme a eu, en marchant, le malheur d'écraser un lapin. « Oh ! ma-
« demoiselle, quels cœurs que les vôtres ! quelle
« parfaite, quelle exquise sensibilité ! Quelle ad-
« mirable et étonnante leçon je donnerai aux ha-
« bitans de ma terre, si mon génie me permet d'y
« aller passer deux ou trois jours ! Mais, made-
« moiselle, je m'aperçois qu'il est temps de dîner.
« — Et moi, monsieur, je tombe d'inanition. —
« Hé bien ! conduisez-moi chez vous. — Chez moi !
« où règne l'égalité, personne n'a rien en propre.
« — Vous avez au moins quelque maison com-
« mune... Hé, bon Dieu ! je m'aperçois que vous

« êtes sans souliers. — Cette robe et ce masque
« sont du temps où la tyrannie pesait insolem-
« ment sur nous. Mais comment, depuis que nous
« sommes heureux, nous procurer quelque chose?
« Pas de cuir, quand on ne tue pas d'animaux;
« ainsi pas de souliers. Pas de bois de charpente,
« quand on craint de couper un arbre, qui a au
« moins la vie sensitive; ainsi pas de maisons. —
« J'entends, mademoiselle, ceux qui veulent ra-
« mener l'âge d'or, doivent se résigner à coucher
« à la belle étoile, et à marcher nu-pieds. Diable!
« diable... mais que vois-je! ces arbres sont dé-
« pouillés de fruits, de feuilles, et même de leur
« écorce? — Que voulez-vous, monsieur, les écu-
« reuils, les oiseaux, les lapins, les chevreuils...
« — Ah, mademoiselle!... et les fourmis, les tau-
« pes, les rats... Je ne sais plus où mettre le pied.
« Éloignons ces animaux-là. — Pourquoi les éloi-
« gner? Puisque la terre est à tous, ils ont comme
« nous le droit d'aller où bon leur semble. Atten-
« dons qu'il leur plaise nous ouvrir un passage.—
« Venez, mademoiselle, glissons-nous par ici. Vous
« avez au moins des jardins, et dans ces jardins
« des légumes? — L'année dernière, on a encore
« cultivé en commun; mais les sangliers ont dé-
« raciné les haies, et ces pauvres bêtes ont mangé
« la récolte. Comme on sent qu'on ne récolterait
« pas davantage à l'avenir, on a renoncé à un tra-
« vail inutile. Voilà pourquoi les personnes ma-
« riées bâillent en se regardant; voilà pourquoi

« les filles et les garçons refusent de se marier.—
« Ainsi, pour que l'âge d'or règne, il faut que le
« genre humain périsse. — Oh, monsieur! nous
« ne mourons pas de faim précisément. Tenez,
« voilà une touffe d'herbe que cette vache a laissée
« en passant, nous allons nous la partager.—Hé,
« mademoiselle! on ne dîne pas avec deux brins
« d'herbe, et je commence à me dégoûter furieu-
« sement de l'âge d'or. Que diable! des animaux
« qui multiplient au point de vous empêcher de
« multiplier vous-même; qui ravagent, dévastent
« tout; cela est trop fort, et puisqu'il faut opter,
« il vaut mieux manger les lapins qu'en être
« mangé. Vous n'avez donc parmi vous aucun
« homme énergique, qui vous rassemble; qui
« vous parle; qui vous démontre l'absurdité de
« votre conduite; qui vous classe, qui utilise vos
« bras et vos talens; qui rende aux bêtes la guerre
« qu'elles vous font; qui rétablisse la culture; qui
« fasse renaître l'abondance, et qui vous procure
« au moins des souliers? — Parlez donc plus bas,
« monsieur. Si on vous entendait, on vous pren-
« drait pour un de ces grands seigneurs, dont
« vous faisiez tout à l'heure le portrait, et on vous
« traiterait en conséquence. — Ces grands sei-
« gneurs, mademoiselle, ces grands seigneurs...
« sont très-estimables, et je les ai jugés comme
« un sot, comme juge le peuple, toujours envieux
« de ce qui est au-dessus de lui. Tout grand sei-

« gneur, j'en conviens, n'est pas capable de grandes
« choses; mais le moins habile est très-utile à la
« société. Si toutes les classes travaillent pour lui,
« son or se répand dans toutes les classes. On a le
« pot au feu, on rit, on caresse sa maîtresse ou sa
« femme; on a des enfans, et c'est un passe-temps
« fort agréable que les faire et les élever.

« — Si vous continuez, monsieur, je serai forcée
« de vous quitter : vos opinions me font frémir.
« — Frémissez tant qu'il vous plaira. Je trouve
« fort bien, à présent, qu'un renard croque une
« poule; le loup un agneau, et moi ma part d'un
« bœuf, ou d'une truite du Rhin. Il n'est pas de
« système qui tienne contre le cri de l'estomac.

« Tenez, mademoiselle, les idées adoptées, dans
« nos deux mondes, sont fort exagérées. Dans le
« mien, on détruit souvent sans nécessité; dans le
« vôtre, la sensibilité est portée jusqu'à la bêtise.
« En s'arrêtant à un terme moyen, tout irait à
« peu près bien sur les deux globes, à l'exception
« cependant des grêles au mois de juin, des épi-
« démies, des tremblemens de terre, des vols, des
« escroqueries, des procédures, et autres baga-
« telles, qui ne sont que des malheurs locaux, in-
« sensibles pour la généralité de l'espèce, et je
« conviens volontiers que sur ma petite terre tout
« n'est pas mal.

« O mon génie! vous m'avez bien puni de mon
« erreur. Mais la punition durera-t-elle jusqu'à la

« dernière du petit nombre d'heures qui me sont
« encore réservées ? Je me repens ; pardonnez-
« moi. »

A peine a-t-il prononcé ces mots, qu'il se sent
une seconde fois enlevé par les cheveux. Son premier mouvement est de saisir, par les siens, la
jolie fille avec qui il est. « Je travaillerai, dit-il ;
« je gagnerai du pain pour elle et pour moi ; je
« l'engraisserai, elle sera charmante, et elle rem-
« placera l'ingrate et perfide Crettle. »

Un génie porterait une montagne au bout du
petit doigt ; un homme n'enlève pas une fille
comme une mouche. Au bout de quelques secondes, Trick sentit dans son bras une fatigue effrayante. Il prévit que la jolie fille allait échapper
à sa main engourdie ; qu'elle allait rouler dans
l'espace, pendant l'éternité, ou se briser sur quelque roche de quelque monde, comme la tortue
sur la tête du Dormeur de La Fontaine. Il s'afflige, il se désole, il conjure le génie... L'instant
fatal est arrivé. Ses muscles et ses nerfs s'étendent ; sa main secourable s'ouvre malgré lui ; il
jette un cri affreux... Il s'éveille en sursaut.

Il est chez lui. Accablé par la chaleur du midi,
il s'est endormi dans son grand fauteuil. Crettle
est là ; elle lui sourit à son réveil ; il entend son
troupeau bêler à sa porte.

« Ah ! quel rêve j'ai fait, dit-il à la petite. J'éloi-
« gnerai les idées qui l'ont produit ; je n'en veux
« plus faire que d'agréables, et si tu y consens,

« petite Crettle, nous rêverons ensemble. Marions-
« nous, et faisons des enfans, sans craindre que
« les lapins viennent manger leur dîner dans leur
« assiette.

« Ainsi soit-il, maître, répondit Crettle.

« Allons, allons, je le répète bien éveillé, dit
« Trick, tout n'est pas mal dans ce monde, et
« quoiqu'il soit dit, dans les saintes Écritures: Il
« n'y aura parmi vous ni premier ni dernier, je
« me trouve fort bien d'avoir au-dessus de moi un
« landamman qui règle les affaires de tous, pen-
« dant que je m'occupe des miennes. »

CHAPITRE VIII.

Rose sauvée.

Je balance, depuis quelques heures, sur le parti
que je prendrai relativement à la petite Montbrun.
Avertir sa mère de ce qui se passe, est le moyen
le plus prompt et le plus sûr de déjouer les projets de Soulanges ; mais il serait pénible pour moi
d'inquiéter de bons parens, et d'accuser, ouvertement, de séduction un ancien, un intime ami,
à qui j'ai personnellement de grandes obligations.

D'un autre côté, je pense que la perte d'un
jour peut être irremédiable, et tout examiné, tout
prévu, je décide de m'ouvrir à Soulanges lui-
même. Il me paraît indubitable que ma pénétration l'obligera nécessairement à une grande ré-

serve, et que peut-être il renoncera à un plan, que ma continuelle surveillance rendrait inexécutable.

Mais quel ton prendre avec lui? Le rigorisme effraie l'homme du monde, l'éloigne, et ne convient pas à une femme de vingt-cinq ans, vive, gaie, et qui ne peut se dissimuler que ce n'est pas à la rigidité de ses principes qu'elle est redevable de son bonheur. Le ton léger ne convient pas davantage; il n'en impose à personne, et ne servirait ici qu'à tourner en plaisanterie l'affaire la plus sérieuse. Je crois définitivement qu'il est des circonstances, qui ne permettent pas de se fixer à une idée, et que je n'ai rien de mieux à faire que de saisir l'esprit du moment. Tout le monde prétend à cet esprit-là; mais les femmes seules le possèdent, et je ne suis pas une femme absolument ordinaire.

Voyons, voyons. Tirons-nous de là de manière à n'offenser personne, et à remédier à tout.

Où sont-ils? dans les bosquets. J'y descends. Madame Montbrun est assise, et festonne au pied d'un orme : la pauvre femme n'est là que le prétexte, et ne s'en doute pas. Évitons-la, et cherchons sa fille, qui certainement n'est pas loin.

Ah! j'entrevois sa robe blanche, qui joue à travers la verdure. Il y a du mouvement près d'elle : elle n'est pas seule. Approchons doucement. La pelouse est fine et me favorise... Épier quelqu'un, descendre à un rôle aussi bas! Hé! le motif n'est-il pas légitime, et n'ai-je pas le droit de me promener aussi dans mon parc?

J'entends, j'entends tout. L'amour conserve encore le masque de l'amitié; mais il n'en a pas le langage. Celui de Rose même est brûlant d'expression et de délire; le danger est imminent.

Il lui tient la main, la couvre de baisers; la petite ne pense pas à la retirer. Jamais, dit-il, amitié ne fut égale à la sienne. Jamais, répond Rose, elle n'a aimé aucune de ses compagnes autant que lui.

Il ne fait aucune tentative. Il se borne à caresser cette main. Peut-être craint-il de l'effrayer: il est constant qu'il n'est fort que de sa confiance. Écoutons.

Les journées ne suffisent plus à une amitié comme la sienne. Il ne peut s'y abandonner que momentanément. Les plaisirs communs, les devoirs de bienséance l'arrachent, malgré lui, au sentiment le plus cher. Il serait si doux de passer des heures de suite au sein de la plus tendre intimité! Rose convient de tout cela. Mais comment faire? Oh! je me doute bien que Soulanges ne manquera pas d'expédiens.

Le cabinet de toilette de Rose a une porte, qui ouvre en face de la chambre de Soulanges. On peut laisser les deux portes entre-bâillées, et la nuit, lorsque tout le monde repose... la petite

Montbrun baisse les yeux, secoue la tête d'un air négatif... Bon... mais ce qu'elle rejette aujourd'hui, elle peut l'accepter demain.

Soulanges insiste avec chaleur, avec éloquence, et cependant avec un ton de désintéressement qui ne permet pas au soupçon de naître. L'innocence ne prévoit rien; c'est le premier coup de tonnerre qui lui annonce l'orage.

La petite craint de se permettre une telle démarche, sans l'approbation de sa mère. Elle propose, avec naïveté, de la consulter. La proposition est rejetée, comme de raison, avec le ton de l'ironie, du persiflage. Cette conduite conviendrait tout au plus à un enfant; mais une jeune personne de seize ans sait, aussi bien que sa mère, ce qu'elle peut se permettre, ce qu'elle doit s'interdire. Madame Montbrun, d'ailleurs, n'a jamais connu le sentiment vif et pur qui les unit. Elle n'y croirait pas; elle ne manquerait pas de le confondre avec l'amour profane, qui déshonore un sexe sans faire le bonheur de l'autre. « Mais, dit « la petite... » Oh, mon Dieu! elle va composer.

« Mais, dit-elle, maman peut s'éveiller, m'ap-
« peler. — Ne craignez rien, mon amie. Justine
« sera là; elle veillera pour vous, et, au moindre
« mouvement de votre mère... » Il est temps de me montrer.

J'écarte quelques branches de lilas; je m'avance, je me présente... Soulanges est pétrifié. La petite vient au-devant de moi, et m'embrasse avec une aisance, une franchise qui me prouvent qu'on peut la tromper, et non la convaincre.

En vérité, je suis moi-même aussi embarrassée que Soulanges. Je ne sais que dire. Il est cependant essentiel de profiter de ce moment de terreur pour en inspirer une plus grande. L'homme qui craint écoute, ne fût-ce que pour apprécier le danger, et pour préparer ses ressources.

Une idée soudaine me frappe, et je la saisis avec avidité. Je le crois à présent : j'ai l'esprit du moment comme une autre.

Je prends le bras de Soulanges et la main de la petite. Je m'empare de tous deux; je les tire de l'espèce de labyrinthe, où ils se sont enfoncés. Je leur demande quel ouvrage ils lisaient, et, sans attendre de réponse, je leur rends compte de celui que je viens de lire.

« Un homme aimable oublie qu'il est marié. Il
« prépare des chagrins à son épouse, et il va por-
« ter le désordre et l'affliction dans une famille
« estimable. Il désire passionnément la possession
« d'une jeune personne, dont il redoute les prin-
« cipes, et il présente, à son inexpérience, l'amour
« couvert des attributs de l'amitié : c'est le serpent
« qui se cache sous des fleurs. La jeune personne,
« trompée, ne s'interroge pas sur la situation de
« son cœur. En proie à l'ardeur la plus vive, sa
« sécurité est entière, parce qu'elle a toute son
« innocence. Cependant de jour en jour, d'heure
« en heure, elle s'avance vers le précipice, où on

« veut la plonger. L'adresse, l'éloquence, la bonne
« foi simulée, le ridicule même, tout est employé
« pour l'entraîner dans des démarches inconsidé-
« rées. Elle balance, elle hésite; un pas encore, et
« elle est perdue sans ressources.

« Une femme sensible et indulgente lui décou-
« vre le péril, et lui aide à l'éviter. Elle lui répète,
« sans cesse, que l'amitié ne connaît pas le mys-
« tère; qu'elle n'en a jamais besoin, et qu'écouter,
« avec calme, la proposition de cacher quelque
« chose à sa mère, c'est être déja coupable. Cette
« femme sensible soutient, console, encourage la
« jeune personne livrée aux regrets, noyée dans
« les larmes. Elle lui promet une discrétion à toute
« épreuve; elle acquiert sa confiance, et elle ne
« s'en sert que pour arracher de son cœur le trait
« empoisonné. »

En effet, Rose, baignée de pleurs, se précipite
dans mes bras. Soulanges, interdit, confus, s'est
éloigné à pas lents, avant d'avoir entendu la fin
de l'extrait du livre supposé.

Je presse l'aimable enfant contre mon cœur; je
la conduis loin, bien loin de sa mère, à l'autre
extrémité du bois. Là, nous nous asseyons ensemble. Je lui prends les mains, je la caresse; je
lui fais entendre le langage de la raison, mais de
la raison douce et compatissante. Je lui prouve
facilement que l'amitié ne peut exister entre jeunes
gens de différens sexes, et j'en tire cette consé-

quence, toute simple, que Soulanges, qui connaît le cœur humain comme moi, n'a pas même d'amour pour elle, puisqu'il cherche à la dégrader. Je lui laisse entrevoir les suites de ces conversations nocturnes, et la frayeur portée à son comble, je lui tire peu à peu tous ses secrets.

J'apprends que la séduction a employé tous les moyens d'astuce et de perfidie, pour arriver à ses fins. Des lettres, qui distillent le poison, se sont succédé sans relâche. Rose, entraînée par une force irrésistible, y répondait avec exactitude. Justine a été l'entremetteuse de cette correspondance.

Je promets à Rose de retirer ses lettres, et de les brûler devant elle. Je m'empare de celles qu'elle a reçues. Je me propose de déclarer qu'elles sont en mon pouvoir, et que j'en userai selon la conduite qu'on tiendra. Armée de ces pièces, je ferai plier Soulanges, et j'effacerai jusqu'aux traces de cette affaire.

Elle est d'une importance telle qu'il m'est impossible de la cacher à Francheville. Il est bon qu'il connaisse Soulanges, et qu'il apprenne enfin que sa confiance absolue, dans la plupart de ceux qui l'approchent, a des dangers réels, bien qu'elle soit l'éloge le plus complet de sa franchise et de son cœur.

Il faut qu'il sache que Justine est capable de tout, et qu'il me permette de la renvoyer.

Soulanges est avec lui au salon; je les aperçois

du jardin. Ils marchent; ils se parlent avec chaleur, leur geste même est animé. De quoi peut-il être question?

Soulanges aurait-il l'impudeur de confier à son ami ce qui vient de se passer de lui à moi? L'audace serait extrême... Mais elle peut le sauver dans l'esprit de Francheville. Il aura réfléchi que je ne cache rien à mon époux; il aura cherché à atténuer mon témoignage; à donner, à ceci, la tournure légère qu'adoptent si volontiers les gens du grand monde: rire de tout est le moyen le plus sûr de ne s'affecter de rien, et Francheville a bien le défaut de juger de tout en homme du monde. C'est le seul que je lui connaisse.

Il n'y a point à balancer. Il faut s'armer de courage, entrer au salon, oser dire la vérité tout entière, détruire l'effet d'insinuations, qui pourraient indisposer mon mari contre moi.

J'entre, je me présente, et la conversation baisse à l'instant. Soulanges va s'asseoir dans un coin; Francheville continue à marcher, et me regarde à peine. C'est la première fois que je parais devant lui, sans qu'il vienne au-devant de moi.

Cette froideur m'éclaire, et justifie mes soupçons. Francheville a de l'humeur; elle n'est pas fondée; n'importe, je dois le dissuader, le ramener. Je ne rougirai pas de faire la première démarche. Je tomberais à ses pieds, plutôt que de consentir à rien perdre dans son cœur.

Je vais à lui, je lui prends la main, je l'embrasse. C'est la première fois encore que je lui ai donné un baiser sans que ses lèvres aient cherché les miennes. « Mon ami, qu'as-tu ? — Rien ? « madame ! — Je ne suis donc plus ton amie, ta « Fanchette ? » Il ne répond rien ; je le presse contre mon cœur ; je lui donne les noms les plus tendres. Je vois des larmes rouler dans ses yeux : pourquoi ces larmes ?

« Francheville, ne me cache rien. Tu sais que
« le bonheur des époux repose sur une mutuelle
« confiance. La réserve amène nécessairement la
« froideur, et la froideur l'indifférence. Si j'ai eu
« quelques torts, je suis prête à les reconnaître,
« à te les faire oublier. Parle-moi, par grace, par-
« le-moi.

« — Hé bien, ma chère amie, je vais parler.
« Je vois avec peine les divisions qui commen-
« cent à s'établir entre ceux qui habitent cette
« maison, et je vois, avec plus de peine encore,
« que ces divisions sont ton ouvrage ; que ta solli-
« citude, en faveur de la petite Montbrun, tourne
« en tracasseries, et qu'elles tombent particulière-
« ment sur un homme qui, dans tous les temps,
« s'est montré notre plus sincère, notre plus so-
« lide ami.

« — Vous m'avez accusée, M. de Soulanges ;
« vous m'avez accusée auprès de mon mari, cela
« n'est pas bien. Vous savez cependant quels mé-
« nagemens j'ai employés pour éclairer mademoi-
« selle Montbrun ; vous ne pouvez vous dissimuler

« que ce qu'il vous plaît nommer des tracasseries
« devenait indispensablement nécessaire, et que
« deux jours plus tard, peut-être, vous eussiez
« été livré aux regrets, qui suivent toujours une
« action blâmable. J'ai servi la jeune personne et
« vous, et sous quelque rapport que vous ayez
« présenté ma conduite à Francheville, je la crois
« exempte de reproche.

« — Hé! ma chère amie, fais-nous grace de
« cette morale, de ces grands principes, qui ne
« sont bons que dans des livres. Soulanges a pour
« la petite Montbrun une amitié sincère, peut-être
« même un sentiment de préférence, et ton ima-
« gination alarmée transforme cela en passion, en
« projet de séduction, de rapt : en vérité, c'est
« trop fort. »

J'étais atterrée, confondue; je ne savais que répondre. Je sentais que j'avais rempli un devoir,
et je voyais qu'on tournait tout contre moi, jusqu'à mes expressions. Je jugeai de l'avantage de
prévenir son adversaire, dans une affaire délicate, et de la difficulté de détruire les premières
impressions.

Honorine lira ce chapitre-ci : il n'est pas inutile à l'étude du genre humain.

Humiliée et muette, j'étais loin cependant de
me croire vaincue, et je sentais, plus que jamais,
la nécessité de convaincre Francheville que j'étais
aussi incapable de tracasser, que d'une coupable
condescendance pour les projets de son ami. Je

tirai de mon sac les lettres de Soulanges, et j'en pris au hasard quelques-unes que je présentai à mon mari.

Je fixai Soulanges. Il ne se doutait pas qu'en aussi peu de temps, j'eusse pris assez d'ascendant sur Rose, pour qu'elle m'avouât tout, et qu'elle me remît ces lettres auxquelles, jusqu'alors, elle avait attaché tant de prix. Il pâlit en les voyant, et forcée à ne plus rien ménager, je le fis remarquer à Francheville.

Je m'aperçus qu'il prenait, en lisant, un air mécontent et contraint. Sa physionomie changeait à chaque instant; ses yeux se portaient au plafond, sur le parquet. Je craignais un éclat; je me repentais presque de m'être justifiée.

Soulanges paraissait en proie à une profonde anxiété. Francheville, enfoncé dans un fauteuil, ne voyait personne, et se livrait aux plus sérieuses réflexions... des larmes mouillent encore sa paupière... qui peut les faire couler? Je m'y perds.

Il se lève, il vient à moi, il m'embrasse. Oh! que se baiser me fait de bien!

« Soulanges, mon ami, je sais que l'homme n'a
« pas toujours la force de surmonter les penchans,
« que sa raison condamne. Cependant, si vous
« aviez consulté la vôtre, avant de vous attacher
« à Rose, vous auriez prévu les inconvéniens sans
« nombre qui devaient résulter de cette liaison; les
« tristes suites qu'elle pouvait avoir. Remercions

« ma bonne Fanchette de nous avoir sauvé à vous
« une faute, à moi l'obligation d'en marquer pu-
« bliquement mon mécontentement. Et toi, mon
« amie, remets ces lettres à Soulanges; qu'il te
« rende celles de Rose. Borne-toi à avoir prévenu
« le mal, et perds-en le souvenir. Que tous les
« nuages se dissipent; que notre douce intimité re-
« naisse, et souvenons-nous, à toutes les époques
« de notre vie, que les plus honnêtes gens ont
« toujours quelque chose à se pardonner. Allons,
« ma chère amie, embrasse notre bon Soulanges. »

Il était difficile que cette affaire se terminât plus utilement pour Rose, plus avantageusement pour moi. Soulanges avait été loin, beaucoup trop loin, mais Francheville désirait que je lui rendisse mon amitié : je l'embrassai de tout mon cœur.

Il restait quelque chose à régler encore. Justine était entrée dans cette intrigue, de la manière la plus condamnable. Depuis long-temps j'avais l'intention de m'en défaire. Je ne crus pas devoir laisser échapper une occasion aussi favorable : je m'expliquai nettement, avec Francheville, sur le compte de cette femme.

Il réfléchit quelque temps encore, et partit tout à coup d'un grand éclat de rire. « Cite-moi,
« dit-il, une maison dont les maîtres puissent se
« flatter d'avoir des domestiques incorruptibles?
« Celle qui remplacerait Justine serait probable-
« ment intéressée, comme elle, et ne nous servi-

« rait pas aussi bien. Crois-moi, laissons les choses
« comme elles sont. »

Je ne concevais pas que Francheville me forçât
à garder une femme, qui m'est personnellement
attachée, et que j'ai les raisons les plus fortes de
congédier. J'insistai avec fermeté. J'observai que
si j'étais capable de m'oublier, Justine ferait pour
moi ce qu'elle venait de faire pour Soulanges.
J'ajoutai qu'Honorine commençait à grandir; que
cependant son extrême jeunesse la mettait encore
en rapport direct avec ma femme de chambre,
et qu'il était temps que j'en eusse une de mœurs
irréprochables.

« Et où la prendre? me répondit-il en riant.
« J'en ai vu trente, plus ou moins faciles, et toutes
« l'étaient beaucoup. Il est possible, il est vrai-
« semblable que tu inspireras quelque grande pas-
« sion; mais je suis sûr de ton cœur; Justine te
« connaît comme moi, et elle n'aura ni la mal-
« adresse ni l'impertinence de se charger d'un
« billet à ton adresse. Enfin, ma chère amie, il
« me semble qu'Honorine ne doit plus avoir de
« rapports directs qu'avec sa mère et ses plus in-
« times amies. »

Je me retirai mécontente, et n'ayant plus la
force d'ajouter un mot. Je réfléchis à la légèreté
avec laquelle Francheville traitait deux objets qui
l'intéressaient si directement, la fidélité de sa
femme, et la moralité de sa fille. Je cherchai également la cause de cet attendrissement répété,

de ces larmes involontaires, que rien n'avait provoquées. Je me perdais dans la foule de mes idées; je ne m'arrêtais à aucune, et je finis par me résigner à attendre, du temps et de ma pénétration, l'explication de tout ceci.

Je fis appeler la petite Montbrun; je la conduisis chez moi. Je lui rendis ses lettres, qu'elle examina toutes avec soin; et lorsqu'elle se fut assurée que Soulanges n'en avait conservé aucune, nous les jetâmes au feu. La pauvre enfant m'embrassa en pleurant. Hélas, je sens combien il est difficile à la raison, et même à la sagesse de surmonter une première inclination. On trouve des forces pour la satisfaire : on n'en a point pour la combattre.

Oh, si les hommes savaient à quoi tient le repos d'un cœur qui n'a pas aimé encore; s'ils réfléchissaient que ce repos est le seul bien de l'innocence, et son unique garantie; qu'il suffit d'un souffle pour l'altérer, combien ils seraient avares de ces marques d'intérêt, de ces mots flatteurs, qui ordinairement ne prouvent rien, à qui l'usage a donné un certain cours, et que l'expérience seule peut apprécier! Mais les hommes calculent-ils autre chose que leur intérêt personnel? Le plaisir n'est-il pas le mobile de toutes leurs actions, et après celui de vaincre, en connaissent-ils un plus doux que celui de plaire?

Pourquoi les juger si sévèrement? ne sommes-nous pas également soumises à cet instinct, qui pousse tous les êtres vers ce qu'ils croient leur convenir davantage? La fidélité, quand nous aimons, nous coûte-t-elle un effort, et est-elle méritoire? Quand nous cessons d'aimer, notre vertu est-elle autre chose que le besoin d'estime, de considération, de notre propre suffrage? Et celles qui malheureusement peuvent se passer de tout cela, résistent-elles, plus que les hommes, à l'attrait des jouissances? Elles se livrent, sans réserve, à toutes les illusions. Elles en sont punies par le mépris et l'abandon.

L'homme s'est arrogé le droit d'être impunément amoureux et volage. Son impunité est établie sur sa force. Il en étend l'abus jusqu'au rigorisme le plus cruel, à l'égard d'un sexe qu'il condamne à combattre sans cesse, et qu'il dédaigne après la victoire. Voilà ce qui révolte, ce qui indigne une femme raisonnable et sensible : voilà aussi ce qui doit l'armer contre la séduction.

Hélas! j'ai été au-devant d'elle, ou plutôt j'ai séduit moi-même, à une époque où j'étais incapable du moindre de ces raisonnemens. Enfant de la nature, je n'avais qu'elle pour guide, et c'est d'elle que bientôt il faudra que j'éloigne ma fille; ce sont des préjugés que je lui présenterai comme des principes; c'est la force que je consacrerai sous le nom de droit, et si cette nature, toujours plus ou moins impérieuse, trouble les facultés organiques de mon enfant, altère sa santé, la conduit à pas lents au tombeau, je n'aurai à lui répéter que ces mots : Souffre et meurs.

Mais aussi ne vaut-il pas mieux mourir qu'être l'objet du mépris général? Bien des femmes ont pensé ainsi. Existe-t-il un homme qui ait balancé entre la vie et l'attrait de la jouissance? Ah! il est convenu que jouir ne les déshonore pas.

Pendant que je roule ces idées dans ma tête, j'examine la petite Montbrun. Sa figure est agréable, parce qu'elle est parée du fard de la jeunesse ; sa taille, sa démarche, son maintien, sont ordinaires; son langage est naïf et touchant; mais cette naïveté se perd avec les années, et serait d'ailleurs un ridicule à vingt-cinq ans. Qui donc a pu inspirer à Soulanges cette passion, ou cet inconcevable acharnement? L'amour-propre.

Sacrifier à sa vanité une pauvre petite fille ! la condamner à de longues douleurs! la délaisser, l'oublier, faire de sa peine un sujet de triomphe!... Oui, oui, les hommes valent moins que nous. Nous ne sacrifions, nous, qu'à notre cœur.

Absorbée dans ces réflexions, j'ignore jusqu'où j'aurais poussé le parallèle, si la cloche ne nous eût appelées à la salle à manger.

A peine sommes-nous à table, que Soulanges propose à sa femme de retourner à Paris. Je lui sais bon gré de cette idée. J'en tire la conséquence que s'il a été égaré par son cœur, ou sa vanité, il cherche sincèrement à réparer le mal qu'il a fait, et à rendre à Rose, en s'éloignant, sa première tranquillité.

Francheville prie M. et madame de Soulanges de nous donner quelque temps encore. Il sait cependant combien l'absence de son ami est nécessaire dans la circonstance actuelle. Peut-être a-t-il cru ne pouvoir se dispenser de quelques instances, qui, après deux mois de séjour, ne sont considérées, par ceux à qui elles s'adressent, que comme des politesses d'usage. Madame de Soulanges paraît embarrassée. Elle s'exprime d'une manière contrainte; elle balbutie des lieux communs. Elle craint d'abuser de ma complaisance, en prolongeant son séjour ici, et cependant je rends ma maison si agréable à ceux que j'y reçois, qu'elle ne peut, sans une espèce de chagrin, penser au moment de s'en éloigner.

Il m'est impossible de ne pas lui répondre quelque chose d'honnête. Mais je fais un tel choix de mots; je prends un ton si peu caressant, qu'elle ne doit plus, ce me semble, balancer un instant.

Quelle est ma surprise! Elle se lève, elle vient à moi, elle m'embrasse. « Puisque vous le voulez « absolument, ma chère amie, nous resterons avec « vous quelques semaines encore. »

Soulanges me regarde d'un air qui veut dire : Ce n'est pas ma faute. Je n'ai vraiment rien à lui reprocher. Mais qui peut retenir sa femme? Ce ne sont pas les plaisirs bruyans. Ceux qu'on goûte ici ne conviennent qu'à des cœurs simples, qui aiment à se retrouver, à se recueillir souvent, et jamais ces plaisirs-là n'ont été du goût de madame de Soulanges. Elle n'en a pas davantage pour le travail et la lecture. Elle reste cependant. Un motif secret la dirige. Il doit être d'une grande force, puisqu'il lui fait braver l'ennui qui suit toujours le désœuvrement, et qu'il impose silence à son amour-propre, qu'a dû blesser la froideur de mon invitation.

Je ne sais si je vois mal aujourd'hui, mais plusieurs circonstances m'ont frappée... peut-être parce que l'affaire de Rose et de Soulanges m'a rendue soupçonneuse, et que, dans cette disposition d'esprit, on est porté à interpréter défavorablement ce qu'on ne conçoit pas. Cependant je ne suis pas minutieuse, et il me semble que c'est précisément ce que je ne conçois pas que je peux observer. J'observerai.

Que deviendra Rose, si Soulanges reste avec nous? Toujours voir son amant, toujours combattre? Quelle existence! si madame Montbrun éprouvait le désir de se rapprocher de son mari, que ses affaires retiennent presque toujours à la ville! Si je lui insinuais... Quoi? lui faire soupçonner que mon amitié se refroidit, ou, ce qui serait pis encore, que sa fille est exposée chez moi? Non, je ne peux lui rien dire, je ne lui dirai rien... Ah, je vais fermer ce cabinet à double tour. J'en prendrai la clé. On la croira perdue; on croira ce qu'on voudra. Rose seule, d'ailleurs, pourrait en parler, et très-certainement elle se taira.

Sa chambre communique à celle de sa mère. Elle sera en sûreté la nuit ; et le jour, je la tiendrai près de moi ; je la dissiperai, je la calmerai, à la fin : l'amour peut-il exister sans espérance ? Hé, oui, oui. Ai-je pu oublier Francheville, lorsque je n'attendais rien de lui ? Pauvre enfant, je n'aurai sauvé que son honneur ! C'est beaucoup, sans doute. Mais son cœur ! son cœur !

CHAPITRE IX.

Gloire, décorations, espérances, chagrins.

Une lettre de Toulon. Elle est adressée à Sainte-Luce. Elle est du préfet maritime.

Il a rendu compte à la cour du combat naval, dans lequel Ducayla a perdu la vie. Il a parlé, avec éloge, de la valeur et du dévouement de M. de Sainte-Luce, qui, sans devoirs à remplir, a prodigué sa vie dans cette triste et mémorable action.

C'est avec un plaisir bien vrai qu'il lui envoie la décoration de la légion d'Honneur, et qu'il lui annonce que, s'il a l'instruction nécessaire, il sera admis dans la marine, en qualité d'aspirant de première classe.

Il tient l'étoile émaillée, il la considère avec une sorte d'extase ; il la porte sur son cœur, et

levant sur moi ses beaux yeux : « Vous m'avez
« ordonné de combattre, dit-il, et j'ai combattu.
« C'est à vous seule que je dois quelque gloire,
« et cette honorable récompense : que votre main
« m'en décore. »

Il se lève, il vient à moi, il met un genou en
terre. Je prends le ruban, je le passe à sa boutonnière. Ma main est mal assurée. Pourquoi cette
émotion? Suis-je donc aussi enfant que lui? Peut-
être la présence de Francheville, qui connaît les
sentimens de ce jeune homme; peut-être la crainte
de quelque imprudence de sa part; peut-être
enfin l'intérêt, que tous nos amis prennent à cette
scène, causent-ils mon embarras.

L'accolade, l'accolade, s'écrient-ils tous à la
fois. Ah! l'accolade, répète tout bas Sainte-Luce,
et son œil est humide, sa respiration haute, son
teint animé. Je le baise au front.

« Qu'ordonnez-vous, me dit-il, en se relevant?
« faut-il m'éloigner de vous, voler à de nouveaux
« dangers? Je pars pour Toulon; je me présente
« aux examinateurs, et j'ai la certitude de me tirer
« avantageusement de cette épreuve. »

Que pouvais-je répondre? Sans doute un jeune
homme, sans fortune, ne peut mieux faire que
suivre une carrière, dans laquelle il a débuté avec
éclat. Mais quand je réfléchis que ses premiers
succès sont le prix de son sang; quand je me
représente cet être si jeune, si dévoué, si intéressant, se précipiter au-devant des coups; quand

je crois voir la mort, tantôt planant sur sa tête, tantôt frappant ceux qui l'environnent, et arrivant enfin jusqu'à lui, ma langue se glace; je ne trouve pas un mot.

S'il reste cependant, il me verra sans cesse; son amour fera le charme et le désespoir de sa vie. Tout entier à ce sentiment, il perdra ses plus belles années, dans une oisiveté nuisible, et lorsque le temps aura calmé la chaleur de son sang, il sentira l'étendue des sacrifices qu'il m'aura faits. Il m'accusera de faiblesse, d'une folle condescendance. Il croira peut-être que j'ai partagé... Il me mésestimera, il me haïra... me haïr! Je veux qu'il serve.

« Allez, lui dis-je, et justifiez les espérances
« que tous vos amis ont conçues de vous.
« — Ma chère amie, tu ne réfléchis pas à ce que
« tu conseilles à Sainte-Luce. Tu lui as ordonné
« de combattre, dit-il, et il a combattu. Il te de-
« mande de nouveaux ordres, et il est prêt à les
« exécuter. N'est-ce pas dire clairement qu'il n'a
« aucun goût pour le service; mais qu'il est dis-
« posé à tout faire pour toi. Il est flatteur, sans
« doute, pour une femme, d'avoir cet ascendant
« sur un jeune homme plein de qualités; mais
« doit-elle en abuser jusqu'à le contraindre dans
« ses goûts? M. de Sainte-Luce, je travaille à vous
« faire nommer conseiller de préfecture. Cet em-
« ploi honorable ne vous enlèvera pas à vos amis,
« et vous conduira à une place plus distinguée.

« Répondez-moi franchement : Que préférez-vous,
« de la gloire militaire, ou de celle, moins bril-
« lante, mais aussi solide, qu'acquiert un utile et
« sage administrateur ? — Je ne balance pas, mon-
« sieur. Je resterai près de vous... si madame ne
« s'y oppose pas. » J'attendais cette réponse.

« Rose, voulez-vous prendre l'air un instant?
« — Oui, madame. Allons dans le bosquet re-
« prendre notre lecture d'hier. — Et que lisez-
« vous ensemble, ma bonne amie ? — Les Liaisons
« dangereuses. — Cet ouvrage est-il bien celui
« qui convient le mieux à une jeune personne ?
« — Sous un certain rapport, non, mon ami;
« sous un autre, il peut lui être très-utile. On y
« trouve un M. de Valmont qui prend tous les
« masques, pour séduire et désespérer la femme
« la plus intéressante, la plus sage, et qui réussit
« enfin dans son odieux projet. »

Francheville fronce le sourcil. Pourquoi trouve-
t-il mauvais que je fasse connaître à Rose le piége
qu'on peut lui tendre? Pourquoi, sous le prétexte d'espérances frivoles, condamne-t-il Sainte-
Luce à végéter dans la poussière des bureaux?
Un conseiller de préfecture de dix-neuf ans! Cela
s'est-il vu, cela peut-il être? Pourquoi, précédemment, a-t-il nommé *tracasseries* ma sollicitude en
faveur de la petite Montbrun? Pourquoi cet attendrissement, ces larmes ont-ils succédé à l'air
le plus froid, au ton le plus sec, lorsque je n'ai
rien fait qui provoquât les uns, ni les autres?

Pourquoi engage-t-il à rester ici l'homme dont je lui ai dévoilé la conduite? Pourquoi madame de Soulanges s'est-elle rendue aussi facilement à ses instances? Pourquoi Justine... C'est pour méditer sur tout cela que je cherche la solitude, et non pour faire en commun une lecture, qui ne m'est d'aucune utilité, et que Rose peut continuer seule.

Je rêve en vain. Je ne trouve la solution d'aucune de ces difficultés. Tout ce que je crois entrevoir, c'est que ces disparates, ces inconséquences, ces contradictions apparentes peuvent tenir à une même cause, et qu'un mot suffirait pour tout expliquer. Mais ce mot, qui me le dira? Il faut l'attendre, et le saisir.

Si j'essayais de faire parler Justine? Elle est légère, inconsidérée; mais elle est fine, très-fine. Il faudrait d'ailleurs que je descendisse, avec elle, jusqu'à la familiarité; peut-être jusqu'aux confidences, et je veux la tenir à un éloignement tel, que je m'aperçoive à peine de son existence.

Mais Sainte-Luce? Quel parti prendre à son égard? L'éclairer sur ses vrais intérêts; user de l'empire que j'ai sur lui, c'est me mettre en opposition avec mon mari. Je ne le dois pas; je ne le veux pas. Me taire, c'est favoriser des vues que je ne pénètre point, et qui sont évidemment désavantageuses pour ce jeune homme. N'est-il pas un terme moyen? Ne puis-je me faire entendre, sans traiter directement la question? Tout ce qui émane de moi est saisi avec avidité, avec discernement; il interprète jusqu'à mon silence. Je n'aurais même pas besoin d'en venir aux insinuations.

Sans doute il n'est pas loin... Le voilà. Il est assis à quinze pas de moi. Sa tête est appuyée sur ses deux mains. Il la relève par intervalles; il cherche mes yeux. Que doivent-ils exprimer? du mécontentement. Si le pauvre enfant savait combien il m'en coûte pour l'affliger!

Il ne résiste pas à ce qu'il éprouve. Il se lève; il vient à moi. Je n'ai rien à redouter de cette conversation; Rose est auprès de moi : elle sera ma sauve-garde, comme je suis la sienne. Sainte-Luce n'osera hasarder, en sa présence, aucun terme qui ait rapport à l'amour.

Ma sauve-garde? Pouvais-je croire que j'en aurais besoin; que Rose s'acquitterait jamais envers moi? Du puissant au faible, de l'homme de génie à l'ignorant, tout est une suite de rapports et de services mutuels. De leur nécessité est né l'ordre social.

Ce n'est pas, je le répète, que l'amour de Sainte-Luce me cause d'autre émotion que celle qui naît d'un embarras continuel, et comment m'en défendre, lorsque j'entends, sans cesse, les choses les plus touchantes, exprimées avec tant de charme, prononcées par une si belle bouche? Rire de ce transport, de ce délire? Je l'ai essayé. M'en fâcher sérieusement? Je ne le peux pas. En vérité, Francheville est un homme bien extraordinaire.

Je n'ai pas l'air de voir Sainte-Luce, mais il est près de moi. Il s'assied; il s'approche toujours davantage; il touche mes vêtemens; un doux frémissement agite tout son corps. « Madame paraît
« plongée dans une profonde méditation ? — Oui,
« monsieur. — Serais-je assez heureux pour que
« madame daignât s'occuper de moi? — De vous,
« monsieur! — J'entends, madame, des projets du
« préfet maritime, de la révocation de l'assenti-
« ment que vous leur aviez donné. — Je vous ai
« dit ma façon de penser à cet égard. — M. de
« Francheville a fait aussi connaître la sienne. —
« Et je ne me suis pas permis d'insister.— Cepen-
« dant, madame, votre mécontentement est sen-
« sible. — Je suis toujours bien aise, monsieur,
« qu'on suive les vues de mon époux. — Pourquoi
« feindre, madame? Je n'ai que vingt ans; mais
« je suis incapable d'une imprudence; je le suis
« surtout de compromettre celle qui... que... —
« Point d'épithètes, ni de définitions. Au fait, je
« je vous en prie. — Hé bien, madame, je finis.
« M. de Francheville n'aura plus un mot à dire, à
« vous, ni à moi, sur ce sujet. J'ai dû préférer sa
« manière de voir à la vôtre, et vous n'avez pas
« cru que je m'éloignerais d'ici volontairement.
« Votre conduite avec moi est intelligible, claire;
« elle me prescrit le parti que je dois prendre,
« et je n'ai plus qu'une volonté, celle de vous

« complaire. Vous serez obéie, madame; vous le
« serez cette nuit même. — Cette nuit, Sainte-
« Luce ! »

Je ne peux soutenir plus long-temps cette conversation. Son air, son ton, sa docilité, son dévouement, tout cela est d'un effet... «Rose, la nuit
« approche; le serein commence à tomber : ren-
« trons. »

Je traverse le salon, sans m'y arrêter. Je monte
chez moi. J'ai besoin d'être seule. Pourquoi seule,
toujours seule ? Qu'ai-je donc à me dire ? Pourquoi cette continuelle et pénible préoccupation ?

On ouvre doucement la porte de mon antichambre. Qui s'avance ?... C'est lui, pâle, défait,
respirant à peine. « Sainte-Luce, vous m'effrayez.
« Asseyez-vous, remettez-vous... A mes pieds ! y
« pensez-vous, cruel enfant que vous êtes ! igno-
« rez-vous que tout le monde peut entrer ici ?
« oubliez-vous à quoi vous m'exposez ? — Ah ! ma-
« dame ! cette position convient à un infortuné,
« que vous éloignez, et que votre froideur accable.
« Je ne vous presse pas de répondre à mes senti-
« mens : je vous respecte autant que je vous aime.
« Mais rendez-moi cette amitié consolatrice, qui
« m'a soutenu jusqu'ici. — Hé ! vous l'avez tout
« entière. — Recevez mes derniers adieux. — Je
« les reçois. — Et accordez-moi une grace, une fa-
« veur bien précieuse pour moi, et sans inconvé-
« niens pour vous. — Quelle est-elle ? — Une bou-
« cle de vos cheveux. Elle sera mon bien suprême;

« je la porterai sur mon cœur; elle m'aidera à
« supporter votre absence; elle animera mon cou-
« rage; elle me rendra capable des plus grandes en-
« treprises, et si un jour la renommée porte mon
« nom jusqu'à vous, vous direz : Les souverains font
« des soldats; l'amour seul fait des héros. Je vous
« en supplie, madame, ne me refusez pas. Pensez
« que je vous parle peut-être pour la dernière
« fois. — Pour la dernière fois!... Levez-vous, le-
« vez-vous donc. Souvenez-vous combien il s'en
« est peu fallu qu'on vous ait surpris à mes ge-
« noux dans ce bosquet... Levez-vous, Sainte-Luce,
« je vous en prie, je vous l'ordonne. — Vous me
« l'accordez donc cette boucle si ardemment dési-
« rée? — Ai-je dit un mot de cela? »

Il est debout; il court à mon ouvrage; il s'est
saisi de l'instrument... « Qu'allez-vous faire? Je n'y
« peux consentir. » J'arrête sa main; il retient la
mienne; il la couvre de baisers. Je veux le désarmer, je ne vois plus les ciseaux; je ne sens que
ses baisers, qui se succèdent sans interruption,
qui brûlent mes mains, mes bras. Je retombe sur
mon ottomane; sa bouche s'approche de la mienne;
il va s'égarer... Je fais un dernier effort; je me lève,
je le pousse de toutes mes forces; je fuis, je vais
me réfugier chez madame Montbrun.

« Hé! ma bonne amie, qu'avez-vous? » Je m'approche d'une glace; je suis rouge comme l'écar-
late. Je me hâte de réparer le désordre de mes
cheveux... la boucle est enlevée.

Madame Montbrun me presse de questions. Ne voit-elle pas que je ne peux, que je ne veux pas lui répondre? Je sors d'une manière assez impolie peut-être; mais ma tête n'est pas à moi. Je rentre dans mon appartement, je n'en sortirai plus de la soirée.

Honorine dort. Elle dort d'un sommeil paisible. Heureux âge, où l'on ignore les passions tumultueuses, les devoirs sociaux qui devraient leur imposer silence, les longs chagrins qu'on se prépare en les violant... En les observant, cher enfant, puisse ton cœur goûter long-temps ce calme précieux, qui n'est pas la vie peut-être, mais qui détourne les orages!... Pauvre Rose! pauvre Sainte-Luce... Ah! pauvre!...

Il va partir cette nuit, cette nuit même, clandestinement. Il n'emportera pas ses effets, et il doit avoir très-peu d'argent. En recevra-t-il de moi?... Oh! oui, il en recevra sans répugnance. Il connaît mon amitié pour lui, et les dons de l'amitié n'humilient pas.

J'ouvre mon secrétaire; j'en tire un rouleau de cinquante doubles louis; j'écris sur l'enveloppe: *Ne les refusez pas: j'ai tant de plaisir à vous les offrir!* Il connaît mon écriture.

Mais je sais qu'il va partir; je l'y ai indirectement porté; je lui donne les moyens de voyager. Tout ceci ne ressemble-t-il pas à de l'intrigue, et ne dois-je pas craindre que ce brusque départ indispose mon mari? Hé! mes motifs ne sont-ils pas purs? M'occupé-je d'autre chose que de l'avancement de ce jeune homme, de la guérison d'un cœur malade? Et puis son amour... son amour m'inspire-t-il cet éloignement, cette noble fermeté qui tient à la sagesse, qui en sont la garantie... Il partira.

« Madame ne veut rien prendre ce soir? — « Rien. — Le laitage, les fruits sont servis; tout « le monde est à la salle à manger. — Il suffit. « Laissez-moi. »

Ils sont tous rassemblés. Je peux entrer chez lui, sans avoir rien à redouter. Je m'avance sur la pointe du pied, comme si j'avais médité, si j'allais commettre une faute grave. Que se passe-t-il donc dans mon cœur?... Je l'examinerai demain.

Son secrétaire est ouvert. Ce gant, ce gant qu'il m'a dérobé, et qui ne l'a point garanti des coups... Il est là, il couvre une lettre commencée... C'est à moi qu'elle s'adresse : les premiers mots sont positifs. La lirai-je? Non... Hé! qui le saura!... Non, non, je ne la lirai pas. Ai-je besoin de la lire? Ne sais-je pas combien il m'aime?

Je dépose mon rouleau; je m'enfuis.

Je m'enferme chez moi. Je ne fais rien, et cependant le temps passe avec une extrême rapidité. Pourquoi cette soirée est-elle plus courte que tant d'autres?

Mon oreille attentive n'a rien perdu de ce qui s'est passé dans la maison. J'ai entendu ouvrir et fermer dix fois la salle à manger; j'ai entendu

Francheville et nos amis monter les degrés; j'ai entendu les *bonsoirs;* j'ai reconnu toutes les voix.

Les portes se ferment. Sainte-Luce, Sainte-Luce!... Il va faire ses dispositions. Malgré moi, je suivrai tous ses mouvemens : vous vous rappelez que sa chambre tient à mon appartement. Il y a quelques semaines, je lui ai rendu la clé de cet arrière-cabinet, dont je ne voulais pas permettre l'entrée à Justine. Depuis son entier rétablissement, il ne convenait plus qu'il passât chez moi... J'aurais dû loger ailleurs.

Oui! je l'aurais dû. J'entends, j'entends tout. Le cœur me bat avec une extrême violence. Hé! pourquoi m'approcher de cette porte, y coller ma joue? Cette curiosité n'est-elle pas déplacée? De la curiosité!

Je m'éloigne de la porte; j'y reviens pour m'en éloigner, pour y revenir encore. Il n'y a plus de mouvement chez lui. Est-il parti? par où?

Mon œil se fixe à la serrure... Il est à genoux, fondant en larmes. Il tient ce gant, cette boucle de cheveux; ils sont les objets de son culte. Il les porte à sa bouche, sur son cœur. Il relève sa tête... Il parle.... C'est à moi qu'il adresse les adieux les plus tendres, les plus touchans. Ah! pourquoi suis-je allée là?... Il faut m'éloigner de ce lieu.

Il passe un papier sous la porte. Sans doute, c'est cette lettre qu'il n'avait pas terminée quand je suis entrée chez lui. Imprudent! si quelque au-

8.

tre que moi la trouvait?... Hé! Francheville n'est-il pas instruit? Cependant je ne peux laisser là ce papier, sans m'exposer aux réflexions, aux interprétations de mes gens... Le prendrai-je? Il le faut bien.

Oh! quelle lettre! quelle lettre! elle est brûlante... Il accepte mon cadeau. C'est là ce que je voulais savoir; c'est le seul motif qui m'a déterminée à lire sa lettre.

Et je la relis, sans réfléchir, sans penser à ce que je fais... Je la déchire en mille morceaux; je me cache au fond de ma chambre à coucher, éperdue, hors de moi... Ah! si Francheville entrait, que lui dirais-je? Il a la singularité de ne pas trouver mauvais qu'on m'aime; mais il s'offenserait sans doute... Depuis quelque temps, il passe rarement le soir dans mon appartement. Livré, le jour, à toutes les dissipations, il est obligé, dit-il, de donner une partie des nuits au travail. Oh! qu'il travaille pendant celle-ci, qu'il ne me voie point.

Que dis-je? C'est près de lui que je dois me retirer; c'est dans ses bras que je calmerai le trouble qui m'agite. Ah! je le sens, j'ai besoin d'un appui.

La porte de communication des deux appartemens est fermée. Pourquoi cela? Je frappe doucement... Personne ne répond. Je vais faire le tour.

Qui est là, debout dans cette galerie?... C'est Justine. Quelle raison la retient ici, à cette heure?... Ce n'est pas le moment de rien approfondir. Il est urgent qu'elle s'éloigne. Sainte-Luce doit passer où elle est. Je vais m'emparer d'elle.

« Où étiez-vous donc, mademoiselle? Je vous ai
« sonnée trois fois. — Madame voit bien que j'ac-
« cours. » Je l'ai trouvée immobile comme une roche. « Passez chez moi, faites-moi du thé; je ne
« me trouve pas bien. »

Nous entrons, et j'affecte de parler très-haut : il est bon que Sainte-Luce sache que je ne suis pas seule.

Et si cette femme entendait quelque chose dans la chambre voisine... Donnons-lui de l'occupation. « Videz cette armoire, et mettez-y ce qui est dans
« cette commode. — Ne pourrait-on pas remettre
« à demain... — Faites ce que je vous dis. »

Je vais, je viens par ma chambre; je dérange, je range mes meubles, je ne sais ce que je fais. « Déshabillez-moi... Prenez ce livre, asseyez-vous
« près de mon lit. Lisez. Plus haut, plus haut. » Je ne vois que l'aiguille de ma pendule; je n'entends qu'elle... Une heure. Il doit être parti.

Parti ! Ah ! qu'il se distingue, qu'il prospère, qu'il revienne... Non, qu'il ne revienne jamais.

Je cherche le sommeil. Lui seul peut m'arracher à moi-même. Je ne le trouve pas; je ne le trouverai point.

CHAPITRE X.

Tout s'éclaircit.

Il n'est plus dans cette maison, qu'il embellissait de sa présence; je ne le trouverai plus dans ces bosquets, que ses moindres actions, que sa moindre démarche animaient d'une vie nouvelle. Mes yeux ne rencontreront plus les siens. Il est parti... peut-être ne le reverrai-je jamais.

Je le redoutais, et je le regrette; j'ai voulu qu'il s'éloignât, et j'éprouve un vide inconcevable, un accablement profond. Oserai-je être vraie avec moi-même ? Oui, je le serai, et il m'en coûtera peu : je me sens forte de son absence.

Et, qu'ai-je à me reprocher ? N'ai-je pas voulu m'en séparer, le jour même où je l'ai vu pour la première fois ? Ai-je encouragé son amour, par des attentions marquées, par des prévenances, par une caresse, par un mot ? N'est-ce pas d'ailleurs pour ma fille que j'écris ?

Mon enfant, apprends de moi une vérité de la plus haute importance, et dont, malheureusement, une femme ne se pénètre que lorsque l'expérience l'a éclairée : l'homme, dont le premier regard nous jette dans une rêverie involontaire et douce, est celui que nous devons fuir sans balancer. Près de lui, cette rêverie devient bientôt une tendre émotion. Cette émotion s'accroît de la force des sens, du charme de la conversation. L'énergie des aveux amène le trouble séducteur, dont on ne pense plus à se défendre, et une femme, sage jusqu'alors, pleure une faiblesse qu'elle eût pu prévenir par la force de s'éloigner, ou la bonne foi de descendre d'abord dans son cœur, de l'examiner sérieusement, et de combattre lorsqu'il en était temps encore.

Je suis pure, si c'est l'être que n'avoir pas succombé; mais le cœur n'est-il pas coupable, quand il éprouve un désir que condamne le devoir? Nos affections, me répondras-tu, sont indépendantes de notre volonté. Nos penchans et les institutions sociales sont presque toujours en opposition, et de ce qu'on a écrit : Ceci est bien, ceci est mal, résulte-t-il qu'on puisse, religieusement, observer des lois qui contrarient la nature?

Ces objections, ma fille, sont celles de ceux qui ne veulent pas admettre de frein. Le besoin a rapproché les hommes. A mesure que la société s'est étendue, il a fallu multiplier les devoirs réciproques, et les consacrer par des lois. Ce n'est pas sur l'examen passionné de ces lois que repose l'ordre public; c'est sur leur stricte observance, et quel être a le droit de tout méconnaître, de tout renverser, parce que la nature l'y porte? Cette maxime, si quelqu'un la professe, est le premier article du code des brigands.

Une opinion, qui a force de loi, impose la continence aux femmes, une seule circonstance exceptée. Il ne s'agit pas d'examiner, mais d'obéir. Voyons d'ailleurs quelles sont les suites d'une infraction connue, et qui peut se flatter qu'une faute restera toujours couverte d'un voile impénétrable?

Je ne te cache pas, ma fille, que les transports d'un amour mutuel sont la plus parfaite des jouissances; la somme du bonheur le plus complet, auquel l'humanité puisse atteindre; mais plus ces transports sont extrêmes, moins ils sont durables, et quelles sont les ressources d'une femme, pour qui son mari n'a plus d'amour? En a-t-elle d'autres que sa confiance, son estime, son amitié? A quoi devra-t-elle ces sentimens? A une conduite irréprochable.

Et cette considération, dont nous ne pouvons nous passer dans un âge avancé; qui nous dédommage, en quelque sorte, de ce que nous avons perdu; qui nous console du malheur de vieillir, le public l'accorde-t-il à ces femmes qui ont compté les années, les mois, quelquefois les semaines, par autant de faiblesses? Pardonne-t-il sincèrement une seule faute, expiée par de longs regrets? Il en suppose d'autres, que la précaution, que l'adresse, lui ont dérobées, et, plus tard, une scrupuleuse régularité n'est à ses yeux que l'impuissance de faillir.

Une jeune personne qui entre dans le monde, est placée entre le plaisir sans honneur, et l'honneur accompagné de privations. Mais la vie est longue, et la saison des plaisirs passe rapidement. Quel être raisonnable, et qui entend vraiment ses intérêts, balancera sur le choix?

Il y a vingt-quatre heures, je n'aurais pu faire aucun de ces raisonnemens, et cependant quelle femme doit être plus loin que moi de faillir? Mon époux est jeune encore, beau, bien fait, aimable, tendre, et il a tout fait pour moi. Hé bien! un enfant m'a fait oublier ses qualités et ses bienfaits. Seule avec cet enfant, dans les forêts de l'Amérique, je n'aurais pas balancé un instant. Ici, j'ai pu l'élever au comble du bonheur; être heureuse moi-même de sa félicité : qui m'a retenue? mon attachement pour Francheville? Ce n'est pas un sentiment si noble qui m'a garantie : c'est à la crainte de la honte que j'ai cédé. J'ai senti que je n'oserais plus envisager mon époux, ni ma fille; je n'oserais plus, mon Honorine, te tracer ces conseils dont tu auras besoin un jour.

Quels aveux je me fais! Oh! je me les répéterai souvent. Ils assureront mon avenir.

Le trouble qui m'agite ne durera pas : j'en ai la certitude consolante. Il ne pouvait exister, de moi à Sainte-Luce, d'autre rapport direct que celui des sens; et si Francheville, qui connaît la vivacité des miens, ne m'eût un peu négligée, peut-être eussent-ils été nuls auprès de ce jeune homme; peut-être n'eussé-je eu pour lui que les sentimens d'une mère.

Je m'abuse. Ce ne sont pas ces sentimens qu'éprouve une femme, pour un homme paré des graces de la première jeunesse. Je cherche à me tromper moi-même, comme si je pouvais y gagner quelque chose.

Ne discutons point, agissons. Il est parti; Francheville me reste, et je me dois tout à lui. Est-il si difficile d'y revenir? Il ne faut que le vouloir.

Voilà son portrait; voilà ses lettres. Le premier dit amour; les secondes le développent d'une manière ravissante. Non, non, Sainte-Luce ne peut écrire ainsi. Ce n'est pas sa lettre qui était brûlante; c'est moi qui brûlais.

Je me plains de la négligence de Francheville ! Hé! qu'ai-je fait pour l'attirer, pendant que cet enfant était ici? Qui, de ma vanité, ou de mon cœur, m'a fait remarquer son absence?

Effet terrible des passions ! Elles font tout méconnaître, tout oublier; elles colorent, elles justifient les écarts les plus graves; elles assoupissent jusqu'aux remords. Hélas! à quoi tient la dégradation d'une femme? A un mot; à une pulsation, plus ou moins forte; à un rien.

Il est parti... Il était temps. Je suis encore moi-même : que Dieu en soit loué!

Relisons ces lettres. C'est là que je trouverai le contre-poison.

Hé! pourquoi ne pas chercher Francheville lui-même? Sa présence ne reprendra-t-elle pas, sur moi, ce doux empire, qui me la faisait désirer sans cesse?

Oui, je veux le chercher, le trouver, tout oublier dans ses bras.

Il n'est pas chez lui; il n'est pas dans la maison. Je parcours le jardin... Sans doute, je le rencontrerai dans les bosquets.

Avec qui est-il? Je reconnais sa voix, sans pouvoir encore distinguer les mots. On lui répond, presque bas, et cependant la conversation paraît animée. J'approche... « Maintenant que ce « jeune homme est parti, comment l'occuperons- « nous pendant les journées ? — Oh! ma chère « amie, nous verrons. » Il est avec madame de Soulanges.

Sa chère amie! jamais il ne lui a donné ce nom devant moi. Il a toujours été affable; mais respectueux avec elle. Pourquoi cette familiarité, dans le tête à tête ?... *Maintenant que ce jeune homme est parti, comment l'occuperons-nous pendant les journées ?... Comment l'occuperons-nous ?* De qui parlent-ils ?... Ciel! juste ciel! Le voilà le mot que j'attendais. Tout est éclairci.

Il aime madame de Soulanges; il en est aimé.

Sainte-Luce, sans cesse avec moi ou sur mes traces, m'empêchait de rien voir, et Francheville s'est opposé à son départ. Il a blâmé l'intérêt que je porte à Rose, parce que Soulanges, tout à elle, était plus facile à tromper.

Ne me laissé-je pas abuser par une prévention injuste, par une explication forcée ?... Non, non. La porte de communication de nos appartemens était fermée cette nuit; il n'a pas répondu lorsque j'ai frappé; il était avec madame de Soulanges : Justine veillait pour eux.

Et Soulanges, Soulanges, où était-il? avec Rose? Quelles perfidies! quelle profondeur dans la manière d'ourdir une trame! Ma tête se monte... Je vais éclater... Réfléchissons d'abord, consultons la raison. Dans une heure, demain, il sera temps encore de faire valoir mes droits.

Mes droits! et depuis un an, ai-je pensé aux siens? N'a-t-il pas dû remarquer en moi cette tiédeur, toujours offensante, quand elle ne brise pas le cœur? Oh! si c'était moi qui l'eusse porté à chercher ailleurs le bonheur que je ne lui offrais plus!... Oui, je suis coupable de sa faute, et Francheville vaut mieux que moi : généreux et sensible, même en m'adressant des reproches, ne s'est-il pas encore ému jusqu'aux larmes, en écoutant ma justification, que j'interrompais à chaque mot, pour lui donner les noms les plus doux, lui prodiguer les plus tendres caresses? Il était infidèle; il se repentait. Ce moment pouvait être décisif. Quelques caresses encore, quelques expressions d'amour le ramenaient à moi. Ne me suis-je pas brusquement éloignée? Ai-je eu, depuis, une pensée qui se rapportât à lui?... Je mérite mon sort... Non, je ne peux me le persuader. Quoi, parce que j'ai eu un sentiment de préférence, pour un jeune homme, dont il ne m'a pas été permis de m'éloigner, je perdrais, sans retour, le cœur de mon mari ! il ne verrait plus en moi qu'une étrangère, qu'il oublierait bientôt, si ma présence ne lui rappelait, sans cesse, l'amour qu'il a eu pour moi, et les sacrifices qu'il m'a faits ! La punition est-elle proportionnée à la faute ? N'est-elle pas trop rigoureuse ? Que dis-je ? est-ce à l'abandon, à l'oubli que s'arrête un époux qui a cessé d'aimer ? Francheville me haïra bientôt, dans la proportion de ses sacrifices mêmes, et l'épouse, dédaignée, sera abreuvée d'humiliations et d'opprobres. Quel état ! quelle existence ! Je ne la supporterais pas.

Et madame de Soulanges ? quelle sera son excuse, si je lui fais entendre de justes plaintes ? Comment nommera-t-elle l'amitié méconnue, un ménage désuni ? Que répondra-t-elle à une infortunée qu'elle a privée de son époux, au moment même où elle cherchait à lui rendre le sien ? Que sont la probité, l'honneur, la délicatesse, si madame de Soulanges ose y prétendre encore ?

Que dirait Francheville à son ami de tous les temps, de toutes les circonstances, à Soulanges, outragé par lui, sinon dans ses affections, au moins dans son honneur ? Quelles suites d'infortunes, si tout cela se découvre !

Je m'éloignai, en faisant ces réflexions, et en déplorant mon malheur. Je rentrai chez moi. J'ouvris machinalement le tiroir de mon secrétaire, où j'avais serré la clé du cabinet de Rose. Cette clé n'y était plus. Sans doute Justine n'aura pas eu l'audace d'ouvrir ce meuble, sans y être spécialement autorisée, et par qui ? Mon mari, dégradé au point de ne plus rien ménager, de chercher des complices parmi ses valets !... Cette idée est accablante.

Et Rose, qui me comble des marques de son affection et de sa reconnaissance, et qui est aussi dissimulée, aussi perverse que ceux qu'ont endurcis de longues et profondes habitudes!... N'y a-t-il plus de vertu au monde! Il serait affreux de le penser.

CHAPITRE XI.

Devais-je m'y attendre.

Rose entre chez moi; elle s'approche les bras entr'ouverts... Je me sens prête à la repousser... Possédons-nous. Agir quand la tête est exaltée, c'est ne vouloir faire que des démarches téméraires ou inconsidérées.

Je reçois son baiser; je la fais asseoir près de moi; je la fixe d'un œil sévère : elle paraît étonnée.

Pauvre petite! combien j'ai été injuste envers elle! C'est la bonne foi, c'est la candeur qui s'expriment par sa bouche. Elle vient, d'elle-même, me confier l'espèce d'obsession à laquelle elle a été exposée toute cette nuit. Soulanges avait la clé; mais le loquet était poussé. Il n'a cessé de la supplier de le tirer. Fatiguée enfin de sa témérité, désespérant, peut-être, de ne pouvoir plus long-temps résister à son cœur, elle a appelé sa mère. Elle lui a dit avoir entendu, dans la galerie, quelque chose d'effrayant. Elle est allée se reposer près d'elle. Elle lui a demandé la permission de partager son lit à l'avenir.

Oh! combien je suis aise de la trouver innocente! oh! si je pouvais absoudre, comme elle, Francheville et madame de Soulanges!... Cela n'est pas possible.

Me confierai-je à Rose? Il me semble que parler de sa peine, c'est y apporter du soulagement. Mais que me répondra un enfant sans expérience du monde? La réduirai-je à la nécessité de mésestimer un homme qu'elle croit le modèle des époux? Ne serait-il pas affligeant pour elle de faire succéder le dédain à une estime qu'elle croit fondée? D'ailleurs la réputation de Francheville est-elle à moi? ai-je le droit d'y porter atteinte? Une femme est-elle quelque chose que par son mari, et le dépouiller de la considération qu'on lui accorde, n'est-ce pas se dégrader avec lui? Non, je ne dirai rien.

Je félicite Rose sur sa conduite; je l'engage à persévérer; je l'éloigne, sous un prétexte frivole, que la chère petite ne pense pas même à examiner. Je veux être tout entière à ma situation, puisqu'il ne m'est pas permis d'en parler.

Que ferai-je dans cette circonstance difficile? Céder à la force des événemens; me soumettre à ma destinée? Je ne le puis. Je n'ai pas vingt-six ans encore, et je renoncerais à mon cœur! Il m'a ôté le sien; mais est-il impossible de le reconquérir?

Que sommes-nous, hélas, que les faibles jouets des passions! M'occupais-je, il y a un mois, il y a huit jours, de ce qui se passait dans le cœur de Francheville? Il fallait une secousse terrible, pour me rappeler à ce qu'il vaut.

Oui, je revendiquerai son cœur; il est à moi, je ne peux y renoncer. J'éclairerai leur conduite; je les suivrai le jour; je m'emparerai de Francheville la nuit... Joindrai-je aux glaces de l'indifférence l'humeur que cause l'importunité?

Si je lui parlais avec douceur? si je lui faisais entendre mes justes regrets, sans y ajouter une plainte?... Il est loin de me croire instruite. Il cherche, à force de prévenances, d'attentions, de soins, à éloigner de moi le soupçon. Il sent qu'il me doit un dédommagement de cette affection, qu'il se reproche de m'avoir ôtée. Je jouis, au moins, de ses procédés, et une explication peut me ravir tout à la fois. Francheville, démasqué, n'aura plus rien à redouter. Il cessera de se contraindre; il se livrera à tous les écarts, et je joindrai au sentiment de ce que j'ai perdu, celui des humiliations qui seront mon partage, et la cruelle certitude de ne le ramener jamais : on s'éloigne, de plus en plus, à mesure qu'on offense davantage.

Madame de Soulanges est-elle incapable d'une

action généreuse? Si je m'abaissais devant elle, si je lui redemandais mon époux?... Ah! qui commet une faute, veut en recueillir un prix, et qui a su plaire à Francheville, ne peut se résoudre à le quitter.

Mais cette rivale est-elle si dangereuse? le fixera-t-elle long-temps? Son esprit est superficiel, son caractère nul, ses affections légères. Capricieuse, altière, exigeante, privée déja de la fraîcheur et des graces de la jeunesse, comment a-t-elle subjugué l'homme le plus capable de la juger; celui qui peut choisir entre les plus belles, les plus touchantes, les plus sensibles, et peut-être les plus sages? Hélas! l'amour est-il autre chose qu'une prévention, plus ou moins forte, plus ou moins durable. Il n'examine, ne calcule rien. La satiété seule lui montre les objets ce qu'ils sont, et Francheville est loin encore de pouvoir apprécier madame de Soulanges; elle a pour lui le charme de la nouveauté : celui-là lui tient lieu de tous les autres. Que de femmes vaines de leur empire, et qui ne le doivent qu'à ce prestige-là!

Devais-je penser que le mien serait si peu durable? Je ne suis pas présomptueuse; mais je sens ma supériorité sous tous les rapports. Mon époux seul pouvait me la préférer; mon unique tort est donc d'être son épouse.

Hélas! avec quels transports il m'a donné ce titre, auquel j'étais si loin de prétendre! Quels jours purs et sereins ont suivi celui de notre union!

Quel était, avant ce jour mémorable, l'ascendant que j'avais sur lui! Il voulait éviter la pauvre et obscure Fanchette; l'amour le ramenait sans cesse dans ses bras. Sans artifice, sans moyens de séduction, sans état, sans fortune, Fanchette balançait la beauté, le rang, l'opulence de sa première épouse. Elle eut sa main : il gémit en la lui donnant. Et moi, fière d'une préférence, si marquée et si flatteuse, coulant ma vie au sein de cette douce intimité, de cet abandon de l'ame, de ces effusions de cœur, qui suivent et préparent les jouissances, j'ai compté sur une félicité inaltérable. Tout s'est évanoui comme un songe trompeur. Je redeviens Fanchette, isolée, délaissée, trompée, ne tenant plus au monde que par de l'or, et les hommages de gens que je compte pour rien. Et c'est madame de Soulanges... Madame de Soulanges! Oh! c'est presque un opprobre, qu'être l'objet d'une comparaison.

Je pleure!... Est-ce le dépit seul qui m'arrache des larmes? Quel sentiment cruel et nouveau m'agite en ce moment? La jalousie froisse, brise mon cœur... Ah! l'orgueil n'est-il pas jaloux comme l'amour? Non, ce n'est point mon orgueil blessé qui fait couler mes pleurs : l'orgueil s'irrite; l'amour dédaigné se plaint. C'est l'amour qui me peint en traits de feu les délices que j'ai épuisés; qui me rappelle les privations que je suis condamnée à supporter; c'est lui qui m'offre l'image de Francheville, beau, tendre, ardent, toujours empressé, ce qu'il fut enfin, ce que je voudrais qu'il fût encore. Ah! je vois clair dans mon cœur. Sainte-Luce m'a fait rêver tendresse; Francheville m'en a pénétrée. Celle que je lui porte est inépuisable.

Je ne suis pas tout-à-fait malheureuse, puisque je trouve en moi ce sentiment que je croyais éteint, et que la plus douloureuse des épreuves vient de ranimer. Il me rend ma propre estime.

L'espoir renaît avec lui. La patience, la douceur, la tendre amabilité ne seront pas sans puissance sur un homme égaré, mais honnête; ma persévérance vaincra à la fin... Et Honorine, Honorine, à laquelle je ne pensais pas! Je la lui présenterai à tous les instants du jour. Il a pour elle la tendresse la plus vive : il se souviendra qu'il me doit sa fille; il rapprochera la mère de l'enfant; il les réunira; il les confondra dans son cœur.

Les voilà, les voilà ces lettres si long-temps oubliées, et qui vont faire mon bonheur, et peut-être ma consolation. Si elles me ramènent au sentiment de mon malheur, elles me procureront aussi quelques momens d'illusions. Je chercherai à me tromper moi-même; je croirai les avoir reçues hier, aujourd'hui, à l'instant. Je croirai partager encore les transports qu'elles annoncent, et dont le souvenir est en moi si vif et si récent... Non, non. On ne s'abuse pas à ce point. L'affreuse vérité est là, prête à dissiper le prestige. Ah! rends-les moi, ces jours heureux, que je t'ai dus, et que tu peux encore faire luire pour moi. Un mois, une semaine, une heure, une minute, un baiser, un baiser seulement, pourvu que l'amour me le donne...

Ciel! juste ciel! qu'aperçois-je dans ma glace!... Mes sens égarés créent-ils des objets fantastiques? Je ne sais; mais je me sens prête à succomber à l'excès de mon effroi, à celui du plaisir. C'est lui! c'est lui! Ses bras sont étendus vers moi; ses yeux sont baignés de larmes; son attitude est suppliante... Oh! par grace, ne me supplie pas. Dérobe-moi tes regrets et tes larmes; ne me promets pas un retour dont il m'est impossible de me flatter encore. Éloigne-toi, disparais, fantôme, qu'a produit une tête vide et fatiguée... En parlant ainsi, je suis tombée à genoux devant ma glace; je le prie, je le conjure. Il s'approche; je pousse un cri affreux; je tombe sur le parquet; je perds l'usage de mes sens.

Je reviens à moi... Où suis-je?... dans ses bras. Veillé-je, ou ce que j'éprouve vient-il d'une imagination délirante?... Non, non, tant de bonheur ne peut être un mensonge; je ne supporterais pas une semblable erreur; il faudrait mourir en la reconnaissant. « Ah! mon ami! — Ah! ma Fan-« chette! »

Je veux parler : cent baisers me privent de la voix. Amour, délire, ivresse, tout vient de renaître pour moi. Je viens de renaître moi-même.

« Comment se peut-il?... Mon ami, comment

« se fait-il?... Oh! grace, grace!... Le plaisir tue,
« comme la douleur. »

C'est à Rose que je dois tout. Si je me fusse ouverte à elle, j'étais, je restais malheureuse encore. Persuadée de l'attachement de mon mari pour moi, elle a couru l'avertir de l'altération de ma voix, de l'émotion qui agitait tout mon corps. Francheville est entré chez moi, sans autre objet que de s'informer de ma santé. Je parlais haut, suivant l'usage commun aux personnes fortement préoccupées. Regrets, plaintes, prières, sanglots, il a tout entendu, il a tout vu. Vivement touché à son tour, il est descendu dans son cœur; il y a retrouvé l'amour. L'équité, un noble repentir l'ont poussé dans mes bras.

Il se reproche amèrement et le chagrin qu'il m'a causé, et le danger auquel il m'a exposée près de Sainte-Luce. Il s'accuse, il se repent. Je ne lui permets pas d'achever : ménageons le coupable charmant, qui revient sincèrement à nous.

Est-il bien vrai qu'une réconciliation rende à l'amour tout le charme du premier moment, ou la transition subite de la douleur à une joie inespérée, communique-t-elle le mouvement et la force à nos organes engourdis? Je ne sais; mais je n'ai jamais été si complètement, si parfaitement heureuse.

Ce bonheur sera-t-il durable? Les sens, trop irritables, de Francheville ne l'entraîneront-ils pas vers quelque objet nouveau? Ah! bannissons cette idée affligeante. A quoi sert la prévoyance du mal? à altérer le sentiment du bien. Jouissons de notre félicité, dans toute son étendue ; qu'aucun nuage ne trouble la sérénité de ce beau jour. Francheville est revenu à moi, tout à moi : j'en crois ses sermens, ses transports et mon cœur.

C'est peu pour lui d'avoir essuyé mes larmes, d'en avoir tari la source; il sait, dit-il, quelle réparation il me doit encore. Il veut que tous, jusqu'à l'objet d'une fantaisie, qu'il ne cessera de se reprocher, sachent que je suis pour lui la première, la plus aimable, la plus aimée des femmes. Il me rapporte cette clé, dont la disparition m'avait fait si mal penser de Rose. Il rouvre cette porte de communication, qui jamais ne sera refermée, parce que nos deux appartemens n'en doivent faire qu'un. Il fait appeler Justine, et me dit de la congédier.

J'avoue que j'éprouvai un sentiment de satisfaction bien vif, en me trouvant enfin maîtresse du sort de cette femme, qui jamais ne m'avait manqué de respect, mais qui, forte de la confiance de Francheville, de son utilité envers lui, n'avait pas pour moi les égards que je me croyais dus. Cependant, quand je lui eus intimé l'ordre de sortir à l'instant de la maison ; qu'à son air de stupéfaction succéda une affliction marquée, en voyant Francheville, impassible et muet, lui faire signe de se retirer, ma fermeté m'abandonna, et je me sentis disposée à la rappeler, et à lui pardonner.

Je me souvins qu'elle avait aidé à me tromper; que peut-être elle était la première cause de l'inconstance de mon mari; je me retraçai sa conduite envers le sien, son égarement avec Philippe, enfin la nécessité de l'éloigner d'Honorine, et tous ces motifs imposèrent silence à ma sensibilité.

La cloche sonna. Francheville me présenta la main, me conduisit à la salle à manger, et me fit placer près de lui. Cet arrangement parut étrange à tous ceux qui ignoraient ce qui s'était passé; mais il annonça à madame de Soulanges et mon triomphe, et la perte de son influence. Elle rougit, elle pâlit, elle se pinça les lèvres. J'avoue encore que je souris de son embarras, de la gaucherie de son maintien, et des mots qui lui échappèrent. Je sentis qu'il est doux d'humilier sa rivale. Je réfléchis bientôt que ce sentiment est indigne d'une ame élevée, et que je me rangeais dans la classe de ces femmes qui, parce qu'elles n'ont pas encore de faiblesse à se reprocher, jugent les autres avec une extrême sévérité. Est-ce à moi qu'il convient de condamner personne! Je parlai à madame de Soulanges avec ma bienveillance accoutumée. Je la rendis à elle-même et à la conversation.

Quelle ame que la tienne! s'écria Francheville, en me pressant tendrement la main. Cette exclamation inintelligible, et, par cela même, très-extraordinaire pour nos convives, fixa sur nous tous les regards. Madame de Soulanges seule en saisit la force, et sentit que je venais d'ajouter à l'estime de mon mari, en même temps que j'avais reconquis son cœur. Elle tomba dans une sorte d'accablement, dont elle se tira brusquement, comme on cherche à éloigner une idée désagréable, mais qui n'est pas digne d'affecter. Elle se livra à des accès de folie, qui firent lever les épaules, même à son mari, qui n'y comprenait rien. Je trouvai cette conduite pitoyable, et je sus bon gré à Francheville de n'avoir pas l'air de la remarquer. Je pense comme lui, qu'un galant homme doit des égards à toutes les femmes, même à celles qui en méritent le moins.

Non, celle-ci ne pouvait le conserver long-temps. Il a besoin d'une ame qui réponde à la sienne, et madame de Soulanges n'a que des sens... peut-être même n'a-t-elle qu'un cerveau exalté. Je suis assez portée à le croire : quand on tient à un homme, n'importe comment, on ne rit pas, on ne chante pas, au moment où on le perd.

Francheville déclare, à la fin du dîner, que les plaisirs de Brécour l'ont trop long-temps distrait de ses occupations, et qu'il lui est indispensable d'aller, le jour même, reprendre la suite de son travail. C'est dire à tout le monde qu'il faut se séparer : nous avons, à l'hôtel de la préfecture, un vaste et bel appartement ; mais les bureaux occupent le reste de l'édifice. A peine pourrons-nous y loger convenablement la petite madame Ducayla.

« Mais, dit Soulanges, il n'y a pas huit jours,
« mon ami, que vous nous pressiez encore de
« rester. — Il y a huit jours, mon ami, je me li-
« vrais à des sensations qui m'empêchaient de pen-
« ser à mes devoirs, et j'ai reçu, aujourd'hui, de
« mon secrétaire-général, une lettre qui ne me
« permet pas de différer d'un instant. »

Soulanges regarde Rose d'un air qui veut dire : Je vous perds donc pour jamais. Rose rougit et baisse les yeux. Elle l'oubliera, parce qu'elle le veut sincèrement, et que déja elle a la force de n'écouter que ses principes.

On sort de table, et chacun va faire ses petites dispositions. M. et madame de Soulanges envoient chercher des chevaux de poste. Du Reynel déclare que l'air de la Provence le fait digérer de manière à lui permettre de souper, et qu'il louera une maison à la ville. Nous le prenons dans notre berline avec madame Ducayla et Honorine; nous donnons la calèche à madame et mademoiselle Montbrun. On se fait de tendres adieux; on s'embrasse comme si on s'aimait; on part.

Il était temps d'arriver. Je trouve une lettre du grand personnage, à qui mon mari doit sa place. « Un anonyme, me mande-t-il, a écrit au minis-
« tère de l'intérieur que le préfet passe sa vie à la

« campagne, et néglige entièrement ses fonctions.
« J'ai répondu que l'envie s'attache à tout, exa-
« gère tout, et que je me rendais garant de la
« conduite de mon protégé.

« J'ai dissipé l'orage; mais si M. de Francheville
« a réellement quelques-uns des torts qu'on lui
« impute, prévenez-le, madame, que je l'engage
« à les faire oublier par son exactitude, et son
« assiduité. »

Cette lettre m'embarrasse beaucoup. La communiquer à Francheville, n'est-ce pas le ramener au souvenir de sa liaison avec madame de Soulanges, qui seule lui a fait négliger ses devoirs? Ne pensera-t-il pas que l'oubli de cet écart n'est pas aussi absolu que je le lui ai juré, et que peut-être je trouve un plaisir secret à le lui rappeler? D'un autre côté, dois-je lui cacher l'événement fâcheux dont il a été menacé? Le lui faire connaître, n'est-ce pas prévenir une rechute, qu'on jugerait impardonnable? N'est-ce pas nous sauver tous les deux?

Tout peut se dire. Il suffit de choisir le moment, et les expressions convenables. Avec un peu d'esprit, une femme le trouve, et elle fait passer un avis salutaire, à la faveur de témoignages d'estime et de confiance. Les ressources de l'amour ne sont-elles pas d'ailleurs inépuisables? Son ton, son accent n'adoucissent-ils pas tout, jusqu'à un mot désobligeant? qu'il s'unisse à la raison, qu'il la pare de ses charmes, qu'ils se soutiennent mutuellement ; un homme bien organisé ne leur résistera pas.

Je suis là, dans cette petite chambre qui touche à son cabinet. C'est là que, tout à lui, je cherche les moyens de l'éclairer, sans blesser son amour-propre. Il va venir déjeuner avec moi. Mon petit discours est préparé. La morale en est si douce ! son âpreté est si bien déguisée ! Je serai si tendre, si caressante !... Le voici.

Oh ! non, non, il ne faut rien préparer, quand on doit parler à un homme passionné, et qu'on l'est soi-même. Il n'appartient qu'à un être froid d'arranger, méthodiquement, un discours ; d'en calculer les effets, et de le débiter de manière à émouvoir, lorsque lui-même demeure impassible. Dès les premiers mots, j'ai tout oublié. Je n'ai vu que l'homme aimable et chéri. Je n'ai pu lui parler qu'amour.

Cette lettre est là. Elle est ouverte sur la table même où nous déjeunons, et elle est à mille lieues de ma pensée. Il la voit, il la prend, il la lit. Je reviens à moi ; je l'examine, et je remarque dans tous ses traits une altération qui annonce un orage prochain. Est-ce sur moi que tombera sa colère ? Non, celle qui vient de lui prodiguer les plus tendres caresses, qui ne connaît, près de lui, que l'impulsion d'un cœur brûlant, qui s'abandonne sans réserve à son excessive sensibilité, celle-là n'a pu concevoir le dessein de l'offenser ; il ne peut l'en croire capable. Je suis inquiète cependant. Ne parlera-t-il pas?

« Ma chère amie, la lettre qu'indique celle-ci
« a été écrite de cette ville. Je pars à l'instant
« pour Paris; j'en demande communication. Je re-
« connaîtrai peut-être l'écriture. Je reviens, et je
« me venge. »

Moi, je respire.

La colère, dans un homme vif, exalté, est toujours d'une extrême violence, et cette violence même en abrége la durée. D'ailleurs elle n'est pas alarmante, quand son objet est inconnu. C'est un torrent fougueux, auquel il ne faut point opposer de digues, et que la rapidité même de son cours a bientôt desséché.

J'avais eu soin d'éloigner Honorine; je la fais appeler. Elle se jette dans les bras de son père, qui ne peut la repousser; qui est forcé d'abord de répondre à ses caresses, à ses petits mots enfantins, qui ensuite lui parle, l'interroge, l'attire à lui.

Il la prend sur ses genoux. Quand le cœur parle, la tête se calme. Le dernier sentiment éteint les transports qui l'ont précédé. Francheville rit le premier de son emportement. Il ne veut opposer que le mépris à son dénonciateur. Bientôt il cesse de s'en occuper.

« Voilà, lui dis-je, ce que l'envie ne nous ôtera
« jamais. » Nous nous étions rapprochés; nous étions groupés tous les trois; nos bras étaient

enlacés; nos cœurs étaient délicieusement émus. La sensibilité de l'enfant était égale à la nôtre... Chère enfant, as-tu apporté en naissant le germe des passions? Se développera-t-il avant le temps? Que Dieu t'en garde!

Oh! les passions! elles font tant de mal... et de bien!

Madame Ducayla paraît; sa présence termine une scène, dont l'idée seule m'avait alarmée, et que nous aurions si volontiers prolongée.

Je remarque, avec une grande satisfaction, les effets heureux qu'a produits cette lettre. Francheville est tout à son état. Il a renoncé à ces conversations familières et futiles, qui rapprochaient les distances, et lui donnaient la réputation d'un homme aimable, mais frivole. Il est remonté à sa place, et il tient les autres à la leur. Ses subordonnés, qui s'étaient relâchés, comme lui, sont exactement surveillés et rappelés à l'exactitude. Il tient d'une main ferme les rênes de son administration.

Et c'est une petite femme, qui, avec son minois piquant, quelques caresses, et un peu de prévoyance, a fait tout ce bien-là.

Oh! qu'il est facile de ramener un homme sur qui on a de l'ascendant! Avec quel empressement il revient à la raison, annoncée par une bouche qui lui est chère! qu'il est flatteur, pour nous, d'être les arbitres de tout un sexe! Mais autant cet ascendant a de puissance; autant les effets en sont certains; autant nous devons être modérées, adroites dans l'usage que nous en faisons. L'homme est naturellement fier et vain : notre empire tombe dès qu'il est connu.

CHAPITRE XII.

L'académie et le parterre.

Nous touchons à ce jour, tant désiré par les uns, si redouté par les autres. Notre journal nous annonce la fameuse séance académique, dans laquelle sera couronné le vainqueur. Il nous annonce la première représentation de cette comédie en cinq actes, dont l'auteur n'est pas très-content de Molière, et se met sans façon au-dessus de tous les autres comiques.

Je regrette, à présent, qu'on se soit livré, à Brécour, à un amusement, qui, dans toute autre circonstance, ne pourrait être blâmé; mais dont la publicité donnera peut-être du poids à l'accusation portée contre Francheville, si son nom est connu. Ne trouvera-t-on pas étrange qu'un homme, chargé de fonctions importantes, s'amuse à disputer une palme académique, et brave le ridicule qui attend un chétif auteur? Nous ne pouvons plus disposer de nos productions; mes réflexions sont trop tardives. Il faut attendre l'événement.

L'auteur comique colporte sa pièce, de société

en société. Partout on l'applaudit, en étouffant quelques bâillemens involontaires, parce qu'on ne berne pas un homme chez soi, et on ne peut siffler, chez un autre, ce qu'on a trouvé bon la veille. La politesse est presque toujours le vernis de la fausseté.

Ainsi, de proche en proche, et par égard les uns pour les autres, on a proclamé *chef-d'œuvre* une pièce, que je trouve fort au-dessous de la plus médiocre comédie de Molière. Personne de nous ne reviendra sur son jugement. Mais nous remplirons les loges, et la bourgeoisie, et nos marins, qui n'ont contracté aucun engagement envers l'auteur, encombreront le parterre, et auront acheté, à la porte, le droit de juger l'ouvrage. Je prévois une tempête violente, et l'auteur est dans une parfaite sécurité. Il se montre partout, d'un air triomphant. Il jette, sur les petits poètes ses confrères, des regards dédaigneux. Il publie que la Comédie Françoise lui demande sa pièce, et qu'elle sera mise à l'étude le jour même où le manuscrit arrivera à Paris.

Est-ce donc un mal que la punition de tant d'arrogance? Un homme, sans mérite, a-t-il le droit de nous assassiner de sa fatuité et de ses productions? N'est-ce pas lui rendre service que le corriger de façon à le guérir, pour toujours, de la manie de rimailler? Une disgrace ne peut-elle tourner à son profit, en le rendant modeste, et en le portant à des occupations plus utiles et plus lucratives?

Je crois vraiment qu'on doit siffler un mauvais auteur... Mais les bons sont si rares! cette rareté même ne commande-t-elle pas l'indulgence?... Tout ce que je peux faire pour notre poète, c'est d'observer une exacte neutralité.

Les affiches couvrent les murs. On rencontre l'auteur dans chaque rue, à chaque pas. Il s'arrête devant toutes les affiches. Il lit, il relit, avec complaisance, l'annonce de son œuvre favorite. On s'attroupe autour de lui, et il harangue les malins, qu'il veut bien prendre pour ses admirateurs. Il les remercie, avec une feinte modestie, de la confiance qu'ils accordent à son talent, dont ils ne lui disent pas un mot. Il espère que cette confiance ne sera pas trompée. Il déchire, impitoyablement, *les Fausses Infidélités*, qu'on doit donner en petite pièce.

Tous nos amis sont rassemblés à la préfecture. Nous dînons gaiement, et nous nous disposons à nous rendre au spectacle. Du Reynel trouve qu'on digère partout, et il consent à nous accompagner.

Nous voilà dans notre loge. La salle est pleine à s'écrouler; les musiciens sont forcés de vider l'orchestre; les coulisses sont encombrées; de violens *brouhahas* annoncent l'impatience du public. Le rideau se lève... Pauvre auteur! est-il possible qu'il ne tremble pas?

Les premiers vers sont applaudis avec transport. Ils me paraissent pourtant bien mauvais. La fureur d'applaudir est portée au point qu'on ne permet à l'acteur de terminer ni un vers, ni un sens. On n'entend rien, on applaudit toujours. Quelques individus, qui ne se croient pas obligés de trouver bon ce qu'ils ne peuvent juger, couvrent les applaudissemens de leurs clameurs. Les *bravos* couvrent les cris de ceux qui veulent entendre. La pièce est déja portée au troisième ciel, et personne ne sait encore de quoi il est question.

Un commissaire de police monte sur une banquette, et fait plusieurs signes de la main. Le tumulte s'apaise, le silence règne; monsieur le commissaire va parler.

Tout à coup, le parterre, en masse, se tourne vers notre loge. Un bruit, qui n'avait rien de flatteur, pour notre poëte, attire l'attention générale : c'est du Reynel qui ronfle à faire trembler la salle jusque dans ses fondemens. Les partisans de la pièce s'écrient que du Reynel cabale. Les gens qui veulent entendre, prient monsieur le commissaire d'ordonner aux acteurs de recommencer. Les autres leur crient de poursuivre. Monsieur le commissaire, prié d'un côté, poussé de l'autre, ne peut articuler un mot, et ne sait quel parti prendre.

On crie de différens coins de la salle, que cent cinquante à deux cents matelots, placés au parterre, ont reçu de l'argent pour applaudir à tort et à travers. Les habitans de la ville, ardens, impétueux, ne veulent pas qu'on leur fasse la loi, ni qu'on leur reproche, un jour, d'avoir applaudi un ouvrage détestable. Ils enjoignent aux comédiens de se retirer. Les comédiens, qui ne distinguent rien de ce qu'on leur adresse, continuent, en riant, de débiter leurs rôles. Devaient-ils rire, devaient-ils pleurer? C'est ce que personne ne sait, ne saura. Le parti de l'opposition s'exaspère, se courrouce. Les oranges volent sur la scène; elles frappent les acteurs et les spectateurs, entassés dans les coulisses. Ces derniers, furieux, s'avancent, se mêlent avec les comédiens, se rangent en ordre de bataille, et renvoient, aux autres, les oranges qu'ils en ont reçues. On apprend à la porte qu'un combat vient de s'engager. Les marchandes d'oranges s'introduisent, circulent dans les corridors, et fournissent des munitions à tous les partis.

Comme la passion ne calcule pas, et qu'on n'a pas le temps de compter, on leur paie leurs oranges au décuple de ce qu'elles valent. Elles courent sur le port. On décharge un vaisseau frété pour Rouen. Ce ne sont plus les femmes qui promènent leur panier. Des hommes, chargés de hottes, se succèdent sans interruption. Une grêle d'oranges vole de toutes parts. Le parterre est transformé en un lac d'*orangeade*. Les oranges épuisées, on se fait, avec les hottes, des armes offensives et défensives. On frappe, on pare. Jusqu'ici, on a plus de peur que de mal.

Bientôt le combat prend un caractere plus sérieux. Les poings remplacent les hottes brisées, les oranges écrasées. On ne voit que des nez cassés, des yeux pochés. Le commandant envoie une garde à notre loge, et fait entrer cinquante hommes dans le parterre. On prend, on arrête au hasard, comme cela arrive toujours dans les bagarres. On interroge les détenus, et on acquiert la conviction que monsieur l'auteur a soudoyé une armée d'*applaudisseurs*, aussi ignares que zélés. On les envoie passer la nuit à bord du vaisseau amiral; on défend à l'auteur de travailler pour le théâtre, à peine d'être responsable des accidens qu'il occasionera. On prend le manuscrit des mains du souffleur; on le brûle sur le théâtre.

Le parti de l'opposition, satisfait, se retire paisiblement, et le principal résultat de cette soirée orageuse, est que le lendemain les oranges se payaient trente sous.

Ce lendemain, on cherchait l'auteur partout, les uns pour se moquer de lui, les autres pour lui adresser leurs complimens de condoléances : il avait quitté une ville où les talens sont persécutés. Un pêcheur l'a transporté la nuit, lui, ses effets et son argent, à bord d'un corsaire barbaresque, et il est allé à Tunis prendre le turban, et mettre le koran en vers français.

Tout ceci n'est que plaisant; mais la séance académique est à mes yeux d'une haute importance. J'ai déja développé mes motifs d'inquiétude, et je donnerais... mes bijoux, je crois, pour que Francheville n'ait pas envoyé son conte au secrétariat. Le mal est fait; il faut avoir l'air brave : cela en impose quelquefois.

La commission, chargée de l'examen des pièces envoyées au concours, se vante d'une discrétion à toute épreuve : cependant, il y a toujours quelques causeurs. Un bon mari ne cache rien à sa femme, l'amant à sa maîtresse, et la maîtresse et la dame, sans malignité, sans intention même, disent à l'oreille de leurs bonnes amies les noms des concurrens, et ce qu'on pense de leurs ouvrages. A la manière dont certaines personnes regardent Francheville, en lui parlant de cette séance, il est aisé de voir qu'on a jasé. La sotte manie que de vouloir avoir de l'esprit à contre-temps! N'est-ce pas assez de briller dans un cercle? A-t-on besoin d'une misérable médaille, qui peut être pour nous la source de mille désagrémens?

En vérité, je suis plus intriguée que l'était notre auteur comique au lever du rideau. C'est que Francheville et moi sommes auteurs aussi, et que nous n'avons pas la même confiance dans nos forces. Je ne dis rien de ce que j'éprouve à l'homme chéri : pourquoi le tourmenter d'avance?

Monsieur le président nous envoie des billets, avec une lettre plus que polie. Il s'étend avec complaisance sur le goût, l'érudition de monsieur le préfet. Vous verrez que monsieur le préfet recevra une couronne, l'objet de tant de vœux, et que je redoute pour lui, au-delà de toute expression.

L'incertitude et l'impatience sont plus difficiles à supporter que la connaissance de notre sort, quel qu'il soit. Je presse Francheville, et nous nous rendons tous à l'académie. Au moment où le président fait résonner la sonnette, j'éprouve un violent serrement de cœur, et j'ai eu la cruauté de rire de la disgrace de l'auteur comique! Je crois, à présent, qu'une scène de sa pièce valait mieux que ce que nous avons fait à sept ou huit.

Le secrétaire perpétuel nous entretient très-longuement des travaux de l'académie. J'avais trouvé ses productions assez médiocres; mais le secrétaire nous répète avec tant d'assurance qu'elles sont excellentes, qu'il n'est pas possible d'en douter, et puis, il ne m'est plus permis d'être si difficile.

J'ai eu le temps de me remettre, pendant trois grands quarts d'heure, que monsieur le secrétaire a employés à nous entretenir des rares talens de ses confrères. *Asinus asinum fricat*, me dit Francheville en riant. C'est bien le moment de rire? Je lui demande ce que veut dire son *asinum fricat* : *Un barbier rase l'autre. Passez-moi la rhubarbe, et je vous passerai le séné.* Je suis étonnée qu'on puisse dire tant de choses en trois mots latins.

On parle enfin de ces malheureux discours. Je me fais violence, et je crois que mon air est serein. Quelle doit être l'agitation de ceux, qui ont quelque faute grave à se reprocher, puisque les suites d'un passe-temps, fort innocent en soi, m'occupent à ce point!

On s'étend sur le fort et le faible de chaque ouvrage. On en lit les passages qu'on juge dignes de fixer l'attention. On regrette que d'autres endroits faibles aient forcé l'académie à rejeter ces pièces. On ne nomme personne, et jusque-là tout va bien.

On prie l'assemblée d'entendre la lecture d'un morceau charmant, ouvrage d'une dame aussi respectable par son rang, qu'estimable par ses qualités. On ne trouve d'autre défaut à cet ouvrage que de n'être pas écrit dans le genre indiqué par l'académie, qui demandait un discours, et qui ne trouve ici qu'un conte; mais un conte plein de philosophie et de grace. Tous les yeux se tournent sur moi; toutes les mains sont prêtes à applaudir. Je ne sais quel maintien prendre.

Je n'ai pas fait de conte, moi. J'ai fait, la rhétorique de Gaillard à la main, un vrai discours académique, bien sec, bien froid, et peut-être très-décousu. On lit... Hé! bon Dieu, c'est le conte de Francheville qu'on m'attribue. Je veux parler;

je veux détromper l'assemblée. Les applaudissemens couvrent ma voix. Je suis proclamée auteur, et auteur *délicieux*. Jamais femme n'a écrit avec ce goût, cette finesse. Ah! je ne suis ni *Sévigné*, ni *La Fafayette*, ni *Riccoboni*; mais je suis *la femme du préfet*.

On m'entoure, on me salue, on me félicite. Je m'enroue à crier que je ne suis pas l'auteur de l'ouvrage; que d'ailleurs on ne doit nommer que celui qui obtient le prix. Le président me demande pardon d'une indiscrétion qui tourne au profit de ma gloire. Si je suis fâchée d'être auteur, je suis bien aise au moins qu'on ne parle pas de Francheville. Un préfet peut avoir le malheur d'épouser une folle, et ne s'occuper que des devoirs de son état.

Monsieur le président parle enfin de la pièce couronnée, et il nomme avec emphase monsieur le préfet. On m'a attribué le conte de mon mari; on va sans doute lui imputer quelque rapsodie... précisément. C'est mon discours, à moi, que le secrétaire lit, avec une prétention à faire mourir de rire tout l'auditoire, moi exceptée. Il veut faire valoir jusqu'à un mot, jusqu'à une virgule, et il s'arrête à la fin de chaque paragraphe, et il regarde l'auditoire d'un air qui veut dire : Hé bien! qu'en pensez-vous? Voilà du beau, du bon. Partez donc, et on applaudit à se faire entendre de la rue. Pauvres moutons que nous sommes! Comme nous nous laissons mener!

Cependant il faut que je dise, pour justifier un peu nos auditeurs, que si mon discours ne vaut rien, le préfet est très-aimé; qu'il vient d'obtenir des fonds pour la restauration de la bourse et de quelques autres monumens publics, et il est naturel, à des cœurs reconnaissans, de saisir la première occasion qui se présente pour manifester leurs sentimens.

Francheville me prend par la main, et veut me conduire au bureau. Je me défends, il insiste. Je cède à la crainte de paraître au public plus ridicule encore que mon discours.

Le préfet déclare à monsieur le président que je suis l'auteur de la pièce couronnée. Il remercie l'académie, avec un ton, très-décent en apparence, très-ironique au fond, de l'équité qu'elle a mise dans son jugement. Je lui serre la main de toutes mes forces, pour l'empêcher de poursuivre. Il continue son discours, moitié poli, moitié impertinent. Je lui briserais les doigts, si je le pouvais.

Il dit à monsieur le président que *monsieur* et *madame*, qui précèdent nos noms cachetés au haut de notre ouvrage, sont écrits en abrégé, et que l'académie a pris l'un pour l'autre. Le public rit du *quiproquo*. Le président rougit, et se dispose à répondre au nom de sa compagnie. On écoute, on éclate de tous les côtés. Le pauvre président ne sait plus où il en est... ni moi non plus.

Monsieur le préfet passe à la réplique. La séance va se passer en conversation, entre lui et monsieur le président. Francheville a l'air de s'amuser beaucoup; l'auditoire se range de son côté; moi je suis au supplice.

Je ne conçois pas qu'un homme du caractère de Francheville se permette de berner une académie : ce n'est pas qu'une académie ne soit quelquefois très-bernable; mais il faut savoir respecter les convenances.

Le président cherche la médaille pour me la présenter. Je me flatte enfin de voir finir une séance, infiniment désagréable pour moi; elle est interminable. La chienne de médaille a disparu. Le président se tourne, se retourne; ses confrères s'agitent, vont, viennent, regardent dessus, dessous les banquettes. « Elle était là, sur mon bu« reau, dit le président. Elle y était, répète l'aca« démie en corps. » Je la voudrais au fond de l'Océan.

Me voilà droite, immobile comme une statue, attendant ma médaille, enrageant contre l'académie, contre Francheville, contre moi, et me promettant bien de ne plus écrire de ma vie. L'huissier passe dans les premiers rangs de l'assemblée; il regarde, il tâtonne partout. Les femmes rougissent, les hommes se fâchent; moi, je m'échappe, je gagne les corridors, la rue, ma voiture. Je rentre à l'hôtel, fatiguée, excédée, anéantie.

Francheville paraît une heure après; il se laisse tomber dans un fauteuil en se tenant les côtés, et en prolongeant des éclats de rire, auxquels je ne comprends rien, et qui ne me paraissent pas du tout plaisans. La médaille s'est trouvée; devinez où : dans la perruque d'une dame qui passait pour avoir les plus beaux cheveux du monde, et dans laquelle l'avait jetée un geste très-prononcé du président. L'huissier a vu briller la médaille à travers la chevelure postiche, et l'empressé maladroit a enlevé et chevelure et médaille.

Peut-on se faire une idée de la confusion d'une femme, dont un instant auparavant on admirait la grace et la noblesse, et qui, tout à coup, ne montre plus qu'un chef nu et pelé? Elle s'est trouvée mal, dit Francheville. A sa place, je crois que je serais morte.

Les sarcasmes, les plaisanteries, les éclats de rire répétés ne permettent plus à aucun académicien de se faire entendre. Quelle mortification pour ceux qui comptaient que leurs petits vers obtiendraient de longs applaudissemens! Le président sonne, sonne, casse sa sonnette. Les éclats de rire recommencent, parce que l'huissier, se hâtant de réparer sa sottise, en a fait une nouvelle. Il a replacé la perruque de la dame, et a mis le derrière par-devant.

Le mari, exaspéré, prend sa femme, l'entraîne. Les rieurs le suivent jusque dans la rue. Il est trop heureux de trouver un carrosse de place, et d'échapper à ses opiniâtres adversaires.

Francheville ne s'est jamais, dit-il, plus amusé que ce jour-là. Il a rendu la scène complète, en remettant la médaille à monsieur le président, et en le priant de la consacrer à un nouveau prix, dont le sujet sera *l'éloge de l'impartialité*. Pour mettre la sienne en évidence, l'académie lui a demandé la permission de faire imprimer mon discours, et il y a consenti. Oh! je ne tiens pas à ce dernier trait! Je me prononce avec fermeté. Bien certainement je ne serai pas imprimée.

Je ne veux pas être confondue avec ces femmes qui s'éloignent de leurs maris, de leurs enfans, pour vivre avec leur écritoire. Je trouve une femme qui prend la plume, aussi ridicule qu'un homme qui se sert d'une aiguille. Quel ouvrage de génie est sorti de la main d'une femme? Quel dédommagement la littérature offre-t-elle à celles qui renoncent, pour une gloire toujours contestée, à l'amour, à l'amitié, à l'esprit d'ordre, qui seul maintient les fortunes? De fades adulateurs affectent d'admirer leur médiocrité; le critique les écrase, par l'indulgence même qu'il accorde à leur sexe. Les hommes, sans mérite, ne leur pardonnent pas d'en avoir plus qu'eux; la masse des gens raisonnables les condamne, et, après avoir joui d'une célébrité de coteries, elles vieillissent et meurent dans l'abandon et dans l'oubli : non, je ne serai pas imprimée.

Francheville se rend à la solidité de mes raisons ; il fait retirer mon manuscrit. Que ne peut-il effacer, de la mémoire de cinq cents spectateurs, ce qui s'est passé dans cette journée, si amusante pour lui, si pénible pour moi, et par les incidens, et par les réflexions qu'ils font naître !

Le téméraire, dit-on, attend le coup et le brave. Le sage le prévoit et le détourne. Je serai ce sage-là. J'écrirai au prince. Le prévenir, c'est gagner beaucoup : les hommes reviennent difficilement sur le premier jugement qu'ils ont porté. Je lui rendrai compte de cette séance. Je me chargerai de toutes les folies, de toutes les inconséquences de Francheville. J'en parlerai avec la légèreté, la gaieté qui peut les rendre plaisantes. Faire rire son juge, c'est le désarmer.

Mon historiette courra tout Paris. On se l'arrachera, on s'en amusera pendant vingt-quatre heures, et les rapports, qui pourront venir ensuite, ne trouveront que des gens froids et indifférens.

Je vais donc enfreindre mon serment, et être encore une fois auteur ; mais cette fois mon motif est louable : je veux écarter de mon époux le trait acéré de l'envie.

De l'envie ! une place donnée fait cent mécontens. Sur ce nombre, j'en suppose dix honnêtes, et c'est beaucoup. Le reste épie l'instant de punir le préféré de l'avantage qu'il a obtenu.

CHAPITRE XIII.

L'éducation.

L'instant approche où Honorine, heureuse, jusqu'ici, de ses jeux enfantins, s'occupera de choses solides. Les agrémens éblouissent; les qualités fixent. On les aperçoit lentement, difficilement; mais elles laissent une impression durable. Honorine aura des qualités. Les talens viendront ensuite.

Les beaux-arts, répète-t-on sans cesse, font le charme de la vie. Pour être vrai, il faudrait dire: Les beaux-arts sont le plus agréable des délassemens.

Faire des beaux-arts le charme de sa vie, c'est s'en occuper exclusivement; c'est leur sacrifier son état, sa fortune, et ses espérances. En faire un simple délassement, c'est se conduire en être raisonnable.

Tel qui se passionne pour les beaux-arts, en quittant les bancs de l'école, voit la gloire dans l'éloignement; il entend déja la trompette de la renommée, et il croit fermement qu'une couronne de lierre et une trompette suffisent au bonheur de la vie.

Que devient-il à cinquante ans, lorsque après des efforts multipliés et soutenus, la couronne lui échappe, et la trompette se tait? Il dit, en proie aux regrets : Les beaux-arts ne mènent à rien.

Et si, au lieu des éclats flatteurs de la trompette, il entend l'aigre et humiliant bruit des sifflets, il s'écrie : Les beaux-arts sont le fléau de la vie.

Quelle est alors son unique ressource? d'accuser ses contemporains de mauvais goût et d'ingratitude, et de boucher ses oreilles lorsque la trompette sonne pour un autre.

Et que gagne cet autre pour qui la trompette sonne? Les clameurs de l'envie le poursuivent; elles lui ôtent le repos et le sommeil; le chagrin le mine et le ronge.

Oh! c'est une belle chose que les beaux-arts... pour l'homme opulent qui s'en amuse.

Si nous descendons des beaux-arts aux arts d'agrément, nous trouvons, dans chaque coterie, un petit poète sans conséquence, qui a passé sa journée à préparer les *impromptu* qu'il débitera à la dame chez qui il doit dîner; un chanteur, qui a *travaillé* l'air qui doit faire oublier les impromptu; un danseur, qui ne dit rien, mais qui dîne, parce qu'on espère que mademoiselle aura, dans trois mois, les bras plus souples et plus arrondis.

Ces messieurs-là ont aussi leur petite trompette : c'est la voix doucereuse de la dame de la maison, qui vante, le soir, leurs talens à ceux qui viennent faire leur cour à monsieur, parce qu'ils en attendent une place, ou parce qu'il perd volontiers son argent à l'*écarté*.

Ils saluent les protégés de madame, en avançant imperceptiblement le menton; ils leur tournent le dos, pour considérer une jeune héritière, que personne n'aime, et que tout le monde veut épouser; pour adresser de jolies choses à une dame, qu'il est du bon ton de trouver charmante, et qui d'un sourire fait une réputation. Quelques négocians parlent *bourse*; des jurisconsultes discutent un point de droit; les jeunes gens parlent chevaux; les jeunes femmes, modes. Pendant ce temps-là, on apprête les tables de jeu. Le petit poète, le chanteur, le danseur disparaissent, et vont à leur quatrième étage, arranger leur écot du lendemain.

On prend les cartes; on perd, on gagne, on digère, on se retire à minuit, pour reprendre les cartes le lendemain. On fera la même chose pendant trente, quarante ans, et on aura cru jouir de la vie.

Au milieu de la partie, arrive un jeune homme... Oh! celui-ci est un personnage important. Toutes les femmes posent leur jeu, se tournent d'un air empressé; toutes lui sourient; toutes semblent l'inviter à parler... Que va-t-il dire?

Il sort du Théâtre-Français. Il a vu tomber une pièce pitoyablement écrite : il ne sait pas l'orthographe. Mademoiselle une telle a joué horriblement : mademoiselle une telle a rejeté ses vœux. Un homme raisonnable, qui ne juge pas les nouveautés du fond d'un salon, lui demande des détails. Le jeune homme fait une pirouette sur la pointe du pied, tire une boîte de jujube, s'excuse sur la faiblesse de sa poitrine, et court adresser à une femme, qu'il voit pour la première fois, des complimens si hors de propos, qu'ils ressemblent à des impertinences. Les autres femmes s'impatientent, se dépitent. Le jeune homme jouit de leur petite colère; il s'échappe avec inhumanité. Les regrets le suivent, l'accompagnent: c'est un homme à la mode. Pourquoi? on n'en sait rien.

Ce jeune homme va, de cercle en cercle, promener sa fatuité. Il rentre ensuite chez lui, et s'imagine avoir employé sa journée.

Pourquoi cette nullité de tant de jeunes gens, qui pouvaient être laborieux et utiles? Pourquoi ces jolies têtes, si fraîches, si séduisantes, que la raison pourrait embellir encore, sont-elles si légères, si futiles, si vides? A qui attribuer cette sorte de dégradation de la portion la plus intéressante de l'espèce humaine? A l'amour immodéré des arts.

Voulez-vous juger de l'esprit d'une nation? demandez ce que coûtent un maître de langue et un maître de chant. Quelque réponse qu'on vous fasse, la question sera résolue.

Une soirée s'ouvre. Quelle est la jeune personne qui sera l'objet de toutes les prévenances, et de tous les égards ? sera-ce celle, qui, dirigée par une mère prévoyante, apprend d'elle à bien conduire une maison, à suppléer, par l'ordre et l'économie, à ce qui manque en moyens; qui cache cette économie, sous un air d'aisance, et qui fait tout valoir par des graces naturelles; qui, exercée à mille petits ouvrages, agréables et utiles, se suffira à elle-même, et ne paiera pas un impôt périodique à celles qui vivent des folies d'autrui ? Non.

Celles qui fixeront invariablement l'admiration, celles qui attacheront tous les hommes à leurs pas, seront celles qui dansent le mieux *la russe*, qui exécutent avec le plus de netteté une difficulté de *piano* ou de *harpe*.

Je conviens qu'on peut danser la russe et pincer de la harpe, sans négliger les choses essentielles; mais lorsque les petits arts occupent exclusivement toutes les classes de la société; que les hommes y attachent le plus grand prix, et que des grands succès dépendent leurs hommages, il est tout simple qu'une jeune personne consacre des années entières à les mériter.

Séduits par la vogue, par quelques agrémens extérieurs, des hommes, sensés d'ailleurs, épousent ces demoiselles-là. Cependant on se lasse d'entendre pincer de la harpe, et de voir danser la russe à sa femme. On lui cherche des qualités; on ne lui trouve que la harpe et la russe. L'ennui prend des deux côtés. Pour s'y soustraire, la jeune femme, qui ne sait vivre que de plaisirs, court, dans tous les quartiers de Paris, danser la russe, et pincer de la harpe. L'époux, isolé, cherche partout sa compagne. Ici, il trouve de la musique; là, des chaussons de bal; plus loin, une femme de chambre, qui dort en attendant sa maîtresse.

Madame rentre au lever du soleil. Elle a les yeux cavés, la figure tiraillée. Son mari lui adresse de tendres reproches. Elle y répond en lui annonçant qu'elle donne le lendemain une fête où elle réunira les *virtuoses* les plus distingués de Paris. Monsieur fait des observations. Madame ne conçoit pas qu'on ne mette point un virtuose au-dessus de tout. Monsieur se défend; madame insiste; elle menace, elle intimide : la fête a lieu. On en donne dix, on en donne trente. On dépense, en parures et en bijoux, au-delà de ce que coûtent les fêtes. Au bout de quelques années, madame n'a plus ni fortune, ni beauté. La harpe semble repousser son bras, dépouillé de ses graces; personne ne lui fait danser la russe, et, de sa vie, elle n'a su faire que cela.

Celle dont nous parlions tout à l'heure, qui a de l'économie, l'amour de la retraite et du travail, de l'esprit sans prétention, s'est mariée un peu plus tard, parce qu'elle n'est pas très-jolie. Elle n'a pas épousé un violoncelle, un cor, un recueil de madrigaux. Elle a eu le bonheur de rencontrer un homme honnête et sensible, qui regrette, chaque jour, de ne l'avoir pas épousée plus tôt.

Chaque jour, elle acquiert de nouveaux amis, et elle n'en perd aucun. On la considère autant qu'on l'aime, et ses yeux seront fermés par des enfans, qui n'auront pas épuisé leur sensibilité en dansant la russe, et en pinçant la harpe.

« Je croyais, madame, n'improviser qu'une his-
« toriette, et je viens presque d'esquisser un plan
« d'éducation. Auquel de ces modèles voudriez-
« vous que votre fille ressemblât? Je ne crois pas
« que vous balanciez à me répondre.

« — Mais, madame, vous ne voulez faire que
« des *femmes de ménage*, et ces femmes-là sont
« *souverainement* ennuyeuses. Elles sont *complète-
« ment* déplacées dans ce monde.

« — Ces femmes, souverainement ennuyeuses,
« aux yeux de quelques étourdis, sont précieuses
« à ceux de leurs maris, qui ne les ont prises que
« pour eux. Elles sont déplacées dans le monde;
« aussi y vont-elles rarement, et pour accorder
« quelque chose à l'usage. C'est chez elles, qu'elles
« remplissent dignement la place que la nature leur
« a assignée. C'est là, qu'elles sont en rapport par-
« fait avec ce qui les environne. L'affection et la
« reconnaissance de l'époux; l'amour et la docilité
« des enfans; l'attachement respectueux des do-
« mestiques; l'aisance et le bonheur, croissant cha-
« que année; la satisfaction de tous, voilà les sour-
« ces inépuisables de sa félicité. Une vie régulière,
« la paix de l'ame entretiennent sa fraîcheur et sa
« beauté. Elle est belle encore, lorsque certaines

« femmes, du même âge, n'offrent à l'œil attristé,
« que des débris. Elle n'est pas orgueilleuse de
« ses charmes; elle ne les dédaigne pas non plus:
« elle sait que la rose doit les soins qu'on lui
« donne à son éclat et à son parfum.

« — Mais, madame, quelle est la jeune per-
« sonne qui consentira à perdre ses plus belles
« années dans la retraite, pour se livrer exclusi-
« vement ensuite à un époux, que peut-être elle
« n'aimera pas?

« — Ce sera celle que sa mère aura élevée dans
« de bons principes, et qui, surtout, lui aura parlé
« par ses exemples; celle qui n'aura jamais en-
« tendu louer une autre demoiselle parce qu'elle
« est jolie, ou qu'elle a des talens, mais parce
« qu'elle a des qualités; celle par qui ces petits
« talens de société ne seront considérés que comme
« le délassement d'un travail nécessaire; qui n'aura
« pas la prétention de briller dans un bal, et qui
« se bornera à s'y amuser avec décence; qui, sur-
« tout, n'y dansera ni la russe, ni la walse, genre
« qui annonce la dépravation des mœurs, et que le
« relâchement des nôtres a pu seul introduire
« dans la société.

« Elle se livrera exclusivement à son époux,
« parce qu'elle aura une idée précise et nette de
« ses devoirs. Elle l'aimera, parce que l'amour est
« un besoin pressant, et que sa mère lui aura pré-
« senté l'homme qui peut inspirer et justifier ce
« sentiment.

« — Et quelle est, je vous prie, madame, la mère
« jeune, jolie, adulée dans le monde, qui voudra
« s'en séparer, se renfermer chez elle, pour faire
« de son enfant une espèce de phénomène, dont,
« plus tard, la conduite sera la satire de celle des
« autres, et qui, par cette raison, sera vue partout
« avec défaveur?

« — Moi, madame.

« — Vous, madame? Vous aurez sans doute
« plus de mérite que qui que ce soit à consom-
« mer un pareil sacrifice; mais ne craignez-vous
« pas que les maîtres que vous donnerez à votre
« Honorine ne détruisent insensiblement l'effet de
« vos leçons de morale? Il est presque impossible
« de ne pas revenir fréquemment à ses goûts et
« à ses habitudes, et des maîtres qui vivent de ce
« que vous appelez nos folies, doivent en parler
« avec un enthousiasme qui peut finir par séduire
« et entraîner.

« — Ma fille n'aura pas de maîtres, madame.

« — Je sais, depuis quelques années, que ma-
« dame est charmante; j'ignorais qu'elle sût tout.

« — Je ne sais rien, madame; mais je suis encore
« à l'âge où on apprend à peu près ce qu'on veut.
« Les maîtres seront pour moi, et je serai le maître
« de ma fille. Ne croyez pas, d'ailleurs, que je me
« propose d'en faire une savante; je veux d'abord
« former son cœur, et pour cela je me flatte de
« n'avoir besoin de personne. La connaissance de
« sa langue, de l'histoire et de la géographie;

« quelques idées de littérature, voilà pour l'es-
« prit. Le dessin, la musique, voilà pour le délas-
« sement. Un peu, très-peu de danse, voilà pour
« le monde, et c'est à cela que je réduis mon
« plan d'éducation.

« — Je ne trouve dans ce plan aucune analogie
« avec l'Émile de Rousseau.

« — Les lois les plus sages, madame, ne sont
« pas celles qui paraissent les meilleures en elles-
« mêmes ; mais celles qui s'accordent davantage
« avec l'esprit, le caractère, les inclinations du
« peuple à qui elles sont destinées. Il en est de
« même des traités d'éducation. Nous n'en avons
« pas, nous n'en aurons jamais qu'on puisse ap-
« pliquer à tous les individus. Il en faudrait un
« à chaque élève, comme il faut un code à cha-
« que nation. Rousseau, que vous citez, était un
« homme d'un grand mérite ; mais qui voulait ar-
« river à la célébrité, autant par sa singularité
« que par son talent. Il peut être utile au fils
« d'un homme riche de savoir un métier, mais il
« est choquant qu'on veuille le marier à la fille
« du bourreau.

« — Vous allez vous imposer, madame, une
« tâche longue et difficile.

« — Je m'efforcerai de la remplir, madame. Un
« enfant doit-il quelque chose à sa mère, qui, en
« lui donnant l'existence, n'a cédé qu'à l'attrait
« du plaisir ; qui lui a refusé son sein, que lui
« destinait la nature ; qui, plus tard, l'abandonne

« à des mercenaires, et qui, enfin, dépourvue de
« prévoyance, autant que de tendresse, le lance
« dans le monde, sans lui en avoir indiqué les
« écueils, sans s'inquiéter de son avenir? Qu'at-
« tendra-t-elle, dans un âge plus avancé, de cet
« enfant qu'elle a constamment méconnu? L'in-
« différence et l'abandon.

« — Vous trouverez, madame, plus de détrac-
« teurs que d'imitateurs.

« — Tant pis pour mon siècle, madame.

« — Permettez-moi de vous demander une
« grace.

« — Ordonnez, madame.

« — Je vous prie de ne pas divulguer vos opi-
« nions.

« — Je ne cherche point à faire des prosélytes.

« — La publicité de vos idées pourrait avoir
« de l'influence sur l'esprit de nos maris. Toujours
« disposés à se créer de nouveaux droits, et à
« abuser de leur autorité, ces messieurs préten-
« draient, peut-être, faire de nous des nourrices
« et des instituteurs, et ce n'est pas du tout pour
« cela que nous nous sommes mariées.

« — Soyez tranquille, madame. Les hommes
« sont, à peu de chose près, aussi frivoles que les
« femmes. Ils verraient, probablement, avec quel-
« que plaisir, la leur vivre dans la retraite, mais
« ils chercheront toujours à fixer celles des autres
« dans le monde, et celui qui afficherait la pré-
« tention dont vous parlez, serait à l'instant même

« frappé de ridicule, que tout Français redoute
« plus que la mort.

« — Je vous salue, madame, et je vais passer
« ma soirée à l'opéra *Buffa*.

« — Je vais passer la mienne entre ma fille et
« mon mari. »

CHAPITRE XIV.

La correspondance.

Fidèle au plan que je me suis tracée, je goûtais, depuis quelques jours, un plaisir nouveau pour moi. Je cultivais l'esprit et le cœur d'une enfant, avide d'apprendre et de sentir. Francheville, témoin de nos efforts, applaudissait à nos succès. Il les préparait, quelquefois, par des conseils très-raisonnables, et je m'empressais de les suivre, parce que je n'ai pas l'orgueil des maîtres, qui croient tout savoir, et qui se fâchent quand on leur prouve le contraire.

Nous déjeunions en famille, et madame Ducayla ajoutait à nos sensations tout le charme de l'amitié, quand on nous apporta nos lettres et les journaux.

La première que nous ouvrons est de M. de Sainte-Luce. Elle est adressée à mon mari. Il s'excuse sur la précipitation de son départ, d'une manière très-vague; mais enfin il remplit un devoir de politesse, et je lui en sais bon gré. Il n'a pu écrire plus tôt, parce qu'il a été examiné, reçu et embarqué à Toulon, sans pouvoir disposer d'une heure. Tout cela peut n'être pas bien vrai; mais, en pareille circonstance, mentir c'est reconnaître ses torts. Il vient de relâcher à Brest, à la suite d'une expédition périlleuse, et il finit par les complimens d'usage. Il prie mon mari de me faire agréer son hommage respectueux.

Son hommage respectueux! pas une phrase, pas un mot affectueux qui me concerne!... Francheville me regarde... « Il t'aime toujours : cette « extrême réserve en est la preuve. Et c'est moi « qui ai fait naître cet amour-là, qui l'ai entretenu, « nourri! Ah, Fanchette! tu as oublié Sainte-Luce, « je le crois, j'en suis convaincu; mais ce malheu- « reux jeune homme souffre, et sa peine ajoute « à mes regrets. » Madame Ducayla prend le journal, et lit à haute voix pour forcer notre attention, et détourner des idées pénibles. Elle n'a pas prévu que M. de Sainte-Luce occupe une partie de cette feuille.

« La frégate *la Voltigeante* sortit du port de Toulon le 2 du mois dernier. Croisant aux environs d'Ouessant, elle signala un bâtiment anglais, lui donna chasse, et l'ennemi baissa ses hautes voiles pour l'attendre. Le combat s'engagea à la portée du pistolet.

« Le bâtiment français portait trente-six pièces de canon, et deux cent cinquante hommes d'équipage. *L'Amphytrite* en avait trois cents, et quarante-quatre pièces d'artillerie.

« Une seule décharge de mousqueterie tua le capitaine, un lieutenant, vingt hommes de *la Voltigeante*, et coupa la drisse du pavillon. M. de Sainte-Luce, aspirant de première classe, courut d'un gaillard à l'autre, à travers une grêle de balles, et rétablit le pavillon.

« Le combat se soutint, pendant trois heures, avec une extrême vivacité. Des deux côtés, les voiles étaient en lambeaux, les manœuvres hachées, les mâts endommagés. La mort faisait un ravage affreux sur les deux bords; mais *la Voltigeante*, inférieure en forces, souffrait plus que *l'Amphytrite*. Elle avait perdu la moitié de son équipage, tous ses officiers, et elle soutenait encore l'honneur du nom français.

« M. de Sainte-Luce prit le commandement. Son exemple encourageait ce qui lui restait de monde à faire de nouveaux efforts, lorsqu'on vint l'avertir que le feu était à la sainte-barbe. Il y descendit, et jugeant qu'il était impossible, au milieu du carnage, des cris, du tumulte, de diriger les secours nécessaires, il prit à l'instant son parti. Le vaisseau brûle! cria-t-il; allons en conquérir un autre.

« Ce cri, *le vaisseau brûle!* ranime l'équipage fatigué. Chacun sent qu'il ne peut devoir son salut qu'à la victoire. On quitte les batteries; on se porte sur le tillac; on se serre autour du jeune chef; on attend le signal.

« Les deux bâtimens étaient dans l'impossibilité de manœuvrer. Un vent faible portait peu à peu *la Voltigeante* sur *l'Amphytrite*. M. de Sainte-Luce fait jeter les grappins, et s'élance, la hache à la main, à la tête de son équipage. Les Anglais se défendent en braves gens; mais les Français ont juré de mourir ou de vaincre. En un instant le pont de *l'Amphytrite* est jonché de morts. Sainte-Luce est partout, et partout la gloire l'accompagne. Le pavillon anglais tombe; le pavillon français le remplace; *l'Amphytrite* est rendue.

« Français, Anglais se réunissent pour éloigner la frégate anglaise de *la Voltigeante*, qui vomissait les flammes par ses sabords. A peine en est-on à quelques toises, qu'elle saute avec un fracas horrible. La mer et le pont même de *l'Amphytrite* sont couverts de débris.

« Des bâtimens légers sortirent du port de Brest, et vinrent remorquer la frégate anglaise. »

Quelle valeur dans le combat, et quelle modestie après la victoire! il n'en dit pas un mot dans sa lettre.

Encore une lettre de Brest. Elle est du préfet maritime.

« J'apprends, monsieur, que vous protégez M. de Sainte-Luce. Applaudissez-vous de l'intérêt que vous lui portez : il le justifie par des qualités, qui ne distinguent pas toujours de vieux marins. Nous l'avons reçu ici au son des fanfares. Nous l'avons comblé des éloges les plus mérités. Nous allons lui donner des fêtes, et j'espère que les graces de la Cour récompenseront sa bonne conduite, sa valeur et son dévouement. »

Oh! oui, on le récompensera. Oh! si j'étais la distributrice des graces!...

« Je ne vous cache pas cependant qu'il nourrit une passion secrète, qui peut, à la longue, le dominer entièrement, et lui faire tout oublier. »

Lui faire tout oublier! Monsieur le préfet maritime oublie lui-même qu'aux siècles brillans de la chevalerie, l'amour faisait les héros.

« Pendant le combat, dont les papiers publics vous donneront les détails, on l'a vu, plusieurs fois, tirer quelque chose de son sein, le porter à sa bouche, sur son cœur. On l'a entendu répéter : Tout pour elle... mourir pour elle... vaincre pour elle. »

Oh! ce gant!... Cette boucle de cheveux!...

« Je vous engage à lui faire, à ce sujet, les plus sérieuses représentations. Il serait fâcheux qu'un jeune homme, qui donne d'aussi grandes espérances, se sacrifiât à l'amour. »

Eh! n'est-ce pas pour lui, par lui que Sainte-Luce a vaincu?... Ce gant, cette boucle de cheveux!... ils lui étaient chers, il s'en occupait au milieu d'un combat terrible... Tout pour moi! mourir pour moi! vaincre pour moi!...

Quelles idées m'agitent en ce moment? Je me

sens attendrie, émue; des larmes roulent dans mes yeux; Honorine les essuie, et l'aspect de cet enfant les fait couler en abondance : je me souviens des exemples que je lui dois, de ce que je dois à son père, et c'est dans ses bras que je vais cacher mon trouble et ma douleur.

« Ta blessure était mal fermée, me dit-il à voix
« basse; elle vient de se rouvrir. Ah! malheureux,
« qu'ai-je fait? »

Je ne lui réponds rien. Que pouvais-je lui répondre? Je m'efforce de le rassurer par mes caresses; je l'en comble, je l'en couvre... Est-ce bien à lui qu'elles s'adressent?

Oh! mon cœur, mon pauvre cœur, n'auras-tu jamais de repos!

Voilà une lettre de Paris, à mon adresse. Je reconnais l'écriture du prince. Je ne sais quel triste pressentiment m'afflige. Je cherche à l'éloigner, comme un enfantillage : il se reproduit malgré moi... Hélas! il n'était que trop fondé.

« Madame,

« J'ai reçu votre joli roman. J'applaudis à la manière piquante, par laquelle vous dénaturez des incidens, peu honorables, pour quelqu'un qui vous touche de très-près, et je loue le motif qui vous a déterminée à vous charger du ridicule et du blâme que vous n'avez pas mérités.

« Cette tentative, très-estimable, n'a pas eu le

succès que vous en espériez. La vérité a percé
jusqu'ici. On y sait que c'est monsieur, et non
madame, qui, après avoir concouru pour un prix,
qu'il ne devait pas ambitionner, s'est conduit,
dans une séance académique, avec une légèreté,
une inconvenance qu'il a portées jusqu'à l'oubli
de ce qu'il se devait à lui-même, et que l'assemblée n'a pu supporter que par considération pour
sa dignité. Cette incartade a rappelé les torts qu'on
lui a précédemment imputés, et a donné un grand
poids aux accusations dirigées alors contre lui.
Un personnage auguste m'a parlé de tout cela,
avec une force de raisonnement, qui m'a réduit
au silence, et vous ferez bien de déterminer celui
dont je vous parle à donner sans délai sa démission. C'est le seul moyen de prévenir une destitution, toujours humiliante, de quelque prétexte
qu'elle soit colorée.

« Je suis, etc. »

Francheville lit sur ma figure l'impression douloureuse que me fait éprouver cette cruelle lettre.
Il la prend, la lit; je l'observe avec attention. L'étonnement, la stupéfaction se peignent dans tous
ses traits; une nuance d'accablement leur succède,
et bientôt sa sérénité ordinaire l'emporte sur ces
tristes sensations. « Tu avais raison, me dit-il, et
« l'événement m'éclaire. Je me suis conduit comme
« un fou; mais je réparerai mes extravagances,
« en supportant mon sort, en homme courageux

« et résigné. L'extrême sévérité dont on use en-
« vers moi ne m'ôtera point le souvenir du bien
« que j'ai fait, de celui que je me proposais de
« faire, et, possesseur d'une fortune indépendante,
« vivant entre Fanchette et Honorine, je serai en-
« core très-heureux. »

J'ai eu peu de jouissances aussi vives que celles que je ressentis, en voyant un homme accoutumé à la représentation, et fait pour prétendre à tout, tomber, avec fermeté, d'une grande place; se ranger, sans murmurer, au rang de citoyen obscur, et borner tous ses vœux aux douceurs d'une vie domestique. Son courage releva le mien. Je l'embrassai avec une force d'admiration, d'enthousiasme, de tendresse, qui ramena le sourire sur ses lèvres. Nous restâmes long-temps dans les bras l'un de l'autre; nous les ouvrîmes à Honorine; madame Ducayla s'y jeta avec elle, et nous déclara que son attachement était indépendant des circonstances, et qu'elle nous suivrait partout.

Francheville écrivit, et le jour même, il répandit, partout, qu'il venait de donner sa démission. Dès ce moment, l'hôtel de la préfecture fut désert, et comme on ne ménage plus un homme, dont on n'a rien à espérer ni à craindre, les sarcasmes, les quolibets, les plaisanteries injurieuses plurent de toutes parts. Du Reynel, Montbrun, sa femme, sa fille, le vieux Georges, nous rendaient compte de tout, et celui que notre disgrace affectait le plus, c'était ce digne domestique.

L'académie persiflée, ridiculisée par Francheville, se vengea, dès qu'elle put le faire avec impunité. Les épigrammes, les couplets nous étaient directement adressés; on avait la cruauté de venir les chanter le soir sous nos croisées. Francheville conservait un calme inaltérable. Je l'admirais.

Les employés mêmes de la préfecture prirent un ton de familiarité offensante : grande leçon pour ceux qui ont des flatteurs, et qui croient à leur sincérité. Les hommes rampent devant l'autorité, et sont rarement les amis de ceux qui l'exercent.

Je n'avais protégé personne : je ne m'étais pas fait d'ennemis. On m'épargna; mais je n'en étais pas moins sensible aux indignités dont on accablait mon mari.

Francheville paraissait s'amuser de ma colère. Sa gaieté était-elle vraie? Peut-être ne cherchait-il qu'à dissiper les idées fâcheuses, qui me tourmentaient : l'homme le plus maître de lui, se tait, et ne souffre pas moins.

Je m'attache à Francheville; je ne le quitte pas un instant. Il semble que cet événement me le rend plus cher, et je sens, comme lui, que l'amour et l'amitié suffisent au bonheur de la vie. Ce bonheur-là me suivra partout. N'est-il pas indépendant des orages? Peut-on m'ôter mon cœur?

Nous avons résolu de partir aussitôt que le successeur de mon mari sera arrivé. Nous nous retirerons dans la plus agréable de nos terres. Francheville se propose d'y vivre, avec la simplicité d'un cultivateur, et d'accueillir ceux de nos voisins, qui auront conservé quelque chose des mœurs patriarcales. Nous verrons celles de leurs femmes, qui auront reçu quelque éducation; le curé, s'il est bonhomme, et le travail, la pêche, la chasse, l'éducation d'Honorine, l'entretien de madame Ducayla, rempliront la plus grande partie de notre temps.

Enfin, nous quittons une ville que sans doute nous n'oublierons jamais : nous en emportons des souvenirs de tous les genres. Nous en sortons, la nuit, pour nous soustraire aux regards, aux traits malins de nos ennemis. Nous voilà sur la route de la capitale.

Nous marchâmes, quelque temps, en gardant un triste silence : nous avions tous à penser! mais nous n'étions pas à dix lieues de la ville, que nous nous livrâmes aux douceurs d'une conversation affectueuse. « Allons, allons, disait Fran-« cheville, lorsqu'un roi de Syracuse est devenu « maître d'école à Corinthe, et ne s'est pas plaint « de son sort, un préfet, qui se retire dans une « jolie terre, avec deux femmes charmantes, et la « plus aimable des enfans, peut être satisfait du « sien. » Et après Denys de Syracuse, nous citions tous les rois détrônés, que nous rappelait notre mémoire, et chaque trait historique ramenait ce refrain : Lorsqu'un préfet se retire dans une jolie terre, etc.

Madame Ducayla chante fort bien, et nous applaudissions au malin vaudeville, toutes les fois que nous roulions sur la terre. Moi, je faisais des contes; Francheville me répondait par d'autres; Honorine écoutait et riait, et, à chaque instant, nous revenions au refrain philosophique : Un préfet qui se retire, etc.

Nous nous arrêtâmes, à la sixième poste, pour déjeuner : la gaieté, l'insouciance de l'avenir donnent de l'appétit. La nouvelle de notre arrivée se répandit, dans sept à huit rues de cette bourgade, et à peine dix minutes étaient-elles écoulées, que nous entendîmes battre la caisse. Bientôt le maire parut, suivi de son adjoint et de son greffier. A côté du maire, marchait monsieur le curé, et la garde nationale, composée de douze hommes, fermait le cortége. Le maire, chantre de la paroisse, nous débita un compliment latin, que le curé avait arrangé pour toutes les circonstances, et dans lequel il n'y avait que les qualifications à changer. Francheville y répondit, comme s'il eût compris l'orateur : il est des phrases banales qui répondent à tout, parce qu'elles ne signifient rien.

La garde nationale tira ses douze coups de fusil, dans la cour, après quoi on commença à parler affaires. Le maire demanda l'érection d'un pont, et la restauration d'un chemin de troisième classe. Le curé demanda la réédification de l'église, et, à chaque mot, ils s'inclinaient respectueusement jusqu'à terre.

Le curé me comparait galamment à Esther, obtenant, en faveur d'Israël, la protection et les graces de son auguste époux. Honorine, habillée en garçon, pour éviter quelques incommodités de la route, était le petit roi Joas, espoir du peuple de Dieu. Je riais; Francheville écoutait tout cela avec un sérieux imperturbable, et quand il fut las de cette comédie, il la termina par la déclaration franche et positive de son impuissance actuelle.

Cette déclaration inattendue releva les têtes profondément inclinées. Le maire et le curé se regardèrent, se dirent quelques mots à l'oreille, et se tournèrent vers la porte. « Les hommes sont « les mêmes partout, dis-je à Francheville. Au « village, comme à la ville, ils cherchent le soleil « levant. — Ma bonne amie, les révérences, et au- « tres marques de respect appartenaient à celui « qui peut édifier le pont, et réédifier l'église. Je « ne suis plus cet homme-là; ces bonnes gens se « retirent, cela est très-naturel. Cependant, avec « quatre mots, je peux les ramener à mes pieds. « — Comment cela? — Monsieur le curé, s'il n'est « pas en mon pouvoir de faire rebâtir votre église, « je peux au moins y contribuer pour quelque « chose : faites-moi le plaisir de recevoir cela. « Monsieur le maire, acceptez de quoi faire les « réparations les plus urgentes à votre chemin de « troisième classe... Ah! ces braves ont brûlé leur « poudre : je veux qu'ils boivent à ma santé. »

L'influence de l'or est incalculable. Les épines dorsales se courbèrent de nouveau; les éloges nous furent prodigués, et monsieur le curé offrit de nous chanter une messe, pour le succès de notre voyage. Nous le remerciâmes, nous déjeunâmes, nous remontâmes en voiture, et, soit qu'il ait chanté sa messe, soit qu'il l'ait gardée pour une meilleure occasion, nous arrivâmes à Paris en bonne santé.

CHAPITRE XV.

Rencontre à l'Opéra.

Je revis avec un plaisir inexprimable cet hôtel, où l'amour, continuellement surveillé, contrarié par Soulanges, trompait sans cesse sa vigilance et son zèle. Je me rappelais ces statuts, contestés, acceptés, violés au même instant. Mes principes étaient bien différens de ceux que j'ai adoptés depuis. Je disais alors : Tout pour l'amour. Je ne connaissais que lui; je n'existais que par lui; il était ma vertu, ma morale, mon bien suprême, et jamais on ne peut oublier qu'on a aimé ainsi; jamais, je crois, on ne peut s'en repentir.

Établis cependant, ma fille, une différence prodigieuse de ce que j'étais, à ce que tu seras un jour. Je ne devais rien à la société, qui ne faisait rien pour moi. Née dans une classe distinguée, tu dois justifier, par ta conduite, l'estime qu'on te marquera, les hommages qui te suivront. Je m'appartenais; tu ne seras point à toi. Les mères te demanderont l'exemple de la modestie pour leurs filles; les époux, celui de la vertu pour leurs femmes. J'ai été faible; en m'imitant, tu serais coupable.

Francheville avait paru disposé à renoncer à ses projets de retraite, et à se fixer à Paris. Le mouvement de cette capitale, si différent de la vie uniforme qu'on mène en province, et qu'il avait presque oublié, se parait pour lui des charmes de la nouveauté. Je lui représentai qu'un des agrémens les plus vifs qu'offre cette ville est dans la société, et qu'il n'aurait à lui présenter qu'un homme en disgrace. Il n'insista pas. Nous résolûmes de ne rester à Paris que le temps nécessaire pour mettre nos affaires en ordre, et de ne voir personne dehors, ni à l'hôtel.

Nos gens étaient occupés à disposer, à classer, à emballer nos effets. Pour accélérer leur travail, nous prenions chez le restaurateur voisin. Il nous envoyait le journal du jour avec le déjeuner. Je lisais les articles qui avaient rapport aux théâtres. J'aime le spectacle, surtout lorsqu'il est bon, et j'avais résisté au désir de revoir les Français, l'Opéra-Comique, et l'aimable Vaudeville. Le journal m'annonça *OEdipe à Colonne* : l'Opéra est ordinairement le spectacle des yeux; *OEdipe* est la pièce du cœur. Une marche simple, patriarcale, auguste et toujours intéressante, distingue cet ouvrage, et le met autant au-dessus des autres, que le Tartuffe est supérieur à Pourceaugnac. Bon Guillard! et il n'est pas de l'Académie! Il y fut appelé en remplacement de l'abbé Delille, persécuté, fugitif. Il eut la délicatesse de refuser les dépouilles d'un homme de génie. Par cela seul, les portes de l'Institut devaient être toujours ouvertes pour lui. Elles lui sont peut-être fermées pour jamais.

On donnait, à la suite d'*OEdipe*, un de ces ballets, si bien conçus, si gracieux, si bien exécutés, qu'on a vus dix fois, et qu'on veut revoir encore. Honorine n'a pas dépassé l'âge, où on s'étonne de tout; elle arrive à celui, où on commence à sentir quelque chose. Cette *Antigone* présente un exemple de piété filiale, qui doit plaire et entraîner à toutes les époques de la vie. Je proposai à Francheville d'aller à l'Opéra, en loge grillée. Il devait terminer, le soir même, l'affaire de la location de notre hôtel, et madame Ducayla avait des emplettes à faire. J'envoyai louer une loge; je me couvris d'un voile; je montai en voiture, avec Honorine.

Nous traversons rapidement les corridors; je présente mon coupon; on m'ouvre; nous nous plaçons.

Je jouissais de la surprise, du ravissement de ma fille, qui n'avait rien vu encore d'aussi spacieux, d'aussi brillant que cette salle. Ses yeux se portaient de tous les côtés. Elle me faisait remarquer les femmes les plus jolies, les mieux mises : les diamans surtout fixaient son attention. « Le voilà, maman! le voilà! s'écrie-t-elle tout à « coup. — Qui? — Dans la loge en face de la nô- « tre... — Qui donc? — Mon petit Sainte-Luce... » Hélas! c'était lui.

La foudre, tombant à mes pieds, ne m'eût pas autant terrifiée. Je tirais mon voile; j'en doublais, j'en triplais les plis. Il me semblait que Sainte-Luce, qui ne me savait pas à Paris, devait me deviner là, cachée derrière un grillage. L'enfant y passait son bras, lui faisait signe de la main, l'appelait. Comment ne l'aurait-elle pas aimé? Il avait eu pour elle les plus tendres soins; il l'avait comblée des plus douces caresses. Je m'efforçais de retirer ce petit bras; elle me résistait; mais elle me souriait d'un air qui me faisait oublier la désobéissance. D'ailleurs que pouvais-je lui dire? Aurait-elle compris que les marques de son affection, de sa reconnaissance étaient déplacées en ce moment? L'enfance suit la première impulsion du cœur : on apprend plus tard à combattre, ou à dissimuler ses sensations. Bien vivre, n'est guère que savoir se conformer aux circonstances.

Je n'avais donc rien à dire, et je ne disais rien. Je continuai de tirer à moi cette main que je craignais de froisser; Honorine employait toutes ses forces, pour la porter en avant. Cette espèce de lutte ébranla la grille; elle tomba soudainement. La main de l'enfant était engagée. Je lui crus le poignet brisé. Je jetai un cri perçant; j'arrachai mon voile, pour m'assurer qu'il n'y avait pas de fracture. Sainte-Luce se jeta en avant de sa loge, les bras étendus vers moi; tous les yeux se portèrent sur nous.

Quelqu'un le reconnut du parterre, et le nomma. Des applaudissemens universels ajoutèrent, à sa couronne, le fleuron le plus honorable. Il n'entendait rien; il ne voyait que moi. La scène, à chaque instant, devenait plus alarmante. Je pris Honorine; je l'enlevai, par-dessus les banquettes; je l'entraînai, le long des corridors. A la porte qui ouvre sur l'escalier, je rencontrai Sainte-Luce. Honorine se jeta dans ses bras.

Aucune femme décente ne se trouva, peut-être, dans une position plus critique. Je pouvais être reconnue; on savait que je n'avais été chez personne; que Sainte-Luce avait vécu long-temps chez moi. Cette rencontre, très-fortuite, devait paraître arrangée; madame de Soulanges pouvait être là, et n'avoir point la générosité de m'épargner. J'étais sûre de la confiance de Francheville; mais tant d'époux sont trompés et l'ignorent, que leur opinion ne peut influer sur celle du public, et j'éprouvai, en ce moment, qu'une femme a surtout besoin de celle-là.

Je m'efforçai de rajuster mon voile; il était en lambeaux. Je voulais reprendre ma fille; Sainte-Luce me fit remarquer une contusion à la main. Il descendit l'escalier avec la rapidité de l'éclair: il fallait bien que je le suivisse. Me voilà courant, dans un lieu public, sur les pas d'un homme, que j'ai mille raisons d'estimer; mais dont la jeunesse, la figure, les graces, peuvent donner lieu aux plus fâcheuses interprétations.

Ma voiture était retournée à l'hôtel, et devait me venir prendre à la fin du spectacle. Sainte-Luce fait avancer un carrosse de place; il ne se dessaisit pas d'Honorine; je suis forcée de monter avec lui. Où va-t-il me conduire?

« Chez le premier chirurgien, cria-t-il au cocher. » Le cocher ne sait où trouver un chirurgien. Un commissionnaire du coin est interrogé; il monte sur le siége, pour diriger la voiture. Nous arrivons, je ne sais où; nous montons trois étages, à l'aide d'une bougie, que le commissionnaire a prise chez l'épicier voisin. Nous sonnons, nous entrons. Le chirurgien est absent. Sa femme examine avec nous la main d'Honorine. Cette main agissait librement, et caressait le menton de Sainte-Luce. L'épiderme était enlevé, mais rien d'alarmant, rien qui pût avoir des suites.

Mes yeux se portèrent alors sur Sainte-Luce. Jamais je ne l'avais vu si beau. Ses traits étaient plus formés, et n'avaient rien perdu de leur délicatesse. Sa physionomie exprimait l'intérêt le plus touchant. L'uniforme lui allait à ravir, et certain air d'audace, qui sied à un militaire, était tempéré par la crainte de m'avoir déplu... me déplaire en cherchant à être utile à mon enfant!

Il attendait que je parlasse. Je balbutiai quelques remercîmens. Balbutier en pareille circonstance, c'est annoncer un trouble, qu'on ne peut surmonter. Je le sentais; je voulais paraître maîtresse de moi, et je ne pouvais trouver deux phrases de suite.

Je remarquai une croix et une épaulette, que je ne lui avais pas vues encore. « On vous a donc « avancé? lui dis-je enfin, uniquement pour dire « quelque chose. — Oui, madame. Je suis ensei« gne de vaisseau, et officier de la légion d'Hon« neur. Je retourne chercher la mort, puisque je « ne peux vivre pour vous : je la trouverai enfin. » Ces premiers mots m'imposaient la nécessité de fuir; je le voulais; je ne le puis. La conversation s'engagea. Elle devint tendre, animée, délirante de son côté. J'écoutais, je m'exprimais avec une extrême réserve. Mais en pareille circonstance, écouter n'est-ce pas répondre ? Je fis cette réflexion trop tard : la femme du chirurgien venait de sortir, croyant sans doute m'obliger. Sainte-Luce m'avait nommée plusieurs fois, en sa présence; je me sentais déshonorée dans l'esprit de cette femme. Les larmes me vinrent aux yeux. Sainte-Luce me demanda ce qui m'agitait à ce point. Je ne lui cachai rien. Il invoqua son pardon; il l'attendait à genoux... Je trouvai la force d'élever, entre lui et moi, une barrière insurmontable : je pris Honorine dans mes bras.

« Pardonne donc à Sainte-Luce, me disait-

« elle; il ne t'a pas fait de mal. » Chère enfant! puisses-tu toujours ignorer le mal que nous fait un homme qui est à nos genoux; que nous y voyons avec le plus tendre intérêt, et que nous ne pouvons posséder!

« Levez-vous, lui dis-je, et parlons raisonna-
« blement. » Je raisonnais en effet, il ne parlait qu'amour. Il m'interrompait, à chaque mot, et insensiblement je ne pensai plus à reprendre la parole. J'écoutai... oh! avec un plaisir extrême, je l'avoue. Le temps s'écoulait; la femme du chirurgien ne rentrait pas; je m'aperçus que les yeux d'Honorine s'animaient; que ses joues se coloraient... Cette observation me fit un mal... Je me levai précipitamment, je m'avançai vers la porte ; Sainte-Luce, suppliant, me suivait; il me conjurait de le recevoir chez moi; je le lui défendis avec le ton de la fermeté : mon cœur et mon ton n'étaient pas d'accord. Je sentis une larme s'échapper; j'en vis rouler dans les yeux de Sainte-Luce. Il tira de son sein cette boucle de cheveux : « Voilà donc tout ce que j'ai d'elle, tout ce que j'en aurai jamais! » Il la portait à sa bouche, il la mouillait de ses larmes. Je sentais mes genoux fléchir sous moi, et cependant mon cœur brûlait... Je rentrai; il prit ma main; je n'avais pas la force de la retirer. Il la couvrit de baisers brûlans... Je jetai Honorine entre lui et moi...
« Sainte-Luce, m'écriai-je, respectez ma fille! »

Respectez ma fille ! Que lui eussé-je dit, si j'eusse été seule avec lui ?... Hélas !

Ces mots le frappèrent de terreur. Il se retira à l'extrémité de la chambre; il tira avec force le cordon de la sonnette; la femme du chirurgien rentra. Oh ! combien je le remerciai de sa modération, de son honnêteté ! Le remercier !... n'était-ce pas lui dire qu'il avait été un moment l'arbitre de mon sort ?

Nous descendîmes. Il s'éloigna à l'instant. Je remontai dans mon carrosse de place, et je fis toucher à l'hôtel.

Je fus assaillie sur la route d'une foule de réflexions, plus affligeantes les unes que les autres. La plaie était fermée; elle vient de se rouvrir, m'avait dit Francheville, quelques jours auparavant. Lui avouer, sincèrement, tout ce qui s'est passé, c'est appuyer cette opinion, au lieu d'empêcher le soupçon de naître. Il peut croire que je n'aurai déclaré qu'une partie de la vérité.

Lui cacher cette scène, est une chose impossible. Honorine parlera de Sainte-Luce, et me laisser prévenir par elle, c'est m'avouer coupable.

Imposer silence à cette enfant, c'est lui apprendre qu'une femme peut cacher quelque chose à son mari. Ce ne sont pas des exemples de dissimulation que je lui dois; que je me suis proposé de lui donner. Quelle situation ! Quel parti prendre ?

Tout dire, tout, jusqu'à l'émotion délirante que

j'ai éprouvée. Dépendait-il de moi de ne la pas sentir? Tout ce que j'ai dû, ce que j'ai pu, c'est de n'y pas succomber, et j'ai résisté.

Avouer à son mari qu'on n'a été arrêtée que par son devoir! Cet aveu est cruel à faire, plus cruel à entendre. Non, je ne dirai pas cela. Je dirai tout le reste, et pourquoi irait-il au-delà de ce que je lui aurai déclaré? Honorine m'a-t-elle quittée un instant? et quelle mère est assez abjecte pour oser... Oui, j'invoquerai le témoignage de ma fille : ne doit-elle pas savoir un jour qu'une épouse, qui se justifie, remplit une obligation sacrée?

Nous arrivons. Je cherche Francheville, je le trouve, il m'ouvre ses bras... Enfin, j'ai trouvé un asyle contre mon cœur.

Je commence, d'une voix timide, le récit des faits, que je crois ne pouvoir taire, et à mesure que j'avance dans ma narration, la figure de Francheville se voile, s'éteint, s'anime tour à tour. Ces bras, qui me pressaient sur son cœur, tombent d'abord, et me repoussent ensuite. Je fonds en larmes; je m'excuse; il ne m'écoute pas. Je m'indigne de sa conduite; je m'arme de la noble fierté qui convient à l'innocence. Je prends ma fille; je la lui présente. « Répondez, mademoiselle, avec « vérité, à tout ce que vous demandera votre père. » Je sors.

« Interroger ma fille! me criait-il; l'établir juge

« entre sa mère et moi ! » Je tire la porte, je m'éloigne.

Il l'interrogera. Il est trop fortement agité, pour que la jalousie n'impose pas silence à la délicatesse... Lui, jaloux ! et de qui ? d'une femme, qu'il a sacrifiée à un objet indigne de lui, qu'alors il eût vue, sans peine peut-être, livrée à des désordres qui eussent justifié les siens... Non, il n'est pas jaloux ; son orgueil seul est blessé ; ils sont tous faits ainsi. C'est sur nous seules que doivent peser la constance, la fidélité, le fardeau du mariage. Ils se réservent l'astuce, la perfidie, quand ils se respectent ; ils bravent tout, quand ils cessent de se respecter. Ils exigent que nous nous interdisions le reproche, la plainte, que nous dévorions nos larmes. Ils deviennent tyrans ; ils le veulent ; ils s'en glorifient, et, sans pitié, ils écrasent leur victime.

Malheureuse ! qu'as-tu dit, qu'oses-tu penser ? Ton cœur s'égare, et tu lui cherches une excuse dans les torts de ton mari. Hé ! qu'as-tu à lui reprocher ? il t'a tirée de l'indigence et de l'obscurité ; il t'a élevée jusqu'à lui ; il a appelé, sur toi, le calme, l'abondance, la considération, le bonheur. Long-temps il a fait le charme de ta vie, et s'il a été faible un moment, par quels touchans regrets, par quels égards, par quelle affection n'a-t-il pas effacé sa faute ? Et tu l'accuses, femme cruelle et injuste ! Oh ! ce n'est pas lui qu'il faut accuser. C'est toi, toi, qui n'as pu te défendre contre les qualités, les agrémens de ce jeune homme; qui l'as rendu maître de ton cœur; qui n'a pas eu la force de le lui cacher; qui n'a pas voulu sentir que te laisser pénétrer, c'est donner des droits à l'amour; qui n'as pas réfléchi qu'il suffit d'une occasion pour te rendre coupable; c'est toi qui dédaignes, qui méconnais tout, et qui oses te plaindre! Reviens à toi, à ton devoir; cours chercher ton époux, implore son indulgence, oublie, auprès de lui, un amour criminel et malheureux.

Hélas! c'est lui qui revient, qui revient le premier. Il ne dissimule rien; il avoue qu'il a interrogé Honorine, il me demande pardon!... Je tombe à ses pieds, je les embrasse; il me relève, il m'entraîne... la bougie s'éteint. Puisse mon cœur se calmer avec mes sens!

CHAPITRE XVI.

Catastrophe.

« Ma chère amie, veux-tu partir aujourd'hui?
« — Oh! oui, mon ami, partons. — Georges et
« mon homme d'affaires termineront nos arran-
« gemens. — Qu'importent les affaires? — Ton
« ame est pure : l'absence, le temps, la raison te
« rendront à moi. — Oh! je suis toute à toi; je
« n'ai pas cessé de t'appartenir. — Ah! Fanchette,
« ton cœur est tout. — Ménage-moi, mon ami; ne

« me parle plus de ce que je dois oublier. — Fan-
« chette, qui t'aimera plus que moi? — Personne,
« mon ami. — Qui mieux que moi te prouvera
« son amour? — Personne, mon ami. — J'ai com-
« mis de grandes fautes de conduite; ne me les
« fais pas expier. — Mon ami, ta bonté m'accable.
« — Hé! ne la mérites-tu pas? — Par grace, mon
« ami, laissons les détails. — Ma chère enfant,
« les époux les plus sages ont bien des choses à
« se pardonner. Il est bon de se rappeler ses fai-
« blesses, de se confier ses plus secrètes pensées.
« Se dire tout ce qu'on pense, c'est s'imposer la
« loi de ne rien penser que d'honnête. Veux-tu,
« Fanchette, que nous nous disions tout? — Vo-
« lontiers, mon ami. — Tu seras vraie? — Et toi?
« — Oh! moi, je n'ai rien à cacher. — Aujour-
« d'hui. — Méchante! » La conversation prit insensiblement une tournure assez gaie : nous nous
étions habillés sans nous en apercevoir.

Il avait donné ses ordres; madame Ducayla faisait ses petites dispositions; j'avais demandé le
déjeuner... On annonça M. de Sainte-Luce.

Je fus d'abord très-choquée qu'il osât aller
contre mes ordres. Je réfléchis ensuite que si j'a-
vais pu lui défendre l'entrée de mon appartement,
je n'avais pas le droit de lui interdire, à l'égard
de Francheville, une démarche que comman-
daient les circonstances. Je me levai, et je passai
chez moi. Je me rends cette justice : je ne voulais ni voir, ni entendre. Je m'étais retirée dans

le cabinet le plus reculé; je causais avec Honorine, et si quelque distraction m'éloignait d'elle, il lui suffisait d'un mot pour me ramener à l'instant.

Tout à coup plusieurs voix s'élevèrent. Je distinguai celle de Francheville et de Sainte-Luce. Je cherchai à reconnaître la troisième. A chaque seconde, le ton s'élevait davantage, et je saisis quelques mots, qui ne pouvaient venir que de Soulanges.

Soulanges! comment sait-il que nous sommes à Paris? Était-il hier à l'Opéra? sa femme y était-elle? Veut-elle me nuire, et se venger de Francheville... Il sait tout, il pardonne tout : qu'ai-je à redouter?

Cependant la conversation s'anime à un point qui m'alarme... Je crois entendre des menaces... Ciel! juste ciel!... Sainte-Luce, Francheville! J'oublie que je m'expose en revoyant ce jeune homme; je cours, je vole, j'entre... Quelle exaspération sur toutes les figures! quel emportement dans le geste et le ton! quel orage va fondre sur moi?

« Je vous répète, s'écrie Francheville, que la
« première imputation est une absurde calomnie.
« Madame nous a proposé, à madame Ducayla et
« à moi, de l'accompagner au spectacle, et une
« femme qui a besoin d'une loge grillée, n'y con-
« duit pas son mari. La seconde imputation est
« infâme, s'écrie Sainte-Luce, transporté de co-
« lère. Elle m'outrage autant que madame. Moi,

« je serais capable de conduire, dans un lieu sus-
« pect, celle de toutes les femmes que j'estime,
« que je considère, que j'honore le plus ! voilà de
« ces choses qu'une femme honnête ne pense pas,
« ne croit pas. — Vous me manquez, monsieur.
« — Je suis prêt à vous en faire raison.

« — Vous oubliez, M. de Sainte-Luce, qu'une
« femme n'a de vengeur, qu'elle n'en peut recon-
« naître et avouer d'autre que son mari. — C'est
« vous, M. de Francheville, qui ne vous rappelez
« plus ce que dit cette infernale lettre. Écoutez,
« écoutez !

« Je vous félicite, mon cher Francheville, de
votre attachement exclusif pour une femme, qui
le reconnaît d'une si étrange manière. Donner un
rendez-vous à l'Opéra; en sortir, avec son amant,
avant le lever du rideau; le suivre dans un endroit suspect; y passer deux heures avec lui; se
retirer, en désordre, voilà ce qu'a fait hier votre
Fanchette, ce que je suis certaine qu'elle a fait,
parce qu'un homme à moi est monté derrière sa
voiture. Aimez-la bien, débonnaire mari, et conservez votre foi robuste. »

« Malheur à elle, malheur à vous, monsieur de
« Soulanges, si un mot de ceci transpire dans le
« public. Je laisse à monsieur le soin de venger
« son épouse; je me réserve le droit de venger
« mon honneur cruellement outragé. »

Je ne savais plus ce que je faisais, ce que je
pensais, où j'étais. Troublée, égarée, suppliante,

j'allais de l'un à l'autre. Je les conjurais de se calmer, de m'entendre. Ils écoutaient; je ne trouvais rien à dire. Aussi exaspérée qu'eux, par des motifs différens, je tremblais pour Sainte-Luce, pour Francheville, pour Soulanges lui-même, étranger à cette trame odieuse. Le sentiment de la crainte se dissipait-il un moment? Il était remplacé par celui de la plus vive, de la plus juste indignation. « Ma fille était avec moi, m'écriai-je; « elle ne m'a pas quittée, et elle n'a reçu, elle ne « recevra de moi que des exemples de pudeur. « Cruelle femme, que t'ai-je fait? J'ai cessé de « t'aimer; mais je t'ai ménagée... » Francheville me serra la main avec force. Il me rendit à moi-même; il était temps : j'allais tout dévoiler...

Oh! non, non, je n'ajouterai pas un mot. Détruire la sécurité de son mari, serait être aussi lâche qu'elle, et une indiscrétion porterait Soulanges et Francheville à s'entre-égorger.

Je me tus. Je me laissai tomber dans un fauteuil; deux ruisseaux de larmes s'ouvrirent. «C'est « ainsi, dis-je avec amertume, que madame de « Mirville a été calomniée; le sang a coulé pour « elle. Épargnez-moi, mon Dieu, dans ce que j'ai « de plus cher... »

Et j'étais à genoux, les yeux et les mains élevées vers le ciel. « C'est là que mon innocence « est connue, qu'elle est dégagée des nuages qui « l'enveloppent ici. Manifestez-la, mon Dieu, ma- « nifestez-la à ceux qui ont besoin d'y croire! »

Madame Ducayla, attirée par le bruit des fauteuils et des chaises, des vociférations toujours croissantes, madame Ducayla se précipite dans l'appartement, me prend dans ses bras, me relève, me remet dans mon fauteuil. Elle prend la lettre, elle lit. Seule, elle avait conservé sa tête et du sang-froid. Elle résume les faits, les circonstances; elle rappelle des détails. Chaque idée, chaque mot établissait mon innocence. Elle représente à Francheville qu'il est absurde de rendre un mari garant de la conduite de sa femme, et que son ancienne amitié, pour Soulanges, devait imposer silence au ressentiment; à Sainte-Luce, qu'une affaire donnerait de l'éclat à un crime d'imagination, d'autant plus inexplicable, que madame de Soulanges n'avait reçu de mon mari et de moi que des marques d'affection. La raison se fait toujours entendre, surtout lorsque les premiers mouvemens sont calmés, par l'excès même de leur violence.

Julie avait rapproché les esprits; elle avait tout concilié. Il ne restait à pénétrer, pour Soulanges et Sainte-Luce, que le motif qui avait pu porter cette femme à vouloir détruire l'harmonie qui régnait dans ma maison. Francheville le connaissait; il était rêveur et pensif. Peut-être était-il frappé des suites funestes que peut avoir une intrigue, liée sans réflexion, suivie avec légèreté; une intrigue, telle que le monde en offre mille, qui naissent et finissent dans un jour, et qu'on oublie, pour courir à des distractions nouvelles.

Je crois qu'il n'est pas d'homme aimable qui n'ait été l'objet de ces fantaisies-là. Mais si cet homme, au lieu d'un goût léger, inspire un sentiment profond, insurmontable, il ne dépend plus de lui de se retirer. S'il en manifeste le désir, il voit aussitôt se former un orage; il éclate sur lui, s'il a le courage de rompre. L'exaltation du cœur et de la tête donne à certaines femmes l'audace de tout tenter, de tout braver. Le public les signale, les avilit. Elles se perdent; mais elles entraînent tout avec elles.

Ainsi une belle soirée, un air frais et pur, une élégante nacelle, invitent à se hasarder sur l'onde claire et tranquille. Un point noir se forme à l'extrémité de l'horizon. Il échappe d'abord au nautonier, qui se repose sur un calme apparent. Bientôt ce point grossit, s'étend. La bourrasque s'annonce. Le frêle esquif ne peut lui résister. Les guirlandes dont il est paré deviennent la proie des flots, et la mort se présente, où on ne croyait trouver que le plaisir.

Lorsqu'on eut épuisé toutes les conjectures et les raisonnemens, on revint aux particularités. Soulanges n'avait aucune connaissance de cette lettre; mais il avait su de sa femme que nous étions à Paris, et il était accouru avec l'empressement de l'amitié. Il fut convenu qu'il retournerait chez lui; qu'il ferait sentir à sa femme ce que sa conduite avait d'odieux et de répréhensible, et qu'il lui défendrait, à peine d'encourir son indignation, de parler, à qui que ce fût au monde, de Francheville et de moi. Sainte-Luce exigea que mon mari l'accompagnât chez le chirurgien, où il m'avait conduit la veille. Il voulait dissiper jusqu'à l'ombre du soupçon; mettre en évidence la droiture, la pureté de sa conduite; ne laisser aucune trace de cette scène dans le cœur de mon mari. Francheville était convaincu; mais il ne put résister à la force, à la continuité des instances de Sainte-Luce : ils sortirent tous trois.

Madame Ducayla n'avait pas d'expérience. Elle remarqua cependant que c'était particulièrement à Francheville que madame de Soulanges avait voulu faire du mal. Il lui semblait que si j'étais l'objet de sa haine, elle m'eût attaquée sourdement dans ma réputation; elle eût cherché à m'ôter insensiblement l'estime publique, et elle eût ménagé le cœur et le repos de mon mari. Je suis étonnée que Soulanges n'ait pas été frappé d'une idée si simple. Je tremblai qu'elle se présentât à son esprit. Je sentais qu'un mot inconsidéré, de sa femme, pouvait la faire naître; je prévoyais à quel point un homme, ainsi traité par le meilleur de ses amis, porterait le ressentiment... hélas! je n'avais pas tout prévu.

Soulanges rentre le premier. Toute sa personne exprimait une fureur concentrée, qu'il s'efforçait de maîtriser devant moi. « Qu'avez-vous, M. de

« Soulanges, qu'avez-vous? — Vous avez trop de
« pénétration, madame, pour ne pas le savoir.
« Abusé par la confiance de l'amitié, je n'ai rien
« vu, je n'ai rien voulu voir... Ce n'est pas vous,
« madame, que poursuit une femme coupable;
« c'est celui qui a trahi son amour et moi. C'est
« de lui qu'elle a voulu se venger... Ce dessein ne
« lui est pas échappé; mais pendant une explica-
« tion orageuse, on ne calcule ni le sens, ni la
« force des mots... Et c'est moi qui suis outragé
« par Francheville, moi, qui aurais donné pour
« lui ma fortune et mon sang!... Le barbare!... »
Il marchait à grands pas, ses deux mains enfon-
cées sous sa chemise. Il levait les yeux au plafond; il s'arrêtait; il marchait de nouveau; il se
jetait sur un siége; il se relevait, pour marcher
encore; il roulait dans sa tête quelque sinistre
projet... J'étais à demi morte, et l'excès de la
crainte soutenait mes esprits, leur fournissait de
l'aliment.

Madame Ducayla écoutait, observait, dans un
morne silence. L'étonnement, la stupéfaction se
peignaient dans tous ses traits. Jusqu'alors elle
avait cru à la délicatesse, à l'honneur, à la vertu.
Elle paraissait affligée de renoncer à l'opinion
qu'elle avait conçue de l'humanité, et de trouver
le vice, sous le vernis imposteur de l'éducation.
Elle se levait; elle allait se retirer. « Julie, lui
« criai-je, je ne suis capable de rien. Ne m'aban-
« donnez pas; j'invoque le secours de votre rai-

« son. Elle a tant fait, il y a deux heures! que ne
« fera-t-elle pas encore! Quand l'honneur com-
« mande, madame, la raison est sans pouvoir, me
« dit Soulanges d'un ton de voix qui me fit tres-
« saillir. »

Je pensai à Honorine. Je m'arrêtai au projet de
la mettre entre son père et son ennemi... Je re-
jetai cette pensée. Je redoutai l'effet que produi-
rait, sur cette ame neuve et pure, les reproches
de Soulanges, la confusion, les réponses évasives
de son père. Je veux qu'elle l'estime, qu'elle le
respecte toujours; que toujours elle voie en lui
le premier des hommes. Que ferai-je, mon Dieu?...
je les suivrai; je me jetterai au-devant des coups;
les armes tomberont de leurs mains.

Les voilà... je les entends... « Julie, ne m'aban-
« donnez pas; ayez pitié de moi, secourez-moi. »
« La calomnie, s'écrie Sainte-Luce, a les appa-
« rences de la vérité. Nous avons été hier chez un
« chirurgien; M. de Francheville l'a vu, il a vu sa
« femme, il leur a parlé. Mais il y a, dans la mai-
« son, quelqu'un qui reçoit celles que la cupidité,
« ou le goût des plaisirs y conduisent. — Et si
« madame de Soulanges répond, affirme que c'est
« de ce dernier lieu que sortait ma femme, com-
« ment désabuser le public? — Madame de Sou-
« langes ne dira rien, monsieur. Elle n'a pas de
« raison de haïr votre épouse. C'est vous seul
« qu'elle a voulu frapper, torturer, désespérer,
« vous qui, sans affection, comme sans égards

« pour moi, l'avez séduite à Brécour, et l'avez
« quittée avec cette légèreté, ce dédain qu'on se
« permet à peine avec une femme perdue. Il est
« inutile que j'ajoute rien. Vous devez m'enten-
« dre, M. de Francheville. »

Francheville ne répondait pas. Il rougissait, pâlissait, me regardait. Ses lèvres étaient agitées d'un mouvement convulsif. Sans doute, il frémissait de s'être mis dans la nécessité de se mesurer avec un homme qui l'avait comblé des marques du plus sincère attachement. Eh! eût-il été un étranger, n'est-il pas affreux, pour un homme sensible, d'égorger le mari, après lui avoir ravi le cœur de sa femme!

Je me mourais d'anxiété et de douleur. Madame Ducayla cherchait à se faire entendre; on ne l'écoutait plus. Sainte-Luce prit la parole, avec noblesse et fermeté. Il représenta à Soulanges qu'un combat ne remédierait à rien, et mettrait en évidence la conduite de sa femme. « Je la con-
« nais à présent; je la méprise, je l'abandonne.
« C'est l'amitié, c'est ma confiance, bassement
« jouées et trahies, que je veux venger, que je
« vengerai. Monsieur, répondit froidement Fran-
« cheville, je suis à vos ordres.

« Vous ne vous battrez pas, m'écriai-je. Partout
« je serai entre vous deux! »

Je me levai, je m'élançai, je courus à eux... Mes genoux tremblans ne purent me soutenir. Je tombai dans les bras de Sainte-Luce... de Sainte-

Luce! « Je sauverai votre époux, madame. C'est
« le plus grand, c'est le dernier effort d'un amour
« malheureux. » Comment le sauvera-t-il? que
va-t-il faire?

Francheville m'arrache de ses bras, et me place sur une ottomane.

« Monsieur, dit Sainte-Luce à Soulanges, je
« n'entre pas dans les sujets de plainte qu'a pu
« vous donner monsieur; ils sont étrangers à l'af-
« faire que nous traitons. Il s'agissait d'abord de
« l'accusation infâme, portée contre moi, par ma-
« dame votre épouse, et c'est à quoi il faut, s'il
« vous plaît, revenir. — Vous êtes justifié, mon-
« sieur; qu'avez-vous à me demander? — Une
« injure non méritée, n'en est que plus cruelle.
« Je vous en demande la réparation. — Et mon-
« sieur de Francheville se tait! Prompt à offenser,
« lent à satisfaire, il souffre qu'un enfant s'expose
« aux coups que lui seul a mérités! — Un enfant,
« monsieur, un enfant! oubliez-vous que mon
« sang a coulé pour ma patrie, et que j'ai vaincu
« ses ennemis? Un enfant! joindre le mépris à
« l'injure! c'est plus que je ne peux supporter. »
Et dans l'excès de son emportement, ou aveuglé
par le désir de me conserver Francheville, il
s'oublie jusqu'à faire à Soulanges le plus violent
des outrages, celui qui, d'après nos préjugés, ne
peut se laver que dans le sang.

« Vous me perdez, Sainte-Luce, s'écrie Fran-
« cheville. Sans doute vous l'aurez cette funeste

« primauté que vous avez voulu obtenir ; mais je
« suis un homme déshonoré. »

Sainte-Luce et Soulanges n'écoutent, ne voient plus rien. Ils sortent, avec la rage dans les yeux et dans le cœur. Je me lève... Je veux les suivre, les arrêter, les désarmer par mes prières, par mes larmes... Une réflexion, vive et prompte comme la foudre, me frappe et me retient. Malheureuse ! c'est ton amant que tu veux suivre ; tu vas braver à la fois les convenances, l'opinion, ton devoir, ton époux. Souffre en silence, et dévore tes larmes.

Sainte-Luce, généreux et infortuné jeune homme, as-tu l'expérience nécessaire pour te défendre, pour vaincre... Pour vaincre ! qui ? l'homme à qui je dois mon état et mon mari ! Sainte-Luce ! Sainte-Luce ! Je péris si tu succombes. Quels regrets si tu es vainqueur !

Francheville était tombé dans un accablement profond. Julie lui tenait la main, et me regardait d'un air pénétré. Je sanglotais, je suffoquais, je ne trouvai pas une larme.

Francheville se lève, exaspéré. « Partons, dit-il,
« montons en voiture. Allons cacher ma honte,
« non dans ma terre de Champagne, mais au sein
« des Pyrénées. C'est là que je veux vivre in-
« connu, oublié du genre humain. — Partir, mon
« ami ; partir sans connaître l'issue de cet affreux
« combat ! — Vous partirez, madame. Vous re-

« verrez ces lieux, où vous m'avez donné votre
« foi. Vous retrouverez la cendre de ma première
« épouse; de celle dont j'ai exclusivement possédé
« le cœur, et dont le dernier soupir fut l'accent
« de l'amour fidèle... Je t'outrage, Fanchette!
« pardon, pardon. Sais-je ce que je dis, ce que
« je fais? C'est moi, c'est moi qui ai causé tout le
« mal; qui ai voulu que tu aimasses Sainte-Luce,
« et j'ose t'adresser des reproches! Pauvre Sou-
« langes! pauvre jeune homme! quel sera le mal-
« heureux? Ah! pourquoi tous les coups ne tom-
« bent-ils pas sur moi?... Libre alors d'écouter,
« de suivre ton cœur... — N'achève pas, au nom
« de Dieu, n'achève pas. Ne suis-je pas assez mal-
« heureuse, assez souffrante? Veux-tu que je
« meure mille fois? »

Un morne silence succède à tous ses mouvemens. Chacun pense d'après sa situation, ses espérances, ses alarmes. Mon imagination, mon
cœur, ma vie, tout mon être, se portent vers
Sainte-Luce. Je le vois, je vois le fer meurtrier
tourné sur sa poitrine... Je vois percer le cœur
le plus noble, le plus sensible... Je jette involontairement un cri affreux.

« Pars, ma bonne amie, pars à l'instant même.
« Tu ne peux rester près de moi, sans déceler tes
« sentimens secrets. Je te les pardonne; mais leur
« expression me pénètre, m'afflige. Pars, je t'en
« supplie, je t'en conjure. Dans deux heures je te

« suivrai. Madame Ducayla, emmenez ma femme;
« consolez-la, fortifiez-la contre les événemens,
« contre elle-même. »

Julie me prend la main, et je me laisse conduire comme un enfant. Elle me fait monter dans la voiture; elle met Honorine dans mes bras. Mon cœur, froissé, comprimé, se dilate à l'aspect de cette enfant. Je retrouve des larmes; j'en verse en abondance. Honorine me presse de questions, auxquelles il m'est impossible de répondre. Elle pleure amèrement, et de mon silence et de ma douleur. Son bras est passé autour de mon cou; sa joue est fixée sur la mienne. Julie nous embrasse toutes les deux, et mêle ses larmes aux nôtres. Nous voilà trois, affligées, désespérées d'une faute qui n'est pas la nôtre, et dont il nous est impossible d'arrêter les suites.

Nous arrivons ainsi à la seconde poste. Tout à coup une idée sinistre me frappe, et vient ajouter à mes maux. Francheville m'a éloignée, pour chercher, trouver Soulanges, se mesurer avec lui... Sainte-Luce, Francheville! Faut-il les perdre tous les deux à la fois!... J'ordonne à Philippe de nous ramener à Paris, et d'aller d'un train à crever tous les chevaux.

Nous rentrons à l'hôtel. Je demande, j'appelle Francheville. Je ne trouve que Georges, entre les mains des chirurgiens. Ils cherchent à rappeler un reste de vie que le saisissement, la douleur ont presque épuisée. Encore une victime!

Francheville est sorti; sans doute il connaît le lieu du rendez-vous, et je n'ai rien entendu qui puisse diriger mes pas, mes démarchés!... Hé! pouvais-je tout entendre? Depuis ce matin, égarée, torturée, affaiblie, suis-je autre chose qu'une frêle machine, toujours prête à succomber?

On frappe à coups redoublés... Je cours à la croisée... C'est Francheville qui descend d'une voiture, qui appelle du secours... Ah! Dieu soit loué!

Il demande du secours, et pour qui?... Ciel! juste ciel! Sainte-Luce, sanglant, décoloré! Son œil est éteint, ses lèvres sont livides!... Sainte-Luce est mort!... Oh! je meurs, par lui, et pour lui...........................
....

Où suis-je?... Je ne connais pas cette chambre. Qui est auprès de moi?... C'est Francheville, à genoux devant mon lit, tenant ma main, la baisant avec transport, s'applaudissant de mon retour à la vie. C'est madame d'Elmont, qui me prodigue les soins d'une tendre mère; c'est Julie, qui partage avec dévouement ses fatigues et ses soins.

Combien de temps s'est écoulé? Que s'est-il passé?... Et Sainte-Luce! Sainte-Luce!

J'ai prononcé son nom d'une voix affaiblie; Francheville m'a entendue. « Sainte-Luce est hors « de danger. — Pour Dieu, ne me trompez pas. « — Il est hors de danger, je t'en donne ma pa- « role d'honneur. — Ah!... ah!... »

On s'empresse, pour me rendre un peu de calme, de me raconter ce qui s'est passé. Soulanges est mort sur la place. Tout l'univers ignore qu'il avait défié mon mari : la réputation de Francheville est à couvert. Sainte-Luce, très-dangereusement blessé, est aujourd'hui convalescent. Il est resté à l'hôtel, et mon mari, redoutant l'effet que produiraient sur moi son état, et l'idée de le savoir si près, m'a fait transporter chez madame d'Elmont, où une fièvre ardente et un délire continuel m'ont mise sur le bord de la tombe. La misérable! elle a tué son époux! elle a tué Georges! A quoi ont tenu la vie de Sainte-Luce et la mienne?

Je veux voir Honorine. Elle seule peut éloigner de moi l'image de l'infortuné jeune homme, sacrifiant à mon repos son amour, ses espérances et sa vie. On craint pour moi toute espèce d'émotion; on me refuse ma fille. Quelle émotion est plus forte, plus dangereuse que celle qui se reproduit, dans le silence, avec une force toujours nouvelle? Ils ne savent pas que je veux combattre un sentiment par un autre, que je veux échapper à moi-même. M'abandonner à mon cœur, c'est me replonger au tombeau. Voilà ce que je ne saurais dire, et ce qu'il leur est si facile de prévoir.

« Oh! rendez-moi ma fille, par grace, rendez-« la-moi. » Honorine m'a entendue. Elle entre; elle regarde son père d'un air suppliant. Il lui a défendu de m'approcher, je le vois. « Oh! mon ami,

« qu'elle reste; qu'elle ne me quitte plus! Si tu
« savais quel bien me fait sa présence! »

Il résiste. Avec autant d'esprit, avoir si peu de
pénétration! Comment! il n'a nulle idée de l'effet
que produit sur une femme, trop sensible, mais
honnête, l'aspect de son enfant; avec quelle puissance l'amour maternel éloigne, dissipe tout sentiment coupable; par quel attrait irrésistible il
nous rattache à celui auquel nous devons le bonheur d'être mère! Nous nous sommes promis, aujourd'hui même, de nous dévoiler nos plus secrètes pensées. Ah! je le sens, la femme la plus
sage a bien des choses à taire. Francheville pleure
sur la destinée de Soulanges; je ne l'affligerai pas
davantage, par des aveux humilians pour lui et
pour moi. J'éviterai même de prononcer le nom
de Sainte-Luce, en sa présence. Mais je veux ma
fille; il faut qu'elle soit là, toujours là. J'insiste
avec toute l'énergie dont je suis capable. On se
rend, pour calmer une agitation au-dessus de mes
forces. Honorine est établie chez moi.

CHAPITRE XVII.

Le mouchoir.

Oui, je reviens avec elle aux sentimens calmes.
Leur douceur, et la paix qu'ils portent dans l'ame,
sont bien préférables à l'ivresse des passions orageuses. Les jouissances qu'on doit à celles-ci sont

plus vives, plus entraînantes; mais quelles en sont les suites? L'éloignement pour son époux, la négligence pour ses enfans, le mépris même de son complice, l'abandon et les regrets.

Mais ces passions orageuses sont-elles soumises au raisonnement? Dépend-il de notre volonté de les faire naître, de les éteindre? Avec quelle indulgence on doit juger une femme faible! Peut-on pénétrer dans les détails de sa chute? Peut-elle instruire le public des circonstances imprévues, inévitables, qui l'ont accélérée? Oh! je le crois, nulle ne peut compter sur sa vertu; toutes sont destinées à combattre, sans avoir la certitude de vaincre. Heureuses celles qui ont fourni leur carrière, et qui ne craignent pas de reporter les yeux en arrière! Celles-là sont indulgentes: elles savent à quels efforts, à quels sacrifices elles doivent la conservation de leur propre estime.

Celles-là ne pardonnent rien, qui ont l'orgueil d'une bonne conduite, et cette confiance en elles-mêmes, qui les rend plus faciles à séduire, ou qui croient couvrir, par de vaines déclamations, des désordres qui éclatent tôt ou tard.

Mais pourquoi m'engager dans ces distinctions subtiles? Est-ce une faiblesse que je prépare? Cherché-je d'avance à me la faire pardonner... Honorine, viens auprès de moi; dis-moi quelque chose, parle-moi de ton père.

Mes forces renaissent d'une manière sensible.

Je commence à faire quelque chose... Misérables femmes! A quel genre de travail nous a-t-on formées! Nos doigts seuls sont occupés. La tête, toujours libre, agit sans cesse sur elle-même. Je brode ma fleur; je vois Sainte-Luce sur le métier.

Je jette mon aiguille... je suis tentée de déchirer ma mousseline... Quel déplorable enfantillage! Eh! que vois-je dans le livre que j'ouvre? Qu'entends-je, quand on me parle de ce qui n'est pas lui? Vers quel objet ma pensée se porte-t-elle constamment, le jour, la nuit?... Oh! mon Dieu! mon Dieu!

Cet état ne peut durer. Il n'est pas en ma puissance de le supporter plus long-temps. Il faut que je le revoie, que je... Qu'ai-je dit? que pensé-je? Honorine, Honorine, embrasse-moi; que tes caresses me rendent à moi-même et à ton père. Oh! embrasse-moi encore, toujours, toujours.......

L'appartement qu'occupe madame d'Elmont est resserré. Francheville sent que nous l'incommodons; il me propose de retourner à l'hôtel. A l'hôtel! Il sait qui j'y verrai, et c'est lui qui veut m'y reconduire! C'est lui, toujours lui, qui prépare... Je n'ai pas la force de refuser : ne devait-il pas le prévoir?

Nous prenons congé de madame d'Elmont; nous sortons; nous rentrons chez nous. Mes yeux plongent dans toutes les pièces qui sont ouvertes; ils voudraient pénétrer dans celles qui sont fermées.

Mon cœur bat avec une violence, et j'éprouve un plaisir! Est-ce la crainte, est-ce le désir qui m'agite? Sont-ce ces deux sentimens à la fois?

« Ma bonne amie, il n'est plus ici. » Mon cœur cesse de battre. Il se serre... Ah! « Et où est-il « donc? demandé-je d'une voix timide. — Il est « parti ce matin... — Pour aller où? — A Brest. »

Mon premier mouvement fut de me plaindre de la défiance que me marquait Francheville; le second appartint tout entier à la reconnaissance : je ne pouvais me dissimuler les dangers auxquels venait de me soustraire l'indulgente prévoyance de mon époux. Je l'embrassai tendrement, oui, avec une véritable tendresse. Mais lorsque je fus abandonnée à mon cœur, que sa voix impérieuse se fit entendre, je ne pensai, je ne rêvai que Sainte-Luce. Je l'appelais, je le pleurais, et, rassurée par son absence, je me livrais sans réserve à la violence de mon amour.

Croira-t-on que ma situation n'était pas sans quelque charme? Je souffrais; je sentais quelle eût pu être l'étendue de ma félicité; je n'osais ni l'espérer, ni la désirer; je me voyais condamnée à d'éternelles et douloureuses privations. Cependant je pouvais aimer sans contrainte, sans redouter Sainte-Luce, ni moi; et de quoi ne console pas, ne dédommage pas le bonheur d'aimer?

Je parcourais, avec sécurité, cet hôtel, où j'étais entrée en tremblant. Vingt fois le jour, j'ouvris cette chambre qu'il a habitée, et j'y passais des heures entières à rêver, à penser à lui.

Aujourd'hui, je me suis assise devant ce lit, où il a été mourant, et mourant pour moi. J'y cherchais, j'y marquais la place qu'il a occupée; je voulais y retrouver ses formes; je cachais mon visage dans mes mains, je fermais les yeux, je me laissais aller sur ce lit, je parvenais à une illusion complète... Pauvres humains! tout n'est-il pas illusion pour nous? Le bonheur lui-même est-il autre chose?

Je me lève avec confusion. Je me demande si j'oserai un jour avouer à Honorine les puériles émotions auxquelles je m'abandonne en ce moment... Oui, elle saura jusqu'où peut descendre ce sexe si fier de sa prétendue supériorité. Elle apprendra que cette fierté n'est, dans une femme, que l'absence du sentiment. Elle sentira la nécessité de conserver ce noble orgueil, dont nous dépouille une faiblesse. Elle saura que celle qui laisse surprendre son cœur, n'est plus que l'esclave de son amant, qu'un jouet que sa main brise à son gré, sans qu'elle ose se permettre la plainte, le plus léger murmure.

Où en serais-je, bon Dieu! si Sainte-Luce ressemblait à ces hommes qui, dans l'amour, ne cherchent que le plaisir, n'ambitionnent que lui, et lui sacrifient tout, jusqu'au repos, à la réputation de celles qu'ils disent aimer? Ah! Sainte-

Luce, sans véritable amour, sans dévouement, sans délicatesse, n'eût pas été dangereux pour moi... Que de femmes ont pensé, ont dit la même chose de leur amant, et ont été cruellement détrompées !

En faisant ces réflexions, j'allais, je venais; je m'asseyais dans ce grand fauteuil où il s'est sans doute assis; j'ouvrais une armoire, les tiroirs d'une commode; partout je croyais le voir, partout je trouvais une sensation, une illusion nouvelle. J'ouvre enfin une garde-robe... dans un coin, à terre... Aurai-je enfin quelque chose de lui?... C'est un mouchoir. J'y remarque des taches de sang, et tous mes membres palpitent... Je relève ce mouchoir; je cherche la marque... c'est le sien; c'est son sang, son sang versé pour moi... Je le presse sur mon cœur; ma tête se monte, s'exalte; je vois, dans ce mouchoir, un trésor inestimable; je le cache dans mon sein; je fuis, comme si je craignais qu'on me ravît ce sang, ces souvenirs, ces émotions si cruelles, et cependant si chères. Je cours m'enfermer chez moi; je reprends ce mouchoir; je le considère avec attendrissement; je compte les taches dont il est couvert; je les couvre de baisers et de larmes. Ce mouchoir, ce sang font maintenant partie de mon être; la mort seule peut m'en séparer.

On entre!... Dieu! j'ai cru avoir fermé ma porte. Ah! si Francheville me surprend adorant ces tristes reliques... Non, non, c'est Honorine. Je n'ai pas encore à rougir devant elle. Son inexpérience est ma sauve-garde et la sienne... Si Francheville me surprend, ai-je dit? Je dois donc redouter sa présence, son œil observateur; je suis donc coupable! Et puis-je l'être envers le père seulement? N'ai-je pas aussi des devoirs à remplir à l'égard de l'enfant? Mon choix, la nature ne m'ont-ils pas liée irrévocablement à l'un et à l'autre? Et, rassurée par l'innocence de ma fille, j'oserais me livrer, en sa présence, à des transports qui feraient mon désespoir, si elle s'y abandonnait un jour; je renoncerais, volontairement, au droit honorable de la rappeler à ce qu'elle se devra à elle-même. Non, non, jamais.

Mon foyer est allumé. Je ne réfléchis pas; je ne balance pas. Hésiter, c'est me mettre dans l'impossibilité de consommer le sacrifice. Je prends ce mouchoir, je le lance; il est la proie des flammes. Ah! quelle douleur poignante j'éprouvai, quand il n'en resta que la cendre! Honorine me regardait avec attendrissement. Je lui ouvris mes bras; elle s'y précipita avec la candeur, la vivacité de son âge. Je l'emportai. Je sortis de cette chambre; je me promis de ne plus rentrer dans celle...

« Partons, dis-je à Francheville, partons à l'in-
« stant même. L'air que je respire ici est empoi-
« sonné. Partons, si tu veux te conserver une
« épouse, et une mère à ton enfant. »

J'étais sortie de l'hôtel. Il me suivait, il me pressait de rentrer; il ne voulait que le temps nécessaire pour faire ses dispositions. Je ne l'entendais pas; je ne l'écoutais pas; je marchais au hasard. Honorine me conduisait, elle, qui a, qui aura, si long-temps encore, besoin d'être guidée. Chère enfant! puisse le ciel te garantir des tourmens que j'endure! Un cœur passionné est un fléau dont il nous frappe dans sa colère, et il nous impute les fautes qui sont son ouvrage!

Nous arrivons chez madame d'Elmont. Mes yeux troublés se portent partout sans rien voir... Ils retrouvent Honorine; elle seule a le pouvoir de me calmer. Et, cependant, en la comblant de caresses, en recevant les siennes, ce mouchoir, ce fatal mouchoir était présent à ma pensée; je voyais les flammes dévorer ce que j'aurais racheté de mon sang, de ma vie... Je mourrais, je crois, si je n'avais Honorine. Je veux vivre pour elle.

Francheville paraît. « La voiture est à la porte, « me dit-il d'un ton froid. » Pas un mot de consolation, d'encouragement, de pitié, et c'est lui qui m'a perdue! Ah! quand ils nous trompent, nous délaissent, il faut donc les aimer encore, et baiser les fers dont ils nous chargent!

Nous partons. Le grand air rafraîchit mon sang; des objets nouveaux attirent insensiblement mon attention. Honorine a sa main dans la mienne; une douce pression répand, dans tout mon corps, un baume consolateur. Je souffre; mais mes maux ne sont plus insupportables. Je retrouve la force de réfléchir, de me recueillir, de me tracer un plan de conduite, dont je me promets de ne point m'écarter.

Si les délices, si les tourmens de l'amour étaient durables, il n'est pas de force humaine qui pût les supporter. Je l'ai dit, je crois, nos sentimens s'affaiblissent dans la proportion de leur première violence ; on revient au repos, par l'excès même de la fatigue.

Pourquoi Francheville ne me parle-t-il pas? J'ai besoin de l'entendre, de lui répondre. Croit-il manquer à la dignité de son sexe, à sa qualité d'époux, en venant au-devant d'une femme souffrante, infortunée, mais honnête? Je me répète, je le sens ; mais la continuité d'une même position ne ramène-t-elle pas les mêmes idées?

Et Julie! elle me regarde d'un air pénétré, et ne m'adresse pas une parole. Ah! quand elle a perdu son époux, me suis-je bornée à la plaindre? Ma bourse, ma maison, mon cœur, je lui ai tout ouvert. Un cœur sensible est toujours bon à quelque chose ; la fermentation seule est à redouter.

Demain nous arriverons à ce château. J'y vivrai entre une femme froide, et un époux, qui paraît s'offenser enfin et de mon indifférence et de ma douleur. Je ne peux le blâmer ; mais que puis-je substituer à un sentiment qui n'est plus? Qu'opposer à celui qui me subjugue, qui m'entraîne? Satisferai-je Francheville avec des égards, des prévenances, des soins? Rien de tout cela ne dédommage de l'amour, et l'orgueil d'un homme n'est-il pas révolté de la seule idée d'avoir cessé de plaire?

Qu'est-ce donc que le mariage, qui se présente quelquefois d'une manière si séduisante, et dont les suites sont si amères? De qui vient cette institution bizarre, qui contrarie la nature, s'oppose à ses vœux les plus doux, et n'est plus qu'un insupportable fardeau, pour deux êtres qui ont cessé de s'aimer et de se convenir? S'il n'est pas d'amour éternel, pourquoi s'engager à une constance illimitée? Pourquoi, surtout, le mari se prévaut-il de ce contrat, pour exiger, de sa femme, l'observation rigoureuse de conditions qu'il enfreint, ou qu'il élude? N'est-ce pas cette inégalité de droits qui commande de l'indulgence en faveur de celles qu'un moment d'oubli rend plus dignes de pitié que de blâme? N'est-ce pas... Non, non; ces raisonnemens sont la dernière ressource d'un être coupable, qui voudrait s'étourdir sur une première faute, s'appuyer de prétextes spécieux, pour en commettre de plus graves, et imposer silence à sa conscience alarmée.

Le mariage est un lien général, qui rapproche et unit les hommes, vivans dans l'état de société. Il est la garantie des mœurs publiques, la sûreté des familles et des propriétés. C'est à lui que toute femme doit un nom, un rang, l'espoir de transmettre, à ses enfans, les vertus de leur père, avec son héritage; la considération dont il a joui; la propension au bien, dont il leur a donné l'exemple. Respectable sous tous les rapports, et par l'esprit même de son institution, le mariage offre des inconvéniens, comme tout ce qui sort de la main des hommes; mais, s'il n'existait pas, que deviendrait l'ordre social? L'homme, sans parens, sans alliés, privé des lumières et des conseils d'autrui; borné dans ses vues; dépourvu de la force et de l'ensemble, qui préparent l'exécution et assurent les succès; étranger aux émotions douces, à l'émulation, à la gloire, à l'esprit public, qui naît toujours de l'intérêt de sa famille, subordonné au bien de tous; isolé, abandonné à ses seules ressources; misérable par son indépendance, l'homme descendrait au rang des animaux, et sa faiblesse le placerait au-dessous de la plupart d'entre eux. Que serait Honorine, si le mariage n'avait consacré sa naissance? Fille obscure d'une mère ignorée, elle traînerait sa triste existence, cachée aux derniers rangs de la dernière des classes. Honorine! Honorine! *respect et reconnaissance* à l'instituteur du mariage. Que ces mots se gravent dans ta mémoire; qu'ils te soient toujours présens, dans la saison des orages.

Mais ces orages mêmes permettent-ils de raisonner, de discuter long-temps? Jouets de notre imagination et de notre cœur, nous approuvons, nous blâmons, selon que l'un ou l'autre nous persuade et nous entraîne. Oh! ce mouchoir!... ce mouchoir!

Il est parti sans me voir, sans m'écrire! ne devait-il rien à l'intérêt que je lui ai marqué? A-t-il dû se soustraire à un devoir de pure bienséance? L'amour rend-il dur, ingrat?... Oh! non, non. Il sait, comme moi, les combats que me livrent sans cesse l'honneur et le devoir. Non, il n'est pas dur, il n'est pas ingrat; il a pitié de moi; il m'a ménagée : je lui en rends grace.

Oui, cette lettre eût ajouté à des maux, qui sont déja au-dessus de mes forces. Que me reste-t-il de ce mouchoir; que me resterait-il de cette lettre? le souvenir d'un sacrifice aussi pénible que le premier. Mon cœur, mon faible cœur se fût révolté, en le faisant; mais enfin je l'aurais consommé. Il m'a épargné de nouvelles angoisses : je lui en rends grace encore.

Nous voilà arrivés à ce château, qu'on disait si bien situé, si riant. Je parcours les jardins, dont on m'a tant vanté la distribution, la piquante variété. Tout cela me paraît triste, désert.

Mais l'amour maternel ne peut-il pas tout animer? ne peut-il pas suffire à mon bonheur? Un étranger l'emportera-t-il sur ma fille?... un étranger!

Honorine, des livres, peut-être quelque bien à faire, l'absence surtout... Ah! tâchons de redevenir moi. Il est bien temps que je respire.

J'ai rencontré, dans ces jardins, un site absolument semblable à celui où, pour la première fois, il tomba à mes genoux. Ce site me rappelle Brécour; les commencemens, les progrès d'une passion funeste, et je ne peux m'en éloigner... Je triomphe encore de moi.

J'appelle le jardinier. Je fais bouleverser cette terre; je regarde, avec une joie barbare, les arbustes arrachés, le gazon renversé, la terre jetée çà et là. Quelle victoire je viens de remporter! rien de lui, plus rien de lui. *Respect et reconnaissance à l'instituteur du mariage.*

Ah! si M. de Francheville savait ce qui se passe dans mon cœur; par quels efforts soutenus je cherche à lui imposer silence, peut-être il oublierait des fautes qui ne sont pas toutes de moi; peut-être il reprendrait ces sentimens, qui ont assuré si long-temps sa félicité et la mienne. Il louerait, au moins, mon courage; il applaudirait à l'empire que je reprends sur moi... Oserais-je recevoir ses éloges? Est-ce pour lui, ou pour mon repos, que j'ai si fortement combattu? Ah! je n'ai rien à prétendre de lui, rien à lui demander : l'amour ne rétrograde jamais.

CHAPITRE XVIII.

Projet louable, sans effet.

Nos jours s'écoulent dans un calme apparent; calme sombre et mélancolique, qui ressemble au silence des tombeaux. Francheville me néglige : dois-je m'en plaindre ou m'en féliciter? Julie me laisse à Honorine et à nos études. Elle m'oblige sans le savoir. N'est-ce pas un bien d'être seul, quand on ne peut épancher son cœur dans celui de personne?

Je suis assez tranquille. De fréquens souvenirs troublent mon repos; l'Océan et les combats effraient souvent mon imagination. Cependant mon existence est supportable. Je ne suis pas heureuse; je ne le serai jamais; mais je pourrais être plus misérable, et je suis résignée à subir mon sort, comme un malheureux, condamné à perdre la vie, reçoit une commutation de peine.

Son image vient-elle porter dans mes sens ce trouble, qui n'est pas du plaisir, mais qui n'est pas de la douleur, réunion étrange d'espérance et de désespoir, sentiment mixte, qu'on ne peut définir, et que conçoivent seulement ceux qui l'ont éprouvé? alors une réflexion désolante, mais fondée sur l'expérience que j'ai acquise, me ramène à combattre mon cœur.

Quel homme, me dis-je, a aimé plus que Francheville? Par qui a-t-il été aimé comme par moi? Des circonstances malheureuses ont altéré ce sentiment; d'autres circonstances, imprévues, inévitables, ont concouru, avec le temps, à l'éteindre tout-à-fait. Les circonstances et le temps altèrent donc tout! ils éteindront aussi cet amour violent, irrésistible, par qui seul Sainte-Luce semble exister. L'absence, la guerre, la gloire, l'ambition, hâteront peut-être cette époque. Jeune encore; mais plus âgée que lui, que serais-je, si j'avais comblé ses désirs? La satiété, la soif du changement, des objets brillans de jeunesse, de fraîcheur, de grace, attireraient ses regards, les fixeraient, et celui-là a cessé d'aimer, qui regarde avec plaisir une autre femme que sa maîtresse. Il est humiliant d'être délaissée de son mari; il est humiliant et cruel de l'être de son amant. L'amant, habitué à lire dans les replis les plus cachés de notre cœur, sent ce que notre position a de pénible; il ne se dissimule pas que lui seul fait couler nos larmes; mais il redoute la plainte, le reproche; il veut s'y soustraire; il s'éloigne, il fuit, et, de toutes les illusions dont il a embelli quelques jours de notre existence, il ne nous laisse pas même celle qui console de la perte des autres, celle qui ne devrait rien coûter à un cœur reconnaissant, l'amitié.

Quoi! Sainte-Luce, un jour, ne serait plus même mon ami! je renonce à l'amour, à l'amant. Mais être oubliée de lui, voilà ce que je ne supporterais point. Qu'il soit heureux par une autre, avec une autre, j'en gémirai, j'en gémirai long-temps; mais qu'il reste mon ami.

Si l'indifférence de M. de Francheville convient assez à ma manière actuelle d'être, elle ne m'en paraît pas moins inconcevable. Dans quelque position que soit une femme, elle tient à sa beauté. Ce genre de vanité est né avec nous; il se développe avec nos charmes; il leur survit très-souvent, parce qu'on vieillit sans s'en apercevoir, et qu'il est un âge où on cesse de se voir ce qu'on est; mais où on se voit ce qu'on voudrait être, ce qu'on regrette de n'être plus. Si je ne m'abuse pas, je n'ai rien perdu encore. Mes traits ont acquis de la dignité; ils ont conservé leur finesse, et ce qu'ils avaient de piquant, et j'aurais pu paraître, avec éclat, dans ces antiques jeux, où l'on dépouillait la beauté du voile de la pudeur... Je suis sa femme!

Je ne suis pas celle de Sainte-Luce, et je crains de ne pouvoir le fixer!... Je ne le désire pas, vous le savez, mon Dieu!

Mais le repos de M. de Francheville est-il apparent ou réel? Le besoin de l'amour physique s'est-il éteint avec l'amour moral? Je ne saurais le penser: il n'a pas quarante ans. Quelle est donc celle près de qui il retrouve son cœur? Seul ici, avec l'insensible, la froide Julie, chercherait-il à lui communiquer une ame? l'a-t-il déja animée de la sienne, ou descend-il jusqu'à mes femmes? Je le connais: l'idée de ce dernier genre de faiblesse le révolterait.

Cependant qu'étais-je à Chantilly?... Ah! la circonstance, une surprise de l'amour ont tout fait. Mes femmes, d'ailleurs, sont si peu intéressantes!

Mais Julie n'est pas belle; elle est à peine jolie. Mais elle est si jeune; elle a presque son innocence. Son cœur est neuf, et les hommes se plaisent à réduire ces cœurs-là.

Elle connaît, dans tous ses détails, l'aventure

de madame de Soulanges, et elle doit chercher
à se garantir de la séduction ; elle sait qu'après
elle viennent l'inconstance, l'abandon, quelquefois le mépris. Eh! qui de nous ne se croit pas
fort au-dessus de ses rivales? qui de nous ne se
flatte d'être l'objet d'une heureuse exception?

Mais elle a si peu de sensibilité... Eh! quel
cœur n'animerait-il pas, quand il veut déployer
ses moyens de plaire? Jusqu'ici elle a été sage...
est-ce une raison pour l'être toujours?

Se pourrait-il que Francheville oubliât sitôt les
malheurs qu'a causés sa liaison avec madame de
Soulanges! Julie est ici maîtresse absolue de ses
actions, il est vrai; mais elle tient à une famille,
qui ne nous pardonne pas d'avoir voulu la remplacer dans les soins, l'affection, l'appui qu'elle
devait à cette jeune femme. La confiance trompée,
les devoirs de l'hospitalité méconnus, serviraient
de prétexte légitime à un éclat plus terrible, plus
dangereux que celui qu'a fait Soulanges. M. de
Francheville ne redoute-t-il pas des frères, des
cousins conjurés contre lui?... Eh! que lui importe tout cela? la sagesse est, dit-on, le fruit
de l'expérience : oui, pour les vieillards, qui n'en
ont pas besoin.

Peut-être aucune de ces idées n'a-t-elle de fondement. Est-ce le dépit, la curiosité qui me les
suggère? Je ne sais. Que gagnerais-je, d'ailleurs,
à descendre dans mon cœur? ce n'est pas Francheville que j'y trouverais.

Ah! tout est ligué contre moi, tout, jusqu'à ce misérable journal. Il parle de Sainte-Luce; il en fait l'éloge le plus complet. Encore une victoire, plus éclatante que la première. Des graces nouvelles en sont la récompense. La générosité, la modestie du héros ajoutent à sa gloire... C'en est trop, c'en est trop. Il faut que tout cela finisse. Il faut prendre des mesures, promptes et irrévocables. Je veux m'ôter jusqu'à l'espoir de faillir. Je l'armerai, contre moi, de toute la rigueur du devoir que je vais lui imposer.

Mes démarches, d'ailleurs, éclairciront mes doutes sur la nature des relations qui existent entre Julie et M. de Francheville. Je vais le trouver. Je m'enferme avec lui dans son cabinet; je lui parle avec courage et franchise. Je me sens plus forte en raisonnemens, à mesure que je développe mes idées. Je lui représente que l'amitié exclusive que nous accorde madame Ducayla, ne doit pas suffire à une femme de son âge; que nous ne devons pas consentir à ce qu'elle vive uniquement pour nous; que notre amitié même nous impose la loi de sacrifier quelque chose à sa plus grande félicité; que peut-être elle désire, elle attend notre aveu pour disposer de son cœur. « Sainte-Luce, ajoutai-je, n'est pas chef d'escadre; « mais, à vingt-un ans, il est capitaine de vais- « seau. La plus brillante carrière est ouverte de- « vant lui, et quelle que soit la femme qui l'épou- « sera, elle ne peut déroger. Il n'a pas de bien;

« mais la fortune suit toujours la gloire. Julie d'ail-
« leurs est assez riche, pour ne pas s'arrêter à cette
« dernière considération. Sainte-Luce a tout ce
« qu'il faut pour plaire, et ses qualités sont aussi
« remarquables que ses agrémens personnels. Il
« n'est pas possible que Julie refuse ce parti, si
« vous jugez convenable de lui en parler, ou si
« vous m'autorisez à lui en faire la proposition. Je
« me charge d'obtenir le consentement de Sainte-
« Luce. Il résistera; mais je ferai de lui un excel-
« lent mari, comme j'en ai fait un héros : je lui
« dirai, *je le veux.*

« Il s'attachera facilement à une femme jeune
« et aimable; il m'oubliera insensiblement. Je me
« pénétrerai du respect dû à des nœuds que j'aurai
« formés; l'absence, le temps, la raison, arrache-
« ront de mon cœur un sentiment qui me mine
« et me tue; que vous devez m'aider à combat-
« tre, à détruire, et auquel vous m'abandonnez
« cruellement. Faites pour l'amitié ce que vous
« refusez à l'amour. Je ne vous en inspire plus,
« je le sais; mais je suis convaincue que chaque
« jour ajoute à mes droits à votre estime; vous
« n'avez pas celui de me la refuser, et l'estime est
« un sentiment honorable, auquel il est possible
« de se borner. Ce sentiment peut suffire à deux
« époux qui ont épuisé tous les autres. Sa con-
« tinuité doit finir par ramener des affections qui
« ne sont pas de l'amour; mais qui sont plus que
« de l'amitié. Rapprochons-nous, entendons-nous,

« aidons-nous. Renoncez à cette réserve, à cette
« froideur que je n'ai pas méritée. Qu'une juste
« confiance leur succède. Approuvez mon projet,
« contribuez à son exécution, et soyons aussi
« heureux que nous pouvons l'être. »

Monsieur de Francheville m'écoutait avec une tranquillité qui ne me paraissait pas affectée. Calme et pénétrante, je cherchais, sur sa physionomie, ce qui se passait dans son cœur, et je n'y voyais rien qui pût justifier mes soupçons. Il me regardait avec bienveillance; il me souriait quelquefois, et je retrouvais cette figure enchanteresse qui a eu tant d'empire sur moi. Oui, je le crois, j'aime à m'en flatter, il me ramènerait à lui s'il voulait en prendre la peine, et pourquoi ne la prendrait-il pas, si son cœur est tranquille ? « Est-il nécessaire, lui dis-je, de réfléchir long-
« temps sur une proposition aussi simple, et aussi
« raisonnable? Répondez-moi, mon ami. » Il se lève, il vient à moi, d'un air libre et ouvert; il me parle avec une extrême douceur. Il trouve, dans toute ma conduite, une sagesse et une prudence dignes des plus grands éloges. Il approuve le projet de marier Sainte-Luce, et il regrette que je ne lui en aie pas parlé plus tôt, parce qu'il s'en occupe depuis quelque temps, et que nous aurions agi de concert. « Je n'ai pas pensé, dit-il,
« que Sainte-Luce, quelque aimable qu'il soit,
« fût un parti sortable pour madame Ducayla. La
« veuve d'un général, qui épouse un simple offi-

« cier, prouve plus de goût pour le plaisir, que
« de respect pour les convenances. J'ai jugé que
« la famille Montbrun, opulente, estimable, mais
« sans aucune illustration, s'allierait volontiers à
« un jeune homme qui a déja fait beaucoup, et qui
« donne, pour l'avenir, les plus belles espérances.
« L'affaire est assez avancée, et je n'attendais
« qu'une réponse définitive, pour vous engager à
« écrire à Sainte-Luce. — Avez-vous instruit Rose
« de votre dessein ? — Pas encore. — Il est cepen-
« dant nécessaire de la pressentir. — Elle obéira
« à ses parens. — Il ne sffiut pas qu'elle obéisse ;
« il faut qu'elle soit heureuse... quelques années
« au moins. — Peut-elle ne pas l'être avec Sainte-
« Luce? Je vous le demande, madame, et je m'en
« rapporte à votre jugement. »

Je n'avais rien à répliquer. Je trouvai seulement assez extraordinaire que M. de Francheville,
qui connaît ma sincère affection pour Rose, ne
m'eût pas prévenue de son projet. Je ne jugeai
pas à propos de faire d'observations à cet égard.
D'ailleurs, d'un côté, ou de l'autre, mon but se
trouvait rempli. Sainte-Luce se mariait, m'oubliait
dans les bras d'une femme intéressante, et j'ai
toujours cru qu'il n'est pas en nous d'aimer long-
temps seul. J'entrevoyais enfin le repos, après
une longue suite d'orages, et je ne prévoyais pas
ce qu'il devait me coûter.

Le projet de marier Sainte-Luce à Rose était
réellement plus convenable que le mien, et j'en

convenais volontiers, depuis que j'avais cessé de soupçonner madame Ducayla. Comment aurais-je conservé quelques idées à cet égard? Le ton aisé avec lequel Francheville m'avait parlé des deux jeunes femmes, de la différence de leur position, de la probabilité du succès de ses démarches, les avait entièrement dissipées. Je le connaissais l'homme du monde le moins capable de dissimuler. Au premier mot que je lui ai adressé sur sa liaison avec madame de Soulanges, n'a-t-il pas tout avoué, tout réparé? Ne se serait-il pas trahi, quand je lui ai parlé de marier Julie, s'il avait quelque chose de particulier avec elle?... Oui, mais ses sens, si calmes aujourd'hui, si effervescens il n'y a que quelques mois... peut-être cette effervescence était-elle l'effet de l'amour; peut-être une forte exaltation produit-elle, dans les hommes, l'abus de leurs forces, et la nécessité du repos réparateur. Et moi, n'étais-je pas ardente, impétueuse comme lui? Que sont devenus ces désirs, sans cesse renaissans, cette soif brûlante de volupté? je m'abuse. Si je ne les éprouve plus auprès de M. de Francheville, n'ai-je pas retrouvé l'amour et tous ses feux dans cette chambre, à l'aspect de ce mouchoir ensanglanté... Mon mari est-il véritablement, auprès d'une femme qui l'intéresse, ce qu'il est auprès de moi, et à quelle autre que Julie se serait-il attaché? il ne sort pas du château, et parmi les femmes que nous y recevons, il n'en est aucune qui puisse lui plaire... Eh! laissons tout cela. N'ai-je pas assez de mon amour, de la douleur que me cause l'éternelle séparation que j'ai moi-même provoquée, sans chercher à me créer encore des peines chimériques? Ici, mon amour-propre seul est affecté. Comment puis-je entendre ses murmures, lorsque mon courage, ma résignation suffisent à peine au coup terrible que je viens de me porter?

C'en est fait, je ne le verrai plus. Je ne fixerai plus ses yeux, si doux et si expressifs à la fois. Je n'admirerai plus ce teint, dont la plus jolie femme pourrait s'enorgueillir. Je ne recueillerai plus ces mots sans suite, sans liaison, ces soupirs brûlans, qui peuvent seuls exprimer une passion, que rien ne peut décrire... Il se mariera, et j'ai eu la force de le vouloir!

Ah, Rose, Rose! que ne donnerais-je point pour être toi! Si du moins j'étais libre!... Oh! mon Dieu! mon Dieu! éloignez de moi cette fatale pensée. Ne permettez pas que j'oublie à quel prix je peux recouvrer ma liberté. Mon bienfaiteur, mon époux, le père de mon enfant!... Ah! qu'il vive; qu'il me ferme les yeux; que je sois, jusqu'au dernier moment, digne de ses regrets; qu'il accorde une larme à ma mémoire.

Honorine, Honorine, tu liras ceci; tu frémiras du vœu atroce qui m'est échappé... Oh! ne hais pas ta mère. Vois avec quelle horreur elle repousse une pensée, indigne d'elle et de toi. Profite surtout de son exemple. Préviens, je te le répété, je te le répéterai sans cesse, préviens les passions délirantes. Fuis, fuis devant l'homme que tu fixes avec intérêt, s'il n'est pas ton époux, ou s'il ne doit pas le devenir.

Je vais me mettre dans l'heureuse impuissance de rétrograder; je vais écrire à Sainte-Luce, le supplier de se sacrifier à ma tranquillité; je lui ferai l'éloge de Rose, de ses charmes, de sa candeur, de sa sagesse. Je lui recommanderai le bonheur de mon amie, le sien surtout... le sien! ah! puisse-t-il le trouver loin de moi!

Qu'ai-je écrit? quelles expressions me sont échappées! ce n'est pas la raison qui conseille; c'est l'amour brûlant, impétueux, qui ordonne l'indifférence. S'il reçoit cette lettre, il part, il vole; il vient tomber à mes pieds... peut-être dans mes bras.

Et mes larmes, qui inondent ce papier, qui le rendent illisible... que de garans de ma faiblesse!... Il n'en connaîtra pas l'excès; il me mépriserait peut-être... Me mépriser! ce mot me rend du courage; je mets ma lettre en morceaux. Je n'écrirai plus à cet homme-là; il est impossible que je lui écrive.

M. de Francheville, qui a conduit cette affaire, le disposera à la terminer. Cette marche d'ailleurs est plus régulière. Il sera moins facile à Sainte-Luce de résister à mon mari qu'à moi : il n'osera lui opposer l'amour que lui inspire sa femme, et cet amour seul peut lui faire refuser une jeune personne intéressante, et une dot considérable.

Une lettre... elle est de madame Montbrun. Elle m'annonce, sans doute, son entier acquiescement aux propositions de M. de Francheville... Je frissonne... ma main tremble... lisons.

Ciel! ô ciel! elle me fait part du mariage de sa fille avec un riche négociant de Marseille. Pas un mot de Sainte-Luce, ni des prétendues ouvertures de M. de Francheville. Je suis jouée, trompée par lui, et par Julie.

Aurais-je pu le penser?... Ah! si la conscience d'un honnête homme lui reproche une première faute, elle s'apaise bientôt par l'habitude des rechutes, et lorsqu'elle se tait, l'astuce, la dissimulation, la perfidie, ne coûtent plus rien. M. de Francheville ne peut consentir à ce que madame Ducayla se marie, et, pour éloigner mes soupçons, il m'a parlé de Rose, il me l'a proposée; peut-être en ce moment il écrit à sa famille.

Mais Julie! Julie! feindre avec cette facilité, ce naturel! se posséder au point de paraître toujours froide, insouciante! me parler amitié, reconnaissance! me donner, sans rougir, sans se déceler, ces marques d'affection que je croyais si sincères! Le masque qu'elle a pris ne lui pèse point, et elle n'a pas vingt ans? Que ferait de plus une femme, passant, continuellement, d'une intrigue à une autre, et parvenant enfin à ce point de dégradation qui ne permet plus de la sentir?

Insensée que je suis! je gémissais, il y a un

instant, sur la barrière insurmontable, éternelle, que j'élevais entre Sainte-Luce et moi; elle tombe, et je me plains! je ne le verrai plus, je l'espère, je le crois; mais mon imagination, ardente et trop fidèle, ne me le présentera plus dans les bras d'une autre, lui prodiguant... Cette idée déchirante cesse de me poursuivre. Sais-je, hélas! combien de temps j'aurais pu la supporter?

Oh! non, non, ce sentiment affreux ne pouvait être durable. Il m'eût emportée, ou il se fût éteint avec l'espoir. Le repos était là, entre la tombe et mon cœur : j'étais sûre de le trouver quelque part.

Eh! n'ai-je pas fait, pour me le donner, tout ce qui était en mon pouvoir? Par quelle fatalité mes efforts, les plus louables, et les plus pénibles, sont-ils toujours vains? Quelle est la main qui s'oppose constamment à leur succès? Celle même qui devait les provoquer, les diriger, me soutenir, me protéger contre Sainte-Luce, est contre moi.

Et cette Julie, qui s'est emparée de mes droits, qui en jouit avec sécurité, qui à chaque instant insulte à ma confiance, s'est-elle flattée que le voile, dont elle s'enveloppe, serait toujours impénétrable pour moi? Ne sait-elle pas que le hasard sert les hommes autant au moins que leur prévoyance? N'a-t-elle pas craint ces circonstances, qui éclairent d'autant plus qu'on ne cherchait pas la lumière? Ne redoute-t-elle pas un éclat, auquel mon cœur ne me porte point; mais que je dois à ma délicatesse? Puis-je souffrir, sous mes yeux, dans ma propre maison, un scandale qui peut durer des années encore; qui sans doute est connu de mes gens; qui me rend l'objet de leur pitié, et la risée de ceux qui m'outragent, et me bravent? Non, la modération, l'indulgence ne doivent pas être portées jusqu'à la faiblesse et la pusillanimité. Je vais passer chez Julie. Je lui adresserai de justes reproches. Je lui enjoindrai de porter ailleurs son ingratitude et son inconduite.

Mais quelles seront les suites de cette explication orageuse? Julie se rapprochera de M. de Francheville; ils s'uniront contre moi; ils cesseront de se contraindre; il ne me sera plus permis de rien ignorer; je me serai mise dans la nécessité de sortir de chez moi, ou de tout voir.

Je ne suis pas dans une position à juger de sang-froid, à raisonner mes démarches. Attendons. Je peux gagner beaucoup en différant; la précipitation ne remédie à rien. Je fais appeler Honorine. Je passerai avec elle le reste de la journée; je reposerai près d'elle... si je peux trouver le sommeil. Les sensations les plus douloureuses se dissipent à l'aspect de cette aimable enfant. Oui, je reposerai. Demain, plus calme, je retrouverai mon jugement, et je le prendrai pour guide.

CHAPITRE XIX.

Elle part.

Je n'ai pas dormi. Sainte-Luce, M. de Francheville, Julie, m'ont alternativement tourmentée. L'insomnie a du moins cet avantage, qu'en fatiguant la tête, elle la rend incapable de prendre un parti violent, et il est toujours temps d'en venir là.

Madame Ducayla se fait annoncer chez moi. Si matin! a-t-elle lu hier, sur ma physionomie, quelque chose de ce qui se passait dans mon ame? Prétend-elle se justifier, ou plutôt se flatte-t-elle de m'abuser encore? Quelle audace! possédons-nous, et écoutons.

Elle est timide, embarrassée; elle n'ose lever les yeux sur moi. Oh! elle a raison. Elle se rend justice.

« Madame, j'ai des aveux pénibles à vous faire. » Je le crois. « Vous m'avez reçue chez vous, comme
« une fille chérie; vous m'avez prodigué votre ami-
« tié et vos soins. Vous m'en jugez maintenant in-
« digne : je dois vous éclairer, pour votre repos,
« et le mien.

« Le crime n'est point dans l'amour; mais dans
« les pensées, dans les désirs qu'il provoque, dans
« les actions qui en sont la suite, et à cet égard je
« n'ai rien à me reprocher. — Quoi! madame...—

« Écoutez-moi, je vous en supplie. Ne m'inter-
« rompez plus.

« Les attentions, les prévenances, les égards de
« M. de Francheville, pendant les premiers mois
« de mon veuvage, m'ont inspiré pour lui une af-
« fection sincère. Son amabilité, les graces de son
« extérieur, ont insensiblement changé la nature
« de ce sentiment; il est devenu plus vif, plus
« tendre, plus profond. Il ne ressemblait en rien
« à ce que j'avais senti pour M. Ducayla, et cette
« différence seule eût fait naître des alarmes, dans
« le cœur d'une femme, qui aurait eu quelque ex-
« périence. Mais je ne connaissais pas l'amour. Je
« n'avais lu aucun de ces ouvrages, qui en pei-
« gnent les délices et les dangers. Je me laissais
« aller à la douceur d'un penchant, qui répandait
« sur ma vie un charme inexprimable. Je ne de-
« mandais rien; je ne désirais rien. Ce que j'éprou-
« vais suffisait à mon bonheur.

« La liaison de M. de Francheville avec madame
« de Soulanges m'a vivement affectée. Je me suis
« interrogée, je me suis examinée, et je suis res-
« tée convaincue que la jalousie n'existe pas sans
« amour.

« Alors je me suis reproché un sentiment, at-
« tentatoire à vos droits; je me suis accusée d'in-
« gratitude, et j'ai pris la résolution de retourner
« au sein de ma famille, de ma famille qui ne
« m'aime pas, dont je n'avais pas même de bons
« procédés à attendre. Je sentais que j'allais rem-

« plir un devoir, et cette seule idée a suffi pour
« me faire persévérer dans mon dessein.

« Je ne pouvais l'exécuter seule. C'est à vous
« que je devais me confier; je le savais, je l'avoue;
« mais je redoutais votre pénétration, et je vou-
« lais emporter votre amitié et votre estime. Je
« me suis adressée à M. de Francheville, dont la
« légèreté me rassurait; j'ai imaginé des motifs. Il
« les a combattus, avec un flegme qui comman-
« dait la confiance, et une force de raisonnement,
« qui m'a laissée sans défense. Pas un mot de sa
« part, qui annonçât la plus légère préférence en
« ma faveur. C'était l'amitié désintéressée, qui gui-
« dait l'inexpérience. Vous l'avouerai-je, madame?
« Je me suis intérieurement applaudie d'être vain-
« cue; j'ai cru avoir fait ce que la vertu la plus
« rigide exigeait de moi, et je me suis livrée au
« plaisir indicible de vivre encore auprès de M. de
« Francheville.

« C'est au moment de notre arrivée en ce châ-
« teau, que cette inclination a cessé d'être inno-
« cente, sans pourtant devenir coupable. M. de
« Francheville ne prononçait pas le mot *amour*;
« mais son maintien, son regard, son accent, son
« langage, tout respirait, exprimait ce sentiment.
« Je pénétrais jusqu'au fond de son cœur, et je
« m'abusais jusqu'à croire que je pouvais entendre
« tout ce qui n'était pas un aveu formel.

« Quelquefois, dans le silence de la nuit, je ré-

« fléchissais à ma position et à ma conduite. Je ne
« pouvais me dissimuler que votre mari perdait
« envers vous ce qu'il m'accordait d'affection. Mais
« j'avais remarqué l'affaiblissement sensible de la
« vôtre. Je vous voyais tranquille, uniquement
« occupée de votre Honorine; je vous croyais heu-
« reuse. Le calme de mes sens m'inspirait, sur l'a-
« venir, une sécurité entière, et j'ai tiré, de mes
« observations, cette conséquence, que je pou-
« vais m'abandonner, sans scrupule, aux douceurs
« d'une inclination, qui ne nuisait à personne.

« Ce raisonnement est d'une femme faible, qui
« cherche à se faire illusion. Nulle ne peut prévoir
« jusqu'où l'entraîneront l'amour et les circon-
« stances. Un homme d'esprit ne se trompe pas
« sur les sentimens qu'il inspire; il sait qu'il dé-
« pend de lui d'y ajouter à chaque instant par les
« graces, l'amabilité et tous les genres de séduc-
« tions; qu'il est une époque où celle, dont il a
« subjugué le cœur, ne peut s'offenser d'un aveu
« positif, et que tôt ou tard sa faiblesse doit la lui
« livrer.

« Telle est la conduite circonspecte et raisonnée
« qu'a tenue M. de Francheville. Dès qu'il s'est
« cru sûr de moi, il s'est déclaré avec l'impétuosité
« que vous lui connaissez. Soupirs brûlans, ex-
« pressions délirantes, supplications, obsessions,
« il a tout employé contre moi. Depuis quelques
« jours, il ne me laisse pas un instant à moi-

« même, et, je vous prie instamment de me croire,
« il me semble que je l'aime moins, depuis qu'il
« m'a convaincue du danger de l'aimer.

« — Hier soir, vous avez oublié sur votre bu-
« reau une lettre de madame Montbrun. M. de
« Francheville l'a trouvée, et il est venu frapper
« à ma porte de manière à me faire craindre un
« éclat fâcheux, si je refusais de lui ouvrir. Je l'ai
« reçu.

« Voilà, me dit-il d'un ton effrayant, une lettre
« qui prouve à madame de Francheville que je lui
« en ai imposé. Elle m'avait proposé de vous ma-
« rier à Sainte-Luce, et je perdrais mille vies,
« si je les avais, avant de vous voir en la possession
« d'un autre. J'ai opposé à ce projet des difficultés,
« des défauts de convenances, inutiles à détailler,
« et, pour éloigner entièrement cette idée, j'ai dé-
« claré que le mariage de ce jeune homme avec
« mademoiselle Montbrun, était avancé au point
« de ne me plus permettre de reculer. J'allais en
« effet faire les démarches nécessaires pour hâter
« cette union. La lettre que voilà annonce clai-
« rement, à une femme pénétrante, que j'ai de
« puissantes raisons pour vous conserver près de
« moi, puisque je suis descendu au mensonge pour
« y parvenir, et ces raisons ne sont que trop fa-
« ciles à deviner. Mon secret est découvert, ma-
« dame, et il tient au vôtre. Vous m'aimez comme
« je vous aime; nos intérêts sont communs; unis-
« sons nos forces, nos moyens, et surtout nos

« cœurs. Ne m'opposez pas de vieux argumens,
« que je ne veux pas entendre, et qui n'ont d'au-
« torité que sur les gens sans passions. Donnez-
« vous à moi sans réserve, et, fort de mon bon-
« heur, je réprimerai les plaintes, les murmures,
« si madame de Francheville s'en permettait. Je
« lui continuerai, au contraire, mes égards et mes
« soins, si elle a le bon esprit de ne rien voir, et
« si elle veut borner ses jouissances au souvenir
« de M. de Sainte-Luce.

« Que de choses j'avais à répondre! J'étais in-
« dignée, surtout, qu'un homme osât établir sa
« maîtresse arbitre du sort de sa femme, et à quel
« prix, bon Dieu, M. de Francheville mettait-il
« votre tranquillité! Je suis restée muette d'éton-
« nement et de frayeur. Il a pris mon silence pour
« un acquiescement à ses vues; il s'est élancé...
« J'ai rassemblé toutes mes forces; je l'ai repoussé;
« je me suis jetée sur le cordon de ma sonnette.
« Il est sorti en proférant quelques mots que je
« n'ai pu distinguer; mais qui m'ont paru expri-
« mer la menace.

« Voilà, madame, ce que j'aurais continué de
« vous cacher, si M. de Francheville avait conservé
« la modération, qui a si long-temps entretenu ma
« sécurité; ce que j'ai cru devoir vous apprendre,
« parce que cette lettre changera, je le crains, vo-
« tre situation respective à tous deux; parce qu'il
« est indispensable que vous préveniez des pro-
« cédés désobligeans; qu'au moins vous en con-

« naissiez la cause, et que vous usiez du droit de
« les repousser.

« Je suis, moi, irrévocablement, décidée à cesser
« d'être l'objet de vos craintes, et celui des espé-
« rances de M. de Francheville. Je sortirai de cette
« maison, dont me bannit la violence d'une pas-
« sion, qu'il ne sait plus maîtriser. Je n'ai pas dé-
« terminé encore le lieu de ma retraite, et, quel
« qu'il soit, j'y serai poursuivie par des chagrins iné-
« vitables. Je m'en consolerai, en pensant que mon
« éloignement seul pouvait opérer une sorte de
« rapprochement entre vous et M. de Francheville.
« Je n'ai jamais fait de sacrifices; mais je conçois
« qu'il en est, qui ne sont pas sans quelque dou-
« ceur, quand on les offre au devoir et à l'amitié.

« Je ne crois pas que M. de Francheville con-
« sente à mon départ, et je ne dirai rien, je ne
« ferai rien qui lui permette de pénétrer mon des-
« sein. Il part demain pour Châlons, où il va re-
« nouveler ses baux. Je profiterai de cette circon-
« stance favorable pour lui échapper. Vous voudrez
« bien m'aider dans mes dispositions; vous me
« donnerez des conseils pour l'avenir; vous sou-
« tiendrez mon courage, au moment où je m'éloi-
« gnerai de ce qui me sera long-temps cher, et
« vous me rendrez la justice de penser qu'une
« femme qui a été faible, ne part pas, et que celle
« qui aime et qui fuit, est incapable de le devenir. »

Je trouve dans la conduite de madame Ducayla
une franchise, une noblesse, qui dissipent les

préventions défavorables que j'avais conçues. Je lui rends, à l'instant, mon estime et mon amitié. Je l'embrasse avec tendresse, et je l'engage pour elle, plus encore que pour moi, à tenir fortement à son projet. Je n'ai plus rien à attendre de M. de Francheville; elle a tout à espérer de sa jeunesse, de sa fortune, du rang que lui a donné son mari, et surtout de ses graces, que je ne lui conteste plus, depuis que je connais son innocence.

Sa situation et la mienne ont des rapports si directs, qu'il nous est impossible de n'en pas faire le rapprochement. Aimantes toutes deux, et toutes deux condamnées à combattre, à réprimer notre cœur, nous nous attendrissons jusqu'aux larmes, et bientôt nous nous livrons au triste plaisir d'en verser avec abondance. Cette femme, que je croyais froide, et à peu près insensible, peint l'amour et ses douleurs, non tels que je les éprouve, mais avec un ton si insinuant, un charme si vrai et si doux, que je passerais des heures à l'entendre, si la nécessité de cacher notre intelligence ne nous forçait à nous séparer.

Il a été convenu, avant de nous quitter, que nous garderons un secret absolu sur ce qui vient de se passer, et que Julie se retirera chez madame Montbrun. Elle habite toujours la ville où mon mari a été frappé de la disgrace la plus éclatante : il n'est pas probable qu'il ose jamais s'y présenter.

J'ai exigé de madame Ducayla qu'elle lui écrivît avant son départ; que sa lettre fût conçue de manière à éloigner le soupçon que j'ai connu son projet, et que je l'ai favorisé. Les hommes effervescens sont toujours dans les extrêmes. M. de Francheville ne s'en tiendrait pas à l'indifférence, et je ne veux pas qu'il me haïsse.

Nous touchons au moment de la crise; voici l'heure de déjeuner. Des gens indifférens s'amuseraient de voir deux époux se craignant, s'observant, attendant les coups, cherchant à les prévenir. Il est trop vrai que le désespoir de l'un est la jouissance de l'autre : le misérable qui va expier un crime, n'est-il pas entouré, suivi d'une foule avide de cet affreux spectacle? et on dit que l'homme est né bon!

Je me présente, préparée à tout, décidée à laisser tomber ces traits piquans, qui échappent toujours à l'homme qui a de l'humeur, et qu'une femme ne relève jamais, sans amener une explication plus ou moins orageuse.

Julie ne lève pas les yeux. Ne rien voir, avoir l'air de ne rien entendre, ne la rendent pas impénétrable; mais l'homme passionné ne calcule pas.

La physionomie de M. de Francheville est sombre, menaçante, et cependant un certain embarras se peint dans tous ses mouvemens. Il est facile de démêler, de suivre ses sensations, à mesure qu'elles se succèdent : il peut être dangereux de l'y abandonner. Fortement agité, il va parler au hasard. Si son premier mot est offensant, et que je ne sois pas maîtresse de moi... je vais le calmer, le mettre à son aise. Cela paraît difficile : une femme adroite, et qui a pu réfléchir un quart d'heure, joue avec la tête la plus énergique, lors même qu'elle ne peut plus rien sur le cœur.

Je parle de choses indifférentes; je prends un ton aisé et ouvert; je retrouve une teinte de gaieté. Il écoute, il répond. Il paraît me savoir gré de ne point paraître instruite; il recueille les expressions affectueuses que j'adresse à sa Julie; il me croit soumise et résignée. Il me marque des égards; il a pour moi des attentions. Sa figure se développe, s'anime; il est heureux, il est tranquille. Laissez faire votre mari; ne le contrariez jamais, et il sera charmant.

Qu'il est loin de nous ce moment, où nous nous promîmes, de si bonne foi, de n'avoir pas une pensée que nous ne nous la communiquions! Que de jeunes époux se sont fait cette promesse! En connaissez-vous qui l'aient tenue?

Nous nous séparons, selon notre usage, après le déjeuner. Je m'enferme avec Honorine; il va suivre Julie.

Elle sort, elle gagne le jardin. Elle a trouvé probablement son ton trop animé. Sans doute il marche sur ses pas... Le voici. Comme il se possède! il l'aborde avec une réserve, un calme apparent, qui tromperaient tous les hommes. Il n'y a qu'une femme qui puisse deviner son cœur.

Elle ne quitte pas la grande allée, et il ne paraît pas mécontent; il ne lui échappe aucune marque d'impatience. Il cause avec elle, comme avec son jardinier. Il lui montre une rose... Ah! j'entends. On peut dire sans s'échauffer : C'est l'image de votre fraîcheur. Il lui fait remarquer une touffe de soucis... j'y suis encore : cette fleur est l'emblême de ce qu'il souffre. Pas mal, pas mal, pour un homme.

Julie s'arrête devant un oranger. Il n'a pas encore de fleurs; mais il est toujours vert : c'est la couleur de l'espérance. La fleur qui va naître sera celle du plaisir. Elle l'amuse, elle caresse son imagination; elle le fera partir content d'elle et de lui. Le plus adroit n'est qu'un écolier auprès de la plus ingénue.

J'avoue que j'ai la faiblesse de m'amuser beaucoup de ce petit combat, où la faiblesse se joue de la force, et qui doit finir par l'humiliation de cet homme, qui croit que rien ne peut lui résister. Ce qui me paraît plaisant aujourd'hui, m'eût arraché, il y a deux ans, des larmes amères. Que n'a-t-il pas fait pour en tarir la source; pour éteindre, dans mon cœur, jusqu'à la dernière étincelle d'un sentiment, qui eût duré autant que ma vie, s'il eût daigné le vouloir ? Est-ce sa faute, à lui seul, ou cherché-je à colorer mon changement à mes propres yeux ? Je ne sais; mais il est constant qu'il ne m'aime plus; qu'il aime une autre femme, et l'indifférence absolue que j'éprouve, est l'état le plus heureux que je puisse désirer.

Indifférence absolue !... oui, pour lui, mais ce jeune héros ?... hélas ! des terres, des mers nous séparent. Qu'importe pour moi, et pour le monde, que je l'aime ou que je ne l'aime pas ? Deux palmiers, plantés à une trop grande distance l'un de l'autre, se courbent l'un vers l'autre; ils ne peuvent se rapprocher.

L'amour est-il, par son essence, un sentiment immuable, qui ne fait que changer d'objet, ou périt-il réellement pour renaître ? Dans l'un ou l'autre cas, le mariage est-il selon la nature ?... J'ai déja traité cette question; je l'ai résolue, d'après les devoirs sociaux; je ne reviendrai pas sur mon jugement. Éloignons ces idées. Allons chercher Julie.

C'est M. de Francheville que je rencontre. Il m'aborde de l'air le plus aimable. Il m'annonce qu'il part le lendemain; il me demande mes ordres pour Châlons. Oh ! il est content, très-content de Julie, puisqu'il m'accable de prévenances; il le lui a promis, et il est bien aise de lui donner une certaine opinion de sa délicatesse et de sa probité. Sa probité ! il sait qu'il faut obtenir la confiance de sa maîtresse, lui persuader que l'homme, qui remplit des devoirs pénibles envers sa femme, est incapable de manquer à ceux que lui impose l'amour.

Oh ! quel coup de maître ! Je le prie de me permettre de l'accompagner avec ma fille, que je veux faire habiller. Il refusera. Il prévoit que cet arrangement le tiendrait plusieurs jours à la ville, et il brûle de revenir. Quel prétexte prendra-t-il pour me refuser une chose aussi simple ?... Ah ! c'est bien, c'est cela. Madame Ducayla s'ennuie seule ici, et il convient que je reste avec elle. Je partirai pour Châlons, lorsqu'il sera de retour. J'entends. Il compte jouir avec elle des douceurs d'un long tête à tête : cela ne sera pas.

Mon objet est rempli. Il tirera de ma proposition cette conséquence, après l'événement, que je n'aurais pas désiré partir avec lui, si j'avais préparé la fuite de Julie, et que je dusse y aider.

Le dîner est le plus agréable que j'aie fait depuis long-temps, et la raison en est simple : chacun de nous croit toucher au but qu'il se propose d'atteindre. M. de Francheville est certain de cueillir le myrte pendant mon séjour à Châlons ; Julie va se soustraire à des poursuites dangereuses et alarmantes ; je sauve une femme estimable ; je conserve l'honneur de ma maison, et peut-être la vie de mon mari, que les parens de la jeune veuve... Toujours de tristes images ! Pourquoi rembrunir l'idée flatteuse du peu de bien qu'on a fait ? Le résultat de mes soins assure le repos de tous, et je veux en jouir.

Julie n'a trouvé dans toute la journée que le temps de m'adresser quelques mots. Rose, soucis, oranger, ont été en effet des symboles parlans ; j'ai entendu leur langage de ma croisée. La jeune femme a permis d'espérer, et une femme sage, qui se laisse entraîner jusque là, ne veut que retarder sa défaite, et peut-être la faire valoir. Voilà ce qu'a senti M. de Francheville. Il partira ivre de joie, dit-il; il reviendra sur les ailes de l'amour.

Il est à peine jour, et j'entends les gens de la maison aller et venir, tout précipiter pour lui faire gagner une heure. Je l'ai éprouvé : le cœur compte les minutes, les secondes. Qu'elles sont longues, quand on attend le bonheur ! elles sont éternelles quand on l'a perdu.

La voiture roule, s'éloigne. Julie entre chez moi. Il a voulu prendre congé d'elle. C'est le dernier adieu, l'adieu éternel.

Je me lève. Je passe chez elle; je lui indique l'endroit, où Philippe a retiré ses malles vides; les armoires, où j'ai fait serrer un assez grand nombre de choses, qui ne sont pas à son usage journalier. Je l'engage à tout emporter, jusqu'à la moindre bagatelle : je me rappelle l'effet de ce mouchoir... Oh ! je désire bien sincèrement que la raison reprenne sur lui tous ses droits, et qu'il oublie promptement une femme, qui ne doit pas, qui ne veut pas être à lui.

Qu'il oublie !... Eh ! puis-je oublier, moi... Oui, je le plains de tout mon cœur, et comment m'en défendre, pendant le courant d'une journée, où je ne dis pas un mot, où je ne fais pas un mouvement qui ne tende à l'affliger ? Il ne me plaint pas, lui... Qu'importe ? sa pitié me rendrait-elle plus heureuse ?

J'ai développé, à Julie, les moyens qui m'ont paru les plus certains pour assurer sa fuite. Sa femme de chambre, dont elle est sûre, descendra les malles chez elle, pendant que nous déjeunerons. A l'issue du déjeuner, elles emballeront tout. J'occuperai les domestiques, de différens côtés, pour qu'ils n'entendent rien de l'espèce de désordre que causent toujours ces dispositions précipitées. Je n'entrerai pas chez Julie, je me montrerai partout, et à tout mon monde, je travaillerai avec Honorine dans le jardin. Travailler !... j'en aurai l'air.

A la chute du jour, la femme de chambre ira à la Ferté, qui n'est qu'à une petite lieue du château. Elle en ramènera une voiture et quatre bons chevaux, qui arriveront à minuit, et au petit pas, sous les murs du parc. Thérèse introduira les postillons ; ils enlèveront les malles sans bruit ; ils les chargeront devant et derrière la voiture. Ils guideront Julie dans l'obscurité ; elle partira ventre à terre. Elle sera à Paris à la pointe du jour. Elle y achètera une chaise de poste, dans laquelle, sans s'arrêter un moment, elle continuera sa route sur Marseille.

Afin de paraître étrangère à tous ces mouvemens, je feindrai que le grand air, le soleil, auxquels j'aurai été exposée toute la journée, m'ont donné une migraine. Je me retirerai chez moi ; je me coucherai, et, sous différens prétextes, je retiendrai mes femmes, dont le témoignage pourra m'être utile plus tard.

Julie vient me voir de temps en temps, dans l'allée où je me suis établie. Je fais travailler mes femmes près de moi; je parais les diriger. Je ne vois rien de ce qu'elles font. Je ne vois que cette pauvre Julie, toujours plus triste, à mesure que ses dispositions avancent.

Nous dînons, elle, Honorine et moi. Nous ne pouvons nous dire un mot : mes domestiques sont là. Souvent des larmes viennent mouiller sa paupière. Dix fois j'ai senti les miennes prêtes à s'échapper. Nous nous regardons alors : c'est parler.

Dans la situation d'esprit où nous sommes, la table est sans attraits. Nous abrégeons le repas; nous nous levons. Je passe mon bras sous celui de Julie; elle se laisse conduire au jardin. J'engage de petits jeux, et pendant que ma fille et mes femmes s'y livrent tout entières, j'entraîne Julie dans le fond des bosquets. Je combats sa douleur par les réflexions que me dictent mon jugement et mon amitié. Je parle raison, moi qui, par intervalles, suis totalement privée de la mienne! l'infortunée! « Que je souffre, me dit-« elle enfin ! — Ma chère amie, il faut qu'une « femme passe sa jeunesse dans les sacrifices, ou « sa vieillesse dans les regrets. »

J'abrége une scène qui ne peut que l'attendrir de plus en plus, et elle a besoin de toute son énergie. Je l'embrasse avec tendresse; je m'échappe de ses bras, et je la laisse éplorée. Je rejoins les joueuses, et je la vois de loin, regagnant le château, la tête baissée, les bras tombans. Sa démarche est incertaine; ses genoux semblent ployer sous elle. Tout à coup elle s'arrête; sa tête se relève, ses yeux se portent sur les croisées de l'appartement de M. de Francheville; elle les y fixe pendant quelques secondes, et, s'arrachant de là, avec effort, elle rentre, et elle cherche encore, de dessous le péristyle, ces croisées qu'elle ne verra plus. Elle leur dit de la main un éternel adieu.

Je tremble que mes femmes démêlent, dans mes traits, un trouble qui va toujours croissant. Je m'efforce de jouer... je ne le peux. Je n'ai qu'une ressource : c'est de commencer à l'instant le rôle, auquel je me suis préparée pour le soir. Je me plains d'un violent mal de tête. Honorine accourt à moi; elle s'inquiète, elle me caresse. Chère enfant ! je te trouve toujours à propos.

A peine suis-je rentrée chez moi, que je vois Philippe monter à cheval. Où va-t-il sans mes ordres, sans s'informer si je n'ai pas besoin de ses services? Aurait-il entrevu quelque chose? Thérèse connaîtrait-elle le secret de sa maîtresse? L'aurait-elle trahie? Philippe veut-il se faire, auprès de son maître, un mérite de sa découverte? Va-t-il prendre des chevaux à la poste, courir sur les traces de M. de Francheville, le ramener... Mes forces m'abandonnent. Je ne sais à quelle idée m'arrêter.

Cette incertitude est insoutenable. Je hasarde tout pour y échapper. Je passe chez Julie.

Que vois-je? Qu'allons-nous devenir? Thérèse, au lieu de finir d'arranger les malles, pendant que nous étions au jardin, a défait celles qui étaient prêtes et fermées. Elle aime Philippe, elle en est aimée; elle n'a pu se résoudre à s'en séparer. Témoin des empressemens, non équivoques, de M. de Francheville, elle n'a trouvé qu'un moyen de conserver son amant : c'est de lui découvrir les sentimens de son maître, et la résolution de Julie. Voilà les aveux que madame Ducayla et moi venons de lui arracher, par les menaces et les promesses.

Les malheureux! que n'ont-ils parlé plus tôt! Philippe eût suivi cette fille; on les eût chargés d'or.

« Ma chère Julie, il n'y a plus rien à ménager,
« et il n'y a pas de temps à perdre. Il faut partir
« à l'instant même. J'attendrai l'orage. C'est sur
« moi qu'il éclatera; j'aurai la force de le sup-
« porter. »

Je fais venir mes gens. J'ordonne qu'on prépare la diligence, qu'on remplisse les malles, qu'on les place; je suis ces différentes opérations; je double l'activité de chacun. Une heure n'est pas écoulée, et mes ordres sont exécutés. La voiture est à la porte. Julie se jette dans mes bras; je l'y presse; elle ne peut s'en détacher. Je la conduis, je la soutiens, je la porte; elle est dans la voiture. Thérèse y monte en pleurant. Larmes tardives, qui ne peuvent rien réparer!

Elle est partie. Je rentre chez moi. Je m'y enferme, effrayée de ma position. Je voudrais élever un mur entre M. de Francheville et moi.

CHAPITRE XX.

Où en suis-je?

Me voilà seule, sans secours, sans espérances, sans autre consolation que la droiture de mes intentions. Cela seul devrait me suffire, et je sens qu'une conscience pure est quelquefois un vain refuge. Je redoute le moment de son retour, au-delà de toute expression. Que lui répondrai-je, quand il me redemandera sa Julie?

Je compte les heures, les minutes, les secondes. Si son domestique a fait diligence, si je calcule juste, il peut être ici dans deux heures. Dans deux heures, tout sera terminé, jusqu'à mes larmes; je n'aurai plus rien à appréhender, et cependant mes craintes augmentent, à mesure que l'instant approche! Faibles et crédules parens, qui pensez tout faire pour votre fille, en la portant à la fortune et aux honneurs, lisez et réfléchissez. L'homme qui élève une femme jusqu'à lui, donne à ses droits une extension illimitée; il ôte à son épouse jusqu'à l'idée d'une résistance légitime. Elle porte des fers dorés : ce sont toujours des fers. Honorine épousera son égal.

Et cet égal n'est-il pas encore le maître ? Celle même qu'un fol amour jette dans les bras de son inférieur, n'est-elle pas aussi maîtrisée ? Qu'est-ce donc que le mariage ?... Je suis mariée : des raisonnemens ne servent plus à rien.

Je suis mariée, et j'ai été si heureuse de l'être ! Félicité, illusion fugitive et trompeuse, après laquelle courent tous les hommes, même après avoir été vingt fois abusés, qu'êtes-vous en dernière analyse, ou plutôt qu'est la vie ? Un fardeau, qui laisse quelques instans de relâche, et qui n'en est que plus pesant, quand on l'a repris.

J'entends le bruit de plusieurs chevaux... Ils entrent au grand galop, dans la première cour... C'est lui. Il a couru à franc étrier, pour gagner une heure. Mon sang se glace... Un frisson agite tous mes membres; une sueur froide coule de mon front... Je me traîne à ma porte. Je m'enferme à double tour, je mets les verroux. J'attire Honorine à moi; je m'enlace dans ses bras : il me semble qu'elle doit me protéger.

Pourquoi ces précautions ? Puis-je échapper à son ressentiment ? Hâtons la scène cruelle que j'attends. Elle passera, comme mes jours de bonheur; il ne m'en restera que le souvenir.

J'ouvre tout. Je me laisse aller sur mon ottomane. J'attends les coups, les yeux fermés, sans pouls et sans haleine.

Il ne vient pas. Veut-il prolonger mon supplice?... Qu'il vienne, qu'il vienne, qu'il éclate, qu'il tonne; mais qu'il finisse.

J'aurai la force de supporter l'orage, disais-je hier à Julie! Je ressemble à ces enfans, qui parlent sans cesse de courage, et qui redoutent jusqu'aux fantômes de leur imagination.

Les chevaux repartent au galop... Je veux aller à ma croisée; je ne peux me soutenir. « Honorine, « vois donc qui part. »

C'est lui. Il s'éloigne, sans daigner me voir; sans avoir pris un moment de repos. Il est déja loin, dit ma fille... Je respire.

Un domestique me remet une lettre... Elle est de lui. « Sans doute vous vous applaudissez main-« tenant de ce que vous avez fait. Vous sentirez « bientôt l'imprudence de votre conduite. Vous « en gémirez : il sera trop tard. »

Que veut-il dire? que va-t-il faire? Tout entier à l'amour, peut-il s'occuper de vengeance? Ces deux sentimens sont opposés; ils ne trouvent pas de place dans le même cœur. L'espoir l'entraîne, le conduit, le pousse sur les pas de Julie; que lui importe sa femme? On ne frappe pas l'objet auquel on n'a plus le loisir de penser.

Mais s'il ne retrouve pas Julie? Elle a sur lui quinze heures d'avance; elle doit être au-delà de Paris, et il ignore la route qu'elle doit prendre. Exaspéré, au désespoir, il ne verra plus que celle qui la lui a ôtée. Il reviendra l'accabler du poids de sa haine.

De sa haine? Est-il donc vrai qu'il puisse haïr? Il a écrit ce billet dans un moment de colère et d'irréflexion. Un exercice violent, un intervalle d'un, de deux jours le rendront à lui-même. Il ne tourmentera pas celle qu'il a tant aimée, et qui n'a pas de tort envers lui. Fût-il susceptible de se porter à quelque excès, il aime sa fille; elle obtiendra grace pour sa mère.

Mais qui m'oblige à rester ici, en proie à tant d'anxiétés? Je peux retourner à Paris, descendre chez madame d'Elmont; la tenir continuellement entre lui et moi; éviter ainsi le reproche, les éclats qu'un homme bien né ne se permet jamais devant un tiers. Je vais partir.

Quitter, sans son aveu, le domicile où il m'a placée; paraître chercher la dissipation, les plaisirs, au moment même où j'ai encouru sa disgrace; donner lieu à ces inculpations vagues, toujours interprétées, avec plus ou moins de malignité, par cela même qu'elles n'ont rien de déterminé? Non, je ne fournirai pas d'armes contre moi, ni à lui, ni au public; j'ôterai à la malveillance jusqu'au plus léger prétexte; je resterai.

Je reçois une lettre de Julie. Elle n'a pas voulu s'exposer, dans une chaise de poste, avec une femme qui a perdu sa confiance. Elle pressent que M. de Francheville la suivra, et elle croit Thérèse capable de lui donner des facilités, sur la route, ou dans les auberges. Elle a trouvé, à l'hôtel garni où elle est descendue à Paris, deux officiers de marine, qui ont connu son mari; elle s'est mise avec eux dans la diligence. Elle n'est entrée dans aucun détail, sur les motifs de son voyage ; mais elle réclamera leur protection, si les circonstances l'exigent. Elle me demande pardon des chagrins qu'elle m'a causés, de ceux qu'elle pourra me causer encore. Oh! je lui pardonne au fond du cœur.

Elle pressent qu'il la suivra. Aurait-il l'impudeur de se remontrer dans cette ville? Il juge sans doute que Marseille est le lieu où elle doit se croire le plus en sûreté contre lui, et il est dans un état d'exaspération à tout entreprendre, à tout braver.

Mais ce que je pensais tout à l'heure, relativement à moi, de la puissance du temps, et de la réflexion, aura lieu à l'égard de Julie. Incapable d'employer d'autres moyens que ceux de la persuasion, il sentira bientôt qu'il n'y a rien à espérer d'une femme qui a pris un parti aussi énergique. Il reviendra sur ses pas; il armera contre l'amour son orgueil offensé, et, dans la plupart des gens du grand monde, l'amour est un sentiment secondaire, toujours subordonné à la vanité, et même à l'intérêt personnel... Eh! mon Dieu, sais-je ce qu'il fera? Le cœur humain est un dédale, et le fil nous échappe, au moment même où nous croyons le saisir.

XVI.

Trois jours sont écoulés, et je n'ai de nouvelles de lui, ni de personne.

Une lettre de madame d'Elmont! Il a été chez elle, chez tous ceux que nous connaissons. Partout il s'est montré plus aimable que jamais. Viennent ensuite les mariages, les naissances, les intrigues de l'ambition, le dépit de l'ambitieux joué. La lettre est longue : c'est un journal. Madame d'Elmont la termine en adressant à madame Ducayla les choses les plus affectueuses. Elle croit Julie toujours auprès de moi; il est évident qu'il n'a point parlé d'elle : il a voulu s'assurer qu'elle n'est point à Paris, et il a été impénétrable. Que va-t-il faire? Telle est la question que je me répète cent fois dans une heure, et que je ne peux résoudre.

Encore neuf jours de passés, et je ne sais rien.

Ah! voici des lettres. Madame Montbrun a reçu Julie avec un véritable plaisir. Cette jeune veuve la dédommagera, dit-elle, de l'éloignement de sa fille, qu'elle a mariée selon son cœur, et qui est parfaitement heureuse : puisse-t-elle l'être longtemps! Pauvre petite Rose! Que serait-elle sans moi? Séduite, déshonorée, abandonnée, indigne des regards d'un honnête homme, elle eût passé sa jeunesse dans l'humiliation et dans les regrets. Elle ne peut penser à moi, sans un mouvement de reconnaissance et d'affection. Le bien qu'on a fait n'est jamais perdu pour soi; c'est un baume pour toutes les plaies de l'ame : je l'éprouve en ce moment.

Et celle-ci, celle-ci, qui ne m'est pas tombée d'abord sous la main, et qui va tout m'apprendre!... C'est Julie qui écrit.

Il a couru nuit et jour. Il a joint la diligence à trente lieues de Marseille, fatigué, excédé, ne pouvant plus se tenir à cheval. Son œil avide a plongé jusqu'au fond de la voiture. Julie était enveloppée dans son voile; mais il a reconnu Thérèse. Il a fait arrêter le postillon. Il restait une place, il l'a prise : il était temps. Il n'aurait pu courir deux heures encore. Julie avoue que l'embarras, la frayeur que lui ont causé sa présence, n'étaient pas sans quelque charme. Oh! je le crois. Elle s'exprime avec une extrême réserve; mais j'entends ce qu'elle ne dit pas.

Il a fallu arrêter à la poste prochaine; il avait besoin de prompts secours, et cependant il a trouvé le moyen de parler à Thérèse en particulier. Sans doute cette fille lui a tout dit. Julie l'a renvoyée en arrivant à Marseille, et elle a bien fait.

L'état où il était ne le rendait pas redoutable, et elle a cru ne pouvoir se dispenser de lui donner des soins. Je l'en remercie. La vertu, dépouillée d'humanité, ne serait que du rigorisme : elle se ferait haïr. Mais que Julie se défie de sa sensibilité : un cœur faible change les mots; les choses restent les mêmes.

On est entré dans Marseille. Julie s'est fait conduire chez madame Montbrun; il est allé se cacher chez du Reynel. Il n'a vu personne; il ne s'est montré nulle part : il conserve un reste de pudeur.

Cependant il n'a pas essuyé tant de fatigues, sans avoir un plan arrêté, et il n'est pas en lui de se borner à respirer le même air que Julie. D'après ces réflexions, elle a cru devoir tout déclarer à madame Montbrun. Elle s'est décidée à ne pas sortir, et à ne recevoir personne. Cette conduite est sage et prudente.

Que de peines, que d'intrigues, que de combinaisons je vois dans tout ceci! Quelle force de passion se décèle dans toutes ses démarches! L'amour ne veut pas reconnaître d'obstacles; la résistance l'irrite, et cependant le soutient. Julie, livrée aux transports de M. de Francheville, partagerait bientôt la destinée de celles qu'il a aimées, qu'il aimera encore.

Du Reynel est un homme bon et simple, qui ne s'inquiète, qui ne s'occupe de rien; à qui on fait tout croire, à qui il fera tout dire, tout faire, et qui est d'un rang à se présenter, à être admis partout. Il ne pouvait choisir d'agent plus docile et plus sûr.

Madame Montbrun a un jugement sain, un cœur droit; mais point d'esprit; rien de cette finesse, si ordinaire aux femmes, sans doute parce qu'elles en ont continuellement besoin. Madame de Montbrun ne prévoira rien, n'évitera rien. Julie sera réduite à se défendre seule, et elle aime ! Qu'arrivera-t-il de tout cela ?

Elle m'écrit avec exactitude ; elle ne me cache rien de ce qui se passe dans son cœur : elle a plus de force, en ce moment, que je lui en supposais. Si elle écrit plus rarement, si ses expressions deviennent vagues, son style contraint, elle est perdue.

Il suit ses projets en homme du monde, sans blesser les bienséances ; il y tient en amant passionné, avec persévérance. On l'a vu rôder, le soir, dans la rue où demeure madame Montbrun. Il était tout en noir, sans doute pour s'envelopper d'une obscurité, plus profonde encore, que celle de la nuit.

Il a fait demander plusieurs fois, à madame Montbrun, la permission de se présenter chez elle : on la lui a refusée. Il a écrit plusieurs lettres à Julie : elle les a renvoyées, sans les ouvrir. Pauvre enfant !

Enfin du Reynel entre en scène. Il se charge de remettre les lettres ouvertes. On les repousse ; il les dépose dans des endroits, où il est certain qu'on les trouvera. Probablement il suppose, et avec raison, qu'on ne résistera pas à la curiosité, si on continue à combattre l'amour. La fierté renvoie une lettre cachetée ; elle est sans ressource quand la lettre est ouverte : comment prouver qu'on ne l'a pas lue, et quelle est la femme qui ne lise, quand elle sent que celui qui a écrit peut croire qu'elle a cédé? D'ailleurs ses yeux ne laissent aucune trace sur le papier, et, dans tous les cas, elle peut nier. Julie a lu.

Je fais à du Reynel plus d'honneur qu'il ne mérite : ces idées lui ont été suggérées. Mais, malgré sa bonhomie, bien réelle, comment ne sent-il pas l'indécence du rôle qu'on lui fait jouer? Quels raisonnemens ont trompé sa raison, au point de le faire consentir à se dégrader?... Je m'y perds.

Madame Montbrun a fini par lui fermer sa porte. L'intrigante Thérèse a essayé de gagner les domestiques, et madame Montbrun a défendu à ses gens de la voir. Cependant elle a séduit quelqu'un de la maison : Julie trouve tous les jours des lettres sur sa toilette, dans son ouvrage, jusque dans les endroits, où le soin de soi-même arme la pudeur, contre toute espèce de surprise.

Ces lettres sont de feu. Elles allument ses sens; elles obscurcissent ses facultés morales. S'il paraissait devant elle, où s'arrêterait son délire? Elle l'ignore, dit-elle... Oh! après sa défaite, je n'en saurais douter.

Elle ne lira plus aucune de ces lettres. Elle est bien décidée à déchirer celles qu'elle trouvera, en détournant la vue. Le pourra-t-elle? Comment résister à une obsession aussi soutenue? Ce style enchanteur, cette persévérance, animeraient un cœur froid; quel effet doivent-ils produire sur une femme qui aime déjà!

Madame Montbrun a congédié tous ses domestiques. Mesure tardive! Le poison circule dans les veines de Julie. Elle cédera à sa violence.

Elle a cédé; c'en est fait. Depuis cinq jours elle ne m'écrit pas. Elle n'a plus rien à me dire. Je n'ai plus rien à prévoir.

Dieu! grand Dieu! pouvais-je le soupçonner? Les bienséances, l'honneur, la probité, la nature, il oublie, il méprise, il brave tout. C'est lui qui m'écrit. Il ose m'écrire!

Je suis le seul obstacle à sa félicité, et il veut être heureux. Julie l'aime, et ne lui oppose que sa vertu. Il en calmera les terreurs; elle se donnera volontairement à lui. Je dois pressentir le moyen, le seul moyen qui peut le conduire à son but. Il me saura gré de concourir, avec lui, à rompre des nœuds, qui lui sont devenus insupportables, et il me donnera des marques sensibles de sa satisfaction. Si je résiste, il saura me contraindre : il a entre les mains des pièces auxquelles je ne pourrai rien opposer.

La lettre tombe de mes mains; mes esprits s'éteignent; tout disparaît autour de moi... je reviens à la vie, et je me retrouve étendue sur le parquet. Ma tête est soutenue par Honorine. D'une main, elle s'efforce de me relever; de l'autre, elle me fait respirer des sels. Elle appelle mes femmes, qui ne peuvent l'entendre; elle lève ses yeux innocens vers le ciel; elle me prodigue les noms les plus tendres... j'approche cette figure angélique de la mienne; je la couvre de baisers. Tu n'as plus de père, m'écriai-je avec amertume, à demi suffoquée. En un instant, mon visage est inondé de larmes. Je serais morte, si je n'en avais pas trouvé.

« Je n'ai plus de père? répète l'aimable enfant, « en sanglotant à son tour. Qu'est-il donc arrivé « à papa? — Rien, rien, ma fille. Cet évanouisse- « ment a dérangé mes organes; j'ai articulé des « mots vides de sens. Reprends les tiens et calme- « toi. — Que je me calme, et tu pleures ! »

Que pouvais-je lui dire? je m'efforçais de retenir ces larmes, qui me soulageaient tant! je cherchais à paraître gaie. Elle m'observait attentivement. Elle semblait vouloir lire, sur ma physionomie, ce qui se passait dans mon ame. Je la pris; je sortis avec elle; je ramenai son attention sur les objets en possession de lui plaire : heureux âge, où les peines sont si vives, mais si courtes; où tout est distraction et jouissances!

Elle ne m'a pas pénétrée, je l'espère. J'éloignerai d'elle, autant que je le pourrai, le malheur affreux de mépriser son père.

Julie m'écrit enfin. Elle a gardé le silence, dans l'incertitude où elle était que je fusse instruite des nouveaux projets de M. de Francheville. Il lui répugnait de m'en parler la première. Elle sait, de lui-même, que je n'ignore rien, et elle me raconte ce qui s'est passé.

Privé d'intelligences dans la maison, et irrité

d'une résistance aussi soutenue, il a déterminé du Reynel à forcer, pour ainsi dire, la porte de madame Montbrun. L'explication entre lui, cette dame et Julie, a été vive et précise. On a articulé des faits, et il est résulté de leur rapprochement, que du Reynel a été dupe de sa crédulité. Il s'est cru l'agent d'un amour légitime, et cet habit lugubre n'a été pris que pour lui persuader que je n'existe plus. Indigné de se voir joué avec autant d'audace, du Reynel a écrit à M. de Francheville, chez madame Montbrun même, qu'il ait à sortir de chez lui à l'instant.

Il a obéi. Il s'est retiré dans une auberge, et le lendemain, avec de l'or probablement, il s'est introduit chez madame Montbrun. Julie a voulu fuir; il s'est jeté entre elle et la porte. Elle a été forcée d'écouter ses propositions. Elle les a rejetées avec un froid dédain, et il persiste dans son affreux projet!

Il n'a pas craint de se présenter aux parens de Julie, et de solliciter leur intervention dans cette affaire. Malgré l'éloignement, très-marqué, qu'ils manifestent pour la jeune femme, ils ont été révoltés de l'immoralité d'un homme, qui, pour satisfaire une passion aveugle, se propose de rompre des nœuds qui lui ont été chers, et qui sont toujours respectables. Repoussé partout, réduit à se cacher de nouveau; mais subjugué, tyrannisé par son amour, il a cru que celle qui frémit à la seule idée de causer un divorce, sera capable d'en profiter quand il sera consommé. C'est dans ce sens que s'exprime une dernière lettre, écrite à Julie, avant son départ pour Paris.

Ainsi donc les tribunaux vont retentir de ses clameurs indécentes; la malignité publique va se repaître d'une nouvelle scène scandaleuse. Je n'ai qu'un moyen de prévenir un éclat : c'est de concourir avec lui à rompre un engagement *qui lui est devenu insupportable!* Mais le dois-je? quelle est la femme irréprochable qui renoncera volontairement à son état; qui, par une condescendance répréhensible, éloignera l'enfant de son père; rompra tous les liens qui les unissent; qui n'espérera pas que, revenu de son égarement, ce père aura le temps de se reconnaître, et de tout réparer avant que la loi ait prononcé? Voilà ce que je lui ai répondu sans aigreur, mais sans faiblesse. J'ai emprunté le langage de la froide raison; il se fait toujours écouter. Les reproches irritent, et l'homme blessé ne voit, dans ses procédés les plus durs, qu'une juste récrimination.

Cependant, mon ton modéré couvre une résistance ouverte, un refus positif, et si je me défends, il a, dit-il, entre les mains, des armes auxquelles je n'aurais rien à opposer. Quelles sont-elles? Je suis bien certaine de ne pas lui en avoir fourni. J'ai aimé, j'aime encore, j'aime bien tendrement; mais je suis restée pure, il le sait, et parmi les personnes que nous connaissons, il n'en est aucune qui m'ait soupçonnée.

Mais je suis éloignée du public et de mes juges. On leur dira, on leur persuadera les choses les plus fausses, et les plus absurdes. Je serai frappée, comme ces victimes, qui se laissaient conduire à l'autel, sans résistance, sans prévoyance, et qui ne connaissaient leur sort, qu'en recevant le coup mortel. J'irai à Paris.

Qu'y ferai-je? En quoi consistera ma défense? Je ne vois pas qu'il puisse établir sa demande sur autre chose que l'incompatibilité des humeurs; mais comment prouver qu'on a été, constamment, dans son intérieur, sage, douce, prévenante, économe, et bonne mère? Quels amis viendront, des extrémités de la France, déposer en ma faveur? Ai-je une famille, une famille recommandable, qui me protége, qu'on craindra de blesser, dont les réclamations seront écoutées? Je serai seule avec mon innocence; et j'aurai contre moi le rang, la fortune, l'intrigue et la séduction. Quelle position déplorable! Oh! ma fille! ma fille!

Quel est ce paquet? Une lettre du prince, de cet homme généreux, à qui celui, qui veut cesser d'être mon époux, a dû une place brillante; qui m'a donné dans tous les temps des marques d'un intérêt sincère... Voilà un défenseur. Et ma tête, constamment exaltée, ou fatiguée, en cherchait où je ne pouvais en trouver.

« Madame,

« Depuis long-temps, je déplore les égaremens
« de votre mari. Depuis long-temps, je parais ne
« pas m'occuper de vous, et persuadé que l'inter-
« vention d'un tiers, dans des démêlés du genre
« des vôtres, aigrit, au lieu de rapprocher, je
« garderais encore le silence, si votre réputation
« n'était attaquée, dans ce qu'elle a de plus pré-
« cieux, pour une femme telle que vous. Rendez-
« vous ici, sans perdre un instant. Je me flatte
« que mes démarches vous seront utiles. Je vous
« présenterai moi-même à vos juges. Je ne cher-
« cherai point à les influencer; mais je demande-
« derai, j'exigerai justice.

« Descendez à mon hôtel; la princesse vous y
« recevra. Elle vous prendra sous sa protection, et
« il suffira de sa bienveillance, pour détruire les
« imputations calomnieuses dont on vous charge.
« Agréez, je vous prie, etc. »

Un mémoire! un mémoire imprimé... en si peu
de temps! il est dirigé contre moi.

Oh! voilà le comble de l'horreur! il a conservé
cette lettre de madame de Soulanges. Cette lettre, à laquelle il n'avait donné aucune confiance,
est l'arme dont il m'a parlé, et qu'il emploie, bassement, traîtreusement, pour me perdre à jamais.
Et ce mémoire circule, et je suis adultère aux
yeux de toute la France!... Barbare! tu veux
m'ôter mon état, ma renommée; tu veux dé-

pouiller ta fille de l'estime qu'elle a pour moi ; tu oses m'attaquer dans son cœur ! voilà ce que je ne peux supporter, ce que je ne dois pas souffrir. Je pars, je pars aujourd'hui même. Je ne suis plus cette femme timide; qui ployait devant lui; qui redoutait son regard; qui s'abreuvait de larmes amères, et secrètes. L'indignation double mes forces; elle les soutiendra. Ma cause est celle de ma fille. Je la prendrai avec moi; je la présenterai partout. Partout on verra deux victimes; on les soustraira au coup; il retombera sur celui qui veut nous accabler.

CHAPITRE XXI.

Le divorce.

Je suis à Paris, logée, aimée par la princesse. Avec quelle bonté, quelle grace décente elle m'a accueillie. Quelles tendres caresses elle a prodiguées à Honorine! Elle s'est attendrie sur son sort; elle ne cesse de nous donner, à toutes deux, les témoignages du plus vif intérêt; elle nous présente aux personnages les plus élevés, comme les objets de la plus odieuse persécution; elle nous fait des amis, des protecteurs, de tous ceux qui viennent lui faire leur cour.

Je suis là comme chez moi. Il est si facile de se mettre à son aise avec ceux qui nous aiment!

Le prince a déja vu les chefs de la magistrature. Il s'est rendu garant de la pureté de mes mœurs; il a annoncé un mémoire de défense, qui détruira les imputations dirigées contre moi. Il m'assure que je serai maintenue dans mes droits; rétablie dans mon honneur. Je le crois. Il est si doux de le croire!

Nobles et généreux protecteurs, quel charme vous répandez sur ce qui vous environne! quel calme vous portez dans mon cœur! avec quel empressement, quelle satisfaction j'adresse mes hommages à ceux, pour qui la grandeur n'est que le privilége de bien faire, et qui, sans descendre de leur rang, élèvent, jusqu'à eux, les personnes qu'ils en jugent dignes!

La princesse a été très-belle. Elle est parvenue à cet âge où la dignité remplace, sans les faire oublier, les graces de la jeunesse; où la raison pare l'esprit; où l'amabilité gagne les cœurs. Vieillir ainsi, c'est être toujours jeune.

Sa réputation est pure, comme son ame, et quand elle a dit que je suis une femme estimable, on la croit sur sa parole; on me marque les égards, qui me sont dus peut-être; mais auxquels je n'osais plus prétendre.

Elle a des enfans. Elle les aime comme j'aime le mien; elle les a élevés comme j'élève ma fille: les maîtres, les livres pour elle; des explications courtes et claires pour ses élèves.

Peut-on accuser de telles mères? Peut-on même les soupçonner d'inconduite?

Elle veut bien marquer de l'étonnement en écoutant Honorine. Elle est mère : elle sait quel plaisir elle me fait en louant mon enfant. C'est m'inviter à louer les siens. Ils sont au-dessus des éloges.

Ma tournure d'esprit, ma conversation, ma manière d'être, paraissent lui plaire. Elle passe, avec moi, les momens qu'elle peut dérober à la représentation. Elle aime à lire dans mon cœur, et elle m'ouvre le sien. Elle a aimé comme moi; mais elle a toujours pensé que les plaisirs d'une liaison illégitime ne valent pas les regrets qui la suivent, et elle a trouvé moins dur de combattre, que de vieillir dépouillée de sa propre estime.

En effet, il est une époque de notre vie, où le monde nous quitte; où on n'en obtient plus que des déférences, qui s'adressent au rang, et non à la personne; où il est essentiel d'être bien avec soi.

Je ne me lasse pas de parler de la princesse, parce que je me trouve toujours bien de l'entendre. Je n'ai pas trente ans, et je suis déterminée à vieillir comme elle. L'image chérie est toujours présente à mon cœur; mais elle ne le remplit plus exclusivement. Mes sens sont calmes; l'objet, qui les a si vivement agités, est dans un autre hémisphère. Les intérêts majeurs qui m'occupent éteignent, peu à peu, mes autres sensations. Je reprendrai sur moi un empire absolu.

J'ai conféré longuement avec un avocat célèbre.

Il a pris des notes détaillées, sur tout ce que je lui ai dit. Mon mémoire paraîtra incessamment.

Le prince vient de me présenter au chef suprême de la magistrature, qui m'a écoutée avec complaisance. Mais il m'a objecté que la dénégation des faits n'est pas une preuve, et qu'il n'est pas de coupable qui ne nie ce dont on l'accuse. Il a ajouté, avec beaucoup de douceur, que la bienveillance de la princesse est, pour moi, une présomption favorable; mais seulement pour le public, et que les tribunaux ne prononcent pas d'après des présomptions. Le prince s'est élevé contre cette manière de voir. Le magistrat lui a fait observer, avec beaucoup d'égards, combien, dans cette affaire, leur manière de sentir doit être différente, et je suis sortie de chez lui, le cœur navré, les yeux pleins de larmes.

« Ainsi donc, disais-je, on m'accuse, et je serai
« condamnée, parce que je ne peux confondre le
« calomniateur. Non, m'a répondu le prince. Si
« une simple dénégation n'est pas une preuve,
« l'accusation qui n'en présente aucune peut-elle
« être admise? » Je défie qu'on en trouve contre moi.

Affaire cruelle pour moi, pour lui, quel qu'en soit le résultat! Si je succombe, il aura divulgué mon infamie et sa honte. S'il est accablé par la vérité, il n'est plus, aux yeux des honnêtes gens, que le vil jouet des passions les plus effrénées; qu'un être sans pudeur, sans probité, marqué du sceau de la réprobation générale, et cet homme est le père de mon enfant!

N'est-il pas de moyens d'arrêter cette scandaleuse procédure? Est-il possible qu'il ne sente pas combien elle nous sera fatale à tous deux? Sera-t-il sourd à la voix, conciliatrice et puissante, qui essaiera d'opérer un rapprochement? La médiation du prince ne fera-t-elle pas ce que n'obtiendraient jamais mes plaintes et mes prières? Un homme du monde ne heurte pas un personnage, élevé jusqu'aux marches du trône; il cède à regret; mais il sacrifie tout à la crainte de déplaire, à celle d'un ressentiment qui peut l'atteindre tôt ou tard. M. de Francheville est éloigné de Julie; il mène une vie dissipée, peut-être pour échapper aux reproches de sa conscience; mais la dissipation ne s'accorde pas avec un amour violent. Peut-être encore ne désire-t-il qu'un prétexte pour cesser ses poursuites; peut-être n'est-il arrêté que par la fausse honte de faire les premiers pas. Eh bien? je les ferai; j'invoquerai l'intervention du prince... Non. Il parlera en homme indigné; il s'expliquera avec le ton de hauteur, que prend naturellement un grand, à l'égard de l'inférieur qu'il méprise; il humiliera mon mari; et le coupable, persuadé qu'il doit renoncer à l'estime, n'a plus d'intérêt à rétrograder. Je m'adresserai à la princesse. Il n'y a qu'une femme, et une femme d'esprit, qui puisse apporter, dans une entrevue aussi délicate, ces ménagemens, cet heureux choix de mots, ces insinuations fines et fortes à la fois, qui frappent l'esprit et le cœur, sans blesser l'amour-propre.

Je lui ai communiqué mon idée; elle a daigné l'adopter. Elle a fait prier M. de Francheville de se rendre chez elle. Il a résisté à une première invitation; il n'a osé se refuser à la seconde. Au moins, j'aurai tenté tous les moyens possibles de redonner un père à mon enfant. Ah! qu'il revienne à nous, du moins en apparence; qu'il me délaisse, qu'il suive ses goûts; mais qu'il respecte les mœurs publiques, et qu'Honorine un jour puisse l'avouer sans rougir.

Est-ce trop exiger de lui? Une femme outragée peut-elle se conduire avec plus de modération? Celle, dont j'use envers lui, ne doit-elle pas le ramener à des sentimens honnêtes, et n'aurai-je pas justifié ses bienfaits, si je parviens à le sauver de lui-même?

Il est entré; j'entends tout d'un cabinet voisin. La princesse s'exprime avec une douceur, une grace, une sensibilité auxquelles il ne résistera pas. Ce n'est pas un pardon qu'elle lui offre; elle le prie, elle le presse de ne pas m'accabler. Elle lui représente, elle lui prouve que son intérêt personnel doit le porter à étouffer cette affaire. Elle lui rappelle qu'il est père; elle lui trace un tableau fidèle de la beauté d'Honorine, de sa candeur, de l'amour qu'elle lui porte. Si un ange s'était chargé de ma défense, il ne parlerait pas avec plus de charme, de force et de raison... Il paraît ébranlé.

Je ne balance plus. Honorine est avec moi; j'ouvre la porte du cabinet; je me présente; je lui présente sa fille; je la mets dans ses bras. Je tombe à ses genoux; je les mouille de mes larmes; je les presse contre mon sein; j'invoque son cœur. J'ai le ton, l'accent de la tendresse; j'en éprouve la douce émotion; je peux encore revenir à lui; je le sens, je le lui dis, je le conjure de le vouloir. Honorine ne me comprend pas; mais elle voit ma douleur. Elle élève ses mains innocentes, elle demande grace... Oh! elle va nous être accordée. Sa paupière est humide, sa poitrine gonflée, sa respiration pénible. Il est fortement agité, et rien dans ses mouvemens, dans l'expression de sa figure, n'annonce un homme qui se prépare à consommer un crime. La princesse nous enlace tous dans ses bras. Il ne cherche pas ma main; je prends la sienne; il n'éloigne pas sa joue, et j'y fixe mes lèvres. Honorine le caresse, en lui donnant les noms les plus doux. Ses larmes coulent enfin. Il en couvre le visage de son enfant.

« Je suis un malheureux! je suis un monstre!
« s'écrie-t-il; je le sens, je l'avoue; mais une fa-
« talité inexplicable me poursuit et me subjugue.
« Comment lui échapper? Où chercher un refuge?
« Dans les bras de madame, lui répond la prin-
« cesse. »

Il s'y précipite; il me presse tendrement dans les siens; chaque instant ajoute à sa vive sensibilité. Dieu soit béni! J'ai retrouvé mon époux; Honorine a retrouvé son père.

Il va donner ordre à son avocat de cesser ses poursuites; de retirer sa plainte, et, s'il est possible, tous les exemplaires de ce mémoire diffamant. Il me reconduira en Champagne; il s'y fixera tout-à-fait; il y vivra, entre sa fille et moi.

Il me laisse dans un enchantement, qui n'est pas celui de l'amour; mais un sentiment délicieux, indéfinissable, qu'éprouvent seuls ceux qui échappent à une crise terrible. Je reçois les félicitations du prince, de la princesse, de toute la cour. Le bruit se répand, du palais dans les hôtels voisins, que mon mari a reconnu ses torts, qu'il s'empresse de les réparer, qu'il me rend son affection. La mienne en sera le prix; j'y ferai tous mes efforts, et je sens, avec une satisfaction bien pure, qu'ils ne seront pas impuissans.

Il ne vient pas, et il devait être de retour dans deux heures. Elles s'écoulent les unes après les autres. Je les compte; je prête l'oreille, je regarde... Je ne vois, je n'entends rien. M'aurait-il trompée? Oh! non, non. Éloignons cette idée; elle est insupportable. Vif, emporté, il se laisse aller au gré d'une imagination délirante; mais il est incapable de feindre, par la violence même de ses sensations. Il a pleuré, et les larmes d'un homme tel que lui sont toujours sincères.

Cependant il ne vient pas! je ne saurais résister plus long-temps à mon impatience. J'envoie chez lui, chez son avocat, chez son avoué. Qu'une journée est longue, pour qui attend et souffre!

Mes émissaires rentrent, les uns après les autres, et celui qui paraît, ajoute à l'inquiétude que m'a donnée celui qui l'a devancé. Il a quitté son hôtel garni; on ignore où il s'est retiré; son avocat même n'a pas son adresse. Il m'a trompée; oui, il m'a trompée, et je retombe dans un état plus cruel que celui dont il m'avait tirée. Le poids de l'infortune vient m'accabler avec plus de force, au moment où toutes les facultés de mon ame s'ouvraient à l'espérance et au bonheur. Je ressemble à ce malheureux qu'on conduit au supplice, à qui une voix imprudente fait entendre le mot *grace*, qui lève ses yeux reconnaissans vers le ciel, et qui, en les reportant autour de lui, retrouve les bourreaux, le désespoir et la mort.

Il m'a trompée!... non, il était de bonne foi, j'en suis convaincue. Son cœur n'a-t-il pas toujours été partagé? L'infortunée Mirville n'était-elle pas oubliée près de moi? Ne reprenait-elle pas son empire dès qu'il m'avait quittée? Julie aussi a été oubliée un moment. La nature et mes larmes ont éloigné son image; elle s'est reproduite avec une force irrésistible. S'il revenait, il s'attendrirait encore, et il serait tout à Julie, en s'éloignant de moi.

Je l'excuse, je crois... Ah! il est le père d'Honorine : je ne peux l'oublier.

Le prince est indigné. Il veut le trouver; lui reprocher sa mauvaise foi, l'oubli du respect qu'il doit à la princesse, et qu'il a abusée comme moi. La police a fait des recherches. On a trouvé mon mari. Mais il refuse de recevoir personne; il ne répond à aucune des lettres que nous lui écrivons; il a renvoyé les dernières, sans vouloir les lire. Le malheureux! il n'a pas l'habitude du crime, et il se défie de son cœur. La princesse ne me quitte pas; elle me console; elle cherche à me rendre ma première énergie, qui peut seule me tirer de l'accablement profond où je suis. Je sens, plus que jamais, la nécessité de me défendre, et je souffre horriblement à l'aspect de cette pile de mémoires, où je me porte accusatrice à mon tour, et qui seront distribués demain. Oh! oui, j'allais revenir sincèrement à lui; j'en trouve la preuve dans les combats qui s'élèvent entre ma raison et mon cœur. Cruel homme! quelle femme tu dédaignes, tu rejettes! elle t'avait pardonné tout, jusqu'au dessein de lui ôter l'honneur, et tu veux que ce projet coupable s'accomplisse!... Oh! ma fille! ma fille!

Dans deux jours, cette cause sera soumise au jugement du tribunal et du public. Déjà le journaliste avide se dispose à recueillir les détails, et l'oisiveté à s'en amuser. Et moi, triste aliment de la curiosité, renfermée ici, incertaine de mon sort, comptant les minutes, les secondes, en pleurant sur Honorine, j'attendrai qu'on vienne m'apprendre si je suis ou non une femme d'honneur.

Téméraires et vains jugemens des hommes! ils croient avoir tout fait quand ils ont prononcé d'après leur conscience. Et qu'est-elle cette conscience, sur laquelle ils se reposent, si ce n'est leur manière de voir et de sentir? Deux juges, dont l'un condamne et l'autre absout, dans la même cause, n'ont-ils pas également la conscience en paix? Un des deux se trompe nécessairement : quel est donc celui qui peut se flatter de voir et de sentir juste? Et on trouve des hommes qui osent juger!

Mon avocat dit ma cause excellente. Il voit, il sent ainsi. Serait-ce la première fois qu'il aurait eu cette opinion d'une affaire, et que son client aurait succombé?..... Pourquoi ajouté-je, aux tourmens, dont je suis la proie, cette affreuse anxiété, qui est peut-être le plus cruel de tous? On va prononcer sur ma réputation; mais peut-on m'en dépouiller, même en déclarant que je l'ai perdue? N'ai-je pas pour moi ma mémoire, qui est ici ma conscience? N'ai-je pas l'estime de la cour et de la ville?... Mais cette estime survivrait-elle à un jugement qui m'en déclarerait indigne? La princesse, elle-même, entraînée par la multitude... Oh! ma tête! ma tête! il me semble qu'elle va éclater. Les idées y surabondent, et elles s'y multiplient sans cesse. Elles y portent un désordre, qui se communique à tout mon être. Je ne conçois pas comment j'existe.

Le jour, l'heure sont arrivés. Le prince a envoyé son secrétaire intime au palais. Il a l'ordre de venir, sans perdre un instant, nous donner le résumé du jugement.

Quel sera-t-il?... Oh! mon enfant! mon enfant! je suis déshonorée, si ton père n'est déclaré un homme pervers. Il faut que tu perdes l'un ou l'autre. Si c'est moi, que deviendras-tu? On ne confiera pas l'innocence à une femme adultère... Moi adultère, grand Dieu!

Elle sera remise à son père, à son père, qui n'attend qu'un jugement, qui me flétrisse, pour voler auprès de Julie, lui offrir sa main, l'obséder sans relâche. Et toi, mon enfant, et toi, livrée à des mercenaires, incapables de ces tendres soins, que je t'ai prodigués depuis ta naissance, indifférens à tes succès, au développement de ton esprit et de ton cœur, insensibles aux privations que t'imposera ce nouveau genre de vie, aux chagrins qu'eux-mêmes auront provoqués, tu souffriras, tu appelleras, tu invoqueras ta mère. Un mot, une caresse d'elle te calmeraient : ce mot, cette caresse te seront refusés. Nos cœurs ne s'entendront plus.

« Monseigneur, je vous dois beaucoup, et ce-
« pendant je vous demande une dernière grace.
« Ayez pitié, si je succombe, de ma pauvre Ho-
« norine; qu'elle ne vous quitte pas; qu'elle soit

« élevée avec les jeunes princesses. Elle est bonne,
« sensible, docile. Sa soumission, sa reconnais-
« sance vous paieront de vos bienfaits. C'est tout
« ce qu'elle pourra vous offrir; mais vous ne dé-
« daignerez pas ce faible tribut. — Madame, je ne
« crois pas que vous succombiez; mais si tel est
« votre malheur, je me charge de votre enfant, je
« le dépose dans les bras de la princesse, et per-
« sonne n'osera l'arracher de cet asyle. »

Le secrétaire rentre. Un tremblement général me saisit; la princesse est obligée de me soutenir. Elle a la bonté de me donner des secours.

Il n'y a point de jugement définitif. Mon avocat a parlé en second, et il a développé une force de moyens, une éloquence qui ont entraîné l'auditoire. Son adversaire a répliqué. Des murmures d'improbation se sont fait entendre. Il a ramené les esprits en offrant, en demandant la preuve par témoins des faits qu'il a avancés. Sa demande est admise. Les témoins seront entendus à la huitaine.

Des témoins! il n'y en a pas, et j'en ai, moi! J'ai la présence d'Honorine, et la pudeur d'une mère. Elle était là; elle ne m'a pas quittée d'un instant, et j'interpelle toutes les mères. Quelle femme est assez vile pour se prostituer en présence de son enfant?

Au moment où le président a prononcé, un jeune homme décoré, couvert de sueur et de poussière, a percé la foule, s'est élancé dans l'enceinte réservée aux juges, les a suppliés de l'entendre, et les a suivis dans la salle des délibérations. Quel est ce jeune homme? Est-ce de moi qu'il s'occupait? Quel intérêt puis-je lui inspirer? Il n'en est qu'un qui soit disposé à tout faire, à tout oser pour moi, et l'Océan nous sépare.

Une lettre... elle est de lui; elle est de Sainte-Luce! Sainte-Luce est à Paris!

Il est ici! Ah! dans la position où je me trouve, m'est-il permis de m'occuper de lui? Courbée sous une accusation d'adultère, le serai-je par le cœur; justifierai-je, en secret, la haine de mon ennemi? Je ne dois pas lire cette lettre.

Eh! qu'ajoutera-t-elle à mes peines et à mes sentimens? Je sais qu'il est ici : n'est-ce pas savoir ce qui l'amène, ce qu'il espère de l'avenir, qui va s'ouvrir pour moi? Cette lettre, d'ailleurs, ne peut-elle pas traiter de mon affaire, ne parler que de cela? Ne sent-il pas l'extrême réserve que lui impose la circonstance? Cependant... je ne peux m'en défendre, je l'avoue, je lirai; je lis.

Il venait de rentrer à Cherbourg. Le désœuvrement lui a fait parcourir un *factum* que le hasard lui a offert. Quels ont été son étonnement et sa fureur, quand il a vu que cet écrit me diffame, et que, sans le nommer, on l'inculpe directement! Il est monté à cheval; il a couru jour et nuit, non pour aller séduire une femme à Marseille, mais pour venir défendre, secourir l'innocence. Il a déja adopté un plan; il a pris des mesures générales. Il me prie d'être tranquille; il me promet le triomphe le plus éclatant. Oh! oui, je compte sur lui. C'est à l'amour qu'il appartient de faire des prodiges. Encore un, celui-ci encore!

Il termine sa lettre par la formule d'usage, sans ajouter un mot qui ait rapport à nos sentimens secrets. Par *post-scriptum*, il me dit qu'il m'écrira tous les jours; qu'il m'instruira de ses démarches, et des succès qu'il croira pouvoir se promettre. Honnête, estimable, charmant jeune homme! il est toujours ce qu'il doit être.

Oui, il m'écrit tous les jours, à la même heure. Le timbre de ma pendule et le marteau de ma porte se font entendre en même temps. Il sait de quel poids m'accablerait un quart d'heure de retard.

Je lis ces lettres, je les relis, je les relis encore. L'expression devient plus sentimentale, plus forte. Le mot *amour* n'y est pas; et je le trouve à chaque ligne; il est temps de l'arrêter. J'essaie de lui répondre avec calme. Je m'efforce de parler reconnaissance, amitié. Je suis gauche, contrainte. Comment fait-on pour écrire ce qu'on ne pense pas, pour ne pas dire tout ce qu'on pense?..

Non, je ne suis pas reconnaissante, et de quoi le serais-je? Ne sais-je pas quelle satisfaction je trouverais à le servir, et pourquoi affecterais-je de me restreindre à l'amitié? Me mentir à moi-même! Le tromperais-je, si je parvenais à me tromper?

Il faut tout dire ou me taire... Je me tairai... Hélas! Je n'ai qu'un moment, dans toute une journée. Je le prolongerai, j'en doublerai les délices, en écrivant à mon tour... Je ne le dois pas; je ne le ferai pas. Depuis si long-temps je me nourris de sacrifices! Encore celui-ci.

Que peut la prudence contre une passion insurmontable? J'aurais mieux fait de lui répondre, eussé-je dû écrire tout ce que je sens. Mon silence l'accable, dit-il. Aurais-je oublié son amour, sa constance inébranlable, son dévouement absolu? Je l'ai affligé. C'est ce que je craignais; je n'avais plus que cela à craindre. Sa lettre est enivrante. Elle porte le feu dans mes veines, le désordre dans ma tête, et je ne peux la quitter. Oh! grace, mon ami, grace! je te la demande à genoux. Ne m'expose pas à combattre encore. Il m'est affreux de te résister. Si tu savais ce que me coûte une victoire, tu gémirais sur nous deux... Et je reprends cette lettre, et je la relis!... Je cours cacher mon délire dans le sein de la princesse.

« Madame, ôtez-moi cette lettre : c'est du poi-
« son que je tiens dans mes mains. Je ne me
« connais plus; je ne sais où m'arrêter. Je vou-
« drais que ce divorce, que j'ai tant redouté, fût
« prononcé, dût-il entraîner ma diffamation.
« L'homme, à qui je me donnerais, sait que je suis
« pure. Cachée avec lui, n'importe dans quel coin
« du monde, tout à l'amour et à ses délices, que

« m'importeraient l'opinion des autres, leurs vai-
« nes clameurs?... Je m'égare... Que serait-ce si
« je le voyais, si je lui parlais! Au nom de Dieu,
« madame, ne me quittez pas; fermez-lui votre
« porte; défendez qu'on reçoive ses lettres... »

La princesse est effrayée de l'état où je suis.
Elle me demande la clé de mon secrétaire. Je la
lui donne, et j'ai pénétré son intention! Elle revient. « Eh bien, lui dis-je, en est-ce fait? — Ma
« chère enfant, il ne vous reste plus rien de lui.
« — Et mes souvenirs, madame! arrachez-les donc
« aussi de mon cœur. »

Elle demande une voiture. Elle a la bonté de
se rendre chez lui. La femme la plus distinguée
de France, chez un capitaine de vaisseau! Elle
ne peut le recevoir ici, et la prudence ne lui permet pas d'écrire. Elle va le prier de me ménager.
Je voudrais qu'elle fût partie, et cependant je la
retiens. Elle se dégage de mes bras; elle s'éloigne.
Me voilà seule... Seule! je ne le suis pas; je ne
peux plus l'être.

Avec quelle impatience j'attends son retour!
Elle me parlera de lui, rien que de lui : elle ne
peut avoir à me parler d'autre chose.

La voilà! la voilà!

C'est demain que les témoins seront entendus...
Je l'avais oublié. Il n'avait qu'un moyen de s'élever contre leur témoignage : c'était de se mettre
en cause lui-même; il l'a fait. Il a attaqué M. de
Francheville en réparation. Il me semble qu'il ne

m'a rien dit de tout cela dans ses lettres. Non, il ne m'en a rien dit... Ai-je pensé moi-même à lui en parler dans ces réponses que je voulais faire si froides, et que je n'ai pu terminer !

L'heure a sonné, et le marteau est muet ! Point de lettre ! Je n'en recevrai plus ! j'y ai consenti !

Voilà la nuit. La pendule répétera l'heure du matin, et je n'aurai pas de lettres !

Pas de lettres, ni de sommeil ! Ah ! quelle nuit !

La princesse entre chez moi. « Habillez-vous, « ma chère amie ; vous allez paraître devant le tri- « bunal. — Moi, madame ! — Je sens ce que cette « démarche a de pénible pour vous ; mais elle est « indispensable. J'ai cru ne devoir pas vous en « parler d'avance : il est des choses qu'on sait tou- « jours assez tôt. — Eh ! madame, que ferai-je au « palais ? — Vous confondrez vos accusateurs. — « Je mourrai de honte. — L'innocence qui triom- « phe vit et jouit. — Dispensez-moi, je vous sup- « plie... — Le tribunal vous mande ; que voulez- « vous que je fasse ? Prenez Honorine avec vous. « Soyez confiante, et surtout courageuse. Pensez « que vous devez à votre enfant de lui conserver « l'honneur de sa mère. »

Je me laisse habiller ; je me laisse conduire. Pourquoi deux voitures ?

On me fait monter dans l'une, avec trois jeunes dames, à peu près de mon âge, et de ma taille.

Honorine, trois autres petites filles, et une dame de confiance de la princesse, sont dans l'autre. Nous partons.

Mon avocat attend à la grille du palais. Je descends, et ce n'est pas à moi qu'il présente la main! Il prend une de ces dames; il la conduit; il ne parle qu'à elle; il lui adresse ce qu'il ne devrait dire qu'à moi. Je n'y comprends rien.

Cette dame appelle Honorine. Ma fille s'avance; un autre enfant court... Ah! il y a deux Honorine.

Mes genoux se dérobent sous moi. J'ai besoin d'être soutenue en montant l'escalier.

Nous entrons dans la salle du conseil; la porte se ferme; mon avocat s'approche de moi. « Vous « allez paraître, madame, devant les témoins qui « ont déposé contre vous. Il faut qu'ils vous re-« connaissent, et qu'ils vous désignent entre ces « dames. Ils ont peut-être des émissaires au-de-« hors : voilà pourquoi je me suis éloigné de vous, « quand vous êtes descendue de votre voiture. Ils « auront cru, probablement, que celle à qui j'ai « donné la main, que j'ai entretenue de votre af-« faire, est ma cliente. S'ils ont des intelligences « dans l'intérieur, ils voudront diriger leurs com-« plices, et ils les égareront. M. de Sainte-Luce est « dans une autre salle, avec cinq à six jeunes « gens de son âge. Il mettra les témoins à la même « épreuve, et la calomnie sera certainement con-« fondue, si vous parvenez à vaincre ce trouble, « qui est bien naturel, mais qui vous décélerait. »

Eh! comment le surmonterai-je? Atterrée par la force de l'accusation; agitée par la présence de Sainte-Luce; effrayée, révoltée d'être donnée en spectacle; tourmentée par l'incertitude de mon sort à venir, puis-je commander aux facultés de mon ame? Quelle femme porte la sérénité sur son front, quand son cœur est brisé? Il en est, dit-on. Que je les plains! elles ont nécessairement l'habitude du crime, ou du moins de la dissimulation.

Mon avocat m'apprend encore qu'il a demandé que madame de Soulanges se retirât avant que je parusse. Sa sûreté personnelle est liée à celle des autres témoins, et il lui eût suffi d'un signe pour les éclairer tous. La malheureuse! elle a tué son mari; elle est l'unique cause de ce malheureux procès! son aspect m'eût fait horreur. Mais sans doute elle eût baissé la vue devant moi, et c'eût été s'avouer coupable.

On nous invite à paraître... Oh! je le sens, il est impossible que les témoins ne me devinent pas.

Ils se composent de la misérable qui habite l'étage au-dessous de celui qu'occupe le chirurgien; des prostituées qu'elle retire chez elle; de quelques malheureux, ramassés çà et là, dont les physionomies annoncent des ames de boue. Le président fait lire leurs dépositions. Elles sont entièrement conformes. On leur a donné probablement leur leçon écrite; ils l'ont parfaitement retenue.

Le président ordonne à l'un d'eux de me reconnaître. Il fixe alternativement mes compagnes et moi. Le scélérat a l'habitude de faire des victimes, et de lire dans leurs traits décomposés l'expression de la douleur. Il me désigne d'un ton ferme; les autres suivent son exemple.

J'oublie où je suis; je ne vois plus le tribunal, une assemblée nombreuse et respectable; je tombe à genoux; je prends le ciel à témoin de mon innocence; je le conjure d'éclairer mes juges. Honorine, fondant en larmes, se jette dans mes bras. « Voilà sa fille, s'écrient tous les témoins à la fois. » Et je n'ai, pour moi, que le témoignage de la femme du chirurgien, qui est nul, puisqu'elle est seule.

Une porte s'ouvre. C'est Sainte-Luce qui entre, qui s'élance au milieu du parquet. Ce qu'il a entendu l'a exalté au point de ne plus lui permettre d'écouter sa raison, ni la prudence. Son aspect épuise ce qui me reste de force. Sainte-Luce, les témoins, les juges, tout disparaît devant moi.

Un bruit, confus d'abord, attire mon attention. Je retrouve peu à peu l'usage de mes sens. Je distingue enfin ce cri général de consolation: Vous avez gagné votre procès.

Je suis chez la princesse. Mon lit est entouré de tous mes amis... Sainte-Luce seul n'est pas ici. Il ne doit pas y être, je le sais; je ne dois pas désirer sa présence, et cependant...

Je suis en état d'entendre les détails. C'est à Sainte-Luce que je dois tout. Il a supplié les juges d'interroger séparément les témoins sur les localités. Il a offert sa tête en garantie de mon innocence; il a consenti à la perdre, si mes accusateurs ne se coupaient pas tous.

En effet, celui-ci a dépeint l'appartement de cette femme d'une façon, et celui-là d'une autre. L'un a fait, des meubles, un détail qui a été contredit par celui qu'on a fait comparaître ensuite. Convaincus et pressés par les juges, ils ont été forcés de tout avouer. On les a fait passer, du tribunal, dans ces lieux redoutables, où le crime commence à subir la peine qui lui est due, avant qu'elle soit prononcée. Le ministère public a dirigé, contre M. de Francheville, une plainte en subornation de témoins, et, sur la demande de mon avocat, le divorce a été prononcé séance tenante.

Ma première pensée fut pour Sainte-Luce. Comment aurais-je pu me défendre du plaisir d'être libre; de m'occuper exclusivement de mon amant; de sentir que je pouvais faire mon bonheur et le sien, sans que le monde et ma conscience aient rien à me reprocher? Cette pensée me rendit des forces, de la gaieté. Je m'y abandonnai pendant le reste du jour; elle me suivit jusque dans le sommeil. Sainte-Luce était sans cesse dans mes bras; j'appelais le moment où je l'y presserais en effet, ce moment qui devait combler mon ivresse, la sienne, et nous faire oublier à tous deux tant de combats et de privations.

Bientôt une pensée affligeante succède à celle dont je m'étais si délicieusement occupée. Je me représentais M. de Francheville, accusé, menacé, à son tour, dans son honneur, touchant peut-être à l'instant d'en être dépouillé. Je ne pouvais me dissimuler qu'il méritât son sort; mais il m'était impossible de cesser de voir en lui l'homme qui avait été mon époux, et que la violence de ses passions avait seule rendu coupable. Avais-je pu vaincre celle qui m'attache irrévocablement à Sainte-Luce? J'ai combattu; mais à quoi a-t-il tenu que je succombasse? Cette idée ne me commandait-elle pas l'indulgence? Devais-je souffrir que l'infamie pesât sur la tête du père de mon enfant? Ne lui devais-je pas mon appui, et celui de tous mes protecteurs? Aurais-je insulté à son infortune, en me livrant aux douceurs d'un amour, si long-temps comprimé, et que je ne pouvais maîtriser encore? « Sainte-Luce, mon ami, lui
« écrivis-je, je t'aime, je t'adore, tu le sais; je te
« l'écrirai, je te le répéterai tous les jours, mais je
« ne te verrai que lorsque la décence le permettra.
« Encore ce sacrifice : c'est le dernier que je te de-
« manderai. Il te coûtera; il te coûtera beaucoup;
« mais tu m'estimeras davantage, et qu'est-ce que
« l'amour que n'accompagne pas l'estime? »

CHAPITRE XXII.

Détails.

Je lui écris, il me répond. Nos lettres sont brûlantes. Il est des momens, où je donnerais le reste de ma vie, pour une heure passée avec lui, et cependant j'ai le courage, j'ai la force d'écarter cette pensée. Je mande mon avocat. Je le consulte sur les moyens d'assoupir l'affaire intentée contre M. de Francheville. Il croit qu'une protection, très-puissante, peut seule le dégager. Je vais trouver le prince. Je parle, je presse, je supplie. « C'est moi, monseigneur, que le ministère public « va venger; je ne veux pas l'être. Je suis incapable d'un sentiment haineux. Que M. de Francheville soit rendu au repos et au bonheur, s'il « peut en goûter encore. Ne souffrez pas que le « père d'Honorine, d'Honorine que vous aimez « tant, soit publiquement déshonoré. — Il l'est, « madame, par sa conduite envers vous. Le monde « a prononcé, et son jugement est irrévocable. — « Hé bien, monseigneur, que ce jugement ne soit « pas sanctionné par celui des tribunaux. J'implore « votre appui. Si vous me le refusez, ou s'il est « insuffisant, j'irai me prosterner sur les marches « du trône, et je demanderai grace, non pour « M. de Francheville, mais pour son enfant. —

« Venez, femme respectable; venez avec moi chez
« les juges. »

Le prince est reçu partout, non seulement avec
les marques de respect dues à son rang, mais avec
celles de la considération et de la déférence qu'inspirent ses éminentes qualités. Il n'est personne
qui ne se montre empressé de lui complaire. Mais
comment un magistrat intègre accorderait-il ce
désir avec son devoir ? La plainte a été rendue
en présence d'un auditoire nombreux, composé
de ce qu'il y a de mieux à Paris; le tribunal a
commencé l'instruction de l'affaire; rien ne peut
arrêter le cours de la justice; l'autorité suprême
peut seule lui imposer silence.

« Donnez-moi votre enfant, me dit le prince.
« Je vais solliciter l'indulgence du souverain. »

Je rentre à l'hôtel, et j'y apprends des choses
qui m'affectent plus vivement encore. Le malheureux est en prison, et il manque d'argent! Il a
écrit à différentes personnes, et il n'a essuyé que
des refus. Le prétexte est qu'il a rompu lui-même
tous les liens qui l'attachaient à la société. La vérité est que l'infortune éloigne, repousse. En prison, sans argent!... ses amis l'abandonnent! Je ne
l'abandonnerai pas.

Il ne doit rien; ses biens sont libres; mais il
faut le temps d'écrire aux fermiers; il leur faut
celui de faire des fonds; sa situation ne lui permet pas d'attendre, et je n'ai pas vingt louis à ma
disposition!... Je vais envoyer ce que j'ai. C'est

bien peu de chose; mais cela suffira aux besoins du moment. Je verrai, dans la journée, demain, à lui procurer des moyens abondans d'existence.

Je fais et je scelle mon petit rouleau. Je le donne à un valet de chambre; je le prie de le porter à M. de Francheville.

Ce valet de chambre a été indiscret : la princesse entre chez moi; elle me comble de caresses et d'éloges. Des louanges, parce que je ne veux pas que celui, qui m'a si tendrement aimée, connaisse le besoin! ai-je quelque chose, d'ailleurs, qui ne me vienne de lui, qui ne soit à lui? Que puis-je lui donner qui ne soit une restitution?

Mon procédé va être connu dans tout Paris : on ne parle que de cela dans l'hôtel. On en parle comme d'une chose extraordinaire. La vertu est donc bien rare, puisqu'on décore, de son nom, une conduite aussi simple, une action aussi obligée! je vois que je deviendrai célèbre malgré moi. Triste avantage pour une femme, quelle que soit sa célébrité! L'obscurité et mon amour, voilà ce qui me convient, voilà tout ce que j'ambitionne.

La princesse m'offre de l'or. Je le refuse avec modestie. J'ai des moyens certains de m'en procurer, et s'il fallait que j'empruntasse, il n'est qu'un être de qui je consentirais à recevoir. La princesse m'aime véritablement; je reçois chaque jour des preuves nouvelles de son affection; mais il est des bons offices qui pèsent sur une ame délicate. Celui qui emprunte se met nécessairement au-dessous de celui qui prête. Si j'étais dépourvue de ressources, c'est à Sainte-Luce que je m'adresserais, dussé-je ne jamais rendre. De deux amans, le plus heureux est celui qui oblige.

J'écris au concierge du château de Champagne. Je fais partir une femme de chambre. Je lui ordonne de prendre et de m'apporter mes diamans. Ils sont nécessaires à celui de qui je les tiens, et je n'ai pas besoin de parure. C'est moi que Sainte-Luce aime : que lui importent des ornemens, qui ne satisfont que la vanité? Les mines de Golconde valent-elles un sentiment?

J'entends l'équipage du prince. Je cours au-devant de lui.

Je cherche à démêler sur sa figure le résultat de sa démarche. Son air est riant; il a réussi.

L'ordre est expédié. Il enjoint la cessation de toute espèce de poursuites. Le malheureux sera remis en liberté, sous la seule condition de quitter Paris. Honorine est rayonnante. Elle n'a que dix ans! mais elle sent beaucoup. Affligée de ma peine, elle en a enfin pénétré les causes, et il ne m'a plus été possible de lui rien cacher. Elle a vu, alternativement, son père et moi au moment d'être écrasés. Les nuages se dissipent, et son jeune cœur s'est rouvert à la joie.

Dès que M. de Francheville sera libre, je prendrai congé de la princesse. Recevoir plus long-temps les marques d'intérêt qu'elle me prodigue, serait en abuser. Mais où me retirerai-je? Comment vivrai-je? Je n'ai pas eu le loisir d'y penser, et c'est ce qu'il est important de connaître.

Je fais prier mon avocat de se rendre à l'hôtel. Il me communique le prononcé du tribunal. Ma fille me reste; je m'y attendais. Depuis le jugement rendu, je n'avais pas eu la moindre inquiétude à cet égard. Je suis maintenue dans les droits que me donne mon contrat de mariage. M. de Francheville a reconnu, par cet acte, que je lui ai apporté quatre cent mille francs, et il a manifesté l'intention de m'abandonner la terre de Champagne, qui en rapporte trente, parce qu'il est tenu à une pension alimentaire envers sa fille. Trente mille francs par an! c'est la moitié de tout ce qu'il possède! Dois-je user de ces droits, qui me paraissent excessifs? Ne serait-ce pas dépouiller, sans pudeur, un homme, avec qui je n'ai plus aucun rapport; de qui, par conséquent, je ne devrais plus rien recevoir? Il a l'habitude et le goût de la dépense; je reprendrai sans peine celle de la médiocrité obscure, qui convient à ma situation. Non, je n'abuserai pas des circonstances qui me favorisent. Il s'est montré grand envers moi; je suivrai son exemple; je me bornerai à une faible partie de ce que je peux exiger. J'aurai rempli mes devoirs dans toute leur étendue, et, tranquille à cet égard, je ne vivrai plus que pour l'amour.

Si cependant les passions de M. de Francheville, si le défaut d'ordre, si la prodigalité dérangeaient ses affaires, s'il dissipait, avec ce qu'il a, la valeur de cette terre, que je suis disposée à lui rendre, que deviendrait Honorine, que sa fortune seule peut relever de l'espèce de dégradation, qui frappe le malheureux enfant d'époux divorcés? Elle est encore aux portes de la vie : pendant quelle longue suite d'années elle déplorerait un désintéressement que je n'ai pas le droit de me permettre! ne serai-je pas, d'ailleurs, maîtresse dans tous les temps de donner à son père les secours dont il aura besoin?... Je suis décidée : j'exercerai mes droits dans toute leur étendue.

Ma femme de chambre est de retour. Je fais venir un joaillier; je livre mon écrin. J'envoie, à M. de Francheville, la presque totalité de son prix. Je ne me réserve que ce qui m'est indispensablement nécessaire, dans ces premiers momens d'embarras, d'incertitude et de besoin.

Il est en liberté. Il se présente à l'hôtel; il demande instamment à me parler. Je ne le verrai pas; nulle considération ne m'y oblige. Que prétend-il? Nos liens sont rompus; il ne dépend plus de nous de les reprendre. Que me dirait-il, qui ne soit inutile ou déplacé?

A peu près certain de n'être pas reçu, il avait une lettre prête, et il me fait prier de la recevoir.

Il s'accuse, il se repent. Il répète ce qu'il a dit, dans l'entrevue que nous avons eue en présence de la princesse. Il se repent! Il est trop tard. Il me remercie de mes dons, en admirant ma générosité. Je n'ai pas été généreuse, mais équitable. Madame d'Elmont a été au-devant de lui; il en a reçu des secours, et il me conjure de reprendre ce que je lui ai envoyé. Je ne reprendrai rien. C'est à madame d'Elmont qu'il doit rendre. Quelque éloignée que je sois de lui, maintenant, je lui suis plus que cette dame. Il lui a remis de gros biens; il le devait, et il n'a acquis, par cet acte de justice, aucun droit sur sa fortune. Il désire voir sa fille, l'embrasser avant de s'éloigner... Oh! oui, oui, il la verra, il l'embrassera. Il n'est plus époux; mais il est toujours père, et malheur à moi si j'avais la pensée de le dépouiller des douces prérogatives attachées à ce titre.

Je permets qu'on le fasse monter; je laisse Honorine à la dame de compagnie de la princesse, et je me retire chez moi. Là, des réflexions sans nombre viennent m'assaillir. Je vois un homme repentant, et qui n'aura peut-être pas la force de se vaincre; je le vois dégradé à ses propres yeux, et c'est là le dernier degré de l'humiliation. Obligé de recevoir, de celle qu'il a poursuivie avec acharnement; de baisser son front orgueilleux devant elle; de descendre à la prière, pour obtenir un dernier baiser de son enfant; repoussé de toutes les classes de la société; réduit à cacher son nom, ou à vivre au fond d'une forêt, quel sort! Il est affreux. Voilà où la légèreté, l'imprévoyance, l'oubli des principes, ont conduit, par degrés, l'homme le plus aimable, et le plus digne d'être aimé. Il sent toute l'étendue de son malheur, puisqu'il conserve de la sensibilité: ah! quoi qu'il ait fait, il est trop puni!

Ces idées me touchent jusqu'aux larmes. Je crois trouver, dans ma conduite du moment, de la dureté et de l'orgueil. J'ai refusé de le revoir! j'ai exprimé mon refus, d'une manière sèche et dédaigneuse! je l'ai offensé, je l'ai aigri peut-être, lorsqu'un entretien, de quelques minutes, pouvait le consoler, lui rendre le goût, l'amour du bien, et ne m'exposait à aucun inconvénient! J'ai eu tort, grand tort. Mais comment revenir sur ce qui est fait?

Je vais m'approcher de la chambre où ils sont. Je trouverai peut-être un prétexte; j'entendrai peut-être quelque chose, qui rendra mon entrée simple et naturelle.

J'ai l'oreille à la porte, et je ne peux rien distinguer. Il me semble cependant que leur ton, même celui d'Honorine, a quelque chose de solennel. Il élève enfin la voix. « Dis à ta mère, qui « n'a pas voulu me recevoir, et qui m'a rendu « justice, dis-lui que je ne demande plus qu'une « grace. Elle te verra le jour, la nuit; tu seras « sans cesse avec elle, et ton malheureux père te « dit un dernier adieu. Elle a ton portrait; elle y « tient beaucoup, je le sais; mais elle l'accordera « à Honorine. Va, mon enfant, prie, supplie, qu'il « me reste au moins quelque chose de toi. »

Non, cet homme n'est pas né méchant. Personne n'a le droit de le haïr; on ne peut que le plaindre.

Je me retire avec précipitation. J'attends Honorine : elle paraît. Avec quelle candeur, quel intérêt elle expose le vœu de son père! avec quelle chaleur, quel charme elle me parle de sa situation, de ses regrets, de sa douleur! Elle eût vaincu, lors même que je n'aurais pas entendu M. de Francheville. Honorine n'est plus un enfant; il ne lui reste, du premier âge, que les graces naïves, qui le rendent si intéressant.

Elle me presse de la suivre, et je ne lui oppose aucune résistance. Elle s'applaudit de son succès. Chère enfant, il était assuré avant que tu parlasses.

Je ne peux le voir sans émotion, dirai-je le mot, sans pitié. Son air est timide, son ton suppliant... Oh! non, non, je ne souffrirai point qu'il s'abaisse devant moi. Je me hâte de prendre la parole : « Vous désirez, monsieur, le portrait « de votre enfant : ce désir est trop naturel pour « que je ne m'empresse pas de m'y rendre. Je n'ai « aucun mérite à vous abandonner ce portrait : « je n'y tenais que parce que je l'avais reçu de « vous. Je réparerai facilement cette perte. »

Je détache mon bracelet, et je le lui offre. Il saisit ma main; il la baise avec une expression, qui tient du respect. Je lui présente ma joue : pouvais-je faire moins dans un pareil moment? Il ose à peine l'effleurer. L'infortuné! puisse son repentir être aussi durable qu'il me paraît sincère!

« Vous n'avez plus rien à me dire, monsieur ?
« — Non, madame, si vous ne jugez pas conve-
« nable de me répondre. — Je répondrai à tout ce
« qui sera étranger aux événemens, qui se sont
« passés depuis trois mois. — Ah! Fanchette, tant
« de bonté m'accable. Porter la délicatesse jusqu'à
« m'interdire l'aveu de mes torts! — Ne vous les
« rappelez, monsieur, que pour n'en plus avoir à
« l'égard de personne. »

Il reprend ma main; il la baise avec transport: je sens couler ses larmes. « Soyez homme, lui
« dis-je d'une voix altérée. Il est inutile de nous
« attendrir maintenant : le mal est sans remède. »

Il s'éloigne de quelques pas; il me regarde, avec une expression, que je ne peux rendre. Il couvre ses yeux de son mouchoir; il sort sans proférer un mot. Ah! si ce divorce n'eût pas été prononcé, je pardonnais, j'oubliais tout, je tombais dans ses bras. Je m'en serais repentie sans doute; mais est-il possible d'oublier tout-à-fait l'objet de son premier amour? Est-il dans le cœur d'une femme de voir, avec indifférence, le père de son enfant? Le premier de ces sentimens se ranime, se réchauffe par l'autre. Oui, je chérirai toujours celui à qui je dois Honorine.

Sainte-Luce, ne t'alarme pas. Ce que j'éprouve ne ressemble en rien à ce que tu m'inspires. D'un côté, je n'ai que des souvenirs; du tien, est le plus tendre amour, qu'embellit l'espérance.

Que vois-je sur cette cheminée ? un écrin !... c'est le mien. Il a racheté mes diamans. Rien ne lui a coûté, pour me rendre une parure, dont je peux me passer; mais qui m'était chère, parce qu'elle me rappelait ces jours d'ivresse, qui ont suivi notre union. Voilà ce que je lis sur un papier placé dans l'écrin. Quel mélange d'oubli de soi-même et de grandeur, de faiblesse et d'énergie ! Il dédaigne maintenant la fortune; il sacrifie une partie de ce qui lui reste à une femme qu'il a voulu avilir, qui ne peut plus être à lui, et qu'il comble d'égards. C'est Francheville, c'est son cœur qui agit en ce moment : le reste lui est étranger. Passions cruelles, insurmontables, qui l'égarez sans cesse, éloignez-vous de lui ! Sans vos suggestions, il n'eût pas cessé d'être aimable; j'aurais conservé mon époux, Honorine son père; un bonheur calme et pur eût succédé aux prestiges de l'amour... Et Sainte-Luce, Sainte-Luce !... Ah ! Francheville raisonnable, l'eût éloigné de moi, quand je lui ai fait pressentir le danger. Cette passion invincible ne se serait pas emparée de toutes mes facultés; ce jeune homme ne me serait pas devenu nécessaire comme l'air que je respire.

Et je parais regretter de l'aimer exclusivement. Ne m'a-t-il pas méritée, par sa constance et son dévouement? A-t-il eu, depuis trois ans, un désir, a-t-il formé un vœu, dont je ne fusse l'objet? N'est-ce pas par moi, et pour moi qu'il s'est couvert de gloire, dans les combats? N'a-t-il pas poussé la générosité jusqu'à exposer sa vie contre Soulanges, pour assurer celle de mon époux, du rival le plus redoutable qu'il pût avoir jamais? N'est-il pas accouru du fond de la France au premier bruit de mon déshonneur? N'a-t-il pas fait son affaire de la mienne? N'est-ce pas à lui que je dois la conservation de ma renommée? Et je lui disputerais mon cœur! Il est à toi, tout à toi, sans restriction, sans réserve. Je t'appartiens, je me donne, je me livre : il est temps d'acquitter enfin les dettes de l'amour.

Je lui écris de me trouver un logement convenable. Je ne manquerai pas au respect que je dois à ma protectrice : je m'interdirai chez elle des transports qu'elle n'approuverait pas. Qu'elle n'approuverait pas! Seraient-ils donc condamnables? Oui, oui, s'ils n'étaient pas consacrés par la loi.

Eh bien! il ne me reste à lui donner que ma main; je la lui offrirai. Il s'honorera de la recevoir. Nous porterons la vertu jusqu'à attendre le terme que cette loi a fixé... Encore un an d'attente, d'anxiétés! Et sa profession, qui peut me l'enlever demain, et les hasards de la guerre, qui peuvent me le ravir à jamais!... Loin de moi de vains scrupules, fondés sur des préjugés. La nature, plus ancienne, plus puissante, parle seule à mon cœur; elle seule sera écoutée.

CHAPITRE XXIII.

Succomberai-je ?

Ma résolution est prise, elle est invariable. Je passe chez la princesse; je ne lui cache rien. Elle m'oppose des réflexions, que j'ai déja faites, sur les inconvéniens, les chagrins qu'éprouve ordinairement une femme qui épouse un homme plus jeune qu'elle. Ces réflexions m'étaient utiles autrefois; je les appliquais à l'amour, comme au mariage : toujours prête à céder, j'avais besoin d'appui; je m'en faisais de tout ce que me suggérait mon imagination. Aujourd'hui je suis libre, et je combats victorieusement les observations de la princesse. Combien de maris de quarante ans ont des femmes de vingt, et ne leur sont pas fidèles? M. de Francheville n'est-il pas plus âgé que moi, et m'a-t-il été possible de le fixer? Tous, j'en conviens, ne portent pas, aussi loin, la faiblesse et le scandale; mais le chagrin est-il moins cuisant, pour être secret? Les circonstances d'éclat, la publicité, qui semblent l'aggraver, ne finissent-elles pas, au contraire, par nous donner cette énergie, qui nous porte à nous soustraire à l'oppression? Une femme ne trouve-t-elle pas alors une sorte de consolation, dans l'intérêt qu'elle inspire? Mais pourquoi peser les torts plus ou moins graves des maris? Il est d'heureuses exceptions, et où résident la candeur, la bonne foi, l'amour constant, si ce n'est dans le cœur de Sainte-Luce? Si l'opinion que j'ai de lui est une erreur nouvelle, elle fera mon bonheur jusqu'à ce que le prestige soit dissipé. Alors je conviendrai qu'il faut se résigner à souffrir pendant les deux tiers de sa vie. Les illusions délicieuses, que je caresse en ce moment, se dissiperont sans retour, et je bornerai mes jouissances à celles que donne l'amour maternel.

Mais non, non. Jamais tu n'appelleras un souvenir pénible, sur le jour où je me serai donnée à toi. Toujours plus tendre, toujours plus empressé, tu ajouteras à ma félicité, par la persuasion où je serai de la tienne. Une ivresse constante t'empêchera de compter mes années. Ninon, d'ailleurs, vieillit-elle jamais? J'ai vu son portrait; je suis plus jolie qu'elle, et la paix de l'ame et le bonheur n'éternisent-ils pas la jeunesse?

La princesse sent bien qu'il est inutile de continuer des observations, que je réfute à mesure qu'elles naissent. Elle m'engage seulement à éviter Sainte-Luce, jusqu'à l'époque où la loi nous permettra de nous unir. « Un an, madame, un an ! « votre altesse pense-t-elle à ce qu'elle exige? « Notre vie est-elle donc si longue, qu'une année « soit comptée pour rien? Le devoir et la gloire ne « peuvent-ils pas demain m'enlever mon amant? « Ne peut-il pas tomber, sans vie, sur les lauriers

« nouveaux qu'il brûlera de m'offrir? Et il mour-
« rait sans avoir connu le bonheur! et je regret-
« terais, le reste de ma vie, de n'avoir pas cou-
« ronné sa constance et ses vertus! Non, que les
« préjugés se taisent, qu'ils disparaissent devant
« moi. S'ils s'élèvent contre ma réputation, Sainte-
« Luce me dédommagera de l'avoir perdue. Je ne
« vois plus que lui au monde; je suis toute à lui;
« je ferai tout pour lui.

« — Ainsi donc vous allez vivre publiquement
« avec ce jeune homme? — Publiquement, ma-
« dame! je ne crois pas avoir dit cela. — Vous le
« recevrez au moins chez vous. — Je l'y retiendrai
« les journées entières. — Et vos gens ne soup-
« çonneront rien, et vos amis se tairont! — Que
« diront-ils? que je suis heureuse? Je le publierai
« moi-même, si je suis réduite à choisir, des bien-
« séances, ou de mon amour. Fière de mon amant,
« je le proclamerai le plus aimable et le plus aimé
« des hommes. — Et Honorine sera témoin de ce
« délire; elle entendra ces aveux; elle apprendra
« à considérer la vertu comme un vain mot. Que
« lui direz-vous, quand elle se livrera à des éga-
« remens, dont vous lui aurez donné l'exemple?

« — Arrêtez, arrêtez, madame, par grace, mé-
« nagez-moi. Honorine!... Honorine!... Non, je
« ne te donnerai pas l'exemple du désordre. La
« prudence réglera mes démarches; je m'envelop-
« perai des ombres du mystère... — Et vous vous
« flattez d'échapper à la pénétration de cette en-

« fant? Il ne faut qu'un moment, qu'un mot pour
« l'éclairer, et ce moment, ce mot viendront tôt
« ou tard. — Oh! mon Dieu, mon Dieu, que
« dois-je faire? — Votre devoir.

« — Eh! que n'ai-je pas fait pour lui? — Nous
« n'avons rien fait, tant qu'il nous reste à faire
« encore. — Je n'ai pas trente ans, et il faut re-
« noncer au bonheur. — Il faut le rendre plus
« vif, par un délai nécessaire; plus durable, en
« conservant l'estime de votre amant. Il faut que
« les mœurs publiques sanctionnent et consoli-
« dent votre félicité.

« — Je sens la force de ces raisons. — Ayez
« celle de vous y rendre. — L'effort est cruel,
« presque impossible, je ne vous le dissimule pas.
« — Ma chère amie, les passions passent; l'estime
« des autres peut durer autant que votre vie.
« Cette estime est la barrière que vous opposerez
« aux goûts naissans de votre fille, s'ils ne s'ac-
« cordent pas avec les convenances, et elle n'osera
« pas la franchir.

« — Honorine! Honorine, je ferai mon devoir.
« Tu sauras un jour ce que tu m'as coûté. Puisses-
« tu m'en aimer davantage! »

Je veux éviter, avec lui, jusqu'à l'ombre d'un
tort. Je lui écris; je lui rends, mot pour mot,
l'entretien que je viens d'avoir avec la princesse.
Je le laisse l'arbitre de mon sort. Il sera généreux,
je l'espère, je le crois... Cependant, si l'impétuosité de son amour; si la douleur de voir retarder

20.

un moment si long-temps, si ardemment désiré, si positivement promis, ne lui permettaient pas d'écouter le langage de la raison, de cette froide raison, qui commande impérieusement à tous, et à qui les gens indifférens peuvent seuls obéir... il sera, nous serons heureux, dussent les regrets empoisonner le reste de ma vie.

Je reçois sa réponse... Je l'ouvre en tremblant... Elle est dictée par l'amour au désespoir; mais soumis à la prudence et aux principes. Quel homme! c'est lui qui me soutient, qui me console! je suis destinée à lui tout devoir; tout, jusqu'à ma sagesse.

La princesse est contente de lui et de moi. Elle permet que j'aille m'établir dans l'appartement qu'il m'a fait arranger. Demain, je prendrai congé d'elle, et de son respectable époux. Je conserverai un souvenir précieux de leurs bontés, et souvent je viendrai leur offrir l'hommage de ma reconnaissance, et de ma vive affection.

Qu'il est joli, ce logement! rien de riche; mais tout est élégant et recherché. Ce boudoir... comme il est décoré! quel charme dans ce demi-jour! c'est un petit temple, à consacrer au culte de l'amour. Cher ami, je t'y désire, je t'y appelle, et tu n'y viendras pas! je l'ai voulu, et tu y as consenti!

Honorine est enchantée de sa chambre, et de son ameublement. Je remarque que cette chambre touche à la mienne : avant que je lui écrivisse, il était donc décidé à se vaincre, à me faire le sacrifice de ses vœux les plus doux ? Que deviendrais-je, si je n'avais qu'un homme ordinaire ? Déjà j'ai oublié ce que m'a dit la princesse; je n'ai plus d'empire sur moi; je reviens à ce boudoir. J'y suis seule; j'en sors, j'y rentre, je soupire; des larmes brûlantes s'échappent malgré moi; je me laisse aller sur ce lit de repos. Mon imagination ardente me retrace ces plaisirs, cette ivresse, ce délire du cœur et des sens, que Sainte-Luce doublerait en les partageant avec moi... et je suis encore seule ! ce soir, je serai seule encore ! je le serai encore demain, et nous serions heureux si nous voulions l'être ! oh ! Honorine ! Honorine !

Je cherche le sommeil; il est loin de moi. Je m'agite, je me tourmente, je brûle. Sainte-Luce est là; il est présent; je veux le presser dans mes bras; je ne saisis qu'un ombre qui échappe à mes transports... Ah ! si du moins l'amour était fugitif comme elle ! celui-là ne me quitte pas; je veux le fuir; je le retrouve partout, et partout il fait mon malheur. Oh ! je souffrirais moins, abandonnée, méprisée, haïe du reste de l'univers... Eh ! souffrirais-je, s'il était avec moi ! j'oublierais tout ce qui n'est pas lui. Je n'aurais pas une pensée, une sensation, qui ne fussent volupté et bonheur.

J'ouvre un secrétaire... que vois-je ! son portrait ! cruel homme, quel présent funeste tu m'as fait ! tu ne veux donc pas que je jouisse désormais d'un instant de repos !

Ce portrait est frappant de ressemblance. Voilà ce teint animé, cette fraîcheur, cette noblesse, cette grace inexprimable, qui forment l'ensemble le plus séduisant... Ces yeux sont muets; ce n'est pas ainsi qu'ils me regardent; mais qui peuvent-ils regarder comme moi ?

Au bas du portrait est écrit : *A la mère d'Honorine.* Craint-il d'oublier ce que je suis? Craint-il que je l'oublie? Veut-il sans cesse placer ma fille entre lui et moi?

Vertus obscures, on ne vous estime pas assez, par cela même que vous êtes sans éclat. On vous ignore, ou on n'accorde rien à ceux qui passent leur vie à comprimer, à froisser, à étouffer leur cœur; à rendre au devoir l'hommage le plus douloureux et le plus soutenu. On loue, on appelle vertueux celui qui donne; qui embrasse la défense de l'opprimé; celui qui remplit ses fonctions avec zèle et désintéressement. Eh! ces vertus-là coûtent-elles à leur auteur? les exercer et jouir, n'est-ce pas la même chose? oui, dans ce cas, la vertu porte avec elle sa récompense. Mais cette vertu terrible, devant laquelle je suis courbée, comme par une main de fer; qui ne permet rien, ne promet rien, ne laisse pas même l'espérance, cette vertu me désespère, me mine, me tue... peut-être parce que mon sacrifice n'est pas absolu. Il n'est pas en mon pouvoir de le consommer tout-à-fait. Je cesserai de vivre, avant de cesser d'aimer.

Ce que j'ai prévu arrive. Il m'écrit qu'il vient

de recevoir l'ordre de partir dans les vingt-quatre heures. Il va commander un vaisseau, deux frégates, et chercher nos ennemis aux extrémités du monde. Il souffrira, dit-il, il souffrira sans se plaindre. Mais quelle que soit sa résignation, il n'a pas le courage de s'éloigner, sans me dire un dernier adieu. Il ne demande qu'une heure, un instant, et telle est la pureté de son ame, qu'il ne redoute pas les témoins. Des témoins! non, il n'y en aura pas. Une amie intime pourrait seule être présente à ces adieux déchirans, et madame Ducayla est à Marseille. Nous ne nous donnerons pas en spectacle à des étrangers. Notre trouble, nos regrets, nos larmes n'auront de témoins que l'amour.

Qu'il vienne, qu'il vienne à l'instant même.

Oh! si Honorine ne me retenait, si je ne me devais tout entière à son avenir, je ne balancerais pas, je suivrais mon amant... Cachée sous les habits de son sexe, je braverais, avec lui, et les feux de la zone torride, et les dangers des combats. Je le couvrirais de mon corps. Ah! quel bonheur, s'il doit mourir, de mourir la première!

Le voilà, je l'entends... mon cœur semble vouloir briser les barrières, qui le retiennent; il s'élance au-devant du sien. Le voilà, le voilà. Ce n'est plus une illusion; c'est bien lui que je vois, que je presse sur mon sein. « Sainte-Luce, je ne
« me connais plus; je suis à ta discrétion. Je n'ai
« plus de force, pas même pour désirer me dé-

« fendre. Sois plus qu'un homme, ou c'est fait
« de moi... »

Oui, c'en est fait... c'en est fait encore. Un feu dévorant circule dans mes veines; rien ne peut le calmer. J'ai eu, dit-il, les prémices de son cœur; je n'en doutais pas. Personne n'en avait obtenu d'autres, je le vois. Personne n'obtiendra rien de lui; j'en suis sûre. Il reviendra fidèle, s'il échappe aux hasards de la guerre. « De la guerre,
« dis-tu! il m'est désormais impossible de vivre
« sans toi. Non, tu ne t'éloigneras pas. Qu'est la
« gloire, comparée aux délices que tu viens d'é-
« puiser? Quel devoir as-tu à remplir, plus sacré
« et plus doux, que celui d'éterniser mon ivresse?
« Quelle récompense vaut le droit de la partager!
« Insensé! tu trouves tout dans mes bras, et tu
« vas exposer, pour des chimères, une tête qui
« m'est si précieuse! demeure, mon ami, de-
« meure, je te le demande à genoux. — Relève-
« toi, je t'en supplie, et réfléchis à ce que tu
« exiges. — Je ne réfléchis pas, je ne veux plus
« rien prévoir. Tu viens de te charger du bonheur
« de ma vie; remplis les obligations nouvelles
« que tu as contractées. — Tu l'ordonnes, j'obéis.
« N'oublie jamais que je vais te sacrifier plus que
« ma vie.

« — ...Que dis-tu?... J'ai été exigeante, égoïste,
« tyrannique. L'excès de ton amour est trop
« prouvé par ta condescendance. Oui, pour un
« homme tel que toi, c'est plus que me sacrifier

« ta vie. Je regrette un sacrifice que j'ai exigé;
« que je désire ardemment encore; mais qui est
« indigne de nous deux. Tu conserveras l'hon-
« neur; tu ajouteras à ta gloire : je veux que les
« qualités de mon amant justifient ma faiblesse.
« Mais, mon ami, donnons à l'amour les derniers
« momens qui nous restent. Demain, tu ne rece-
« vras plus, tu ne me rendras plus ces caresses,
« dont nous sommes si avides, dont nous ne pou-
« vons nous rassasier. »

J'entends du bruit... C'est Honorine. Elle a quitté le travail; elle vient se délasser près de moi. « Vite! vite! mon ami! tu n'as pour dispa-
« raître que la durée d'un éclair. »

J'ouvre ma porte; je cours au-devant de ma fille; je l'entraîne au salon. Je la fais asseoir, je lui parle, elle me regarde avec étonnement; sans doute mes idées sont sans liaison, sans suite. Mes yeux se portent sur ma glace... Quel désordre, bon Dieu!... Je veux lui attribuer une cause, et la stupéfaction de l'enfant augmente avec mon embarras. Elle veut me caresser, et ses baisers ajoutent à mon trouble; je la repousse doucement. Suis-je donc indigne des étreintes de l'in-
nocence! Ai-je commis un crime? Ma conscience fait-elle justice de moi?

Pourquoi ai-je fait disparaître Sainte-Luce? N'était-il pas naturel qu'il me rendît une dernière visite? Ma femme de chambre ne peut-elle pas savoir qu'il était avec moi, quoiqu'il soit entré sans se faire annoncer? Cette sortie furtive n'explique-t-elle pas ce que j'ai cru cacher? Je ne sais où j'en suis.

Je m'efforce de me remettre. Je propose à Honorine une promenade aux Tuileries : j'ai besoin de prendre l'air. Je donne à mes domestiques le reste de la soirée. Je n'ai pas entendu ouvrir la porte d'entrée; s'il n'est pas sorti, personne n'empêchera sa retraite.

Sa retraite! quoi, déja je l'aurais perdu! perdu pour des années, peut-être pour toujours. Cette pensée cruelle me poursuit, au milieu de cent femmes, qui décorent une allée. La sérénité est sur leur front; le calme paraît être dans leur cœur. Qu'elles sont heureuses!

Honorine est tout entière à la variété des objets. Elle ne pense pas à m'interroger; elle ne m'adresse pas un mot. Ah! tant mieux. Je suis seule ici avec mon cœur. Pauvre cœur! comme il a souffert! comme il a joui! comme il souffrira encore!

Déja l'obscurité voile tout ce qui m'environne. Je prends machinalement la main de ma fille; je suis les rues qui conduisent chez moi, absorbée, accablée, et quelquefois radieuse de souvenirs.

Ma femme de chambre rentre en même temps que moi. Elle me demande mes ordres. « Faites « souper ma fille; aidez-lui à se coucher, et allez « vous reposer. »

Je cours à ma chambre. Je ne peux revoir, trop tôt, ce lieu où je me suis livrée à ses transports, où j'ai épuisé les délices de l'amour. Que cette chambre me sera chère! je ne la quitterai plus.

Est-il sorti? Suis-je condamnée à ne pas le revoir? Encore une heure, mon Dieu, encore une heure, et disposez de moi après.

Il n'est pas sorti; il ne peut l'être : je trouve un fauteuil en travers de la porte. La chute de ce meuble, qu'a prévenue ma prudence ou ma timidité, l'aurait averti de se cacher plus soigneusement encore. Mais où est-il?... dans un arrière-cabinet. Il dort, sur une chaise longue, du sommeil de l'amour heureux. Ses songes sont rians; ils l'embellissent encore. Dors, cher amant, je respecte ton repos; je me contente de cueillir un baiser sur ton front.

Je ne sais pas m'arrêter. Un baiser est suivi d'un autre; ses beaux yeux se rouvrent; il les tourne sur moi; il me reconnaît; il s'élance... «Ce « sont les graces elles-mêmes, s'écrie-t-il! tu réu- « nis, à toi seule, les beautés qui suffisaient à elles « trois. » Il a tout enlevé, tout déchiré. Il a voulu que je parusse, sans autres ornemens que mes charmes. Il les contemple avec avidité; il me saisit, il m'entraîne; ses transports renaissent; ils rallument tous mes feux; ils sont inépuisables. Oh! quelle nuit! quelle nuit! oui, je le sens, on peut mourir après cela, et mourir sans regrets.

Le sommeil vient enfin appesantir mes paupières; je lui dispute nos derniers momens; je succombe à l'excès de la fatigue. Mes yeux se ferment, et je vois encore mon amant, ivre de désirs et de bonheur.

CHAPITRE XXIV.

Le Réveil.

Oh! quel réveil! quel réveil! le néant succède aux plus douces, aux plus brillantes illusions. Je suis seule! il s'est arraché de mes bras pendant mon sommeil; il a eu la cruauté de me priver de ses derniers adieux!... Eh! n'a-t-il pas eu raison? Que nous eût servi de nous attendrir ensemble, sur un malheur inévitable? Il nous a épargné des larmes à tous deux.

Quel jour que celui d'hier! qu'ils seront longs et amers, ceux qui vont le suivre! Un portrait! voilà tout ce qui me reste de cet être accompli. Et ce portrait, au lieu d'adoucir les tourmens de l'absence, me rappellera sans cesse ce que j'ai perdu.

Quelle solitude je remarque autour de moi! celui qui vivifiait tout ici, il y a quelques heures; qui répandait sur moi des torrens de feu et de vie, s'est éloigné, et tout a disparu avec lui. Que n'a-t-il emporté aussi ce cœur plein de son image!

Mon œil humide contemple la place qu'il occupait près de moi. Je l'y cherche, comme s'il était possible que je l'y trouvasse; je lui parle comme s'il pouvait m'entendre; je prête l'oreille, comme s'il allait me répondre. Si je parvenais à me faire illusion !... Non, non, je suis trop près encore de la réalité. L'imagination ne s'abuse que lorsque les plaies du cœur se ferment, et la mienne commence seulement à saigner.

Hier, mes malheurs étaient effacés de ma mémoire. Ils se reproduisent aujourd'hui, augmentés du sentiment de cette cruelle séparation.

Un billet ! un billet ! il est écrit au crayon. Il a tracé ces caractères à côté de moi, dit-il, et les yeux baignés de pleurs. Il m'offre l'hommage de sa vive reconnaissance. Il ne me doit rien : deux amans heureux donnent et reçoivent mutuellement. Il me jure une fidélité à toute épreuve ; il reviendra plus tendre, plus empressé que jamais... Reviendra-t-il, mon Dieu ! Je peux, ajoute-t-il, être tranquille du côté de mes gens : il n'y avait personne chez le concierge, personne à mon antichambre quand il est entré, et il profite, pour se retirer, du moment où il a entendu sortir ma femme de chambre. Il finit par ces expressions, que l'amour seul, peut trouver, que lui seul sait bien entendre.

Je lis, je relis ce billet, avec autant d'avidité que s'il ne m'eût jamais écrit. Je crains d'en effacer un mot, une lettre, un point. Pourquoi donc m'est-il plus précieux que les lettres qu'il m'écrivait chez la princesse ? C'est que ces lettres n'exprimaient que le désir, et ce billet me rappelle mon bonheur.

Ma fille entre chez moi, et je rougis en la voyant. Elle me parle de ce qu'elle appelle mes distractions de la veille; elle se plaint de l'indifférence que je lui ai marquée à la promenade, de l'espèce d'abandon où je l'ai laissée le soir. Elle me demande si elle a fait quelque chose qui m'ait déplu; elle me demande la permission de m'embrasser. La permission! voilà la première fois qu'elle se sert de ce mot. J'ai donc été bien extraordinaire, bien différente de moi-même? Sainte-Luce, vivant avec moi, m'aurait-il fait oublier enfin ce que je dois à cette enfant? Non, non, cette fièvre des sens transporte, égare, entraîne, et ne rend pas insensible à l'amitié : l'amour maternel n'est que l'amitié, accrue des soins journaliers que nous donnons à l'enfance, des sacrifices que nous lui faisons.

Je presse Honorine sur mon sein. Je sens, avec joie, qu'elle n'a pas perdu ses droits sur mon cœur. A mesure que je l'en rapproche, le poids qui m'oppresse devient moins insupportable.

Je commence à raisonner : je le dois à la présence de ma fille. Hélas! je n'ai besoin, pour l'aimer, pour le lui dire, ni de précautions, ni de détours. Les sentimens doux, qui ne laissent jamais de regrets, qu'on peut avouer hautement, constitueraient-ils essentiellement ce qu'on nomme bonheur? Je le crois, si le bonheur réside dans le repos de l'ame, qu'il ne faut pas confondre avec l'inaction. Le repos de l'ame consiste dans un mouvement régulier, que rien ne ralentit, que rien ne précipite. Ce bonheur est celui des ames froides. Je ne le connaîtrai jamais.

Vingt fois, dans la journée, j'ai tiré ce billet de mon sein. J'ai passé les caractères à l'encre, pour en assurer la durée. Je le lis avec un plaisir toujours nouveau, et cependant j'ai repris mes occupations ordinaires auprès d'Honorine. Je suis distraite, très-distraite. A chaque instant, l'image de Sainte-Luce vient se placer entre ma fille et moi. Je fais, pour n'en être pas obsédée, des efforts qui ne sont pas fructueux; des larmes, que j'ai soin de cacher, coulent par intervalles; mais la leçon continue, et quand j'ai pu être concise et claire, je souffre moins, parce que le sentiment d'un devoir rempli est une consolation réelle.

Cette journée s'écoule lentement; mais enfin elle passe, comme passeront celles qui vont la suivre. Des souvenirs, des privations, des vœux impuissans, voilà ce qui va remplir des semaines, des mois, des années. Que deviendrais-je, si je n'avais Honorine?

Mais cette enfant elle-même n'ajoute-t-elle pas la contrainte à ce que ma situation a de pénible? Ne faut-il pas que je m'observe sans cesse, si je veux être impénétrable, et puis-je lui laisser soupçonner ce qui se passe dans mon cœur? J'ai été heureuse, parfaitement heureuse; mais ce genre de bonheur lui est encore étranger; je ne lui en ferai pas pressentir l'existence. Puisse-t-elle l'ignorer long-temps! puisse-t-elle n'avoir pas besoin, pour se garantir d'une faiblesse, de lire le chapitre précédent. Il est inutile à qui ne connaît qu'un amour légitime; les femmes de ce genre n'ont pas d'idée du bonheur fugitif, des combats, des regrets, qui accompagnent et qui suivent une passion, qu'on ne peut ni vaincre ni avouer. L'infortunée qu'elle subjugue ne cherche pas même à lui échapper; l'exemple est perdu pour elle. Sous tous les rapports, ce chapitre est inutile. Je le déchirerai.

Me voila rentrée dans cette chambre, qui devait m'être si chère; dont je ne voulais pas m'éloigner, et où je n'éprouve que des sentimens douloureux. J'interroge tous les objets; je regarde autour de moi. J'ouvre ce cabinet, où il reposait en m'attendant : il n'y est pas. Ces dentelles, ces rubans qu'il a jetés çà et là, et auxquels je n'ai pas voulu qu'on touchât; cette chaise longue, ce lit... il n'y est plus, il n'y est plus... peut-être n'y reviendra-t-il jamais.

Déja des lieues, des provinces nous séparent; il court, et chaque instant l'éloigne davantage. Il m'écrira, a-t-il dit, de ville en ville. Voilà donc tout ce que j'aurai, tout ce que je peux attendre de lui! A peine aura-t-il mis le pied sur son vaisseau, que je serai privée des dernières marques de son existence et de son amour. Bientôt il perdra de vue cette terre que j'habite, et par laquelle nous semblons encore tenir l'un à l'autre. Il la cherchera à travers un horizon, qui s'épaissira de plus en plus; ses yeux trompés, se baisseront enfin. Il m'adressera un dernier adieu, dont je ne peux prévoir l'instant; auquel il me sera impossible de répondre d'intention; le néant commencera pour lui... Il glace déja mon ame.

Mais bientôt la gloire disputera son cœur à l'amour. La nécessité, le devoir, la vigilance continuelle qu'exige le commandement, affaibliront, insensiblement, ces impressions du cœur, qui se fortifient dans la solitude, auxquelles je ne peux échapper. Eh! tant mieux. Ne suffit-il pas de ce que je souffre? Que les jouissances de l'ambition le dédommagent, le consolent. Qu'il soit heureux, et que je le sache.

Le jour renaît, et je n'ai pu fermer les yeux. La nuit cependant n'a pas été longue : je n'ai pas cessé de m'occuper de lui.

Deux lettres à la fois! après-midi, j'en reçois une autre. Elles sont courtes, trop courtes; mais il n'a eu qu'un moment, et elles sont si tendres, si expressives! Oh! écris, écris, jusqu'à ce que l'Océan me ravisse cette dernière et triste ressource. Écris-moi sur ton vaisseau. Peut-être un autre bâtiment, faisant voile vers les côtes de France, passera près du tien. Il prendra, il m'apportera tes lettres. Triste ressource, ai-je dit! ah! c'est tout ce qui reste à l'amour malheureux; et il se trouve riche de ce qu'il n'a pas perdu.

Je vais chez la princesse. C'est à elle seule que je veux parler de lui, et il faut que j'en parle; je suis lasse de penser. Elle me reçoit avec sa bonté ordinaire; elle m'écoute avec complaisance. J'appuie sur le moindre détail; si une légère circonstance m'échappe, je rétrograde, je reviens, je me répète, et je ne dis jamais assez. Graces, mille graces à celle qui sait écouter! écouter un infortuné, c'est plus que lui répondre.

Je ne lui ai rien caché. On se rattache, en quelque sorte, au bonheur qui n'est plus, en se laissant aller au plaisir de le peindre.

Je l'ai vue étonnée, pénétrée, attendrie. Au milieu des diverses sensations que je lui ai fait éprouver, j'ai cru surprendre un mouvement de terreur, qu'elle a paru vouloir me dérober. Qu'ai-je à craindre? Il m'adore, je suis libre, et ma faiblesse est cachée dans le sein de l'amitié. Ah! je me suis trompée sans doute : la princesse n'a rien à redouter pour moi.

Elle me fait dîner avec elle; elle me conduit ensuite dans ce jardin solitaire, qui réunit les richesses des deux mondes. C'est là qu'il faut se promener, quand on veut penser, parler en liberté. Sainte-Luce! Sainte-Luce! nom chéri, que j'ai sans cesse à la bouche, et qui fait battre mon cœur; soit que je le prononce, soit que la princesse le répète.

Les heures s'écoulent, dans les plus doux épanchemens. N'avais-je pas raison de le dire? l'amitié n'est pas étrangère à l'amour! Eh! l'amour est-il autre chose que l'amitié, plus le désir?

La princesse m'invite à la voir souvent; elle m'engage à lui confier mes embarras, mes chagrins, s'il m'en survient de nouveaux. A quels chagrins puis-je être sensible, après avoir perdu mon amant?

Je rentre chez moi, et je trouve enfin le sommeil. Mes yeux se rouvrent, pour lire deux lettres, que m'apporte ma femme de chambre. Il me dit, dans la seconde, que ses vaisseaux ne sont pas prêts à appareiller, et que, selon les apparences, il passera quinze jours ou trois semaines à Brest. Trois semaines à Brest! quelle idée vient me frapper! avec quelle avidité je la saisis! Il me prie de lui répondre *à l'hôtel de la Marine.* Il me prie! eh! ne serai-je pas heureuse de lui écrire, comme il le sera de me lire? Oui, sans doute, je lui écrirai; je vais lui annoncer que je pars, que je vole dans ses bras. Quinze jours à passer avec lui! aurais-je osé l'espérer? Je n'en perdrai pas un seul instant.

Et Honorine?... Je l'emmènerai avec moi. Elle n'a pas vu la mer : ce sera le prétexte de mon voyage. Il faut des prétextes à tout, puisque le monde exige qu'on justifie jusqu'à ses moindres démarches.

Je demande à ma fille si elle ne sera pas bien aise de voir le premier port de France, si elle ne désire pas embrasser M. de Sainte-Luce, qui n'a pas eu le temps de prendre congé de nous. Elle est disposée à monter en voiture à l'instant même. Comme elle me sert! son impatience seconde la mienne, et la couvre. J'ai l'air de tout faire pour elle, et dans trois heures je serai en route. En route! que ce mot est doux à l'oreille, quand on part pour rejoindre son amant!

Mais ma conduite à l'égard d'Honorine n'est-elle pas répréhensible? J'ai menti à l'innocence; je n'ai pas craint de l'employer à l'exécution de mes projets; de la faire servir de voile à mes plaisirs. Je n'ai plus qu'un pas à faire : c'est de la rendre témoin de mes transports. Cette réflexion m'afflige profondément. Je sens qu'il faut partir seule, ou rester. Rester? je ne le peux pas. Mon cœur, ma félicité, ma vie, tout est à Brest, tout m'y attire, m'y pousse avec une force irrésistible. Mais cette enfant?... il faut qu'elle demeure. A chaque instant je me pénètre de plus en plus de la nécessité de la laisser à Paris : les bienséances, les bonnes mœurs, la sollicitude maternelle m'en imposent la loi. Mais comment lui persuader de rester, après la proposition que je lui ai faite, et qu'elle a acceptée avec tant de satisfaction? Comment, d'ailleurs, si je pars seule, colorerai-je ce voyage?... Eh! que m'importent l'opinion, les propos! Que ne font pas oublier l'amour et le bonheur?

Que dis-tu, malheureuse! ta réputation est-elle à toi seule? N'entends-tu pas une voix intérieure, qui te crie que tu dois la conserver pour ta fille ? N'est-elle pas une portion précieuse de son héritage ? Sacrifieras-tu les principes les plus respectables à la soif de jouir ?

...Ah ! j'ai trouvé, je le crois, le moyen de concilier le devoir et mon cœur. Je répandrai, j'écrirai, à mes connaissances, que la grêle a ravagé mon vignoble; que mes fermiers me demandent une remise; que je vais m'assurer de la réalité de leur perte, et en ordonner l'estimation. Je prierai la princesse de recevoir ma fille pendant mon absence... Je mentirai donc aussi à cette femme respectable !... Eh ! un mensonge qui ne nuit à personne, n'est-il pas innocent? n'est-il pas louable, si, loin de nuire, il est utile à quelqu'un, et pourquoi m'interdirais-je, pour moi, ce que je ferais avec empressement pour un autre? Ces raisons me paraissent sans réplique. Cependant je me défie de mon cœur; il excuse, il justifie, il colore ce qu'il désire.

Je vais chez la princesse. Je l'établirai arbitre entre l'amour et moi. Son amitié tolérante ne m'interdira rien de ce que je peux me permettre.

Elle sourit, avec bonté, en m'écoutant; elle m'embrasse, quand j'ai cessé de parler. « Pauvre « femme, me dit-elle, quel désordre règne dans « cette tête, et dans ce cœur ! Quels orages s'y « forment, et que vous pouvez encore détourner ! « Vous vous préparez une jouissance bien vive, « j'en conviens; mais quels chagrins cuisans vont

« la suivre! Plaisirs d'un jour s'oublient facile-
« ment; mais l'habitude de plusieurs semaines de-
« vient un nœud que rien ne peut plus rompre. Je
« ne serai pas avec vous, pour vous défendre de
« vous-même, pour vous protéger contre votre
« amant. Il n'aura qu'un mot à dire pour vous
« faire tout oublier, tout braver, et ce mot, vous
« le direz, vous, si son extrême délicatesse lui
« impose silence. Incapable de réfléchir et de pen-
« ser, tout entière à votre délire, vos yeux ne
« s'ouvriront, vous ne reviendrez à votre enfant,
« à ce que vous vous devez, que lorsque l'Océan
« aura mis entre nous une barrière que vous ne
« pourrez plus franchir. Une femme, jusqu'alors
« estimable, estimée, cessant de se respecter; sui-
« vant un jeune homme aux extrémités du monde;
« ce jeune homme, oubliant une réputation à sou-
« tenir, négligeant son devoir, sacrifiant à un fol
« amour les plus belles espérances, voilà ce que
« verront ceux dont vous serez entourée. Leur
« opinion se manifestera malgré eux; elle se dé-
« célera dans les choses mêmes les plus indiffé-
« rentes. Vous vous interrogerez tous deux sur le
« jugement qu'ils auront porté; vous en reconnaî-
« trez l'équité, et ce sera pour vous le dernier
« terme du malheur.

« — Non, madame, non, je ne descendrai pas
« à ce degré d'avilissement. Non, je n'abandon-
« nerai pas ma fille. Je vous jure, par tout ce qui
« touche un cœur honnête, de ne jamais mériter

« la sévérité avec laquelle vous venez de prononcer
« contre moi. — Eh! ma chère amie, craindrais-je
« autant, si je vous aimais moins? Vous êtes sin-
« cère en ce moment, je le sais, et vous le serez
« encore en vous dégradant. Vous répéterez ce
« que vous m'avez déja dit : *Un désert et son cœur.*
« Mais le cœur se refroidit enfin, et la solitude
« devient insupportable. On sent le besoin de la
« société, et elle n'admet plus ceux qu'elle a re-
« jetés de son sein. — Vous oubliez, madame...—
« Je n'oublie rien de ce que vous m'avez dit. Je
« veux croire même que vous aurez la force de
« vous séparer de votre amant. Ne serez-vous pas,
« le jour où il s'arrachera de vos bras, plus mal-
« heureuse que vous l'êtes aujourd'hui? Votre sé-
« paration est opérée, le coup est porté, la bles-
« sure est moins sensible, et vous allez vous ex-
« poser à de nouvelles angoisses. Quel en sera le
« dédommagement? des souvenirs? Seront-ils plus
« vifs, plus doux que ceux que vous conservez?
« Ce ne sont pas les jours qu'il faut compter; mais
« la somme de bonheur qu'ils procurent. N'avez-
« vous pas épuisé, dans une nuit, tout ce qu'il
« est possible d'en avoir et d'en supporter?

« — Ainsi, madame, il faut s'interdire la jouis-
« sance du lendemain, parce qu'on n'a pas oublié
« la félicité de la veille; ainsi un jour heureux
« pourrait suffire à toute la vie. Le croyez-vous,
« madame, et connaissez-vous quelqu'un, qui ait
« assez d'empire sur soi, pour se conduire d'après

« un tel raisonnement ? Quels sont les dangers
« que vous redoutez pour moi ? Ne savez-vous pas
« que Sainte-Luce m'a offert le sacrifice de sa
« gloire, de son état, et que je l'ai refusé ? Vou-
« lût-il, à Brest, renouveler le même hommage,
« je combattrais son dévouement, par les motifs
« que je lui ai opposés ici. S'il refusait de s'y ren-
« dre, je le conduirais moi-même sur son bord,
« et je ne m'en éloignerais qu'après lui avoir in-
« spiré mon courage et ma résignation. — Et si
« vos efforts étaient vains ? — Sainte-Luce est un
« héros, madame. Votre supposition est inadmis-
« sible. — Admettez qu'elle soit fondée. — Alors,
« madame, alors... Mais pourquoi votre imagina-
« tion féconde ne prévoit-elle que des maux ? Tant
« d'exagération n'annonce-t-elle pas le dessein, la
« volonté de vous soumettre tout, tout, jusqu'à
« l'amour ? Je n'écoute plus rien. Le bonheur est
« à Brest ; il m'attend, il m'appelle, et je cours le
« saisir.

« — Ma chère amie, vous ne me rendez pas
« justice : vous me forcez à m'expliquer, sans dé-
« tour. Je n'ai employé contre vous que mes plus
« faibles moyens. J'avais présumé qu'ils pourraient
« suffire, et j'avais résolu de ne pas détruire une
« sécurité qui m'étonne, et à laquelle vous devez
« quelque repos. Vous refusez de voir dans l'a-
« venir. Je vais, quoi qu'il en coûte, fermer l'a-
« byme que vous creusez sous vos pas. Ce n'est
« qu'avec délices que vous vous rappelez une nuit,

« peut-être désastreuse; c'est avec de nouveaux
« transports, que vous vous en promettez de sem-
« blables. Savez-vous, femme imprudente et aveu-
« gle, si vous avez échappé au danger d'être mère,
« et, si vous avez ce bonheur, vous flattez-vous
« d'être constamment aussi heureuse? Vous ré-
« duirez-vous à l'humiliante nécessité de rougir
« devant votre fille? Si Sainte-Luce périt, ferez-
« vous partager à un enfant, que vous ne pourrez
« avouer, une fortune qui appartient tout entière
« à Honorine, ou prendrez-vous le parti cruel
« d'abandonner ce déplorable enfant? Telle est la
« position où vous allez volontairement vous jeter.
« J'ai dû vous faire sentir ce qu'elle aurait d'af-
« freux pour vous, d'affligeant pour ceux qui vous
« aiment. Je n'ai plus rien à dire, et c'est à vous
« à prononcer.

« — Ah, madame! abandonnée à l'amour, à ses
« délices, aux plus douces espérances, étais-je ca-
« pable de rien prévoir! Ma sécurité est détruite;
« mon cœur est bourrelé; je ne respirerai que lors-
« que j'aurai la certitude d'être échappée à la honte.
« Quels jours, quelles nuits, au lieu de ceux que
« je me promettais! Quel réveil, quel réveil! il
« est entier, il est terrible.

« Non, je n'irai pas à Brest; je ne m'exposerai
« pas volontairement aux malheurs que déjà j'ai
« imprudemment bravés, et qui m'accableront
« peut-être.

« Et ce malheureux, à qui j'ai écrit, qui va

« compter sur une suite de jours fortunés, et qui
« ne me verra pas ! Je vais reprendre la plume ;
« je m'efforcerai de le consoler, moi qui ai tant
« de besoin de l'être. Je tâcherai de lui inspirer
« une résignation que je n'ai pas.

« Votre appui, vos sages réflexions, votre amitié
« compatissante me restent, madame, et peuvent
« me soulager. Il est seul avec son cœur ; il n'a
« personne à qui il puisse l'ouvrir, qui veuille s'af-
« fliger avec lui. L'Océan, les périls de tout genre,
« la mort, voilà la cruelle perspective qui va s'of-
« frir à son imagination. Quinze jours de bonheur
« eussent adouci ce tableau repoussant. Quinze
« jours de félicité ! c'est bien peu pour toute la
« vie, et il faut y renoncer ! »

Je me place au secrétaire de la princesse. Je rends mot pour mot à Saint-Luce ce que nous venons de nous dire. Je me plains amèrement des institutions sociales ; mais j'annonce la ferme résolution de me conformer désormais à ce qu'elles nous prescrivent. Je cherche l'héroïsme de l'amour ; je veux au moins en prendre le langage, et c'est mon cœur qui parle, un cœur faible, brûlant, déchiré. J'écris, j'écris... C'est un volume que je lui adresse. Hélas ! ce n'est qu'écrire.

Je rentre chez moi dans un état impossible à peindre. Ce que j'éprouve n'est pas du désespoir : le moment n'est pas venu. C'est une anxiété poignante, un accablement profond. Je crains de regarder ma fille ; il me semble qu'elle doit lire mes craintes sur mon front. Oh, si elles se réalisaient !... Détournez ce coup, ô mon Dieu! détournez-le. Je ne suis pas criminelle; ayez pitié de votre faible créature.

Honorine me rappelle ma promesse; elle veut aller à Brest. Je suis forcée d'employer des défaites, de mauvaises excuses, qui, à ses yeux, doivent ressembler à du caprice. Elle n'insiste pas; mais elle prononce intérieurement, j'en suis sûre, et elle prononce contre moi. Que je suis malheureuse!

CHAPITRE XXV.

Monsieur de Francheville.

Madame Ducayla écrit aussi des volumes; je reçois d'elle un énorme paquet. Je le parcours; tout y est relatif à M. de Francheville. Hélas! je n'ai pas eu un instant à donner à son souvenir. Lisons. En s'occupant des autres, on échappe à soi-même.

« Notre procès a occupé le public de Marseille, comme celui de toutes les villes de France. Les mémoires, pour et contre moi, y ont été lus avec avidité et intérêt. Tous les cœurs, tous les vœux étaient en ma faveur, et l'on a applaudi au jugement qui m'a réintégrée dans mes droits à l'estime générale.

« L'opinion s'est fortement prononcée contre

M. de Francheville. On était loin de présumer qu'il pensât à retourner dans une ville, où il n'avait pas laissé un ami, et où on ne prononçait son nom qu'avec mépris. Cependant, peu de jours après notre dernière entrevue, poussé par une passion, que la résistance de Julie a rendue insurmontable, il a quitté Paris, et oubliant tout, jusqu'aux moindres bienséances, il a reparu à Marseille.

« Il s'est d'abord présenté chez du Reynel, qu'il se flattait d'abuser encore, et qui a refusé de le recevoir. M. Montbrun, maintenant instruit de tout, a répondu, pour sa femme, que Julie est sous sa protection, et qu'il saura faire repentir quiconque s'écartera des égards dus à sa maison. M. de Francheville a écrit à madame Ducayla. Ses lettres n'ont pas été reçues.

« Rebuté partout, mais non découragé, il s'est flatté que la famille de Julie entrerait dans ses vues, ne fût-ce que pour exercer, contre cette jeune femme, une inimitié trop connue. Cette famille, injuste à son égard, mais fidèle à l'honneur, a répondu qu'elle ne veut avoir aucun rapport avec un homme tel que lui, et que si madame Ducayla s'oubliait au point de consentir à un pareil mariage, ses parens emploieraient tous les moyens qui sont en leur pouvoir, pour l'empêcher de se déshonorer.

« M. de Francheville, outré, a répliqué à cette lettre par un défi. Un lieutenant de vaisseau, cousin-germain de Julie, lui a écrit ce billet remarquable :

« Le duel est une infraction aux lois. Malheu-
« reusement il est quelquefois impossible à deux
« hommes d'honneur de ne pas s'écarter de ce
« qu'elles prescrivent ; mais cette infraction ne
« peut être tolérée que lorsque cette voie est la
« seule qui puisse réhabiliter l'un d'eux dans l'es-
« time publique. Votre réputation ne peut être ré-
« tablie par aucun moyen, et je perdrais la mienne
« en me mesurant avec vous. »

« M. de Francheville, furieux, a été dans tous les cafés accuser son adversaire de lâcheté, et lire ce billet, qui le couvre de honte. Partout il a trouvé des improbateurs, et seul contre tous, il a voulu se faire un parti. Tel est l'excès de son égarement, qu'il a été chercher des appuis dans cette classe d'hommes qu'il aurait rougi de voir autrefois, et qui comblent la dégradation de celui qui les paie.

« Bientôt des gens sans aveu se sont répandus dans la ville, et se sont essayés à l'insulte, par des plaisanteries grossières, adressées aux personnes qui leur avaient été désignées. Il était facile de juger d'où partaient ces premiers coups, et de pressentir que l'impunité ajouterait à l'audace. Le ministère public a intimé à M. de Francheville l'ordre de sortir de la ville dans les vingt-quatre heures.

« Je l'avais beaucoup aimé, dit Julie ; je l'ai-

« mais encore. Jugez, ma chère amie, de ce que
« j'ai dû souffrir. Chacun de ses écarts me faisait
« craindre pour lui et pour moi, et ses impru-
« dences réitérées ont enfin justifié mes craintes.

« Oh! s'il eût été libre lorsqu'il m'offrit son
« cœur, avec quelle satisfaction j'eusse reçu ses
« vœux et sa main! il serait encore estimable...
« Que dis-je? celui que Fanchette n'a pu fixer ne
« devait l'être par personne, et si j'avais été sa
« femme, il eût trouvé une autre Julie. »

Madame Ducayla n'étend pas plus loin les réflexions qui lui sont personnelles. Elle reprend son récit.

« M. de Francheville est sorti de la ville, pour s'épargner des affronts plus sanglans. Sa ténacité était trop connue, pour qu'on n'éclairât pas sa marche. Bientôt on a découvert qu'il s'était arrêté à un village à quelques lieues de Marseille, où il a loué une assez jolie maison.

« Madame Ducayla, alarmée de tout ce qui venait de se passer, s'est tenue, quelques jours encore, renfermée chez madame Montbrun. Cependant l'exil de M. de Francheville, la tranquille obscurité dans laquelle il vivait, lui ont insensiblement rendu le repos, et du calme à la sécurité, le passage est naturel, et presque inévitable.

« On allait donner à Marseille une comédie nouvelle, qui avait obtenu à Paris le plus brillant succès. Depuis long-temps on désirait la représentation de cet ouvrage. Le concours nombreux des spectateurs, la présence et la protection de la famille Montbrun, et des plus honnêtes gens de la ville, tout ce qui peut rassurer une femme timide, devait, le soir, se réunir autour de Julie. Elle a cédé à l'impulsion de la curiosité, et au besoin de se distraire.

« Déja la police avait signalé au parterre quelques agens de M. de Francheville, auxquels leurs moyens connus ne permettaient pas de payer leur billet d'entrée, et dont la mise, fort au-dessus de leur état, annonçait des projets. L'œil de la surveillance la plus active s'est fixé sur eux. Bientôt ils ont donné ces marques d'impatience, naturelles à des spectateurs avides de jouir, et qui n'étaient ici que le prélude d'un violent orage. Au bruit des sifflets, à celui des cannes, ont succédé les vociférations les plus indécentes. L'autorité a ramené l'ordre, pour un moment, en faisant commencer le spectacle.

« Des murmures d'improbation se sont fait entendre avant que l'exposition fût terminée; des coups de sifflet sont partis de différens coins de la salle, dès le milieu du premier acte. Les gens raisonnables, qui voulaient entendre et juger la pièce, ont imposé silence aux perturbateurs de la scène, qui leur ont répondu par des juremens et des menaces. Des hommes sages ne se battent pas pour ou contre un auteur, qui leur est étranger. Quelques-uns d'entre eux ont pris prudemment le parti de se retirer; les autres ont attendu que le calme leur permît d'entendre quelque chose : il ne devait pas renaître.

« Le magistrat, indigné de tant d'audace et d'opiniâtreté, a ordonné à la force armée d'entrer, et de se saisir des mutins. Aussitôt ces misérables ont fermé toutes les portes du parterre, que l'officier de garde a fait briser à coups de crosse. C'était ce qu'on demandait : il fallait un prétexte pour porter à son comble le désordre qui devait amener le moment décisif. Un combat corps à corps s'est engagé entre les émissaires de M. de Francheville et la garde, à qui la foule, qui se pressait autour d'elle, ne permettait pas de se servir de ses armes. Les hommes tranquilles, incapables de se mêler volontairement dans cette rixe, heurtés, coudoyés, renversés, foulés aux pieds, ont, en dépit d'eux, été obligés de se défendre, et dès-lors le combat est devenu général.

« Les femmes, effrayées, se sont jetées hors de leurs loges, et ont voulu se retirer chez elles. Les portes principales avaient été fermées par d'autres émissaires, qui agissaient extérieurement. On marchait au hasard; on allait çà et là, sans trouver d'issue. Enfin ce cri terrible : *au feu!* s'est fait entendre, de différentes parties de la salle. A ce cri, chacun s'est occupé de son salut particulier. Ceux qui formaient une société ; les membres d'une même famille, séparés, ou par la frayeur, ou par les personnes qui se précipitaient entre eux, ne pouvaient ni se voir, ni se retrouver. Julie, égarée, tremblante, seule, pour ainsi dire, au milieu de cette foule exaspérée, a reçu avec transport l'offre qu'on lui a faite de la conduire hors de la salle, par une porte qui venait de s'ouvrir. Deux messieurs l'ont enlevée dans leurs bras, et soutenus par d'autres, qui forçaient tout ce qui était devant eux, ils l'ont portée dans une petite rue voisine, où s'est trouvée une voiture. La portière a été ouverte à l'instant; on allait y mettre Julie, qui ne soupçonnait rien encore, lorsque l'officier de marine, son parent, a fondu, l'épée à la main, sur les prétendus messieurs qui s'étaient emparés d'elle.

« Le tumulte a cessé dès que Julie est sortie de la salle; les portes se sont ouvertes, et ceux qui avaient causé le désordre ont cherché à s'évader, en affectant cette sécurité, qui ne peut être le partage que des honnêtes gens. Quelques-uns, qu'on avait signalés d'abord, plusieurs autres, qu'on avait remarqués ensuite, ont été arrêtés par la garde, qui avait été promptement portée à un bataillon tout entier.

« Cependant le parent de Julie avait éprouvé d'abord une assez forte résistance. Son courage, sa présence d'esprit, ses cris redoublés, son bonheur, ont eu bientôt dispersé des misérables que la cupidité seule faisait agir, et qui avaient tout à redouter. M. de Lobsent a placé Julie dans la voiture même qui devait la livrer à M. de Francheville, et dont le cocher avait pris la fuite. Monté sur le siége, ce digne jeune homme l'a conduite à son domicile, et l'a remise à la famille Montbrun, qu'il a trouvée en proie aux alarmes de l'inquiète amitié.

« Les gens arrêtés, et qu'on a interrogés le lendemain, se sont bien gardés de charger M. de Francheville. Ils ne pouvaient l'accuser, sans se déclarer ses complices, et s'exposer aux suites d'un procès criminel. Faire du bruit au spectacle, n'est, au contraire, qu'un délit de simple police, et le magistrat, dépourvu de preuves écrites ou verbales, qui pussent lui servir de base, n'a pu donner de suites sérieuses à cette affaire. Cependant les vêtemens de ces hommes, la fuite du cocher, qui n'a réclamé ni sa voiture, ni ses chevaux, annonçaient une main cachée, qui avait fourni à des frais assez considérables. Tous les soupçons se portaient sur M. de Francheville; mais on avait acquis la certitude qu'il n'était pas sorti du village, où il s'est retiré, et où, probablement, il attendait madame Ducayla. Que lui dire sur de simples probabilités?

« Les malheureux que M. de Lobsent a mis en fuite, et auxquels on a demandé pourquoi ils avaient tenté de mettre Julie dans cette voiture, ont répondu qu'ils l'avaient jugée hors d'état de marcher. Interrogés pourquoi ils ont résisté à M. de Lobsent, ont répondu qu'ils lui supposaient de mauvaises intentions, à l'égard de cette dame, dont la sûreté, disait-on, est souvent menacée. Il a fallu se borner à prononcer sur les événemens qui se sont passés au spectacle, et les coupables ont été condamnés à un mois de prison.

« Cependant M. de Lobsent s'est, par hasard, trouvé nanti d'une pièce qui pouvait perdre M. de Francheville et ses agens. Sa blanchisseuse lui a rapporté, il y a quelques jours, un billet en lambeaux, qu'elle a dit avoir trouvé dans la poche d'un de ses gilets. M. de Lobsent, étonné, a cherché à se rappeler les détails de cette orageuse soirée. Il s'est souvenu enfin que, dans la chaleur du combat, il a remarqué un homme qui s'éloignait de quelques pas, et portait un papier à sa bouche. S'élancer sur cet homme ; lui arracher ce papier, qui pouvait être une pièce de conviction ; le serrer dans sa poche, et revoler au secours de Julie, a été l'affaire de quelques secondes. Des considérations, relatives à cette jeune femme, l'avaient depuis exclusivement occupé, et lui avaient fait oublier totalement ce papier, sur lequel on lisait encore distinctement ces mots :

« Je vous ordonne d'avoir, pour madame Du-
« cayla, les égards les plus marqués, quand elle
« sera en votre pouvoir. Je vous répète que je
« n'ai d'autre dessein que de l'épouser, et je gémis
« de la nécessité, où elle me met, de la forcer d'y
« consentir. Je vous fais passer dix mille francs,
« dont je vous indique ci-après la répartition, et
« j'espère que votre dévouement... »

« M. de Lobsent a été communiquer ce fragment à madame Ducayla, qui a reconnu l'écriture être celle de M. de Francheville.

« Quel usage, madame, voulez-vous faire de « cette pièce ? » a dit le jeune homme.

Julie a répondu en la déchirant. « Ce procédé « est noble, madame, mais est-il prudent ? Armé « de ce billet, je pouvais contraindre cet homme-« là à s'éloigner, pour toujours. Votre repos était « assuré, et je ne vois plus qu'un moyen de vous « garantir de ses odieuses poursuites. — Quel est-« il, monsieur ? — C'est d'ôter tout espoir à Fran-« cheville. — Je ne vous entends pas. »

Julie ne transcrit pas la fin de cette conversation. Je crois remarquer, de cet endroit à ce qui suit, un intervalle de quelques jours. Je cesse ici d'extraire de son manuscrit les faits essentiels; je copie ses propres paroles.

« M. de Lobsent sert depuis sa plus tendre jeunesse. Constamment éloigné de cette ville, il n'a pu partager l'éloignement qu'a pour moi ma famille. Revenu au milieu des siens, après de longs voyages, et des séjours prolongés dans nos ports principaux, il ne m'a pas jugée d'après les insinuations de ses parens. Il a consulté l'opinion publique; il l'a trouvée prononcée en ma faveur.

« Il a saisi, avec empressement, l'occasion que lui a fournie la dernière catastrophe; il me voit assidûment. Je le reçois, comme un parent affectionné, et un libérateur généreux. Il est jeune encore, fort bien fait; il a de l'esprit naturel, et une réputation sans tache. Sa fortune est médiocre; mais tout annonce qu'il la poussera rapidement.

« J'entre dans ces détails, ma chère amie, parce qu'il ne suffit pas que vous sachiez ce que ma position a de pénible; combien je dois désirer d'en sortir; je veux encore que vous connaissiez les qualités personnelles qui m'ont déterminée.

« Mon aimable cousine, me disait Lobsent, il y
« a quelques jours, vous êtes continuellement ex-
« posée aux entreprises d'un homme, qui ne mé-
« nage rien, pas même sa réputation et sa per-
« sonne. Je peux veiller sur vous; ma qualité de
« proche parent m'y autorise. Mais bientôt je quit-
« terai Marseille, et quel sera votre appui? M. Mont-
« brun, homme respectable, j'en conviens, n'a
« pas l'énergie propre à contenir un caractère tel
« que celui de M. de Francheville, qui, tant qu'il
« vous saura libre, conservera de l'espoir. Hâtez-
« vous de placer un époux entre vous et lui, et choi-
« sissez, je vous en conjure, celui qui vous appré-
« cie le mieux, et qui vous aime le plus. L'union
« que je propose vous présente un double avan-
« tage: elle vous rapprochera nécessairement d'une
« famille, au sein de laquelle la nature a marqué
« votre place. Ma mère m'aime tendrement, et elle
« ne refusera rien à un fils qu'elle presse conti-
« nuellement de faire un choix. Elle a un crédit

« absolu sur l'esprit de votre mère; elle la ramè-
« nera à vous dès qu'elle le voudra sérieusement,
« et mes frères seront vos défenseurs naturels,
« pendant mes fréquens voyages.

« Élevé, pour ainsi dire, sur l'Océan, je n'ai pu
« acquérir ce vernis, que donne la grande habi-
« tude du monde. Mes expressions tiennent quel-
« quefois de la rudesse de ma profession; mais
« mon cœur est droit, honnête, et sensible. Il est
« plein de vous, et si vous daignez l'accepter, ja-
« mais je n'oublierai que je vous dois mon bon-
« heur, et que je me suis chargé du vôtre. »

« Depuis long-temps je sentais la nécessité de me
détacher de M. de Francheville, et son dernier
attentat avait fait plus que de longues et souvent
inutiles réflexions. J'ai répondu à M. de Lobsent
avec l'affection et la reconnaissance que devaient
m'inspirer des vues aussi honnêtes, et je lui ai
demandé la permission de consulter mes amies.

« Seule, je suis descendue dans mon cœur; j'en
ai examiné les dispositions les plus secrètes, et il
m'a semblé pouvoir y faire succéder sans peine,
à celui de qui je n'ai reçu que des affronts, un
jeune homme auquel je dois déja beaucoup. »

Oh, qu'elle est heureuse de pouvoir ainsi reprendre et donner son cœur! que dis-je? en a-
t-elle jamais senti l'impulsion, et le bonheur est-
il où il n'y a pas d'amour? Non; mais les grandes
peines n'approchent pas de ces cœurs-là. Sous ce
rapport, Julie est heureuse, au moins par l'ab-

sence du mal. Je continue de copier : Honorine apprendra qu'il n'est de repos que dans l'absence des passions.

« Il était indispensable que je consultasse madame Montbrun. Je devais cette marque de confiance à son amitié soutenue. Elle a fait appeler son mari, et à la fin d'une courte et affectueuse conférence, il a été décidé que j'accepterais les propositions de M. de Lobsent.

« Je lui ai fait dire aussitôt de me venir trouver. Il a reçu avec transport la promesse de ma main; il a paru très-flatté qu'il ne m'ait fallu que quelques instans pour me déterminer. Il se croit, a-t-il dit, autorisé à penser que mon cœur répond au sien. Mon silence, et un certain trouble ont achevé de le convaincre. Il m'a demandé la permission de m'embrasser : je n'ai pas cru devoir la lui refuser. »

Elle n'a pas cru devoir la lui refuser! Du sang-froid, du calcul dans un pareil moment! et cette femme-là s'imagine aimer! Poursuivons.

« Le lendemain, j'ai reçu un billet de ma mère. Il est affectueux, et c'est, je crois, la première marque qu'elle m'a donnée de sa tendresse. Elle m'engageait à me rendre chez elle : j'y ai couru.

« J'ai trouvé la famille assemblée. Ma mère s'est levée, m'a embrassée, et m'a priée d'oublier le passé. Prier! elle ne sait donc pas combien il est doux d'oublier les torts de ceux qu'on aime! Je me suis sentie touchée jusqu'aux larmes, en recevant ses caresses, celles de ma tante et de nos autres parens. Lobsent partageait ma sensibilité et ma joie. Ce jour, le plus heureux de ma vie, est d'un bon augure pour la suite.

« Les articles ont été discutés et arrêtés dans la soirée. Je ne me suis mêlée de rien, et j'ai consenti à tout. Lobsent m'aime trop tendrement, pour vouloir abuser de mon ignorance en affaires.

« Ma mère m'a dit du ton de la bonté, que je ne devais plus avoir d'autre domicile que sa maison, jusqu'à ce que j'aille m'établir chez madame de Lobsent. Elle m'a invitée à choisir ce qui me conviendrait le mieux. J'ai pris, pour ne pas la gêner, deux petites chambres, assez modestement meublées, où elle voulait m'établir à l'instant. Je l'ai priée de se rappeler qu'on ne quitte pas brusquement, sans une démarche affectueuse et polie, quelqu'un à qui on a des obligations réelles. A peine ai-je eu fini de parler, que ma mère a envoyé chercher des voitures. Nous sommes tous partis pour nous rendre chez madame Montbrun; chez madame Montbrun, que personne de ma famille n'avait voulu voir, depuis qu'elle m'a accordé un asile. L'explication a été franche, la réconciliation sincère, et c'est encore mon mariage qui a fait ce bien-là. »

Je trouve encore ici un intervalle de quelques jours.

« C'est demain que je me donne irrévocablement à ce que j'aime. »

A ce qu'elle aime ! Il y a un mois, elle aimait M. de Francheville. Hélas ! elle n'aime personne. Laissons-lui son erreur. Heureux, pour quelques instants du moins, qui se laisse abuser par une douce illusion !

« C'en est fait, je suis à lui. Sa joie est extrême : je la partage bien sincèrement. Je n'ai pas le temps de vous en dire plus aujourd'hui. »

Oh, je le crois.

« Ma chère, ma bonne amie, quel homme que Lobsent ! Il est adorable. Vous savez ce que j'éprouve, ce que je pense : je n'ajouterai pas un mot. »

M. de Lobsent a tout à gagner à la comparaison. Ducayla était un homme bien respectable : il n'était que cela.

« Mon mari a fait surveiller M. de Francheville, du moment où mon mariage a été arrêté, jusqu'à celui-ci. Il est parti le jour de la célébration : on ignore où il s'est retiré. Mais il est vraisemblable, d'après la solidité de sa voiture, et les malles dont on l'a vue chargée, qu'il s'éloigne du midi de la France. »

L'infortuné ! il a tout perdu sans retour, sa femme, sa maîtresse, sa réputation. Moins ardent, plus susceptible de réflexion, il pouvait être heureux encore : le prince ne m'eût pas toujours refusé de le protéger. Hélas ! est-ce à moi d'attaquer, de condamner son cœur; d'exiger qu'il ait sur lui cet empire que je n'ai plus sur moi? Pauvres humains! toujours prompts à blâmer autrui, toujours habiles dans l'art de transiger avec nous-mêmes, nous exigeons tout des autres, lors même que nous ne faisons rien pour eux.

Julie termine par les complimens d'usage. Comme tout cela est sec et froid! pas un mot qui parte de l'ame. Les sens sont éveillés, voilà tout.

Une lettre de M. de Francheville! Elle est datée de Lyon.

« Tout a tourné contre moi, jusqu'à mes es-
« pérances. Le voile, que j'avais sur les yeux, est
« tombé. Il ne me reste que le sentiment de mes
« fautes, et de mon infamie. Un homme comme
« moi peut être obligé de courber sa tête; mais
« aussi il veut acquérir le droit de la relever. Mon
« parti est pris; il est irrévocable. Je vais joindre
« la grande armée. Je me cacherai, s'il le faut,
« dans les derniers rangs. J'en sortirai bientôt, où
« je perdrai la vie.

« Je ne vous cache pas cependant que je vou-
« drais débuter, dans cette nouvelle carrière, avec
« quelque avantage. Je sais que je ne peux pré-
« tendre à être officier; mais il est facile, je crois,
« de me faire recevoir volontaire, attaché à un
« état-major. Là, je serai dans une certaine évi-
« dence. Les circonstances et mon bras feront le
« reste.

« Vous n'avez qu'un mot à dire au prince, pour

« m'obtenir cette légère faveur, et ce mot, vous
« le direz. Mon cœur me répond de vous : il vous
« estime toujours, autant qu'il vous a aimée.

« Je servirai sous le nom de Rosant, qui est
« celui de ma famille. Je reprendrai le premier, si
« je parviens à m'illustrer.

« J'embrasse tendrement ma fille, et j'espère
« mériter un jour le titre de votre ami. »

Je le répète, cet homme-là n'est pas vil. Sa détermination annonce une ame grande. Il peut se recréer une réputation; il le fera, je l'espère. Je justifierai sa confiance; je le soutiendrai, dans son projet, de tout mon crédit. Je vais m'occuper de lui; je ne perdrai pas un moment.

Je sors de chez le prince. Il approuve la conduite de M. de Francheville. « Ce parti, m'a-t-il
« dit, était le seul qu'il pût prendre, et je lui sais
« bon gré de s'y être déterminé. » Il m'a donné de fortes recommandations, pour plusieurs officiers-généraux. Je les remettrai, avec une vraie satisfaction, à cet infortuné, réduit à implorer les bons offices de sa femme. Je lui ouvrirai ma bourse; je le consolerai; je soutiendrai son courage; je ferai tout pour lui.

On me l'annonce. Il est arrivé presque aussitôt que sa lettre.

Il a refusé ma bourse; il a accepté mes services. Son ton, son maintien ont été modestes, sans bassesse. Il a parlé en homme, qui s'estime encore lui-même. Ce sentiment le conduira à forcer l'estime des autres. La gloire de Rosant couvrira les fautes de Francheville. Sa fille s'enorgueillira un jour de lui devoir la vie.

Il l'a comblée de caresses. Il revient à la nature; le cœur est encore bon.

Il ne restera à Paris que le temps nécessaire pour se faire un petit équipage de campagne. S'il m'avait demandé la permission de me voir, pendant son séjour ici, bien certainement je la lui aurais accordée. Il le désirait, je le crois. La crainte d'un refus lui a fermé la bouche, et il m'a semblé que ce n'est point à celle qui pardonne à faire les premiers pas. Petitesse, orgueil déplacé peut-être. Je me suis tue. Ai-je bien ou mal fait?

Cette entrevue a fini comme les précédentes. Il a paru profondément affecté, en se séparant de moi. Des larmes d'attendrissement roulaient dans ses yeux, et j'étais, moi-même, très-fortement émue. Oui, je serai son amie, sa meilleure amie. Que dis-je? je le suis déja, je n'ai pas cessé de l'être, lors même qu'il m'opprimait.

CHAPITRE XXVI.

Où s'arrêtera l'infortune?

L'affaire de M. de Francheville m'a occupée, agitée, distraite. Me voilà maintenant forcée de me replier sur moi-même, et les réflexions, les inquiétudes reviennent m'assaillir.

Que fait Sainte-Luce, quand partira-t-il? sans doute il ne quittera pas la France, sans me dire un dernier adieu; sans me procurer le triste plaisir de le lire encore. Il a ma dernière lettre; il sait que nous ne nous verrons pas; il sait aussi que mes craintes m'attachent plus fortement à lui. Oh! si la certitude d'être exclusivement, passionnément aimé, peut faire le bonheur d'un amant, quel homme est aussi heureux que Sainte-Luce!

Enfant que je suis! j'ai été m'informer des différentes heures, où les lettres sont distribuées dans Paris. Dix fois le jour, je me mets à la croisée. J'aperçois un facteur; mon cœur bat, il tressaille. Le facteur passe; je me dépite, je m'afflige; je maudis presque ce pauvre homme, qui ne peut me remettre ce qu'il n'a pas.

Entre-t-il dans la maison? je cours à la porte de mon antichambre; je l'entr'ouvre doucement; je prête une oreille attentive; ce n'est pas moi qu'on nomme. Je rentre, le cœur gros de soupirs, les yeux pleins de larmes. Ceux à qui ces lettres sont adressées, ne les désirent pas peut-être, et ils en reçoivent à chaque instant de la journée. Et moi, qui donnerais une pile d'or, pour quatre lignes de lui, j'éprouve, sans cesse, un mouvement d'espérance, et sans cesse je la vois déçue. Oh, que la nature est avare de ses dons! Par quelles anxiétés, par quelles tribulations elle nous fait payer quelques éclairs de bonheur!

Je sens combien je suis ridicule, et cependant je ne quitte plus cette croisée. Je crois devoir être plus heureuse le lendemain que la veille, et les jours s'écoulent, dans de continuelles alternatives d'espoir et de tourment. Il viendra pourtant ce jour, où mes mains tiendront, presseront le papier précieux; où mes yeux en liront, en reliront les expressions enivrantes; où une douce extase, des larmes délicieuses me dédommageront de ce que j'aurai souffert.

Je ris malgré moi de ma sottise. Je viens de consulter mon almanach; j'ai marqué le jour où je lui ai écrit, et pour que j'aie demain une lettre, il faut qu'il m'ait répondu aussitôt qu'il a reçu la mienne. A demain donc.

Oh, oui, il aura répondu à l'instant. Différerais-je d'une minute, et n'aime-t-il pas autant que moi?

Passons, usons ce jour, comme les précédens : pensons à lui. Penser à lui! eh! dans le monde, auprès de la princesse, dans la solitude, le jour, la nuit, puis-je m'occuper d'autre chose? Il s'est identifié avec moi; il fait maintenant partie de mon être. Cette chambre! oh! cette chambre, cette garde-robe, ce lit!... C'est là qu'est maintenant ce qui me reste de vie.

J'ai presque devancé le jour. Il est dix heures; et il y en a deux que je suis à ma fenêtre. Un facteur! il lève la tête, il me fixe... eh! qu'importe? il ne me connaît pas. Passera-t-il comme tant d'autres? il poursuit son chemin... Non, il vient ici, je crois... oui, oui, il traverse la rue, il entre, je cours, j'entends nommer madame Hallier. C'est mon nom de famille; c'est à présent le seul que je puisse porter.

En deux sauts, j'ai franchi l'escalier. J'arrive aussitôt que le facteur à la loge du portier; je vois la lettre, je la saisis, je l'emporte, je remonte, je vole, je m'enferme à double tour, je me jette sur cette chaise longue, où je me suis donnée à lui. C'est sur l'autel de l'amour que j'en savourerai les divins caractères.

Que font-ils donc en bas? Le facteur crie, le portier rit, ma femme de chambre descend... J'ai eu tort d'aller prendre, d'arracher cette lettre. Je me suis donnée en spectacle; j'ai fait connaître que mon cœur a un secret... Qu'on juge, qu'on prononce, mais que je lise.

« J'attendais la plus tendre et la plus chérie des
« femmes. Je comptais les heures, les minutes, et
« je calmais mon impatience, en me livrant à des
« souvenirs enchanteurs, et aux puissantes illu-
« sions de l'espérance. Je partageais le temps,
« entre les soins, indispensables, pour recevoir
« mon amie d'une manière digne d'elle, et ceux
« que je dois à mon état. Dans les magasins, dans
« les arsenaux, sur mon bord, je ne rêvais, je ne
« voyais que cette femme adorée; je reportais
« chez moi son image. Le bruit de chaque voi-

« ture me faisait tressaillir. Je m'élançais... la voi-
« ture passait; j'en attendais une autre, et cette
« autre, et celles qui l'ont suivie, ont également
« trompé mon attente. »

Comme nos cœurs s'entendent et se répondent! il faisait à Brest ce que je faisais à Paris.

« Au lieu de cette berline, d'où cent fois je
« m'étais représenté mon amante s'élançant, tom-
« bant dans mes bras, me prodiguant, recevant
« de moi les noms les plus tendres, les plus vives,
« les plus voluptueuses caresses, j'ai reçu cette
« lettre fatale, qui a détruit de si douces illusions.
« Femme cruelle, vous avez pu l'écrire! vous
« avez promis, et vous avez pu manquer à votre
« parole! n'avez-vous pas prévu l'état affreux où
« vous réduisez un cœur plein de vous? On se
« fait à l'adversité; elle s'adoucit par l'habitude
« même de la supporter; mais renoncer au bon-
« heur le plus parfait dont on se soit formé l'idée,
« y renoncer, à l'instant même où il se présente
« à nous, où on croit déja le saisir, c'est à quoi
« nul individu ne peut volontairement se sou-
« mettre : l'inflexible nécessité peut seule nous y
« contraindre.

« Et vous, vous, qui ne respirez qu'amour et
« volupté, avez-vous ployé sous cette nécessité
« invincible? Maîtresse de vos actions, vous avez
« résisté à votre cœur; vous lui avez fait violence,
« vous avez affecté, sur vous-même, un empire

« que vous êtes loin d'avoir; vous vous êtes livré
« d'affreux combats; vous avez cru vous vaincre;
« vous vous êtes immolée.

« Vous avez oublié ce feu dévorant que vous
« portez dans mes veines; que votre souvenir
« alimente sans cesse; qui s'est accru, par une
« première jouissance. Vous m'avez immolé avec
« vous.

« Renoncez, si vous le voulez, à votre félicité.
« Vous n'avez pas le droit de disposer de la
« mienne.

« Livrez-vous maintenant à d'inutiles regrets.
« Retracez-vous cette longue scène d'enchante-
« mens, que vous pouviez faire renaître, et pro-
« longer, pendant des semaines. Votre bouche
« m'appellera sur votre couche solitaire; vos bras
« s'étendront vers moi... A l'heure où vous me
« lisez, vous m'y presseriez, si vous l'aviez voulu.

« Connais-je l'avenir qui m'attend? si j'ai cueilli
« le dernier baiser, ah! combien vous regretterez
« ceux dont j'allais vous couvrir encore. Vos vœux
« impuissans, vos larmes, votre désespoir ne me
« rendront pas à votre amour.

« Et à quelle crainte avez-vous sacrifié les der-
« niers momens, dont nous pouvions disposer
« encore? à celle de devenir mère. Quoi! ce qui
« ajouterait à mon bonheur, serait un mal pour
« vous! Vous ne sentez donc pas que cet enfant,
« dont vous redoutez l'existence, pourrait seul
« consoler et remplir votre cœur, si vous me per-

« dez; que la pensée d'un autre moi-même, qui
« resterait à votre tendresse, adoucirait l'amer-
« tume de mes derniers momens? Vous n'avez
« donc pas d'idée des transports que j'éprouve-
« rais, à mon retour, entre deux êtres qui me
« seraient également chers, et cependant vous
« êtes mère !

« Avec quel doux frémissement je recevrais les
« premières caresses de mon enfant! avec quel
« charme je lui entendrais prononcer le nom de
« père! Quelle force nouvelle, quelle indissolubi-
« lité il donnerait aux nœuds révérés qui nous
« unissent déjà! Et ce sont des préjugés, des con-
« venances, qui l'emportent, en vous, sur des
« sensations délicieuses, légitimes, respectables,
« puisqu'elles ont leur source dans la nature!

« Oh! viens, viens, je t'en supplie, je t'en con-
« jure; il en est temps encore. Nous n'avons perdu
« qu'une semaine : il nous en restera une, pour
« épuiser ce que des mortels peuvent connaître
« de bonheur. Viens me relever de l'accablement
« où je suis; viens me ranimer de ta vie; viens
« mourir dans mes bras. »

Il écrit en homme qui sent l'étendue et la dignité des droits que je lui ai donnés. Il a celui
d'exiger, de moi, un dévouement absolu; je lui
obéirai. Les préjugés, les convenances, ces terreurs secrètes, auxquelles il me reproche de tout
sacrifier, disparaissent pour jamais. La nature et
l'amour, voilà les objets de mon culte, les seuls

arbitres de ma vie. Je ne connaîtrai, je n'écouterai plus qu'eux. Oui, Sainte-Luce, je pars. Je vais te ranimer de mon souffle, respirer le tien, et mourir de plaisir.

Je fais à la hâte quelques cartons. Je ne verrai pas la princesse; elle combattrait ma résolution. Je ne peux partir sans prendre congé d'elle: je lui écris. Deux mots seulement; je n'ai pas une minute à perdre.

« Je viens de recevoir une lettre de Sainte-Luce.
« Il me presse, il me conjure de me rendre au-
« près de lui. Ses prières sont des ordres, des or-
« dres irrésistibles. Je me recommande à votre
« indulgence et à votre amitié. »

Je n'ose avouer à Honorine que je la mène à Brest. Je la presse de s'habiller; je lui dis, je dis à mes gens que je vais à ma terre de Champagne. Je trouverai, en courant la poste, quelque prétexte, quelques raisons, qui couvriront aux yeux de cette enfant la versatilité de ma conduite.

Qu'entends-je? Me trompé-je?... C'est la voix de la princesse. Elle veut absolument me voir, me parler. Je pénètre son intention; je suis inébranlable.

« Vous, chez moi, madame! j'étais loin de
« m'attendre à cet excès d'honneur. — L'amitié
« ne connaît pas de distance; elle n'existe que
« par l'égalité. Point de mots; des choses. C'est
« ma sincère affection qui me guide, qui m'im-
« pose la loi de vous arrêter, de vous empêcher

23.

« de vous perdre. — Prenez cette lettre, madame,
« lisez, lisez, et jugez si vous changerez quelque
« chose à ma résolution. — Cette lettre est d'un
« homme qui aime autant que vous, et qui,
« comme vous, ne raisonne pas, ne peut rien
« calculer. Donnez-moi votre parole d'honneur
« de ne point aller à Brest. — N'insistez pas, ma-
« dame, par grace, n'insistez pas; il m'est impos-
« sible de vous obéir. — Obéir! quelle expression,
« mon amie! elle m'afflige et me blesse. Non, vous
« n'obéirez pas; vous vous rendrez à la force des
« raisonnemens que je vais vous opposer. — Par-
« don, madame, mille pardons, je suis incapable
« de rien entendre. Je pars, je veux partir; je le
« veux décidément. Cessez de vous flatter de pou-
« voir me persuader. La foudre tombant à mes
« pieds ne m'arrêterait pas.

« — Dans notre dernière conversation, je vous
« ai laissé entrevoir l'abîme; je vais vous y faire
« descendre. Écoutez-moi, et faites ensuite ce
« que vous jugerez être dans votre plus grand
« intérêt. Ce jeune homme, qui aspire au titre de
« père, qui déja en réclame les droits, ne sait
« donc pas qu'il sera dans l'impuissance de re-
« connaître, de légitimer l'enfant que vous por-
« tez peut-être, ou à qui ce fatal voyage pourrait
« donner l'existence. Il appartiendra encore à
« M. de Francheville. Ferez-vous à l'homme que
« vous avez aimé, à celui qui fut votre époux,
« l'outrage de le charger d'un enfant, que vous

« saurez, qu'il saura n'être pas de lui? Si vous
« cachez sa naissance, et que la fraude se décou-
« vre, vous aurez armé contre vous le ministère
« public; vous serez perdue, et, quels que soient
« vos aveux, M. de Francheville sera toujours
« père. Il aura le droit de ravir à votre tendresse
« cette déplorable créature. Il en usera peut-être,
« dans son indignation, pour vous punir d'avoir
« contraint sa fille à partager son héritage avec
« un étranger. Que deviendront alors ces illu-
« sions que vous caressez, Sainte-Luce et vous?

« Pensez-y bien. Il ne s'agit pas ici d'une fai-
« blesse. C'est un crime que vous allez commettre,
« et que je veux empêcher. Ce sont des larmes
« impuissantes, et éternelles que je veux prévenir.
« C'est aux traits du remords que je veux vous
« soustraire. C'est du malheur de mésestimer, de
« haïr Sainte-Luce, que je veux vous garantir. —
« Le mépriser, le haïr, lui, madame, lui, Sainte-
« Luce! jamais, jamais. — Ne cherchez pas à vous
« abuser. L'amour n'est pas éternel; vous le savez,
« vous l'avez éprouvé, et lorsque le délire, qui
« vous possède, sera calmé, lorsque le voile, que
« la passion a mis sur vos yeux, tombera, que
« verrez-vous dans Sainte-Luce? un homme qui
« vous aura sacrifiés, vous, votre fille et son pro-
« pre enfant, et qui, pour dédommagement de
« tant de maux, n'aura à vous offrir que sa main,
« qui vous sera imdifférente, qui ne pourra rien

« réparer, et qu'il vous refusera peut-être, si son
« changement a prévenu le vôtre. Alors vous ap-
« précierez les choses à leur juste valeur. Vous
« sentirez qu'un homme, quel qu'il soit, ne vaut
« pas le sacrifice de plus que notre vie. Vous
« maudirez votre funeste facilité; vous haïrez celui
« qui en aura abusé. Séparée de lui, rejetée de la
« société, vous vivrez seule, avec un cœur conti-
« nuellement déchiré, par la vue ou l'idée de cet
« enfant, de cet enfant qui, je le répète, appar-
« tiendra à M. de Francheville, ou ne sera à per-
« sonne. »

Jamais ma raison obscurcie ne m'avait offert
un trait de cet épouvantable tableau. Je suis confondue, atterrée, terrifiée. La main que j'ai forcé
à déchirer ce voile, qui me dérobait l'abîme,
cette main me tient fixée à ma place, tourmentée
par l'incertitude de mon état actuel, déplorant
les suites funestes qu'un instant peut entraîner.
Je ne respire plus. Je n'ai de vie que ce qu'il en
faut, pour sentir l'horreur de ma situation. La
princesse parle, agit, commande chez moi. Je ne
suis plus qu'un enfant sans force et sans volonté.

Elle va répondre à Sainte-Luce. Elle se met à
mon secrétaire, et moi, renversée sur mon ottomane, mon visage caché dans mes deux mains,
je dévore les larmes que m'arrachent le souvenir
de cette nuit effrayante et chère, et les privations
auxquelles me condamnent la bonne foi, l'équité,

ma sûreté personnelle, ce malheureux enfant, qui peut-être ne naîtra point... qui peut-être existe déja.

La lettre de la princesse développe des moyens concis, clairs, positifs, auxquels la raison ne peut rien répliquer. Mais est-ce bien à sa raison qu'il faut parler? Pourra-t-il l'écouter, si son cœur se révolte contre elle? Que pensera-t-il de moi, s'il n'est pas persuadé? Il s'éloignera du port, affligé, révolté. Il accusera son amie de ne pas aimer comme lui. Il la confondra avec ces amantes vulgaires, pour qui le moment est tout, et que l'amant du lendemain console de la perte de l'amant de la veille. Il me méprisera; il voudra m'oublier; il y parviendra peut-être, et pourtant ce n'est que par lui, que pour lui que je souffre, que j'épuise toutes les douleurs qui peuvent torturer une femme imprudente et passionnée... Oh! mon Dieu! mon Dieu!

La princesse est pénétrante. Elle fait ce que je n'aurais osé lui demander. Elle se remet à mon secrétaire, elle reprend la plume. Elle le conjure d'avoir pitié de lui et de moi. Elle lui peint mon amour, mes combats, mes tourmens. Elle lui promet, en mon nom, une fidélité à toute épreuve; elle hâte son retour par des vœux ardens; elle lui offre, pour consolation, la perspective d'une félicité que rien n'altérera plus. Voilà, voilà comment il faut écrire. Pour s'exprimer avec cette énergie, cette chaleur, elle doit avoir aimé comme moi, et le tableau, qu'elle a sous les yeux, a ranimé sa sensibilité première. Deviendrais-je froide comme elle? dois-je le désirer? ah! oui, oui, pour moi; mais pour lui! oh, je le sens, il lui serait affreux d'aimer encore, et d'avoir la certitude de n'être plus aimé. Oh! ne crains pas. Mon amour est ma vie; l'un ne peut s'éteindre qu'avec l'autre.

La princesse a cacheté sa lettre; elle a sonné. Un domestique tient dans ses mains l'arrêt de notre séparation. Séparation qui peut être éternelle!

Quelles consolations cette femme compatissante répand sur ma blessure! avec quel soin elle cherche à m'arracher à moi-même! avec quelle adresse elle emploie tous les moyens de réagir sur mon cœur! avec quelle bonté elle s'afflige avec moi, quand je ne lui réponds que par des larmes! Elle parvient enfin à me calmer, et à fixer mon attention. Je ne réponds pas encore; mais j'écoute. Elle me nomme Honorine, et mes bras s'ouvrent. Elle m'entend, elle sort, elle rentre avec ma fille.

La présence de cette enfant m'impose l'obligation de me contraindre. Oh! qu'il est cruel d'éprouver, sans cesse, ce qu'on ne peut avouer qu'à son intime amie; de répondre à un mot, à une saillie, qui importunent, et qu'à peine on a entendus; d'avoir le sourire sur les lèvres, quand le cœur est déchiré! Tel est cependant le sort de ces infortunées, dont les maux ont un principe qui blesse l'ordre social, et qui pourrait les compter? que de larmes succèdent aux feints épanchemens, à la gaieté affectée du jour! que d'yeux paraissent sereins, et ne se ferment jamais!

La princesse me tire à l'écart. Elle pense qu'il faut que j'aille passer quelques jours à la campagne, ou que je me donne à mes gens pour une femme capricieuse, irrésolue, voulant sans motifs, me rétractant sans raison. Cette opinion, ajoute-t-elle, pourrait s'étendre jusqu'à ma fille, et une mère ne doit négliger aucun moyen d'accroître l'estime, qu'elle a tant d'intérêt d'inspirer à ses enfans. De ce sentiment seul naît la confiance absolue, et la fille qui dissimule une fois, ne fait plus une démarche qui ne la conduise à sa ruine. La princesse a raison : petites causes, grands effets; on ne voit que cela dans le monde.

Elle s'empare de moi; Honorine suit en chantant, en sautant. Nous sommes en voiture, nous roulons, et le chemin que je voulais suivre est derrière moi! cette seule idée suffit pour déranger de nouveau ma tête, et pour briser mon cœur. Il est des momens, où je porte machinalement la main sur le cordon de la glace, où je sens l'ordre de retourner, prêt à s'échapper de ma bouche. Une voix intérieure me crie : *Cet enfant serait à M. de Francheville.* Ma main retombe; je me rejette dans le fond de ma voiture; je ferme les yeux; je feins de dormir, pour dérober à Honorine le trouble affreux qui m'agite, le désordre qu'il doit porter dans tous mes mouvemens. Que ferai-je dans ma terre? Honorine, quand je serai maîtresse de moi; des livres, quand je serai tourmentée : c'est alors qu'il faut causer avec les morts. Quelquefois ils nous attachent; on les quitte à volonté, quand on en est mécontent.

Je suis arrivée. Un château désert, qui ne m'offre aucun souvenir; des jardins négligés; des ouvriers à l'année, à qui j'ai fait du bien, et qui ne s'en souviennent plus, puisqu'ils méritent des reproches; des domestiques sans affection; le caquetage d'Honorine, qui souvent me fatigue, m'importune; un portrait qui me tue, que je voudrais ne pas avoir, et dont je n'ai pas la force de me défaire, voilà le lieu que j'habite, voilà ce qui m'environne, ce que j'ai, et il faut que j'impose silence à mon cœur, lorsque je n'entends que lui.

Je veux travailler, je veux lire. Je ne peux rien faire : je suis incapable d'attention. Ma seule et triste jouissance est de confier au papier ce que je sens, ce que je pense; je fais l'histoire de mon cœur. Toujours les mêmes idées; probablement des répétitions sans fin. Comme tout cela doit être diffus!... Ne vais-je pas mettre de l'amour-propre à ce que j'écris! Ah! je n'écris plus que pour écrire. Peut-être ne serai-je lue de personne.

Il faut revenir à Honorine; je n'ai pas d'autre ressource. Son babil me force au moins à écouter; je prendrai sur moi de lui répondre; nous nous donnerons quelques idées; il y en aura peut-être d'intéressantes ; mon affection, pour cette enfant, fera le reste.

Il me semble, quelquefois, qu'il y a des semaines qu'elle ne s'est présentée devant moi. Depuis quelque temps, j'ai vu tant de choses, sans les voir! que de graces enfantines sont répandues dans toute sa personne! comme cette figure charmante se développe! quelle profonde sensibilité annonce ce cœur-là! Belle et aimante, c'est plus qu'il faut pour être malheureuse. Pauvre enfant!

J'attends la réponse de Sainte-Luce à la lettre de la princesse, et je tremble de la recevoir. S'il ne s'était pas rendu à la force de ces raisonnemens, qui m'a subjuguée, moi, qui ne vis que d'amour; s'il accusait mon cœur... Oh! non, non; ce n'est pas lui qu'il aime en moi; il ne voudrait pas acheter quelques momens de félicité, au prix de mon repos et de mes larmes. Quelle jouissance que celle d'une femme, tremblante au sein de la volupté! un homme atroce peut seul la désirer.

Oh! je le savais bien... Je reconnais mon amant. Je la tiens cette lettre; j'en pèse toutes les expressions, et je n'y trouve que l'affliction, que je m'efforce de surmonter; que ces déchiremens d'un cœur déçu, sur lequel je règne, comme lui sur le mien; qu'une entière soumission à l'empire des circonstances; que le rêve entraînant d'un avenir plus heureux.

Il est parti au moment où je lis sa lettre. Il

ignore quelle est sa destination; il ne doit ouvrir ses ordres qu'en pleine mer. Il me conjure de me conserver pour moi, pour lui, pour Honorine, à qui il espère rendre un père. Il me recommande son enfant... s'il y en a un; cet enfant, qu'il ne pourra publiquement avouer; mais qui sera constamment l'objet de sa vive tendresse, de sa vigilante sollicitude.

Je fonds en larmes, en lisant ces dernières lignes; toutes mes blessures se rouvrent; c'est plus de douleurs que j'en peux supporter.

Il y a huit jours que je suis ici. C'en est assez pour que personne ne se doute que j'ai eu d'autres projets. Honorine s'ennuie, et j'ai un besoin de parler de Sainte-Luce! et la princesse est la seule devant qui j'ose prononcer son nom! Ce nom m'électrise; il agit sur tout mon être; ma rougeur suffit pour déceler le trouble de mes sens. Je retourne à Paris.

Me voilà chez la princesse; nous sommes dans son boudoir. Depuis qu'elle ne craint plus Sainte-Luce, elle a dépouillé cette fermeté qui seule pouvait me soumettre. Son ame expansive se fond dans la mienne. Cette femme, qui ne prévoyait que des maux, ne s'attache maintenant qu'à en éloigner l'image. Je compte, et il me semble que depuis trois jours... elle oppose, à mon calcul, les altérations qu'a dû souffrir ma santé, pendant ces alternatives de désir, de crainte, d'espérance. Elle se donne pour exemple d'un retard prolongé, à une époque où elle jouissait d'une santé parfaite. Elle veut me rassurer; je le vois, et il me semble démêler une anxiété secrète, sous les formes les plus aimables; à travers le sourire de confiance, qui anime quelquefois sa touchante physionomie. Elle m'aime trop pour être tranquille, et je suis trop intéressée à bien voir, pour être facilement trompée. Je feins de la croire, par ménagement pour son repos. Ainsi l'amitié la plus vraie dissimule quelquefois : je ne le croyais point. Nous voilà deux, occupées à nous observer, à nous combattre sourdement. La sincérité ne renaîtra, entre nous, que lorsque mon sort sera décidé. Éloignez ce malheur auquel je ne peux penser sans frémir, éloignez-le, ô mon Dieu! ce serait le dernier; je n'y survivrais pas.

Les jours s'écoulent... et je ne vois rien. Chaque instant ajoute, non à mon inquiétude, mon opinion est fixée; mais aux angoisses mortelles, qui se succèdent sans relâche, et qui tiennent du désespoir. Mon imagination, active et cruelle, me jette dans l'avenir, dès que je suis livrée à moi-même, et qu'y vois-je? M. de Francheville, s'empressant de justifier partout sa conduite passée, par ma conduite actuelle; les honnêtes gens révoltés contre moi; le vice et la faiblesse publiant, avec une joie secrète, une faute; qui détournera d'eux l'attention publique; la princesse, la seule amie que j'aie au monde, forcée par son rang, par ce qu'elle doit à son époux, par la clameur générale, à rejeter une infortunée, qui restera sans consolation, sans ressource contre elle-même. Quelle destinée!

Si je veux empêcher que M. de Francheville indigné, haïsse, persécute cet enfant, qu'il sera forcé de reconnaître, et que sa fille soit dépouillée par le fils de Sainte-Luce, si je m'enveloppe des ombres du mystère, suis-je assurée de ceux que je serai forcée de mettre dans ma confidence? Ne serai-je pas, le reste de ma vie, à leur merci, à leur discrétion? une brouillerie, des vues d'intérêt, ne peuvent-elles pas les porter à révéler la naissance de cet enfant? Il est un moyen, je le sais, un moyen sûr de me garantir de tout danger. Une femme faible; mais qui conserve un fonds d'honnêteté, ne l'emploiera jamais. Le fruit du plus tendre amour, exposé, confondu avec les objets de la pitié, de la charité publique!... ô mon Dieu! mon Dieu!

Je ne connaissais pas encore la princesse; je ne lui rendais pas justice. Elle lit jusqu'au fond de mon ame; aucune de mes sensations ne lui échappe, et plus je suis souffrante, plus elle se montre attentive et affectionnée. Non, mon infortune ne changera pas son cœur, fait pour aimer; elle ne me retirera pas la main bienfaisante, qui seule peut me soutenir.

« Le plus grand malheur que vous puissiez « éprouver, vient-elle de me dire, serait de vous « mésestimer vous-même. Le mépris de soi pro-

« duit le découragement, et, dans la position où
« vous êtes, vous avez besoin de toute votre éner-
« gie. Ne vous flattez pas; jugez-vous par compa-
« raison. Que voyez-vous dans nos cercles? des
« femmes qui ne respectent du mariage que les
« formes extérieures; des mères sans affection, et
« quelquefois jalouses de leurs filles; des épouses
« déprédatrices de la fortune de leurs maris, et
« qui se dégradent, jusque dans l'esprit de leurs
« enfans, par les exemples funestes qu'elles leur
« donnent. On connaît ces femmes-là, et elles sont
« admises partout. Pourquoi cela? L'amour-propre,
« le goût du plaisir, la cupidité s'alimentent de
« leurs travers, ou de leurs vices. L'homme, si
« vain extérieurement, se rend secrètement jus-
« tice; il sait qu'il est faible, au moins, lorsqu'il
« n'est pas méchant, et il serait désespéré de trou-
« ver, en nous, des vertus, qui seraient la satire
« perpétuelle de sa conduite. Telles sont les causes
« de l'indulgence qu'il nous accorde malgré lui.

« Il est, je l'avoue, d'heureuses exceptions aux
« principes généraux que je viens d'établir, et vous
« en êtes un exemple. Vous avez respecté vos de-
« voirs, lors même que M. de Francheville enfrei-
« gnait publiquement les siens; vous aimez tendre-
« ment votre fille; vous consacrez vos plus belles
« années à son éducation, et vous avez un esprit
« d'ordre qui, au sein de la plus modeste médio-
« crité, vous mettrait au-dessus du besoin. Appré-
« ciez-vous ce que vous valez, loin de vous laisser

« abattre. Dissimulez, cachez-vous, il le faut; mais
« ayez le noble orgueil qui convient à une femme
« comme vous. Cet orgueil impose toujours; il
« écarte le soupçon, ou il le réduit au silence, s'il
« se permet de murmurer.

« Il nous reste des mois pour arranger et mû-
« rir un plan de conduite. Pourquoi serions-nous
« moins fécondes en ressources, que tant d'autres,
« qui se sont trouvées dans la même situation, et
« qui s'en sont tirées heureusement? Je me suis
« montrée sévère, pour prévenir un événement
« réellement malheureux, mais qui n'est pas dés-
« espérant. J'en ai exagéré les suites, pour vous
« effrayer et vous retenir. Le mal est fait; je n'ai
« plus maintenant qu'à vous consoler et à vous se-
« courir, et vous pouvez compter sur les plus ten-
« dres soins de l'amitié. »

Je lui ai répondu par des caresses et des pleurs.
« Pleurez, me disait-elle, cela soulage. Je ne m'in-
« quiéterai point, tant que vous trouverez des
« larmes. Mais il est temps de revenir à vous, et
« la dissipation seule vous y ramènera; elle est
« pour vous un devoir. Elle éloignera les réflexions
« qui vous minent, et les raisonnemens qui les
« produisent. Laissez-vous conduire. Songez que
« vous êtes garante, envers la nature et Sainte-
« Luce, de la vie de l'enfant que vous portez. »

Elle demande une voiture. Nous y montons;
elle fait toucher chez moi; nous prenons Honorine; nous allons à l'Opéra. Moi, à l'Opéra! des

jeux, des ris, des danses, le tableau de l'amour heureux, quand je suis frappée dans mes plus chères affections; quand mon cœur n'a plus de sensations que celles de la douleur!

On donne *Iphigénie en Aulide.*

J'envie le sort d'Ériphile. Elle aime, elle ne peut être heureuse; elle meurt.

Est-il donc si difficile de mourir, quand rien n'attache plus à la vie? Mon époux m'a persécutée; mon amant est à mille lieues de moi; la vie sera, pour son enfant, un don funeste; je peux le sauver de l'humiliation, de l'indigence, et emporter avec moi mon secret dans la tombe. Honorine a une fortune assurée, et je lui laisse la protection de la princesse... Eh! malheureuse, quelle protection, quelle amie peut remplacer une bonne mère? Les jours de cet autre enfant sont-ils à toi? Les tiens t'appartiennent-ils? Ne les dois-tu pas à Sainte-Luce? Le condamneras-tu à ne rien trouver, à son retour, de ce qui lui fut cher? Peux-tu renoncer au bonheur de le revoir?

Ainsi la plus faible circonstance change nos dispositions, prépare nos résolutions : une fable usée me disposait au suicide. On met en question l'influence du théâtre : demandons plutôt s'il est quelque chose qui ne puisse influer puissamment sur nous.

« Cette Ériphile vous fait mal, me dit la prin-
« cesse; elle alimente des idées sombres; elle en
« produit peut-être de sinistres : retirons-nous. »

Nous traversons le foyer. Le grand jour, un air plus frais dissipent le prestige de la scène. Je rencontre les yeux d'Honorine; ils me sourient avec tant de douceur! je l'embrasse, et je retrouve des larmes; je vais les cacher dans un couloir. Là, je sens, pour la première fois, tressaillir l'innocente créature, qu'un instant auparavant j'avais vouée à la mort. Il vivra, me dis-je, il vivra, et je vivrai pour sa sœur, pour lui, pour son père que j'idolâtre, et pour moi.

Ce retour, sur moi-même, a ramené le calme dans mes sens. Je rentre au foyer, honteuse d'avoir quitté la princesse. Je la cherche; un jeune colonel me présente la main : « Son Excellence m'a « chargé de vous dire, madame, qu'elle vous at- « tend dans son carrosse. »

Je descends, empressée de réparer une faute contre les convenances. Un homme, richement mis, monte rapidement l'escalier; il conduit une femme, brillante de jeunesse, de graces; chargée de diamans. Je le fixe... c'est M. de Francheville. Il me voit, il rougit, il détourne la tête, il passe.

M. de Francheville à Paris, lui que je croyais à l'armée, tout entier au soin de se refaire une réputation! Hélas! chaque tressaillement de mon sein me commande l'indulgence. Que dis-je? c'est à moi, maintenant, qu'il conviendrait d'invoquer celle de l'homme, que je vais charger d'un fardeau déshonorant pour lui. Je me sens rougir à mon tour; je baisse les yeux; mes réflexions me tuent.

« Monsieur le baron, avez-vous vu Adèle? » dit, à mon colonel, un officier, qui passait près de nous. « Oui, elle vient de monter avec le cher « homme qui l'a prise à son service. » Ces paroles me frappent. « Quelle est donc cette Adèle? » demandé-je, avec une sorte d'intérêt bien naturel, à l'aspect d'une femme aussi magnifique, dont on parlait avec dédain, et que conduisait M. de Francheville.

« Madame, me répond le colonel, Adèle est « une marchande de plaisir, qui se donne au plus « offrant. Celui que vous avez vu avec elle est, « dit-on, un homme né avec des moyens, et qui « depuis dix ans ne fait que des sottises. Il est à « présumer que celle-ci sera la dernière, parce « qu'on ne trouve plus avec qui faire d'aimables « folies, quand on est ruiné, et ce monsieur-là ne « tardera pas à l'être. Un superbe écrin, mille écus « par mois, des loges aux trois grands spectacles, « les fantaisies journalières avec cela, et les res- « sources seront épuisées avant la fin de l'année. « On dit qu'il avait la plus jolie, la plus aimable « femme de Paris. Je le croirais, si je n'avais l'hon- « neur de vous voir, et de vous entendre. Il s'est « conduit indignement avec elle. Adèle la ven- « gera, et d'une manière éclatante, je vous en ré- « ponds. »

J'étais profondément affectée de ce que j'entendais, et je sentais qu'il était temps que je rejoignisse la princesse.

Après lui avoir adressé les excuses d'usage, je me suis empressée de lui parler de M. de Francheville. Un père de famille qui dissipe, et d'une manière scandaleuse, ce qui lui reste de fortune; que chaque instant, chaque pas enfonceront davantage dans l'abîme, où il s'est jeté tête baissée, me paraissait un objet digne de la sollicitude du prince. « Je connais mon mari, me dit la prin-
« cesse; plus il s'est montré facile à servir M. de
« Francheville, plus il sera indigné de voir encore
« ses espérances et sa confiance trompées, et moins
« il fera pour lui. Il l'abandonnera à son sort, n'en
« doutez pas. Je ne connais qu'un moyen, c'est de
« faire intervenir la police dans cette affaire. On
« peut s'assurer de cette fille, lui retirer les dons
« qu'elle a exigés, arrachés... — Eh, madame! il
« y a mille Adèle à Paris. — Je le sais, ma chère
« amie; mais vous oubliez que l'autorité suprême
« a banni M. de Francheville de la capitale. Il y
« reparaît avec audace; on le mettra dans l'im-
« puissance de faire de nouvelles sottises. — Com-
« ment, madame, ce serait à ma sollicitation qu'il
« devrait la perte de sa liberté! vous oubliez, à
« votre tour, que j'ai donné tout ce que j'avais,
« pour la lui rendre. C'est dans l'état où je me
« trouve, que j'emploierais un moyen, qui serait
« odieux dans toutes les circonstances! Si mon se-
« cret est connu, ne me reprochera-t-on pas,
« avec justice, d'avoir invoqué l'autorité, pour me
« soustraire au ressentiment, et à la vengeance,

« que j'ai attirée sur moi? J'attenterais à sa li-
« berté, moi, qui irais tomber à ses pieds, si je
« croyais qu'il voulût, qu'il dût me pardonner l'of-
« fense et le tort que je lui ai faits, et que peut-
« être vos bons offices ne lui déroberont pas.

« — Je n'insiste point. Laissons cet homme con-
« sommer sa ruine, si cependant il n'éveille pas
« l'attention de la police, et si elle ne fait pas,
« d'elle-même, ce que vous refusez de provoquer.
« J'exige maintenant de vous une chose que pro-
« bablement vous ne me refuserez pas. — Croyez,
« madame, que je suis prête à tout ce qui pourra
« vous être utile ou agréable. — Chaque circon-
« stance, le moindre incident, ramènent vos idées
« sur votre état. Vous en avez eu de violentes au
« spectacle; elles se reproduiront nécessairement.
« Vous ne pouvez être abandonnée, à vous-même,
« dans cette situation d'esprit, et je veux que vous
« repreniez votre appartement chez moi. Vous avez
« accepté mes soins; c'est d'aujourd'hui qu'ils com-
« mencent, et ils ne cesseront que lorsque tout
« sera terminé, selon mes espérances.

« Vous paraissez douter de la possibilité de dé-
« rober cet événement à la connaissance de M. de
« Francheville. Je vais vous faire part de quelques
« idées auxquelles je me suis arrêtée; qui ont be-
« soin d'être mûries; mais qui, telles que je vais
« vous les présenter, peuvent, je le crois, vous
« calmer, et vous inspirer de la confiance.

« Nous avons une assez belle terre, qui touche

« à la forêt de Crécy. L'habitation n'est qu'un ren-
« dez-vous de chasse; mais je m'y trouverai très-
« bien avec vous. Le concierge, ni sa femme ne
« vous ont vue. Deux ou trois domestiques, et une
« femme de chambre, que je prendrai, dans quel-
« qu'une des petites villes voisines, nous suffiront.
« Vous serez la femme du général... d'un général
« qui n'existe pas, et que cependant nous em-
« ploierons à l'armée. Vous serez aidée par un chi-
« rurgien de Lagny, qu'on dit fort habile dans
« son art. Vous le payez bien, et il se tait, par la
« raison très-simple qu'il ne sait rien, sinon qu'il
« est né un enfant, sur lequel le respect dû à mon
« rang ne lui permettra de faire aucunes ques-
« tions, auxquelles d'ailleurs personne ne pourrait
« répondre. Une nourrice, arrêtée d'avance, reçoit
« l'enfant de mes propres mains. Je me nomme à
« cette femme, et je lui garantis son salaire. Je
« renvoie nos domestiques; nous revenons à Pa-
« ris. Sainte-Luce revient de son côté. Il vous
« épouse; il adopte l'enfant; vous l'avez près de
« vous; vous vous dédommagez des privations de
« l'amour maternel. Le temps fera le reste. Vous
« voyez, ma chère amie, qu'avec du sang-froid,
« et un peu d'imagination, l'affaire la plus déses-
« pérée s'arrange facilement.

« Il est indispensable de soumettre l'exécution
« de ces mesures à l'approbation du prince. Il fut,
« je vous l'ai dit, une époque de ma vie où j'étais
« trop sensible. Je me suis alors imposé l'obliga-

« tion de dévoiler à mon mari, non mes pensées,
« mais toutes mes actions, sans restriction quel-
« conque : c'était m'astreindre à rien faire que
« d'honnête. Je me suis très-bien trouvée de cette
« habitude-là; je l'ai conservée, et en eussé-je
« contracté d'opposées, vous sentez qu'une ab-
« sence de plusieurs mois ne peut être ignorée
« d'un chef de maison, et qu'il n'est pas de mari
« qui ne soit bien aise de savoir où est sa femme,
« et ce qu'elle fait. Pourquoi cette petite moue?
« Vous craignez de vous confier au prince? Une
« femme jolie, sensible, constante et malheu-
« reuse, intéresse tous les hommes, et l'affection
« que vous porte le prince vous assure son indul-
« gence. »

L'étrange amalgame que notre cœur! Le mien était torturé, brisé, une heure auparavant, et il s'ouvrait, avec avidité, au calme et à l'espérance. Le plan de la princesse me paraissait simple, facile; je le voyais exécuté dans tous les points; Sainte-Luce était avec moi, pour ne me quitter jamais. Je sentais le sourire errer sur mes lèvres.

Cependant, quelques instans de réflexion me présentèrent des difficultés, que je jugeais insurmontables. « Nous imposerons silence au chirur-
« gien de Lagny, dis-je à la princesse, je le crois;
« mais Honorine, qui dort là, si tranquillement,
« pendant que nous raisonnons, en parcourant
« les Champs-Élysées... — Honorine, ma chère
« amie, Honorine... je n'avais pas pensé à elle.

« J'avoue qu'elle m'embarrasse un peu. Voyons,
« cherchons; nous trouverons quelque expédient.
« —Eh! je n'en vois pas, madame.—Oh, que vous
« êtes prompte à vous décourager! Eh bien! allez-
« vous pleurer encore?... Ah! m'y voilà! m'y voilà!
« Les enfans aiment tout ce qui est nouveau. Vous
« direz demain à votre fille, que vous avez poussé
« son éducation, aussi loin que vous l'ont permis
« vos connaissances, et que vous désirez qu'elle se
« termine. Vous lui proposerez d'entrer à Écouen.
« Vous lui nommerez les enfans de monsieur le
« duc celui-ci, de monsieur le comte celui-là; de
« grands noms, et la petite vanité de vivre en égale
« avec ces demoiselles, l'étourdiront; elle accep-
« tera, et nous partirons aussitôt.—Chère enfant,
« que je n'ai pas quittée un instant encore, il faut
« me séparer de toi, et pour quelle cause!—Cruelle
« femme que vous êtes! savez-vous que si vous
« vous affligez ainsi, Sainte-Luce ne vous trouvera
« plus jolie du tout à son retour. La séparation
« que je vous propose ne sera que de quelques
« mois. En revenant de Crécy, vous irez déclarer
« à Écouen que vous ne pouvez vivre plus long-
« temps, éloignée de cette petite fille-là, et vous
« la reprendrez avec vous.

« —Mais, madame, la naissance de cet enfant,
« de cet être infortuné, que je suis condamnée à
« livrer à des mains étrangères, ne sera donc con-
« statée en aucune manière? — Eh! qu'importe?
« — Peut-on adopter un enfant absolument in-

« connu? — Puisque l'adoption est permise, elle
« doit l'être surtout à l'égard de celui qui n'est
« l'enfant de personne. — Et si Sainte-Luce... oh!
« mon Dieu, je n'ose finir... si Sainte-Luce ne re-
« vient pas? — Vous adopterez, vous; qui vous en
« empêche? — Et si ces démarches clandestines
« vous compromettent? — Oh! que de *si!* Tout est
« arrêté, sauf les changemens que nous prescri-
« ront les circonstances et notre jugement. Il est
« tard; rentrons.

« Vous restez avec moi, c'est convenu. Je dé-
« velopperai cette jolie figure-là, je l'espère; la
« gaieté lui sied si bien! »

Je me laisse conduire. Le prince, qui était très-
réservé avec moi, se livre à la saillie décente,
et me force à sourire quelquefois. La princesse
a-t-elle déjà trouvé le moment de lui confier mon
secret? Cherche-t-il à dissiper le trouble, la
honte que j'éprouve devant lui, et à m'inspirer
de la confiance? Je ne sais; mais il est impossible de porter plus loin la bonté aimable, les
attentions délicates. Pas un mot qui ait rapport
à ma situation. Je lui en sais bien bon gré.

Honorine trouve fort agréable de coucher chez
la princesse. Demain elle serait enchantée de retourner chez moi, et après-demain de s'établir
ailleurs. Je profite de ses dispositions actuelles
pour lui parler d'Écouen. Elle saute de joie, à
demi déshabillée. Que de choses elle compte y
voir et y faire! Elle m'étourdit de son babil...

Tout à coup sa figure se rembrunit; ses yeux deviennent humides; elle vient à moi les bras ouverts; elle me couvre de baisers. « Maman, « je ne te verrai donc plus! Pourquoi m'éloignes-« tu de toi? Que t'ai-je fait? Oh! dis-le-moi, ma « bonne mère, et je me corrigerai. » Elle sanglotait; ses larmes se mêlaient aux miennes, et elle ne s'apercevait pas que j'en versais en abondance. Je ne répondais rien. Que pouvais-je lui dire? la vérité? je voudrais la cacher à tout l'univers, à cette enfant surtout. La tromper? Je n'ai pas ce qu'on appelle l'esprit du moment; je ne sais pas inventer. Il faut répondre, cependant.

« Tu ne m'as rien fait, ma chère petite. Tu es « bonne, aimable, aimante, appliquée. Je t'éloi-« gne à regret, et par l'unique désir de te faire « acquérir de nouveaux talens. » Il y avait beaucoup de vérité dans ce que je lui disais là.

Cette pauvre enfant, rassurée, calmée, a bientôt eu trouvé le sommeil. Moi, je pensais, je pensais... à quoi ne pensais-je point? Je me suis arrêtée enfin à ces paroles frappantes de la princesse : *Si vous vous affligez ainsi, Sainte-Luce ne vous trouvera plus jolie à son retour.* Je les répète, ces paroles alarmantes, et je sens que mon intérêt le plus vrai, soutenu d'un amour-propre de femme, fera plus que tous les raisonnemens. Oui, je me vaincrai; je lui conserverai cette figure, à qui je dois son cœur. Que deviendrais-je, si je cessais de lui plaire?

« Madame, me dit le prince, en déjeunant,
« j'approuve beaucoup le projet de mettre Hono-
« rine à Écouen, et je vous engage à l'exécuter
« sans délai. Rien, sans doute, n'est aussi pré-
« cieux qu'une bonne mère; mais sous vos yeux
« indulgens, tout pense, tout agit exclusivement
« pour cette petite demoiselle. Elle n'a besoin de
« rien désirer, de rien mériter. Ce n'est pas ainsi
« qu'une jeune personne se forme le caractère,
« et acquiert quelque connaissance du monde.
« Notre Honorine apprendra à Écouen que les
« douceurs de la vie sociale résultent d'un échange
« continuel de bons offices.

« La princesse, fatiguée de la vie bruyante
« qu'elle mène à Paris, désire passer quelque
« temps à la campagne, respirer l'air pur des fo-
« rêts. Elle m'apprend que vous consentez à l'ac-
« compagner, et je vous remercie de votre com-
« plaisance. »

Il est évident qu'il sait tout. Je me sens rouge
jusque dans les yeux. Il me prend la main, il me
tourne doucement vers lui; il me regarde avec
une bonté si touchante! Je me lève, je l'embrasse
avec une expression de reconnaissance, dont je
ne suis pas maîtresse. « Nous nous entendons,
« me dit-il, cela suffit; possédez-vous.

« Allons, allons, dit la princesse, partons pour
« Écouen. — Permettez, madame, que j'aille chez
« moi; que je fasse les dispositions nécessaires.

« — Tout est prévu, ma chère amie ; tout est
« prêt. Le trousseau d'Honorine est derrière ma
« berline. Partons. »

Hier soir, elle a envoyé chercher mes gens ;
elle a donné les ordres ; on les a exécutés pendant la nuit. Tout est prêt, en effet, pour Honorine et pour moi. Nous partons.

Ma fille, présentée par une dame de ce rang,
est admise sans difficulté. Nous parcourons, nous
voyons, nous admirons la maison, l'ordre et l'excellent esprit qui y règnent. Honorine a été dans
une espèce d'enchantement ; mais le moment de
nous séparer approche. Elle commence à compter les minutes, et moi, je pense que, dans quelques instans, des portes d'airain vont s'élever
entre moi et cette enfant, objet des plus tendres
affections, qui, sans le savoir, m'a souvent soutenue, consolée dans mes chagrins, et dont la
présence est devenue un besoin indispensable à
mon cœur. Ah ! que ce cœur nous coûte cher à
toutes deux !

L'heure fatale sonne. Nos pleurs coulent, nos
bras s'enlacent, nos deux ames n'en font qu'une...
Cruelle amie ! vous deviez prévoir ma faiblesse,
et ne pas m'exposer à ces combats douloureux...
Ah ! c'est moi qui devais les éviter ; je le pouvais ; je ne l'ai pas voulu. Sainte-Luce, que de
peines tu me causes, et il me semble que chaque
jour je m'attache davantage à toi, et par ce que

je souffre, et par ce que je souffrirai encore. Dans une femme, tout, jusqu'à la douleur, sert d'aliment à l'amour.

On nous a séparées. La voiture est déja loin de ces murs, qui recèlent Honorine, affligée, accablée, punie des fautes de sa mère. Oh! si je l'étais seule, je crois que je me soumettrais.

Nous traversons Paris, sans nous y arrêter. Je m'étonne de tant de précipitation. « Quand on « prend un parti énergique, me dit la princesse, « il faut résoudre et exécuter à la fois, pour s'ôter « la facilité de rétrograder. Vous serez plus forte « dans la forêt de Crécy qu'à Paris, qui touche « presque à Écouen. »

Je n'avais qu'un ordre à donner à mes gens, celui de porter chez le prince les lettres qui arriveront à mon adresse. Je n'ose espérer d'en recevoir de long-temps, et je compte les jours, comme s'il n'avait d'autre affaire que celle de m'écrire; comme s'il pouvait, à chaque instant, rencontrer des bâtimens français; comme si les vents devaient seconder son impatience et la mienne.

La princesse a encore pourvu à ce que ces lettres me parviennent secrètement.

A la porte Saint-Martin, elle renvoie ses domestiques, et fait courir deux postillons en avant. A la fin du jour, nous arrivons à cette maison, où on ne nous attend pas; où rien n'est prêt pour nous recevoir; où l'embarras du concierge et de sa femme; où leurs protestations de zèle et de respect, qui ne servent à rien; où l'empressement de sept à huit villageois, et d'autant de paysannes, qui ne connaissent pas le service, qui veulent tout faire et font tout mal, me feraient rire aux éclats, dans toute autre circonstance.

La princesse demande un homme qui aille, à Lagny, dire à son homme d'affaires de lui amener des domestiques; tous partent à la fois. Le concierge leur crie qu'il n'en faut qu'un; tous reviennent. La princesse parle de provisions de bouche, à la femme du concierge; toutes les paysannes disparaissent à l'instant, et un quart d'heure après, un convoi d'ânes entre dans la cour. Des paniers d'œufs, des mottes de beurre, des corbeilles de fruit couvrent le carreau de la salle à manger; une trentaine de poulets, autant de canards, autant de dindons sont lâchés devant nous, sautent de tous les côtés, salissent les meubles, s'échappent par les croisées. Les pourvoyeuses courent après la volaille, le chien de cour aboie, les ânes braient. Le concierge, gros et court, tournant sur lui-même, hors d'haleine, ne pouvant plus articuler un mot, fait signe de ses petites mains; il veut ramener l'ordre et le silence, et le poulet, le dindon, qu'on saisit par une pate, par une aile, crient à nous étourdir.

L'homme d'affaires arrive. Il salue la princesse, et lui demande la préférence en faveur de sa fille, de son filleul et de son jardinier, qui est en même temps son cuisinier, son frotteur, et son garçon de service à table. Or, comme monsieur l'homme d'affaires est très-expéditif, en tout ce qui ne tient pas au contentieux, il a entassé tout son monde avec lui dans sa carriole. Il nous présente mademoiselle Louison, qui est fort avenante; le filleul Pierre, assez joli garçon, et Thomas, le jardinier-cuisinier, qui crie à tue tête après un tablier et un couteau à gaîne.

La princesse, après s'être amusée quelque temps de cette scène, paie au double de leur valeur les provisions qu'on lui a apportées; congédie paysans et paysannes; donne à Louison, à Pierre et à Thomas les instructions qui leur sont nécessaires. Je m'appelle madame la comtesse de Laclos, dont le mari, général de division, est à la grande armée. Nous nous logeons, ce qui n'est pas difficile, puisqu'à nous deux nous avons toute une maison à notre disposition. Thomas nous donne un petit souper, fort bien accommodé; Pierre n'est pas très-gauche dans sa manière de nous servir; Louison dirige tout avec facilité. Nous sommes installées.

CHAPITRE XXVII.

Calme et tourmens.

Comment des sensations opposées se succèdent-elles, en nous, avec tant de promptitude? Comment ce qui nous paraissait désespérant la veille, peut-il nous présenter quelques douceurs, le lendemain? Une puissance inconnue fait agir mes membres, par l'effet seul de ma volonté. Cette puissance agit, sans mon concours, sur mon sang, mes humeurs, mon cerveau. Peut-être l'éloignement de tout ce que je crains ou que j'aime, la fraîcheur, le calme d'une grande forêt, une manière de vivre tout-à-fait nouvelle, ont-ils ramené, pour quelques instans du moins, cette tranquillité qui m'est si nécessaire, et à laquelle je me livre avec le plus doux abandon. Peut-être aussi l'influence de l'amitié opère-t-elle cette espèce de prodige. L'amitié, qui, pour les gens du monde, n'est que le roman de l'imagination, existe réellement entre la princesse et moi. Quoi qu'il en soit, je me trouve bien, très-bien; cela me suffit. Je jouis de l'effet, et je laisse aux savans la recherche et l'explication des causes.

Quelquefois je vais seule m'asseoir dans la forêt. J'ai, avec moi, son portrait et ses lettres, et je crois être avec lui. Je lui parle, il me répond. Je l'entends, je le vois sourire, et je suis heureuse. L'obscurité qui enveloppera la naissance de cet enfant; l'incertitude de son sort à venir, semblent m'y attacher davantage. En pensant à lui, je suis émue, attendrie, et mon cœur n'est plus déchiré. Pourquoi cela ? Ne serait-ce pas que nos sensations varient sans cesse, comme notre individu ? il ne faut qu'une circonstance pour nous détacher de nos peines; une autre circonstance nous y ramènera. N'est-ce pas là le mot de l'énigme que je voulais expliquer tout à l'heure ?

Je rentre; la meilleure des amies vient au-devant de moi. La satisfaction se peint dans tous ses traits, parce que je lui parais tranquille. Une conversation douce, mais animée, remplit, à peu de chose près, tous nos instans. Les heures s'écoulent avec rapidité, parce que nous ne cherchons pas nos idées, que nous ne prétendons pas à l'esprit, et que, quand on s'aime comme nous, on a toujours quelque chose d'intéressant à se dire.

Louison est pleine d'intelligence, et même de finesse. Le rang et l'opulence de la princesse lui font chercher tous les moyens de plaire : elle désire probablement rester avec elle. Elle est plus empressée auprès d'elle; elle met plus d'affection dans les services qu'elle me rend.

Le filleul Pierre, bon garçon, tout simple, tout uni, ne paraît pas s'occuper du lendemain. Il fait ce qu'on lui demande; il ne fait que cela;

mais il le fait bien. Il saisit toutes les occasions de parler à la dérobée à Louison, et Louison se laisse prendre la main quand elle croit n'être pas vue. Ils souffriront tous deux, si elle est sage. La fille d'un praticien de Lagny peut être femme de chambre d'une dame du plus haut rang; mais on ne la donne pas à un laquais. Je m'occuperai de ces jeunes gens. Qu'ils épuisent les douceurs de l'amour, sans rien connaître des tourmens dont j'ai été, et dont je serai peut-être encore la victime.

Maître Thomas s'est particulièrement attaché à ma personne. C'est à moi qu'il demande, à la fin de chaque repas, quels sont les mets qui m'ont plu. C'est de moi qu'il prend les ordres, pour le lendemain. Il trouve tous les jours le temps de frotter les pièces que j'habite, et de garnir mes croisées de fleurs nouvelles. Je ne peux lui faire d'observations sur ses préférences, sur la nécessité de ménager l'amour-propre de la princesse. Je deviendrais en quelque sorte sa confidente; j'établirais, entre lui et moi, une familiarité, qui n'est ni dans mes principes, ni dans mon goût. Je ferai mieux, je lui donnerai le précepte avec l'exemple.

Je viens de trouver à ma porte les ustensiles destinés à brillanter mon appartement; je les ai poussés à celle de la princesse. J'ai porté, sur ses croisées, les fleurs qui étaient sur les miennes. Thomas m'a comprise : il fait pour elle ce qu'il faisait pour moi. A la vérité, la rose la plus fraîche, l'œillet le plus odorant sont pour madame la comtesse; mais la différence est légère. Moi seule je la sens, et mon amie se loue beaucoup du zèle et des talens de ceux qu'elle a pris à son service. Tout est bien.

Je ne crois pas la princesse susceptible au point de s'affecter sérieusement de ces bagatelles; mais je suis intérieurement flattée des attentions de maître Thomas. Pourquoi celle qui y avait des droits plus réels, et à qui il les refusait, n'aurait-elle pas eu un peu d'humeur, si elle s'en fût aperçue? Quoi de plus varié, de plus bizarre, de plus irascible que notre amour-propre? Celle qui dit n'en avoir qu'un peu, a ses raisons pour le faire croire; elle le persuade rarement; elle ne s'abuse jamais elle-même.

C'est demain dimanche. Maître Thomas a un mauvais violon, qu'il n'a pas manqué d'apporter avec lui. Il m'a demandé la permission de faire danser, sur une assez jolie pelouse, qui est entre la maison et la forêt. Oh! cette fois je l'ai renvoyé à la princesse, et j'ai pris un ton qui préviendra de semblables écarts. Il m'a quittée avec un air si triste!... N'importe. Je ne veux pas que les gaucheries de notre cuisinier élèvent des nuages entre nous.

On a dîné. Maître Thomas a couru dans toutes les chaumières voisines. La jeunesse se rassemble sur le gazon. La gaieté brille dans tous les yeux. Les mouvemens ne sont ni étudiés, ni corrects;

mais ils expriment la force et la souplesse. C'est ainsi que dansent les amis du plaisir; c'est ainsi qu'on ne danse plus... qu'au village.

Pierre ne danse qu'avec Louison. Louison, par coquetterie, accepte quelquefois un jeune homme du hameau; mais elle ne danse réellement qu'avec Pierre. Ce bal champêtre me rappelle la noce d'Eustache, si épris de sa petite Claire, si heureux par elle. Douze ans se sont écoulés, et je crois danser encore avec M. de Francheville. Je suis encore avec lui dans cette grotte... Les temps sont bien changés! Eh! aurais-je à regretter quelque chose, si Sainte-Luce était ici? C'est auprès de lui que renaîtrait l'ivresse de mes plus jeunes années; que j'oublierais tout, hors lui.

Où est-il? que fait-il? Si j'avais la certitude qu'il pense à moi, au moment où je pense si tendrement à lui, je croirais à cette union, à cette sympathie des ames, qui peut être éternelle, puisqu'elle est indépendante des sens, du temps et de l'absence; espèce de bonheur qui paraît suffisant à quelques personnes, qui ne doit l'être réellement que lorsque l'âge a éteint des sensations plus fortes; mais qui peut soutenir et consoler ceux que la nécessité réduit à s'y borner. Non, point d'amour heureux sans l'intervention des sens. Sans eux, l'amour n'est qu'un combat continuel, livré à la pudeur, qui ne triomphe pas toujours, et qui quelquefois s'applaudit de sa défaite.

Et point de lettres de Sainte-Luce! Élément

immense et cruel, qui nous prive de cette dernière jouissance, qui peut-être engloutira mes espérances les plus chères... Ramenez-le, ramenez-le, ô mon Dieu !

L'homme qui va à la poste de Lagny, arrive en ce moment. Une lettre pour moi... Elle est de ma fille. Elle vient à propos. Depuis long-temps, l'amour maternel tempère la violence de l'autre.

Honorine n'écrit pas comme madame de Sévigné : son esprit n'est pas formé encore. Mais elle a pour elle la candeur, la naïveté de son âge, unies à une extrême sensibilité. J'ai mis sa lettre à côté de celles de Sainte-Luce. Je n'avais pas de place plus distinguée à lui donner.

Je reprends cette lettre. J'emploie une partie de la journée à la relire ; j'en pèse toutes les expressions. Quoi de plus naturel ? C'est la première qu'elle m'ait écrite. Non, je ne croyais pas ma fille si avancée. Quel développement dans ce petit cœur-là ! et, de la sensibilité profonde qu'elle exprime, à un sentiment plus vif, l'intervalle est si court, la pente si rapide, le but si séduisant ! Cette idée me tire des larmes, et cette affection pénible reproduit toutes les autres. J'avais raison en disant, tout à l'heure, qu'il ne faut qu'une circonstance pour nous ramener, avec une force nouvelle, aux tristes sensations, auxquelles nous avons tant de peine à échapper.

Quelle machine que la nôtre! faiblesse et vanité, voilà ce qui la compose.

Je vais donner ma soirée à ma fille. Je reviendrai à moi en lui écrivant, et le sommeil me rendra, peut-être, cette sérénité de l'ame qui, dans cette retraite, me paraissait devoir être inaltérable.

Quel beau jour, se prépare! la pureté du ciel, un soleil qui s'élève majestueusement sur l'horizon, répandent dans tout mon être une nouvelle vie. Mon réveil ressemble à celui de la nature: je sors de mon lit fraîche et calme comme elle.

Oui, je suis encore bien, très-bien. Sainte-Luce me trouvera la même à son retour! Reviendra-t-il?... Hélas!... toute la gloire des héros réunis vaut-elle les larmes que celle de mon amant me coûte?

Quel beau jour ai-je dit! Ces richesses, que la nature étale avec profusion, ne sont vues ni senties par un cœur oppressé, par des yeux noyés de pleurs. Les infortunés ne peuvent voir qu'eux: ils ne sentent que leur infortune. N'y aura-t-il plus pour moi de jours sans orage?

A midi, une berline s'arrête devant la grille. Nous courons, la princesse et moi. Quelle est notre surprise en voyant descendre, de la voiture, l'écuyer du prince, homme honnête et sûr; mais qui ignore mon état, et devant qui il me serait affreux de paraître. Je me jette derrière une touffe de lilas; je le laisse passer.

La princesse a toujours l'esprit du moment : elle fait entrer l'écuyer dans une salle, éloignée de l'escalier qui conduit à nos modestes appartemens. Elle me donne la facilité de rentrer chez moi, sans être aperçue. Thomas, qui arrange des fleurs nouvelles, remarque mon trouble. Il me fatigue de questions et d'offres de services. Le brave homme ! je l'afflige encore ! je le renvoie durement ; je m'enferme, comme si j'avais quelque violence à craindre.

Pourquoi le prince envoie-t-il ici son écuyer ? Par quelle inconséquence a-t-il choisi un homme, dont je suis parfaitement connue ?

On frappe à ma porte; la princesse se nomme; je lui ouvre. Elle me présente une lettre du prince; elle pleure, et je pleure aussi, sans savoir quel coup va me frapper : mais l'amitié émue, agitée à ce point, a-t-elle autre chose à m'annoncer qu'un nouveau malheur ? Je tremble pour Sainte-Luce, pour ma fille. Mes yeux sont fixés sur cette lettre, et je ne distingue pas un caractère.

Je me remets cependant : le plus grand mal n'est pas celui qu'on éprouve, c'est celui qu'on redoute, et qu'on attend.

Non, non, je n'ai rien à craindre pour ma fille, pour Sainte-Luce. Toute autre infortune, quelle qu'elle soit, doit être supportable.

Nous n'avons pas tout prévu, dit le prince. Notre départ précipité a occupé les curieux. Il n'a pas cru devoir cacher le lieu de notre retraite, et on s'étonne que la princesse, qui a des châteaux, ait choisi une habitation, qui convient si peu à une dame de son rang. Le soin que nous avons pris d'éloigner tous nos gens, notre isolement absolu, ont donné lieu à mille conjectures. La malignité devait s'attacher à la plus offensante; elle l'a fait, et la réputation de la princesse est fortement compromise. On la dit coupable de la faute de son amie, et on suppose que le calme apparent du prince, n'est que le calcul d'un époux, qui dissimule son ressentiment pour échapper au ridicule.

On ne s'occcupe pas de moi. Ah! je le crois! on est si empressé de punir les grands de la distance établie entre eux et nous! la calomnie n'attaque les petits, que lorsqu'elle manque d'aliment. Il est essentiel, ajoute le prince, que son épouse reparaisse, à l'instant, pour dissiper les bruits injurieux. Il regrette sincèrement d'être obligé de me priver des douceurs de l'amitié. Cependant il espère que je sentirai la force de ses motifs, et que je ne balancerai pas à engager mon amie à revenir, le jour même, à Paris. Il parle, en passant, de M. de Francheville, dont les affaires sont dans un désordre affreux. Il finit en m'offrant tous les bons offices, qui dépendront de lui.

J'aurais pu répondre bien des choses. Mon imagination s'est arrêtée à une seule idée: si les bruits, qu'on a répandus, ont quelques fondemens; si le prince est instruit des désordres de sa femme, il n'eût pas, en l'éloignant de lui, donné naissance au soupçon. Il pouvait lui marquer en particulier toute son indignation; se séparer d'elle dans son palais même; éloigner, plus tard, un enfant, qu'il croyait ne devoir pas reconnaître, et, paraissant laisser tomber cet évènement dans le cours ordinaire des choses, il imposait silence à la malignité. Mais, sous des formes aimables, je démêle la fermeté d'un homme qui intime un ordre absolu. Il est dans mes principes de prévenir, avec une extrême attention, tout ce qui peut altérer l'harmonie qui fait le bonheur des époux, et, m'oubliant moi-même, renonçant à l'appui, aux consolations de l'amitié, j'ai rassemblé toutes mes forces, et je les ai opposées à mon cœur.

Les larmes de la princesse n'exprimaient que la douleur d'être obligée de se séparer de moi; ainsi je n'ai pas eu besoin d'employer une longue suite de raisonnemens, sur un esprit déja persuadé. Nous avons cherché à nous étourdir sur ce que cette séparation a de cruel pour toutes deux; nous nous sommes occupées des moyens d'adoucir les peines qu'elle doit causer, à moi, surtout. N'avais-je pas assez des tourmens de l'amour? Il faut encore que je sacrifie l'amitié! Sainte-Luce, ma fille, la princesse, tout successivement disparaît, s'éloigne de moi. Ah! si je pouvais aussi me séparer de mon cœur!

Le prince a envoyé ici celui de ses officiers auquel il accorde le plus de confiance. Cependant je ne paraîtrai pas devant lui; je ne conduirai pas la princesse à la voiture; je ne m'y élancerai point pour la presser encore dans mes bras. C'est ici, dans cette chambre, que je lui dirai un dernier adieu. Nous serons séparés avant qu'elle soit sortie de la maison; il ne me sera pas même possible de lui exprimer, de ma croisée, mon affection et ma reconnaissance.

L'heure si redoutée approche. Ainsi le coupable, qui touche à l'instant fatal, compte les minutes, et le temps, qui s'écoule si lentement pour l'homme fatigué de jouissances, a réellement des ailes pour lui. Nous éprouvons les mêmes angoisses, et nous n'avons fait de mal à personne.

La pendule a sonné. « Mon enfant, me dit-elle, « montrons-nous dignes l'une de l'autre. Notre « amitié se fortifiera par les épreuves; cette idée « seule nous aidera à les supporter. — Ah ! madame « vous allez revoir un époux, des enfans qui vous « sont chers. Que me reste-t-il, à moi ? — Mon « souvenir, les lettres que je vous écrirai, mes « soins soutenus, qui parviendront jusqu'à vous, « malgré les distances. — Une heure, madame; « donnez-moi une heure encore. — Et quand « elle sera passée, nous en voudrons une seconde, « une troisième. Le prince les compte. Il ne suffit « pas que je me montre soumise, je dois encore « paraître empressée. Qui sait si, pour prix de « mon exactitude, et lorsque ma présence aura

« dissipé de vains bruits, il ne me rendra pas à
« l'amitié. Votre terme approche; ma présence
« vous sera nécessaire; le prince vous aime; il se
« rendra à ces considérations : mon absence peut
« n'être pas longue. »

L'espérance m'a calmée; elle a entr'ouvert mes bras, qui enlaçaient mon amie, qui la pressaient avec force sur mon sein. Elle s'est éloignée. Déja je ne la vois plus; je l'entends, et j'écoute encore quand mon oreille a perdu la trace de ses pas.

C'en est fait, la voiture roule; me voilà seule dans le monde, que vais-je devenir?

Je crains de relire ces lettres, qui m'embrasent, et que j'avais essayé d'oublier. Je n'ose revoir ce portrait... dont peut-être l'original n'existe plus, et ce n'est que par l'amour que j'échapperai aux peines de l'amitié malheureuse. Oui, j'oublie tout quand je m'occupe de lui; et quand je m'abandonne exclusivement à ma tendresse, je ne réussis pas toujours à me faire illusion; je sens qu'il n'est pas là, je soupire, je pleure, et je reviens à Honorine et à mon amie. Tous mes jours s'écouleront-ils dans des alternatives, plus ou moins douloureuses?

Louison a vu partir la princesse, et, déchue de ses epérances, elle s'attache singulièrement à moi. Je descendrai jusqu'à elle. De tous les états fâcheux où puisse tomber l'homme, la solitude absolue est, je crois, le plus pénible. Eh! pourquoi ne ferais-je pas société avec cette fille? que suis-je? qui m'autoriserait à la dédaigner? quelle autre distance existe entre nous que celle qu'a établie l'opulence? Le genre humain doit se diviser en deux classes, les bons et les méchans. Cette vérité est éternelle, imprescriptible; mais pour la sentir, il faut être malheureux.

De l'oubli de cette vérité, sont nées des différences choquantes, pour celui qui est forcé de s'y soumettre; humiliantes peut-être pour celui que flatte la bassesse, car celui qui rampe n'aime pas le grand qu'il adule : il cherche un point d'appui pour s'élever à son tour.

Louison est une bonne fille; elle a de l'esprit naturel, et pas la moindre prétention. Elle est causeuse; je la fais parler quand je veux; j'écoute quand bon me semble; je réponds rarement. C'est là le genre de conversation qui convient à un cœur malade, et on trouve peu d'êtres disposés à converser ainsi. J'ai dans Louison ce qu'il me faut.

J'ai dédommagé Thomas des petits chagrins que mes brusqueries lui ont causés. Quelque marques de bonté l'ont ramené tout-à-fait. Est-ce un sentiment d'équité, ou le besoin que j'ai de tout le monde, qui m'a dirigée? Il entre, je crois, de l'égoïsme dans nos actions les plus indifférentes.

Pierre ne s'occupe que de sa Louison. Il est dans l'antichambre, quand elle est avec moi. Lorsqu'elle me quitte, je ne le vois plus. Il craignait la princesse; il était exact. Il m'affectionne, et il me sert mal. Pourquoi cette différence de lui à

Thomas? c'est qu'il est amoureux, et que Thomas ne l'est point; que ma sensibilité attire le second, et rassure l'autre. Passons quelque chose à l'amour; passons-lui beaucoup. De quelle indulgence n'ai-je pas besoin pour le mien? Je les marierai. Faire des heureux, c'est presque l'être soi-même; c'est au moins perdre, pendant quelques instants, le sentiment de ses peines.

Dieu! mon Dieu! vous m'avez donné la force de supporter l'adversité; accordez-moi celle de soutenir mon bonheur. Une lettre, une lettre!... elle est de Sainte-Luce! sa santé est parfaite; son cœur est tout à moi... « Va, Louison, va causer avec « Pierre. Demain j'écrirai à ton père. J'ajouterai « à ma félicité, en assurant la tienne. »

J'ai trouvé le moyen d'être seule à la minute, à la seconde. Lettre adorée! je te porte sur mon cœur, sur mes lèvres, à mes yeux. Je voudrais satisfaire tous mes sens à la fois. Ah! lisons, lisons. Que les yeux viennent au secours du cœur.

Art enchanteur, art divin de peindre la pensée, de faire, à deux mille lieues, partager à une amante les sensations délicieuses dont on est agité, qui t'inventa méritait des autels.

Je me plaignais, il y a peu de temps, d'être réduite à des lettres! ah! quand on écrit comme lui, on fait rêver le reste, et rêver n'est-ce pas jouir?

Je peins sans restriction tout ce que j'éprouve. De belles dames s'élèveront contre la nudité de ma pensée. Dans un siècle dépravé, la décence est la vertu des femmes qui n'en ont pas. La décence est, à la chasteté, ce qu'est le rouge du parfumeur à celui qui colore les joues de l'innocence.

Laissons la métaphysique, les distinctions subtiles, et revenons à cette lettre, et à l'homme adoré qui l'a écrite. Il l'a confiée au capitaine de *la Rassurante*, qu'il a rencontrée au-delà du tropique. Puisse ce bon capitaine être aimable comme Sainte-Luce, être aimé comme lui !

Il me recommande notre enfant. Me le recommander ! eh ! n'est-il pas son père ?

Il est chargé d'une mission de la plus haute importance. Il a été joint, à la hauteur des Açores, par trois frégates, qui portent des troupes de débarquement, et qui se sont rangées sous ses ordres. Il va détruire des comptoirs anglais, sur toutes les côtes. Il espère terminer ses opérations dans un an, au plus tard. Il mettra à mes pieds ses lauriers et ses trésors. Toujours de la gloire et des alarmes ! Dans la vie privée, ou sur le pavois, il sera toujours pour moi le premier des humains.

Oh ! reviens, reviens. C'est toi que j'étreindrai dans mes bras; que je couvrirai de baisers. Je ne verrai ni ta gloire, ni tes richesses.

Je vais écrire au père de Louison. Je le manderai près de moi. Il parlera d'argent, j'en donnerai. S'il se présente d'autres obstacles, je les leverai. Je veux que tout le monde soit heureux autour de moi; le soit autant que moi. Je veux être la divinité de Louison et de Pierre, comme Sainte-Luce est l'objet exclusif de mon culte. Je veux avoir des autels dans leurs cœurs, comme il en a dans le mien.

CHAPITRE XXVIII.

Rencontre imprévue.

Le praticien de Lagny ressemble au père d'Eustache : beaucoup d'estime pour la famille de Pierre; mais Louison aura mille écus de dot, et Pierre ne possède que son métier de garçon imprimeur... Je donne mille écus à Pierre; j'obtiendrai pour lui une imprimerie à Lagny, et, toujours semblable au père d'Eustache, le bon praticien ne trouve plus que des qualités à mon protégé. Pierre est enchanté, et demande la permission de me baiser la main; Louison demande celle de me baiser la joue; Thomas me baiserait les pieds. Je lui ai fait un joli cadeau. Je veux qu'il soit, à la noce, aussi gai qu'on peut l'être, quand on n'épouse pas sa maîtresse.

Les apprêts du mariage, la joie des amans, l'activité, les complaisances de Thomas, du concierge, de sa femme, répandent dans cette maison, et dans les alentours, un mouvement qui vivifie tout. J'écoute, je décide, j'ordonne; les habitans du hameau gagnent quelque argent; on me bénit; on m'aime; je suis heureuse.

Il est si doux d'être aimé! il est si facile de l'être! Ceux qui n'ont pas d'amis n'en veulent pas, et n'en méritent point.

L'affection qu'on me porte éloignerait-elle les réflexions, ou empêche-t-elle ces bonnes gens de s'y arrêter? J'ai pu, par égard pour la princesse, l'accompagner ici; mais il était naturel que je retournasse avec elle à Paris, où j'aurais trouvé, à une époque qui n'est pas éloignée, les ressources de l'art, et les commodités que je ne peux me procurer dans cette espèce de désert. De cette première idée, il était simple de conclure que j'ai de puissantes raisons de me cacher, et une femme qui se cache, dans la position où je suis, a nécessairement des reproches à se faire. Cette pensée m'attriste au milieu de la joie générale. Si on ne voyait que le bienfait, et non celle à qui on le doit; si les marques de respect qu'on m'accorde n'étaient que le prix d'un peu d'or... non, vingt personnes ne dissimulent pas, avec cet accord, cette persévérance. Les gens de la maison, ceux du hameau, n'ont jamais feint, à l'égard de la princesse, cet attachement que mon premier aspect semble leur avoir commandé. Rassurons-nous, et jouissons du présent.

Le grand jour est venu. Il y a ici un désordre pittoresque, qui m'arrache à mes idées ordinaires, et qui m'amuse infiniment. La petite Louison est radieuse; son gros Pierre rit toujours, lors même qu'on ne lui parle point, qu'il ne dit rien, et que peut-être il ne pense pas. Je le crois de ces hommes dont l'amour est tout en action. Louison serait-elle déja connaisseuse?

Nous avons les parens et les amis de Lagny, qui regardent, de l'œil du plaisir, le violon de Thomas. Thomas se croit, dans sa cuisine, le premier homme du monde. Il meurt d'envie d'assister à la cérémonie, et il ne se consolerait pas, si un plat était manqué. Que fera-t-il? la curiosité l'emporte sur l'importance de ses fonctions. Il donne à deux ou trois paysannes les instructions nécessaires, pour le suppléer pendant une heure, avec une gravité et un ton doctoral, à faire mourir de rire.

Il a passé l'habit des dimanches; il est venu prendre sa part des rubans que j'ai distribués; il en a chargé sa boutonnière et le manche de son violon; il a pris la tête du cortége. Le violon crie; on le suit en chantant, en dansant; l'impulsion se communique à toutes les têtes. Je crains bien pour le dîner. Heureusement du Reynel n'est point ici.

L'auguste *oui* est prononcé, et jamais je ne l'ai entendu dire d'aussi bon cœur. Leur œil reconnaissant se tourne vers moi. Puissent-ils, dans vingt ans, si je les rencontre, me regarder encore ainsi! ils n'auront connu du mariage que ses douceurs.

Ne le disais-je pas? Le dîner est gâté. Thomas est furieux, désespéré. J'espère qu'il ne suivra pas l'exemple du maître d'hôtel du grand Condé. Je ne suis pas un héros, et mon cuisinier ne porte pas l'épée.

Les aides de cuisine sont allés se cacher. Pauvres femmes! elles ne savent pas que, dans le monde, bien des gens se chargent de ce qu'ils n'entendent point, font tout mal, paient d'audace, et reçoivent quelquefois des félicitations.

Tout est brûlé, rien n'est mangeable. Cela est assez indifférent aux mariés : ce jour n'est pas pour eux celui de la gourmandise; mais les autres... Thomas a repris bravement le tablier et le bonnet de coton. Au bout d'une heure, la table est chargée d'œufs à toutes les sauces, et de volailles de tous les genres, déguisées en *beef steck*. On a attendu, on a grand appétit, et la faim est le premier de tous les cuisiniers. La gaieté renaît; elle brille même dans les yeux de Thomas. On rit du dîner perdu; on savoure celui qu'on a. Le vin est bon, les bouteilles se vident, se remplissent; la chansonnette commence; le joyeux refrain se fait entendre; Thomas reprend son violon.

Monsieur le praticien est le personnage le plus considérable; en conséquence, il me présente sa grosse main, couverte d'un beau gant blanc. Moi, danser, dans l'état où je suis!... « Un menuet, « madame la comtesse, cela ne vous fatiguera

« pas. Un menuet, répètent tous les gens de la
« noce. Un menuet, reprend Thomas, en me fai-
« sant la révérence la plus gracieuse ; je joue celui
« d'*Exaudet* à ravir, c'est mon triomphe. »

Comment priver ce bon Thomas du plaisir de jouer son chef-d'œuvre, et de le jouer pour moi ? Je n'ai jamais su danser le menuet ; mais je me crois au moins de la force de monsieur le praticien. J'accepte sa main ; nous nous plaçons.

Pierre était sorti, je ne sais pourquoi. Il rentre ; il a l'air troublé. Il dit quelques mots à l'oreille de Louison ; l'étonnement se peint sur sa figure ; elle sort à son tour. Que se passe-t-il donc ? Ah ! quelque convive est probablement sorti des bornes de la tempérance. Quelques vases, quelques vitres cassées... Allons, allons, je ne verrai rien. Il est une classe d'hommes pour qui le plaisir est si rare, qu'on peut lui pardonner d'en abuser un peu.

Comment donc, monsieur le praticien danse son menuet avec les airs de la vieille cour ! je n'y entends rien du tout ; cependant je vais ; mon danseur me guide de l'œil et de la main. Quelle jouissance pour lui de pouvoir enseigner quelque chose à madame la comtesse ! je ne suis point humiliée, et je déploie toute l'amabilité qui est en moi. Eh, mon Dieu ! qui est celui qui n'a rien à apprendre ? Lalande ne savait probablement pas comment se fait une épingle.

Louison rentre au moment où mon danseur m'a remise à ma place. Je lui fais signe de s'approcher, et après l'avoir prévenue que je n'aurai pas d'humeur, quelque chose qui soit arrivée, je l'interroge sur ce qui s'est passé entre elle et son mari. « Madame, un homme s'est présenté à la « grille, pendant que vous dansiez. A travers sa « pâleur et son extrême faiblesse, il est aisé de « juger que sa figure a dû être belle. Ses habits, « dans le plus grand désordre, ont été riches, et « annoncent un personnage distingué. — Finis, « Louison; que veut cet homme? — Il a demandé « qui demeure dans cette maison. — Et vous avez « répondu? — Madame la comtesse de Laclos. Il « connaît beaucoup le général, a-t-il dit. Il n'a « jamais vu madame; mais il aime à croire qu'elle « est bonne comme son mari. Il m'a chargée de « vous dire qu'il n'est pas criminel, que depuis « trois jours, il est caché dans la forêt de Crécy, et « qu'il tombe d'inanition. Je n'ai pas eu le temps « de vous consulter, madame, et j'ai servi, à ce « pauvre homme, ce qui restait de mieux du dîner. « — Tu as bien fait, Louison. Cependant, si nous « n'avions beaucoup de monde ici, je serais em-« barrassée. Trois jours, passés dans une forêt, « annoncent de grands sujets de crainte, ou des « aventures extraordinaires, et dans l'un ou l'autre « cas, cet homme peut être à redouter. Mets au-« près de lui quelqu'un de tes parens, que tu

« chargeras de l'observer, et quand il aura mangé,
« donne-lui l'argent qu'il croira nécessaire pour
« continuer sa route. »

Pendant que nous causions, la bruyante contredanse occupait et ceux qui dansaient, et ceux qui attendaient le moment de danser à leur tour. Je continuais de partager la joie générale; je m'étais abandonnée à la satisfaction intérieure, qu'on éprouve toujours, quand on a fait un peu de bien; aucun nuage ne s'était élevé dans mon esprit de toute cette journée. J'étais loin de prévoir ce qui allait m'arriver.

Louison revient. Les alimens ont remis la figure de cet homme, qui est bien; mais sa faiblesse est encore extrême. Sa chaussure est en lambeaux; ses jambes et ses pieds sont blessés en plusieurs endroits, et il sollicite, comme une faveur insigne, la permission de s'arrêter ici un jour ou deux.

Mon premier mouvement est à l'humanité, le second à ma sûreté personnelle. Ce ne serait pas la première fois que d'adroits fripons auraient excité la sensibilité, pour en abuser ensuite. Je suis à l'abri de tout danger pour cette nuit; mais demain les gens de la noce me quitteront; Pierre s'occupera de sa femme, et je ne sais jusqu'à quel point je peux compter sur Thomas. Je n'écoute que la prudence. J'ordonne à Louison d'ajouter quelque chose à ce qu'elle a déja donné; de renvoyer cet homme, et de s'assurer si réellement il s'éloigne d'ici.

Elle est à peine sortie pour exécuter mes ordres, qu'elle rentre et me supplie de voir ce pauvre homme, qui est dans l'impuissance de marcher. « Eh bien, Louison! qu'il prenne une voiture. — « Eh, madame! où en trouver à l'heure qu'il est, « et comment osera-t-il paraître dans l'état de « délabrement où sont ses habits? Voyez-le, ma- « dame; je suis certaine qu'il vous inspirera quel- « que intérêt. »

Il n'a jamais vu madame de Laclos; ainsi de ce côté, je ne suis exposée à rien. En évitant toute conversation suivie, je ne craindrai pas de répondre gauchement à ce qu'il me dirait du général. Il est souffrant; il peut être honnête; je me laisse entraîner; je passe dans la salle à manger.

J'entre, et cet homme paraît sortir d'un accablement profond. Il soulève sa tête, et la laisse aussitôt retomber, en poussant un cri d'effroi et de douleur. S'il m'a vue, son coup d'œil a été rapide comme l'éclair. Le connais-je? La précipitation de ses mouvemens ne m'a pas permis d'en juger. Pourquoi ce cri, si je lui suis étrangère, et que peut-il signifier, si j'ai rencontré cet homme dans la société? Mon état peut exciter l'étonnement; mais l'effroi, la douleur?... Je m'y perds. Le parti le plus sage est de me retirer.

J'allais m'éloigner, lorsque ce malheureux a

confusément articulé quelques mots, qui me clouent sur le parquet, « Elle est témoin de la « juste punition de mes désordres !... La misère, « l'exil, l'abandon me paraissaient insupporta-« bles... Ce n'était rien... Paraître devant elle est « le dernier terme du malheur. »

Cette voix me pénètre d'effroi à mon tour; un frisson mortel glace mon sang, je me sens défaillir... Louison me soutient; elle va appeler; je n'ai que le temps de porter ma main sur sa bouche. Je regarde autour de moi... Je ne vois qu'elle dans cette salle. Je me la suis attachée par tous les liens que respecte une belle ame. Dieu en soit loué !

Le malheureux fait un effort, pour se lever et se traîner à mes pieds. Il m'a reconnue, je n'en doute pas. Le mal est fait; je n'ai plus rien à redouter. Mais pourquoi s'humilie-t-il? je ne le souffrirai point. Je vais à lui, je lui parle, je lui prends la main, je le force à rester sur son siége... Oui, il m'avait reconnue; mais il ne savait rien encore. J'étais sauvée, si j'avais pu suivre mon premier mouvement.

Je tenais sa main, et je la pressais avec l'expression de la sensibilité. Il semble recouvrer quelque courage, quelques forces. Ses yeux se lèvent sur les miens; ils saisissent tout mon être; ils reviennent, ils s'arrêtent sur cet enfant... « Elle « aussi, s'écrie-t-il, elle a commis une faute! L'idée « de sa perfection ne me poursuivra donc plus! »

J'allais tomber à ses pieds, lui demander grace. Ses derniers mots me révoltent, et me rendent toute ma fierté. « Oui, monsieur, j'ai commis « une faute. Mais vous l'avez voulue; vous l'avez « préparée, pendant que vous étiez mon époux. « — Je ne désire pas que vous vous jutifiiez, « madame. Je n'attends de vous que des secours. « J'ai le droit d'en réclamer. »

Ainsi cet homme a perdu tout sentiment de décence. Il ne voit dans ma faiblesse qu'un trait de ressemblance avec lui; il s'applaudit de me trouver déchue. Il est insensible au tort que cet enfant peut faire à Honorine. Il ne s'informe pas si j'ai pris des mesures, pour garantir à sa fille l'intégrité de sa fortune. Il ne sent que sa misère, et il tend bassement la main à celle qu'il a voulu dépouiller de tout.

Il était grand encore, lorsqu'il me rendit les diamans, que je m'étais empressée de lui sacrifier; mais il aimait Julie. L'ame honnête de cette jeune dame avait entretenu, dans la sienne, des principes de délicatesse et d'honneur. Il ne s'était pas dégradé jusqu'à se prostituer à ces femmes, dont le vice est l'aliment, et dont le souffle est empoisonné.

Il veut des secours. Pourquoi les demander? Ne se souvient-il pas que je les lui ai toujours offerts, et peut-il croire que ma main se fermera à l'aspect du malheur; qu'elle repoussera le père d'Honorine, en proie à tous les besoins? Je lui donnerai des secours; lui-même en déterminera l'importance; mais il s'éloignera, dès que ses forces le lui permettront. Conserver quelque relation avec lui, serait partager son infamie.

« Louison, mon secret t'est connu. Il n'y a plus
« pour toi de comtesse de Laclos. Mais si je t'ai
« inspiré quelque affection, tu garderas le silence,
« même avec ton mari. Monsieur, vous devez
« sentir la nécessité de vous taire. Un éclat nuirait
« à votre fille, sans me mettre sous votre dépen-
« dance. Je compte sur votre discrétion. Loui-
« son, conduisons monsieur à l'appartement de la
« princesse. »

Nous l'établissons dans cette chambre, où reposait naguère la femme la plus accomplie que j'aie connue. Nous pansons ses blessures; nous prévoyons ses besoins; nous lui laissons ce qui peut lui être agréable, ou utile pour le reste de la nuit.

J'ai toujours évité le danger des demi-confidences : on est bien près de parler, quand on s'occupe de conjectures. Louison, dans l'ignorance absolue des détails, pouvait laisser aller son imagination fort au-delà de la vérité. J'ai cru ne devoir rien lui cacher.

Elle a donné des larmes à ma situation. Pauvre enfant! des larmes le jour de son mariage, à l'instant même qui va couronner son amour, sa constance, sa sagesse! et c'est moi qui les fais couler! avec les intentions les plus droites, je fais le malheur de tout ce qui m'est cher. C'est par moi, c'est pour moi que Sainte-Luce expose sa vie ; c'est pour conserver l'estime de ma fille que je l'ai éloignée de moi, que je l'ai privée de sa mère; c'est par moi que la princesse a été attaquée dans sa réputation. Où s'arrêtera la fatalité qui me poursuit?

Il ne suffit pas de réfléchir sur le passé; il faut se garder de l'avenir. Cet homme, reçu avec distinction, et soigné par moi, sera dans une heure l'objet de la curiosité générale. Faisons un roman, simple comme ceux qui le raconteront, sans doute, dans les environs. M. de Francheville a été attaqué et volé dans la forêt. Il est ami particulier du général Laclos, auquel il a sauvé la vie en Espagne, et en le comblant d'égards et d'attentions, je suis loin, très-loin de m'acquitter envers lui.

Louison va répandre cette histoire. Elle me promet d'ailleurs un silence absolu. Je l'embrasse tendrement; elle me quitte pour revoir Pierre. C'est bien naturel : il est minuit.

Je suis chez moi, et j'appelle en vain le sommeil. Le délire de Louison me fait sentir l'absence de Sainte-Luce, et mon cœur, déjà contristé par cette idée, se flétrit quand je pense que M. de Francheville est à vingt pas de moi. Il n'est pas à craindre, puisqu'il a perdu toute espèce de sensibilité; mais sa présence est pénible, embarrassante. Quand cet homme-là cessera-t-il de me faire du mal?

Je passerai chez lui dès que j'entendrai Louison. Je me sentirai plus forte, quand j'aurai mis cette jeune femme entre nous. J'enverrai prendre à Lagny ce qui est nécessaire pour le vêtir convenablement. Je verrai ensuite ce que je pourrai faire pour lui.

Il est huit heures, et le silence règne encore dans toute la maison. Sonnerai-je? non. Que Louison prolonge son ivresse: elle reviendra assez tôt au souvenir de sa dépendance.

Elle frappe à ma porte, je lui ouvre. « Oh, « mon Dieu! madame n'a pas dormi! — Non, « Louison. — Ni moi non plus, madame. — Et tu « es brillante de santé. Louison, je suis malheu- « reuse. — Sans l'avoir mérité. — Je ne le crois « pas, Louison. — Madame, je pleurerai avec « vous. — Ne t'occupe plus de mes peines. Con- « serve ta gaieté et ton cœur, pour le bonheur de « ton mari. — Ne puis-je le rendre heureux, « madame, et partager vos chagrins? — Non, « Louison. La douleur se communique comme le « plaisir. N'attriste pas Pierre de celle qu'il ne « peut soulager. Passons chez M. de Francheville. »

Une nuit a suffi pour réparer ses forces. Il peut dormir! Je l'interroge, avec timidité, sur les causes du dénûment absolu où il se trouve. Je lui demande ce qu'il désire, ce qu'il attend de moi.

« Mon histoire est courte, madame. J'ai mangé
« ce que j'avais, et j'ai fait des billets pour cent
« mille francs au-delà. Les échéances sont arrivées;
« on a voulu me faire arrêter; j'ai été averti, et
« j'ai pris la fuite. La police, qui semblait m'avoir
« oublié, m'a fait chercher partout. Je me cachais
« le jour; je marchais la nuit. Je suis arrivé dans
« cette forêt, qui a été aussitôt investie. On en a
« battu toutes les parties; on est passé vingt fois
« contre les broussailles qui me recélaient. Las
« enfin de l'inutilité de leurs recherches, ceux qui
« me suivaient, avec tant de persévérance, se sont
« éloignés, et je me suis traîné jusqu'ici.

« — D'après cela, monsieur, votre projet n'est
« pas de retourner à Paris? — Non, madame, je
« resterai avec vous, si vous le permettez. — Avec
« moi, monsieur, avec moi! — Oui, madame, avec
« vous : nous nous sommes conduits tous deux de
« manière à n'avoir rien à nous reprocher. Vous
« avez trente mille livres de rentes, sur lesquelles
« j'ai quelques droits; nous les mangerons en-
« semble, en dépit du divorce et de toutes les
« observations que vous pourrez me faire. — Vous
« oubliez, monsieur, que je suis indépendante. —
« De moi, jusqu'à certain point; mais vous êtes
« soumise aux circonstances; je peux publier l'état
« où vous êtes, et il n'est point d'avocat qui anéan-
« tisse un fait qui parle aux yeux.

« Ne comptez pas sur la protection du prince.
« Il pourra me livrer à ceux qui me poursuivent;

« il ne vous rendra pas ce que vous appelez hon-
« neur. Vous n'opposerez plus ce mot à mes vo-
« lontés; vous n'en ferez plus retentir les tribu-
« naux et les cercles de Paris; vous n'armerez
« plus personne contre moi.

« Je vous accorde vingt-quatre heures pour ré-
« fléchir et vous soumettre. Ne les employez pas
« à vous mettre en mesure. Le moment, où vous
« agirez, sera celui où j'effectuerai mes menaces.
« Que demain, à la même heure, un notaire m'ap-
« porte un acte par lequel vous reconnaîtrez me
« devoir cent mille écus, que je n'exigerai pas,
« tant que je serai content de vous. Je n'ai rien à
« ajouter, et vous êtes la maîtresse de vous reti-
« rer. Mademoiselle, donnez-moi ce qu'il me faut
« pour écrire, et qu'on m'apporte à déjeuner. »

Je le quitte, fondant en larmes, terrifiée de ce que je viens d'entendre; ne concevant pas qu'on puisse porter à ce point la cruauté et la tyrannie. Je recommande à Louison de lui obéir aveuglément, jusqu'à nouvel ordre.

Je rentre chez moi, pénétrée de l'horreur de ma situation.

CHAPITRE XXIX.

Bien donner, c'est prêter.

Quelles idées s'emparent de moi; se succèdent sans interruption; m'accablent par leur multiplicité, par le mouvement, rapide et continuel, qu'elles donnent à tout mon être! Il est constant que M. de Francheville peut me perdre dans l'opinion publique; mais acheterai-je son silence au prix de la moitié du bien de ma fille, et sais-je si cet homme, après avoir obtenu cette moitié, n'exigera pas le sacrifice de l'autre? Je vois avec terreur que j'ai tout à redouter.

S'il avait cependant la probité de certains scélérats dont la parole était inviolable? si, content de m'avoir arraché une somme considérable, il m'oubliait jusqu'à ce qu'elle soit dissipée, il ne resterait aucune trace de mon état, qui fait maintenant sa force, et pour qu'un homme, aussi dégradé, obtienne quelque confiance, il faut qu'il prouve ce qu'il dit jusqu'à la conviction. Je ne sais à quoi m'arrêter, et personne auprès de moi, de qui je puisse attendre un conseil! Ah! c'est surtout à présent que je sens combien la princesse m'était nécessaire. Elle ne pouvait toujours prévenir le mal : elle avait au moins l'art de me le faire oublier.

Il faut cependant que je me détermine, et mon indécision augmente à chaque instant. Il n'exigera pas le capital, a-t-il dit, si je veux le garder avec moi. Ah! si je ne devais pas compte de ma fortune à ma fille, je donnerais tout ce que je possède pour m'épargner le malheur de le voir... Non, je ne céderai pas; je fuirai, s'il le faut. Il écrira, il parlera. Ma réputation parlera plus haut que lui, et il ne sera cru que de mes domestiques, que je ne reverrai pas, et à qui l'attachement, qu'ils m'ont voué, imposera peut-être silence. A qui d'ailleurs s'ouvriraient-ils? à des gens sans consistance comme eux.

Comment ceux qui ont parcouru cette forêt dans tous les sens, n'ont-ils pas porté plus loin leurs recherches? comment n'ont-ils pas visité les habitations environnantes? peut-être le respect dû au prince les aura retenus... Que de peines ils m'eussent épargné si... Malheureuse! qu'allais-je dire? quel désir allais-je former... le père d'Honorine n'est-il pas assez malheureux? puis-je souhaiter de voir combler son infortune? Soulageons-le, et bannissons des pensées indignes de moi.

Thomas revient de Lagny. Il n'est pas aisé dans cette ville d'habiller décemment un homme en une heure de temps. Cependant Thomas y a trouvé ce qui est strictement nécessaire, et la simplicité même de ces vêtemens peut tromper l'œil vigilant de ceux qui cherchent M. de Francheville.

Tous nos convives sont retirés, et un éclat, s'il s'en permet un, ne peut avoir de publicité. Je vais essayer de concilier son bien-être avec mes intérêts, et ceux d'Honorine. Je me fais accompagner de Louison, et je passe chez lui.

« Vous m'avez notifié vos intentions, monsieur,
« avec une clarté et une précision que j'imiterai :
« il n'est agréable, ni pour vous, ni pour moi de

« prolonger nos entretiens. Je vais vous instruire
« en peu de mots de ce que je compte faire pour
« vous. Voilà des habits et du linge. J'aurais voulu
« vous présenter quelque chose de mieux, mais
« une petite ville offre peu de ressources, en ce
« genre. Prenez cette bourse; c'est tout ce qui me
« reste en argent comptant. Acceptez ces diamans,
« que vous avez refusés une fois, mais dont vous
« n'aviez pas un besoin aussi pressant. J'y join-
« drai la moitié de mon revenu, qui vous sera
« exactement payé, partout où vous le désirerez,
« sous la condition expresse que vous vous reti-
« rerez à l'instant.

« — Des conditions, ma belle dame, des con-
« ditions! il vous sied mal de vouloir en imposer.
« Souvenez-vous que vous n'avez qu'un parti à
« prendre, celui de la soumission. — Je vois avec
« quelque satisfaction, monsieur, que vous m'es-
« timez encore assez, pour être persuadé que je
« ferai tout pour conserver ma réputation. Je vous
« préviens, cependant, que je ne me permettrai
« que ce qui me paraîtra légitime, et que la crainte
« ne me fera pas oublier ce que je dois à votre fille
« et à la mienne. — Comment donc, les grands
« principes; de la noblesse dans le ton; de la di-
« gnité dans le maintien! C'est Minerve, parée de
« la main des Graces. Je ne retrouve plus Fan-
« chette, si vive, si enjouée, si étourdie! Elle saisit
« alternativement tous les rôles, et elle a l'art de
« les embellir tous. Jamais, madame, je ne vous

« ai vue si séduisante. Il serait parbleu plaisant
« de nous reprendre, et de duper ce petit Sainte-
« Luce, qui a eu la bonté de s'aller faire tuer pour
« l'amour de vous. »

Il se lève, l'œil étincelant, les bras étendus vers moi... Je pousse un cri d'horreur; Louison sonne à tout briser; Pierre et Thomas accourent.

« Éloignez-vous, leur crie-t-il, d'un ton et d'un
« air terrible. Je suis le mari de madame, et per-
« sonne n'a le droit d'intervenir dans nos affaires
« privées. — Vous ne lui êtes plus rien, répond
« Pierre, avec assez de résolution, et vous sorti-
« rez d'ici à l'instant. » Il est clair que Louison a parlé. Devais-je croire qu'une femme cache rien à l'homme qu'elle aime ? Au reste, cette indiscrétion me vaut deux défenseurs; mais aussi M. de Francheville n'a plus rien à leur apprendre. Dans toute autre circonstance, j'aurais été accablée de confusion; mais ce moment de crise ramenait toutes mes pensées à celle de ma sûreté personnelle.

Pierre finissait à peine de parler, que Thomas vole, et reparaît armé de ce qui s'est trouvé sous sa main. « Vous ne supposez pas, madame, re-
« prend l'homme farouche, qu'un fugitif ne s'oc-
« cupe point de sa défense. Vous voulez que j'en
« vienne aux grands moyens; j'y consens. La pos-
« session d'une femme comme vous ne peut trop
« s'acheter. » Il tire des pistolets de sa poche, et ordonne à Pierre et à Thomas de marcher devant

lui. L'aspect des armes à feu leur ôte tout leur courage. Ils obéissent à regret, je le vois clairement ; mais ils obéissent.

Louison, éplorée, suit son mari, et essaie de fléchir notre ennemi commun. Je reste seule, et j'entends fermer la porte de la chambre ; on en ôte la clé... Où va-t-il les conduire ? Suis-je à la disposition de cet homme ? Moi, je recevrais ses embrassemens ; je succéderais à des misérables, qui sont la honte de leur sexe ; je trahirais Sainte-Luce !... Je donne tout ce que j'ai, ma vie, s'il le faut, et je resterai fidèle.

La porte se rouvre... C'est lui, c'est lui !... Je tombe à ses genoux, je lui demande grace. « Qu'elle est belle dans les larmes ! que sa gros-
« sesse lui sied bien ! je crois la voir pour la pre-
« mière fois. Allons, Fanchette, il est inutile de
« faire l'enfant. J'ai mis tes gens dans la cave, et
« pour ménager ta pruderie, je te promets de ne
« rien dire de ce qui va se passer. Voilà tout ce
« que je puis pour toi. Viens m'embrasser. Le
« plaisir d'abord ; nous réglerons ensuite les af-
« faires d'intérêt. »

Je m'élance ; je mesure de l'œil la hauteur de la croisée. Il m'arrête ; il me saisit. « Tu ne réflé-
« chis pas, ma petite, que tu vas priver la France
« d'un petit Sainte-Luce, et de la plus jolie femme
« de Paris. » Je ne m'occupais plus de mon enfant ; j'étais tout à son père. Mon amour doublait mes forces ; le barbare m'en opposait de bien su-

périeures. Je sentais les miennes faiblir, de moment en moment... C'en est fait, il faut que je succombe dans une lutte aussi inégale, et je ne peux mourir !...

On frappe à la grille, à coups redoublés, et le monstre ne quitte pas sa victime. La grille tombe avec fracas... Il me laisse enfin ; il court à la fenêtre. « Je suis perdu, s'écrie-t-il. Applaudissez-
« vous ; jouissez de votre triomphe. Si je croyais
« que vous m'eussiez trahi, je vous ferais sauter
« la cervelle ; mais vous êtes trop timide pour avoir
« eu cette idée-là. »

Je regarde... Des gendarmes, des huissiers, des gardes de la forêt... Je prends mon oppresseur, je le pousse dans un arrière-cabinet ; je le couvre des effets que la princesse y a laissés ; je ferme la porte ; je cache la clé dans mon sein, et je me hâte de réparer le désordre affreux où je suis.

On se répand dans toute la maison ; on ouvre, on cherche ; on n'oublie pas un recoin. Le chef des gendarmes entre seul, dans la chambre où je suis restée ; il se présente d'un air décent ; il me marque des égards. « Vous avez été l'objet de
« quelque violence, me dit-il, vous le nieriez en
« vain, madame. Faites votre déclaration, et in-
« diquez-moi le coupable. — Je n'ai à me plaindre
« de personne, monsieur, et je ne sais de qui vous
« me parlez. — Le procédé est généreux, madame.
« Permettez, qu'en l'admirant, je remplisse mes
« obligations. Vous refusez de parler : dites-moi

« du moins, je vous en prie, où est celui de vos
« gens que vous avez envoyé à Lagny. — Vous le
« connaissez, monsieur? — C'est lui, madame,
« qui nous a déclaré que vous étiez au pouvoir
« d'un homme, capable de se porter, contre vous,
« aux dernières extrémités. Il me l'a nommé. De-
« puis quatre jours, j'avais reçu de Paris son si-
« gnalement, et j'ai fait aussitôt monter ma bri-
« gade à cheval. Près d'ici, j'ai rencontré des
« huissiers et des gardes de la forêt, qui m'ont
« dit avoir détaché l'un d'eux, pour obtenir du
« prince la permission de fouiller cette maison,
« qu'ils ont constamment observée. L'envoyé ne
« revient pas; mais je continuerai mes recher-
« ches : le prince est trop ami de l'ordre, pour
« souffrir que ses domaines servent d'asyle à ceux
« que poursuit l'autorité. Je vous prie, pour la
« seconde fois, madame, de faire comparaître ce
« domestique. »

Je prévoyais les suites de cette espèce d'inter-
rogatoire; je ne répondais plus. Dénoncer est
d'un lâche, et il est une sorte de courage, que
mon sexe a souvent porté très-loin : celui de
souffrir et de savoir se taire. Mais les gendarmes
avaient enfoncé les portes des caves, et ils avaient
rendu la liberté à Louison, à Pierre, à Thomas.
Tous trois paraissent; ils tombent à mes pieds,
ils les embrassent. Des larmes de joie et d'attendrissement s'échappent de tous les yeux; un cri
se fait entendre : Vous étes sauvée!

Le brigadier ne s'était pas éloigné de la porte du cabinet, où j'avais enfermé M. de Francheville. Ces hommes-là ont-ils un instinct, ou une habitude qui les fait deviner? Celui-ci a fait un signe à sa troupe, et elle est allée se ranger sous la croisée. Peut-être mes regards, constamment fixés sur cette porte, ont décelé le malheureux. Je ne vois plus de moyens de le sauver, et cependant je le désire sincèrement. J'oublie tout ce qu'il m'a fait: il est toujours le père d'Honorine. Ce titre est sacré pour moi, et il n'est pas de femme qui puisse haïr l'objet de son premier amour.

« Voulez-vous bien, madame, me remettre la
« clé de cette porte? me dit le brigadier. — Je ne
« l'ai pas, monsieur. — Il faut donc la briser. —
« Monsieur le commandant, prenez garde, s'écrie
« Thomas, il a des pistolets. — Soyez tranquille,
« mon ami. » Les gardes de la forêt sont en ligne en face de la porte; leurs armes sont prêtes; au moindre mouvement, de M. de Francheville, ils vont faire feu.

« Un moment, m'écrié-je. Ce sont ses créan-
« ciers qui le poursuivent. Je n'ai pas la somme
« exigée; mais je vais m'engager à la payer, dans
« le plus court délai. Madame, répond le briga-
« dier, ce sacrifice ne conservera pas la liberté à
« M. de Francheville: il est banni de Paris, il a
« rompu son ban. Vous le tirerez des mains des
« huissiers; mais je dois m'assurer de sa personne.

« Thomas, donnez-moi cette hache, et finissons. »

La porte cède au second coup. Francheville est debout, armé de ses pistolets. Le brigadier se tourne vers les gardes; le commandement fatal va lui échapper... Je me précipite au-devant des coups; je m'élance sur Francheville; je le couvre de mon corps : « Malheureux, voulez-vous mourir
« sur l'échafaud! »

Il laisse tomber ses armes; il vient présenter ses mains aux fers honteux qu'on lui prépare. On l'entraîne; il marche attaché à la queue d'un cheval... Ce spectacle me fait un mal horrible. Je me laisse aller sur un fauteuil. Je me sens prête à m'évanouir.

Ma bourse, mon écrin sont restés sur cette table où il écrivait. « Pierre, prenez cela, allez
« après lui... prenez encore ces habits, ce linge;
« allez, courez. Qu'il n'ait à regretter que sa liberté.

« Ah, Thomas! qu'avez-vous fait? — Mon de-
« voir, madame. — Vous en avais-je prié? —
« Vous en êtes incapable, et je n'avais qu'un parti
« à prendre, celui de vous servir sans votre aveu,
« sans vous le dire.

« — Louison, Louison, vous m'aviez promis le
« secret. — J'ai parlé, madame; mais je tremblais
« pour votre fortune et pour vous. Nous nous
« sommes concertés tous trois, et nous avons pris
« les mesures qui nous ont paru les plus propres
« à assurer votre repos. Pouvions-nous faire moins
« pour quelqu'un qui nous a comblés de bienfaits?

« donner à de bonnes gens, madame, c'est prêter. »

Je me suis laissée aller à un premier mouvement de sensibilité. Je réfléchis maintenant, et je sens que cet homme n'eût pas cessé d'être dangereux pour moi. Je parcours les lettres qu'il vient d'écrire... des horreurs, adressées contre moi, aux personnages les plus distingués de la cour et de la ville ; des plaisanteries infâmes, écrites aux compagnons de ses débauches ; l'invitation de conduire ici des misérables, et de me confondre avec elles ; l'expression du vice qui ne se cache plus. J'envisage les choses, sous leur véritable point de vue. Je le plains, je l'aiderai ; c'est tout ce que je lui dois.

Cette scène si longue, si continuellement variée, et toujours terrible, les impressions, diverses, et toujours violentes, que j'ai successivement éprouvées, ont soutenu mes forces jusqu'à la fin : je suis à présent dans un accablement profond... Mes facultés intellectuelles ont perdu leur énergie. J'éprouve un malaise général. Louison ne me quitte pas un instant. Elle me parle, et je l'entends à peine ; elle me prodigue ses soins ; elle n'agit que sur mon cœur : c'est un foyer inépuisable ; le reste est insensible. Bonne jeune femme ! que je suis heureuse de l'avoir ! elle a raison : *Bien donner, c'est prêter.*

Mon mal augmente à chaque instant. Déjà des douleurs aiguës... serai-je mère avant le temps?...

Ce malheureux a tué l'enfant de Sainte-Luce. Voilà ce que je ne lui pardonnerai jamais.

Louison ne me suffit plus, et je n'ai qu'elle auprès de moi. Elle fait monter la femme du concierge. Quelle ressource! Thomas prend un cheval, et court à Lagny. Il reviendra trop tard....

....

Tout est terminé. La nature et de faibles secours ont suffi... Je n'entends pas ce cri qui rassure une mère; qui dilate son cœur; qui lui fait oublier ce qu'elle a souffert. Mon enfant, Louison, mon enfant?... Tu pleures! il est mort. Tu te tais : je n'ai plus rien à te demander.

Que de peines m'a causées son existence! je l'ai perdu et je gémis. Oh! combien je l'aurais aimé! Celui-là était aussi l'enfant de l'amour. C'est par ménagement pour un infâme que je me suis cachée; c'est à l'effroi qu'il m'inspirait, à ma pusillanimité, à une fausse honte que j'ai immolé cette victime. Que répondrai-je à Sainte-Luce quand il me demandera son fils?

Et moi aussi je suis un assassin, et le suis pour la seconde fois. C'est mon amour pour un homme, qui ne le méritait pas, qui a ôté la vie à madame de Mirville et à son enfant. Ils sont trop vengés.

J'ai résisté au malheur; je ne peux supporter le remords : il me tuera. « Laisse-moi, Louison, « laisse-moi. Tu n'arracheras pas de mon cœur le « trait qui le déchire. »

. . . .
. . . .

Où suis-je? Que s'est-il passé?... Est-ce un songe? est-ce la vérité? la princesse!... ma fille!... oui, c'est elle, c'est mon Honorine!... Dans une circonstance semblable elle a rendu la vie à son père. Elle me la conservera; elle me la fera aimer encore.

Aimable enfant! elle s'attache à mon sein; elle m'enlace dans ses bras; elle me comble de caresses... Elle ne sait donc rien? Elle ne m'aimerait plus si elle avait cessé de m'estimer. J'interroge la princesse d'un coup d'œil. « Soyez tranquille, « me dit-elle tout bas; vous êtes entourée d'hon- « nêtes gens. Votre secret est enseveli avec ce dé- « plorable enfant. Il a été inhumé sous le nom de « Francheville, parce qu'il n'y avait plus d'incon- « vénient à déclarer conformément à la loi. »

Louison s'éloigne de ma chambre pour la première fois. Elle rentre avec son mari et Thomas; ils savent que je leur suis rendue. Ils tombent à genoux devant mon lit; ils adressent au ciel leurs remercîmens et leurs vœux. Les dignes gens! oui, oui, donner ainsi, c'est prêter.

Une maladie violente m'a mise au bord du tombeau. Quelques mots, jetés sans réflexion, me font entendre qu'elle était contagieuse. Dieu soit loué! aucun de ceux qui m'a donné des soins n'a été frappé.

Au moment où ma maladie a été jugée sérieuse,

Thomas est monté à cheval. Il ne s'est arrêté que devant l'hôtel de la princesse. Il l'a conjurée de ne pas me laisser mourir. La meilleure des amies a jugé aussitôt du remède, qui ferait sur moi le plus d'effet. Le prince était parti la veille pour la grande armée. Maîtresse de ses actions, elle a volé à Écouen; elle m'a amené ma fille.

Quel changement je remarque dans Honorine! elle n'a plus rien d'un enfant. Sa taille s'est accrue; ses formes se sont développées. Son jugement et son caractère; son amabilité et ses graces naturelles me la feraient aimer, ne fût-elle pas ma fille. La princesse est toujours la même, la première, la plus généreuse, la plus sensible des femmes. Quel doux et heureux effet produisent sur moi l'amour maternel et l'amitié! Je crois me sentir renaître. Pourquoi ces deux sentimens m'occupent-ils presque exclusivement? c'est qu'ils sont indépendans de la chaleur et de l'activité de notre sang. C'est une faculté inextinguible d'une ame noble et bonne. Ce qu'on nomme vulgairement amour, ne réside que dans les sens. Il faut en avoir perdu l'usage pour faire cette observation. Cette idée est humiliante, j'en conviens; mais j'éprouve combien elle est fondée. Mon amour a diminué avec ma vie; sans doute il renaîtra avec elle. Dois-je le désirer? Que de chagrins, bon Dieu!... mais aussi quelles délices!

Déja on parle de me conduire à Paris. Je voudrais y être, et oublier les scènes affreuses qui se sont passées ici... Oh! elles me seront toujours présentes.

Il faudra donc me séparer de ma bonne Louison et de son Pierre! Il va faire valoir l'imprimerie que je lui ai achetée à Lagny. Ils pleurent tous deux, quand ils parlent de me quitter. Si je disais un mot, ils me sacrifieraient leur établissement: je ne le dirai pas; je dois les aimer pour eux. J'emmènerai mon Thomas; il remplacera l'estimable Georges; il vieillira, il mourra près de moi.

Le départ est fixé à demain. On s'occupe des préparatifs nécessaires. Je surprends quelquefois une larme qui coule sur la joue de Louison; je suis aussi attendrie qu'elle. Je serre moi-même ce portrait devant lequel je suis restée si souvent en extase, ces lettres que j'ai lues avec tant de charme! Je sens que le moment de les relire avec ivresse n'est pas très-éloigné.

Nous allons nous séparer. Je dis à Louison et à Pierre un adieu peut-être éternel. J'embrasse tendrement la jeune femme. Je vais embrasser aussi son mari. Pourquoi ne l'embrasserais-je pas? Il a été mon domestique; il est devenu mon ami. Nous fondons en larmes tous les trois. Je voudrais leur donner une dernière marque de mon affection: je me suis épuisée en faveur du barbare... Ah! il me reste une petite bague. Je la passe au doigt de Louison. « Conserve-la pour

« l'amour de moi. — Ah! toute ma vie, madame. »

Thomas est fou depuis qu'il sait que je l'emmène avec moi. Il est dans une activité continuelle, et il fait tout de travers. Il range, il défait, il recommence, il s'impatiente, il rit; il jurerait, si je n'étais là. Pauvre cher homme! sa tête se dérange pour bien peu de chose. Suivre une femme malheureuse et souffrante, est-ce un sort digne d'envie? Ah! tout se peint en beau près des gens qu'on aime. Illusions, toujours des illusions! nous ne vivons que de cela. N'en est-ce pas une aussi que s'exagérer son malheur? Ne me reste-t-il pas l'espérance? C'est elle que je dois écouter.

La princesse veut absolument que je descende chez elle. Elle a la bonté de m'assurer qu'il n'y a que moi qui puisse la dédommager de l'absence du prince. Je me rendrai aux vœux de l'amitié. Il est si doux de lui céder! J'occuperai une aile du palais. J'y serai tout-à-fait chez moi; je serai aussi chez mon amie.

Je suis installée. Honorine est enchantée de vivre familièrement avec les enfans d'un prince. Les illusions sont de tous les âges. Celle-ci cessera d'en être une, si ces enfans ont le cœur de leur mère.

J'ai mis Thomas à la tête de mon domestique. Mes gens lui trouvent l'air gauche, emprunté, provincial enfin. Ils l'ont un peu plaisanté; mais je leur ai notifié si sèchement que je congédierais ceux qui manqueraient d'égards envers mon *fac-*

totum, que les railleries ont cessé à l'instant. On ne l'appelle que monsieur Thomas, et quand il donne un ordre, on lui répond par une inclination. Oh! les hommes! les hommes! un souverain, s'il le voulait, ferait adorer ses éperons.

Encore une lettre de Sainte-Luce! Ah! je reviens tout-à-fait à la vie. Il ne me reste rien des souvenirs qui m'ont si profondément affligée... C'est toujours son cœur; c'est son style, si rapide, si pénétrant. Il faut aimer avec passion pour écrire ainsi. Il réchauffe mon sang; il me rend tout entière à l'amour. Le temps ne peut donc rien sur cet homme charmant; qu'il m'oublie aussi, pour que je sois toujours belle. Je ne veux l'être que pour être toujours aimée.

Il a détruit plusieurs établissemens des Anglais. Il avait acquis des richesses; il allait suivre le cours de ses succès, lorsqu'une tempête violente a battu ses vaisseaux, les a désemparés. Ils sont tombés, à la chute du jour, au milieu d'une division anglaise, qui croyait sa proie assurée. En effet, comment se sauver? Au lever du soleil, il faudra combattre, ou se rendre. Espérer la victoire, monté sur des vaisseaux qui ne peuvent plus manœuvrer, c'est vouloir mourir les armes à la main, dans un combat trop inégal, sans utilité, et par conséquent sans gloire. Se rendre! cette idée est affreuse. Sainte-Luce parle, il persuade, il entraîne. On décide de mettre le feu aux vaisseaux, et de se sauver dans les chaloupes, à la faveur des ténèbres. Ce projet est aussitôt exécuté.

La petite embarcation qui porte Sainte-Luce, passe heureusement à travers la flotte anglaise. Il voit dans l'éloignement les flammes qui dévorent ces bâtimens que naguère il commandait. Le bruit terrible de l'explosion parvient jusqu'à lui, et le fait frissonner. Cette escadre, si long-temps la terreur des Anglais, n'existe plus. Il ne lui reste rien de ces richesses acquises au prix de son sang. Il erre avec sa gloire, et quelques compagnons d'infortune, sur une mer immense et orageuse. Ils n'ont de vivres que pour huit jours.

L'aurore renaît. Cette chaloupe est seule. Les autres sont-elles sauvées? Sainte-Luce ne voit autour de lui que des côtes ennemies. Une faible voile l'en éloigne; mais il faut des semaines, et un bonheur inouï pour échapper au danger, et la faim, le plus cruel des fléaux, le menace et l'attend... Un vaisseau paraît à l'horizon. De quelle nation est-il? Il fait force de voiles; il arrive sur ces infortunés; ils se soumettent à leur sort.

O bonheur! ce bâtiment est américain. Le capitaine recueille ces malheureux; il leur prodigue les consolations et les soins; il les conduit à Philadelphie. Sainte-Luce court à New-York; il y trouve le consul de France; ses compagnons ont une existence assurée, et il s'acquitte envers le brave homme qui l'a reçu à son bord.

Il a confié cette lettre à un parlementaire anglais qui doit toucher à Lorient. Il saisira la première occasion qui se présentera pour repasser en France. Il volera dans mes bras; il pressera son enfant dans les siens... Son enfant! ah! ce mot me fait un mal!...

Mais pourquoi s'affliger sans cesse d'un événement cruel, mais irréparable; d'un malheur qu'on n'a point attiré sur soi? Je me le suis reproché amèrement, et cependant je ne suis pas coupable... Il revient, il revient plein d'amour et d'espérances; elles seront réalisées. Il a tout perdu; mais ce que j'ai est à lui. Qu'il est doux d'enrichir ce qu'on aime!

Que dis-je? et Honorine qu'il faut penser à établir, et ce que j'ai promis à son père!... Eh bien, je serai fidèle à mon devoir envers l'une, et à mes promesses envers l'autre. Il me restera dix mille francs de revenu : n'est-ce pas assez pour l'amour? Il s'égare ou s'endort sous des lambris dorés; la médiocrité lui donne une vie toujours nouvelle. Un travail, agréable et utile, prévient la satiété. Un mot réveille le cœur, et il est bon, si bon d'avoir là, toujours là, ce qu'on aime; de partager le soin des affaires, et les plaisirs modestes qu'on peut se procurer! Le riche n'est à lui nulle part; la médiocrité est solitaire partout, même au milieu de la foule : on ne la remarque jamais. Le riche ne connaît de l'amour que le bruit et l'éclat; la médiocrité tourne tout au profit du cœur. Le riche la plaint en bâillant; elle jouit dans le silence. Oui, la médiocrité est l'état qui convient à qui sait aimer, à qui veut aimer toujours.

Il revient! il revient!... Oh! la princesse me trouvera docile maintenant. Je reverrai le monde, et j'y porterai le contentement, et la gaieté franche qui l'accompagne toujours. J'y chercherai, j'y trouverai le plaisir; je l'y porterai peut-être. Honorine, d'ailleurs, a besoin de dissipation, et il est temps qu'on la voie, qu'on la connaisse, qu'on l'apprécie. Je veux que celui qui l'épousera l'estime et l'aime de bonne heure; que le sentiment, dont il aura contracté l'habitude, devienne le premier, et le plus durable de ses goûts. Honorine ne l'enrichira point; mais elle lui donnera tout, excepté de l'or, et je le répète, l'or n'est pas le bonheur. J'ai connu des millionnaires, bien moins heureux que je le suis en ce moment. La soif d'acquérir, le soin de conserver ne sont-ils pas un mal réel? Je trouverai, pour mon Honorine, un homme aimable, et qui aura assez de raison pour préférer une honnête aisance à l'embarras des richesses. Ces hommes-là sont rares, je le sais; mais il ne nous en faut qu'un.

CHAPITRE XXX.

Encore des victimes.

Hélas! j'avais bien des raisons de le dire : il n'est plus pour moi de jours sans nuages. Un bulletin de l'armée nous frappe d'un coup terrible. La princesse le supportera-t-elle? Le corps, que commandait son époux, est victorieux, sur tous les points; mais le chef meurt au sein de la victoire. Rang, fortune, considération, félicité, espérances, tout est enseveli dans la tombe.

Il m'aimait, et la princesse tenait à lui, par tous les sentimens, qui peuvent remplacer l'amour, et qui sont peut-être plus durables. Ah! pleurons, pleurons ensemble. Pouvais-je prévoir qu'elle aurait jamais besoin de mon frêle appui; qu'elle attendrait, qu'elle recevrait de moi des consolations? Il est des événemens, qui rappellent aux grands qu'ils ne sont que des hommes. L'amitié seule peut en adoucir l'amertume. Heureux encore, dans leurs désastres, les grands qui ont mérité d'avoir des amis!

Je me consacre, je me voue tout entière à ma chère Amélie. Ce que mon cœur a d'affection, ce que mon esprit a de ressources lui appartiennent exclusivement. Je ne verrai qu'elle, je ne m'occuperai que d'elle, tant que ses larmes couleront. J'oublierai tout pour elle, tout, jusqu'à l'amour.

Pauvres enfans! ils ne sentent pas leur malheur. Ils pleurent en voyant pleurer leur mère; ils rient un moment après. Honorine ne les quitte pas; elle les distrait continuellement, et si une teinte de tristesse obscurcit ces visages charmans : « Et « moi aussi, dit-elle, j'ai perdu mon père, et je « ne pleure pas. » Elle sent toute la différence qui existait entre le prince et M. de Francheville. Fille du premier, elle fondrait en larmes. Je ne lui reproche pas sa dissimulation : il est des circonstances, où elle devient indispensable, et elle ne mérite jamais le blâme, lorsqu'elle est utile à quelqu'un, et qu'elle ne nuit à personne.

La princesse reçoit du souverain la lettre la plus touchante. Il honore le prince de ses regrets; il adopte ses enfans; il prie leur mère de solliciter ses graces; il l'invite à se rappeler qu'une mort glorieuse rend l'homme immortel. « Ah! je ne « suis qu'une femme, dit-elle. Que de pleurs me « coûtera la gloire! que de femmes elle a fait « pleurer comme moi! »

L'auguste épouse du monarque mande la princesse auprès d'elle. Elle veut la voir, l'embrasser, s'affliger avec elle. Écrire, penser, agir ainsi, c'est se montrer digne de son rang. « Je mènerai mes « enfans avec moi, dit Amélie. Ils ont une longue « carrière à parcourir; ils ont besoin d'un appui

« aussi solide que respectable. Je pars, et je re-
« viens m'enfermer et vivre avec mon amie. »

Je ne suis pas d'un rang à pouvoir les accompagner : je reste avec Honorine. Je m'applaudissais de pouvoir lui donner quelques heures; j'aimais à me retrouver mère, après m'être montrée bonne amie; ma sécurité était entière, et j'allais verser des larmes de sang.

Un tumulte, un bruit extraordinaire se font entendre à la porte de l'hôtel. Je cours à une croisée; la voiture entre au grand galop de six chevaux... Que s'est-il passé, grand Dieu! On retire la princesse du carrosse... Elle est sanglante, inanimée; le plus jeune des enfans est brisé... Je tombe sans connaissance sur le parquet.

Que ne suis-je morte en ce moment! Je reviens à moi, pour contempler le plus affreux spectacle; pour gémir de la perte la plus douloureuse, la plus irréparable : Amélie n'est plus.

Sa voiture sortait à peine de la barrière... ah! mon Dieu! mon Dieu!... le plus jeune des enfans était appuyé contre la portière... elle s'ouvre, l'enfant tombe sur le pavé, la princesse s'élance... la roue les écrase tous deux.

J'embrasse ces restes inanimés. On veut en vain m'en arracher; je m'y attache; j'en suis inséparable.

Des chirurgiens, des médecins... Eh! que peuvent-ils contre la mort?

La fatale nouvelle se répand avec rapidité! La

princesse n'a jamais nui à personne; elle a fait beaucoup de bien; elle n'avait que des qualités; elle était chérie, considérée; les cœurs reconnaissans, les gens honnêtes sont en deuil aujourd'hui.

Quatre heures sont écoulées, et on n'entend que des sanglots. Pas un ordre n'est donné, et qui aurait, bon Dieu, la présence d'esprit de s'occuper de quelque chose! Un grand dignitaire vient, par ordre supérieur, se mettre à la tête de cette maison, et je bénis la prévoyance et la bonté sur le trône. Je ne suis capable de rien. De long-temps ma tête ne sera à moi.

On m'invite, on me presse de passer dans un autre appartement. Je sens qu'ici je ne suis bonne à rien; que j'embarrasse au contraire. Je sens aussi que si je sors, il ne me sera plus permis de la revoir. Triste et chère victime de l'amour maternel, je n'entendrai plus cette voix qui m'a si souvent soutenue; je ne verrai plus ces yeux, qui exprimaient la bonté, ce front, où se peignait l'ame la plus noble. Il ne reste que du sang, des lambeaux... Tout est mort.

On me renouvelle l'invitation de me retirer; on insiste. Je suis immobile, je n'entends pas. Honorine prend ma main; elle me regarde tendrement. « Ne veux-tu pas vivre pour ta fille? — « Ah! que du moins j'emporte une boucle de ses « cheveux. » On peut à peine les démêler de la fange qui les couvre. On me donne cette boucle; je la porte sur ma bouche, sur mon cœur. Honorine m'entraîne; je me laisse conduire. Je rentre chez moi, fatiguée, oppressée, anéantie.

Hélas! Je n'ai plus d'amis! Je ne suis plus connue que de ces gens que le désœuvrement fait chercher et supporter. Ceux-là n'entendent pas le langage du cœur, et Honorine est si jeune encore! Une conversation longue, et suivie, serait pour elle un travail... Où est-elle donc?... Ah! la voilà, je la retrouve!... Elle ne m'a pas quittée.

Son jugement est faible encore; mais son extrême sensibilité lui tient lieu de tout. Elle fait un roman sur l'amitié; elle peint ce sentiment, comme on désirerait qu'il pût être; mais il lui échappe des éclairs d'une vérité qui fixe l'attention, qui attache. Jusqu'ici elle a flatté ma douleur; maintenant elle la combat, par l'énumération des ressources qui me restent. Chère enfant! elle n'a pas d'idée de ce qui console de tout. Son grand moyen est dans l'affection que j'ai pour elle; dans le tendre attachement qu'elle m'a voué. Quelques années encore, et elle sentira que deux femmes peuvent se convenir beaucoup, s'aimer sincèrement, et ne pas se suffire.

Oui, je causerai avec Honorine. Elle ne remplacera pas la princesse; elle ne me la fera pas oublier. Elle me distraira, elle me calmera.

Thomas paraît. Cet honnête homme partage toutes mes sensations. Il souffre de ce que je suis affligée. Il tire Honorine à l'écart. Il lui parle assez long-temps. Que lui veut-il?

Ils désirent m'arracher de cette maison; me conduire à l'appartement que j'occupais, avant d'aller à Crécy. Ils sentent ce qu'ont de poignant, pour moi, les tristes apprêts, qu'il est impossible de me dérober entièrement. Ils prévoient quels déchiremens j'éprouverais à l'aspect de la pompe funèbre. Je suivrai leur conseil. Pleurer un ami, c'est l'aimer encore; aimer c'est jouir... mais s'abandonner, sans réserve, à une douleur inutile, c'est faiblesse. « Ne veux-tu pas vivre pour ta « fille, m'a dit Honorine? » Ces mots renferment la mesure de mes devoirs.

Thomas a fait avancer une voiture. Il m'invite à descendre. Il a tout disposé pour que mes effets me suivent. Honorine me prend la main. Je cède à leurs instances et à ma raison. Ainsi donc ce rêve d'intimité mutuelle, si douce, si nécessaire aux cœurs aimans, est évanoui, sans retour. Qui me rendra cette confiance absolue qui adoucissait mes peines? A qui oserai-je parler de Sainte-Luce, et comment n'en point parler! Non, personne ne remplacera la princesse.

Il y a d'elle un portrait monté en médaillon. Si je pouvais l'obtenir!... Oh! il ne me quitterait qu'à la mort. « Honorine, va le demander à mon- « seigneur. Il est dans un tiroir du secrétaire, où « ce matin elle écrivait encore. » Ce matin, elle écrivait encore, elle pensait, elle aimait, et déja il ne reste rien d'elle! qu'est-ce donc que l'intervalle qui sépare la vie du néant? un point imperceptible, qu'on ne redoute, peut-être, que parce qu'on ne l'a pas franchi.

« Ma fille, prie monseigneur de m'abandonner « ce portrait; il en restera d'autres à ces pauvres « enfans. Dis-lui que j'étais l'amie de leur mère; « que tout mon être est navré, et que je le con- « jure de ne pas me laisser sans consolation. »

Monseigneur veut me le présenter lui-même. Il m'amène les enfans. Ils veulent, dit-il, prendre congé de l'amie la plus vraie qu'ait eu la princesse; me remercier des douceurs que j'ai répandues sur sa vie, des larmes que je donne à sa mémoire. Ces mots les font couler avec plus d'abondance; j'en couvre ces infortunés, à qui il ne reste plus qu'un grand nom et de l'or. J'exprime, d'une voix timide, le désir de les prendre avec moi, et, s'il est possible, de m'acquitter, par mes soins, par la plus tendre sollicitude, de ce que je dois à leur mère... Elles vont à Écouen, l'ordre en est donné. On me remercie affectueusement de mon offre. Me remercier! quel est le plus heureux de celui qui donne, ou de celui qui reçoit? Elles vont à Écouen! elles n'y trouveront pas de mère, et je voulais devenir la leur.

Je n'insiste pas, et je suis Honorine et Thomas. Je traverse une chambre, où nous nous retirions quand nous voulions être tout-à-fait à nous. C'est là, que nous lisions les lettres de Sainte-Luce; que nous en pesions les mots; que j'ajoutais à la pensée. C'est là, que mon départ pour Brest a été combattu, ma retraite à Crécy arrêtée. Voilà l'ottomane, d'où elle m'écoutait; d'où elle opposait la raison, les mœurs publiques à un cœur brûlant, à une tête exaltée... Je contemple cette ottomane; je crois l'y voir encore. Je cherche à l'entendre; je couvre mes yeux de mes mains, et l'illusion est complète. Je pousse un cri d'effroi. « Oh! sortons, sortons d'ici. Ma tête se dérange. « Sortons. »

Cette illusion m'accompagne de pièce en pièce, parce que partout je retrouve un souvenir. Je m'arrête devant la porte cochère; il me semble, en la regardant, tenir encore par quelque chose à Amélie. Je désire et je crains de passer cette porte, qui ne s'ouvrira plus pour moi. On me supplie, on m'entraîne; je sors, je pars, j'arrive chez moi.

Il n'y a point ici de souvenirs d'amitié; rien qui ramène des larmes. Tout y est inanimé. Que ces murs sont froids! Rien ne parle à mon cœur. J'éprouve un vide affreux. Je regrette mes sensations douloureuses: souffrir, c'est sentir, c'est être.

Qu'ai-je dit! voilà des murs, où tout est vie et bonheur. Je suis dans ma chambre à coucher. Là, je retrouve l'amour, ses séductions, ses espérances. Ce lit, cette garde-robe, cette chaise longue me rappellent tout. Souvenirs puissans, soutenez-moi.

Je tiens le portrait de mon amie; je le place près de celui de l'homme adoré. Voilà les lettres qu'elle m'écrivait à Crécy. Je les entremêle avec celles de Sainte-Luce. De deux sentimens, j'essaierai à n'en faire qu'un, ou, du moins, à les modérer l'un par l'autre. Penser à Amélie, m'aidera à supporter les privations de l'absence; à espérer longuement. L'amour me consolera des pertes de l'amitié.

Je placerai Honorine entre deux êtres, qui auraient épuisé mes sensations, si elles n'étaient inépuisables; entre deux êtres, qui me manquent également, et qui pourtant sont là, toujours là. L'amour maternel imposera-t-il silence à tout autre sentiment? Je suis loin de le désirer. Qu'il me procure seulement des momens de repos.

C'est dans ma chambre à coucher que je me fixe, et Honorine consent à partager ma retraite. Je m'efforce de la lui rendre agréable. Je varie, sans cesse, ses plaisirs; mais ces plaisirs-là sont entre elle et moi. Elle paraît satisfaite de ce genre de vie : l'est-elle réellement? Peut-être se plaît-elle à être seule, et elle l'est quand nous sommes ensemble; mais à son âge, l'isolement est dangereux, et je m'aperçois que je l'abandonne souvent à son imagination. Peut-être aussi porte-t-elle à l'excès les procédés et la complaisance. Je l'observerai. Que ses goûts soient contraints, ou qu'elle éprouve cette inquiétude, qui porte une jeune fille à penser, je la rendrai au monde, et, pour elle seule, je me soumettrai à le revoir.

Oh! oui, oui, c'est à sa mère qu'elle se sacrifie.

Je surprends des marques d'ennui qui ne sont pas douteuses. On remédie à ce mal-là; on n'a rien à opposer à un cœur, qui soupire pour un objet qu'il ne connaît pas encore; qui éprouve un besoin ardent de le connaître; qui est à lui du moment où il paraît. Des distractions, beaucoup de distractions reculent cette époque, la plus dangereuse de notre vie. J'ai eu tort, grand tort d'enfermer cette enfant avec moi. La disproportion d'âge, la qualité de mère, qui impose toujours, établissent, dans les caractères, des différences prononcées; dans les inclinations, des nuances remarquables, et elles nuisent essentiellement à cet aimable abandon, qui entraîne le cœur et le fixe. On aime sa mère; mais on ne l'aime pas de la même manière que sa jeune amie. Je n'aime pas Honorine comme j'aimais Amélie : je sens que je dois être toujours réservée avec elle. Une fille ne doit voir, pour ainsi dire, que l'enveloppe du cœur de sa mère. Si elle en sondait les profondeurs, elle cesserait de reconnaître en elle la première des femmes, et celle qui n'occupe pas le premier rang dans l'estime de sa fille, ne peut plus compter sur elle.

Changeons un plan, conçu sans réflexion, et dont les vices deviennent chaque jour plus frappans. Rentrons dans le monde. Il a ses écueils, comme la retraite. Mais une bonne mère veille, et la société qui cesse de convenir, est facilement remplacée, à Paris, par une autre, qui peut-être ne conviendra pas davantage. Mais cette variété produit au moins le mouvement. Le mouvement occupe la tête, et il n'agit que sur elle; il assure le repos du cœur. Le prolonger, c'est gagner beaucoup.

On m'accueille, comme quelqu'un dont on pouvait se passer; mais qu'on revoit avec plaisir. On juge inutile de continuer à me marquer ces égards, ces prévenances, que je devais à l'amitié de la princesse, à la protection distinguée de son époux. Je ne suis plus qu'une femme qui remplit exactement ses devoirs, ce qui n'est pas très-commun; qu'une femme aimable et jolie, ce qui plaît partout, et ce qu'on me laisse n'est pas à dédaigner.

Comment, en effet, distinguerait-on un petit être, qui ne peut plus faire obtenir de graces, et qui n'apporte dans un cercle que sa portion d'agrément? Chacun n'a-t-il pas le droit de se croire aussi intéressant qu'elle? L'amour-propre manque-t-il jamais de le persuader, et ne doit-elle pas s'estimer heureuse qu'on lui rende, à peu près, la justice qu'elle mérite?

Il y a ici un M. d'Herbin, qui paraît s'attacher sérieusement à moi. Je suis dans l'aisance, et il est assez présumable qu'une femme de mon âge pense à se remarier. M. d'Herbin ne m'a pas adressé un mot, qui annonce des projets: c'est en circonvenant ma fille, qu'il compte arriver jusqu'à moi. Lorsqu'il lui dit quelque chose d'aimable, il a toujours un œil tourné sur sa mère, et il ne manque jamais de venir me rendre ce qu'elle lui a répondu, comme si je ne l'entendais pas; comme si j'ignorais qu'elle a de l'esprit. Ruser ainsi, c'est presque se déclarer ouvertement.

Cet homme a quarante ans. Sa figure est belle, sa tournure noble, sa mise recherchée. Son imagination n'est pas brillante; mais je le crois essentiellement bon. On le dit riche. Avec toutes ces ressources, il doit être désiré. Aussi dès qu'il paraît quelque part, les mamans cherchent à l'attirer de leur côté; les petites demoiselles réunissent tous leurs moyens de plaire. Il en est qui courent après les graces qui les fuient, ce qui les fait grimacer, et apprête à rire à leurs rivales. M. d'Herbin ne voit rien de tout cela. Il a la bonté de s'occuper exclusivement d'une femme qui ne répondra pas à ses vues. Il ne sait pas qu'il n'est pour moi qu'un homme au monde; qu'aucun ne peut lui être comparé, et que l'offre d'un trône ne me tenterait, qu'autant que je pourrais le partager avec lui.

Je prends avec M. d'Herbin un ton extrêmement réservé. Il me paraît affreux d'encourager une inclination, qu'on ne veut point partager. Les jouissances de la coquetterie sont le produit d'une basse dissimulation, de froids calculs, qui déshonorent, selon moi, celles qui emploient de semblables moyens. Les hommages, les adorations de tous les hommes réunis ne valent pas une ligne, écrite de la main de Sainte-Luce.

M. d'Herbin s'approche de madame d'Elmont. Je suis l'objet de leur conversation, je le vois clairement. Je vais me soustraire à cette espèce de persécution. Je me joins à un groupe de jeunes personnes, dont ma fille dirige et anime les petits jeux. Je ne suis pas gaie : ces futilités me plaisent moins que jamais. J'ai l'air de jouer, pour paraître faire quelque chose, pour échapper à ce qui se passe autour de moi.

Madame d'Elmont me tire du cercle joyeux. Elle me conduit à l'extrémité de l'appartement. A quoi bon tant de mystère? Ne sais-je pas ce qu'elle va me dire? Elle me parle d'abord de choses indifférentes... « Ce n'était pas la peine, lui
« dis-je en souriant, de m'amener si loin, pour
« disserter sur un bonnet, sur une robe bien ou
« mal faite, sur une figure plus ou moins gauche.
« L'observation vous embarrasse. Je vais vous
« mettre à votre aise. Dites à M. d'Herbin que je
« suis sensible à l'honneur qu'il me fait; mais que
« je ne peux lui donner le plus léger espoir. Une
« inclination, de quatre jours, ne peut avoir jeté
« des racines bien profondes. Il m'oubliera faci-
« lement, et alors il me saura gré de ma fran-
« chise. »

Je laisse madame d'Elmont stupéfaite de ma pénétration, ou de ma loyauté. Je prends ma fille, je sors, et je me promets de ne me présenter, de quelque temps, dans les maisons où va M. d'Herbin.

« Où irons-nous aujourd'hui, ma fille? — Allons
« dîner à la campagne. — Deux femmes seules!
« — Prenons Thomas avec nous. — C'est à peu
« près n'avoir personne. — Un domestique bien
« couvert, annonce des femmes d'un certain rang.
« — Prenons Thomas. — Partons, maman. —
« Partons. »

Nous traversons les Tuileries, les Champs-Élysées; nous montons l'avenue de Chaillot. « Voilà
« une jolie auberge, maman. — Entrons-y. »

Thomas nous précède. Il visite les chambres, les cabinets; il nous place dans un réduit charmant; il va ordonner le dîner.

Nous ne sommes séparées que par une cloison de deux hommes, dont la voix n'annonce pas un extérieur séduisant. Je crois entendre des chantres de cathédrale, qui psalmodient. Ils parlent de prison, d'émeute, de garde forcée, de sang répandu. Cette conversation, qu'il est impossible de ne pas entendre, n'a rien d'amusant. Et puis deux hommes, qui se croient seuls, peuvent s'entretenir de choses infiniment déplacées à l'égard de ma fille. Je me lève; je vais dire à Thomas que nous ne voulons pas être enfermées, et qu'il ait à nous faire servir dans le jardin.

Quelques personnes, de notre connaissance, s'y étaient déjà établies. Je m'applaudis de les rencontrer : notre petite partie en sera plus agréable à Honorine. Nous nous approchons. L'étonnement se peint sur toutes les figures; les yeux sont fixés sur nous, avec une immobilité, qui me saisit, qui me glace. « Qu'ai-je donc encore à re« douter, m'écriai-je ? — Comment, madame, vous « ne savez rien ? — Au nom de Dieu, expliquez« vous. Ne me laissez pas plus long-temps dans « cette horrible incertitude. »

Un homme, que je connais plus particulièrement que les autres, me conduit dans une allée écartée. « Vous respectez trop les bienséances, « madame, pour être ici, si vous aviez connais« sance d'un événement, qui est, en ce moment, « l'objet de toutes les conversations. M. de Fran« cheville vous est étranger selon la loi; cepen« dant il tient encore à vous par sa fille, et à ce « titre, vous ne pouvez lui refuser de la compas« sion, et vos bons offices : il importe donc que « vous soyez instruite.

« Il a soulevé les malheureux qui sont détenus « avec lui. Il s'est mis à leur tête. Il a surpris et « égorgé la garde intérieure; il a mis ses guiche« tiers aux fers. Déja il avait ouvert les portes, « lorsqu'un fort détachement s'est présenté, et a « fait de la rue un feu roulant sur les cours. Le « plus grand nombre de ces misérables a péri. « M. de Francheville est de ceux qui ont le mal« heur d'avoir survécu à cette scène. On les a « jetés dans des cachots, et le dernier supplice

« les attend. Ne perdez pas un moment. La pro-
« tection la plus puissante peut seule sauver M. de
« Francheville. »

Hélas! je n'ai plus de protecteurs! que puis-je? qu'on me le dise; je le ferai à l'instant. Je ferai tout, pour soustraire à l'échafaud le père d'Honorine. Je m'éloigne avec cette enfant; je lui raconte la déplorable aventure, qu'il était impossible qu'elle ignorât long-temps. Je la ménage dans mon récit; je veux insensiblement la conduire à la catastrophe. Elle m'a pénétrée, dès les premiers mots. Elle s'afflige, elle se désole, elle me conjure d'avoir pitié de son père. A-t-elle besoin de me prier? Ne me connaît-elle pas?

Nous courons nous renfermer chez nous : le spectacle de la douleur est nul pour les cœurs indifférens, et il est humiliant de pleurer devant eux. D'ailleurs, nous avons besoin de nous recueillir, de prendre des informations, de régler, sur elles, un plan quelconque.

Nous rentrons. Quelqu'un, me dit ma femme de chambre, m'attend depuis plus de trois heures... C'est M. d'Herbin. « Oubliez, madame, tout
« ce que vous a dit madame d'Elmont. Ce n'est
« pas à l'homme, pénétré de ce que vous valez,
« et qui mettrait son bonheur à partager votre
« destinée, que vous parlez en ce moment. Vous
« voyez un ami vrai, sensible, désintéressé, qui
« vient vous offrir sa fortune et son crédit, et qui
« ne prétend pas vous engager par ses bons offi-

« ces. Permettez-moi de vous servir. Je m'éloi-
« gnerai ensuite, si vous le désirez. »

Honorine se jette dans ses bras; elle vole dans les miens. Elle l'a comblé des plus tendres caresses; elle me supplie d'accepter ses propositions. Le procédé de M. d'Herbin me touche jusqu'aux larmes. J'emploierai sa protection; j'autoriserai ses démarches; mais je ne contracterai, envers lui, aucune obligation pécuniaire. L'homme le plus honnête, le plus simple, attache toujours trop d'importance à ce genre de service; il met l'obligé dans une sorte de dépendance, à laquelle une femme ne doit jamais se soumettre, à l'égard de quelqu'un, qu'elle ne veut, qu'elle ne peut pas aimer.

Nous pensons mûrement aux moyens à employer dans une pareille circonstance. M. d'Herbin a déja été à la prison, pour s'assurer de l'exactitude des faits. Le récit, que j'ai entendu, est exagéré, comme cela arrive toujours. M. de Francheville n'était pas à la tête des révoltés. Il a été entraîné, peut-être par des menaces; peut-être même par de mauvais traitemens, et on le nomme partout, parce que lui seul est connu.

Il est, dit M. d'Herbin, des circonstances atténuantes qu'on fera valoir. Il me propose de voir les chefs de la magistrature, de les faire solliciter par des personnages de la plus haute distinction. Je le remercie affectueusement, et je le presse d'agir.

XVI.

On m'annonce un ecclésiastique : c'est le chapelain de la prison. M. de Francheville l'a fait appeler. Il lui a avoué sincèrement toutes ses fautes; il l'a chargé de venir demander et obtenir le pardon de celles qu'il a commises envers moi. Il gémit de n'avoir été rendu à lui-même que par l'excès de l'infortune. Il attend la mort; mais il la subira avec résignation, s'il n'emporte pas ma haine au tombeau; si sa fille garde de lui un souvenir. Moi, le haïr, grand Dieu! je n'ai jamais fait de vœux que pour son amendement et son bonheur.

Je prie l'ecclésiastique de se charger d'une lettre. Il me répond que cela ne lui est pas possible; qu'il est lié par son serment et son devoir. Je l'engage à rassurer au moins ce malheureux; à lui dire que je ferai les plus grands efforts pour le sauver; qu'il peut compter sur moi, comme aux jours heureux, où nous existions l'un par l'autre. Le bon prêtre me le promet. Je l'interroge; je le fais entrer dans les moindres détails, et son récit diffère encore des deux autres, qui déjà ne s'accordent pas. Je jette un voile sur ma tête; j'envoie chercher un fiacre; je me fais conduire à la prison; je demande à voir le concierge; on m'introduit, je me nomme.

Cet homme n'a pas l'insensibilité, qu'on reproche aux gens de sa profession. Il me marque de la bienveillance, de celle qui n'a rien d'affecté, qui part du cœur, qui encourage. Il répond, avec complaisance, à mes questions; mais enfermé lui-même par les révoltés, il est beaucoup de choses qu'il ignore, et que l'instruction du procès révélera. Oh! il ne sera plus temps d'agir. Il est un seul point, sur lequel tout le monde est d'accord; c'est que la vie de ce malheureux est dans un danger imminent.

Cependant que puis-je tenter, si je ne suis précisément instruite? M. de Francheville ne cachera rien à celle en qui il a mis son dernier espoir. Je demande au concierge la permission de le voir: il ne peut être redoutable pour moi dans l'état d'angoisse où il se trouve. Cette grace m'est refusée. Il est au secret. Personne ne peut l'approcher que l'aumônier et le guichetier, qui lui porte ses alimens.

Je sors. J'entre dans un cabaret qui touche à la prison : les convenances ne sont rien dans un moment comme celui-ci. Il s'agit d'épargner la mort au père, et le déshonneur à la fille. J'espère apprendre, dans cette maison, le nom du guichetier qui garde M. de Francheville. Je le ferai venir, je lui parlerai. S'il est humain, je le persuaderai; s'il aime l'or, je le gagnerai. L'infortuné pourra au moins m'écrire.

Le premier objet qui frappe ma vue, c'est Pierre, ce bon Pierre que j'ai marié à ma fidèle Louison. C'est le ciel qui me l'envoie. Il fouillera, s'il le peut, jusqu'au fond des cachots. Il est assis, devant une table, avec un homme d'assez mauvaise mine, à qui il parle très-bas. Je m'approche de Pierre; je lève un coin de mon voile. « C'est « vous, madame, c'est vous... Venez, venez... » Il se lève précipitamment; il jette un écu sur le comptoir; il entraîne son homme; je les suis; je les fais monter dans mon fiacre; je les mène chez moi.

Pierre est venu à Paris pour les affaires de son commerce. Il a entendu raconter, chez un de ses fabricans, la déplorable aventure de M. de Francheville. Il a couru à la prison; il a cherché, il a trouvé le guichetier qui sert ce malheureux. Brave, digne homme! il lui a offert tout ce qu'il possède, pour l'engager à favoriser une évasion... Une évasion! Quel trait de lumière!

Le guichetier n'est pas incorruptible. Il s'étend sur les difficultés, sur le danger d'une telle entreprise, ce qui signifie qu'il met à ce service un prix auquel je ne pourrai peut-être pas atteindre. Je le presse de prononcer; Honorine est presque à ses genoux.

« Après-demain, nous dit-il, les prévenus se-
« ront transférés à la Conciergerie, et il ne sera
« plus en mon pouvoir de rien faire. » Ces mots nous glacent d'effroi. « Ce n'est pas là, m'écrié-
« je, ce que je vous demande; mais la somme que
« vous désirez.

« — Madame, un homme qui manque à son
« devoir, perd toute espèce de considération. » La considération d'un guichetier! « Il lui faut un dé-
« dommagement, proportionné à ce qu'il perd. Je

« demande cinquante mille francs. — Je les trou-
« verai.

« — Madame, un homme de mon état, qui
« manque à son devoir, et qui est arrêté, passe
« le reste de sa vie aux galères; il lui faut un dé-
« dommagement, proportionné au péril auquel il
« s'expose : je demande encore cinquante mille
« francs.

« Madame, dans la position où je vais me met-
« tre, je serai contraint de m'expatrier, et ce sa-
« crifice exige un dédommagement. Je demande
« encore cinquante mille francs.

« Madame, quand on voyage sans passe-port,
« il faut loger chez des gens de connaissance. J'ai
« la liste de ces maisons-là, d'ici à Calais. On y
« est en sûreté; mais tout s'y paie fort cher. Il faut
« trouver, sur la côte, un patron de barque, qui
« consente à se fixer en Angleterre, et qui gagne
« son équipage. Je ne peux entreprendre cela à
« moins de cent mille francs. Ces différens articles
« forment un total de deux cent cinquante mille
« francs. Il les faut demain dans la journée. Je
« consens qu'ils soient déposés ici. J'ai besoin d'in-
« telligences à l'extérieur; votre M. Pierre me se-
« condera, et comme il paraît faire le plus grand
« cas de votre amitié, il ne recevra pas de salaire.

« Dans trente-six heures, à la faveur de la nuit,
« je vous amènerai M. de Francheville. Je me char-
« gerai de le conduire à Douvres, si vous remplis-
« sez ces conditions. Si vous y manquez, je le fais

« arrêter à vos yeux, et je le réintègre dans son
« cachot. »

J'étais muette d'étonnement et d'indignation.
S'exprimer avec cette impudeur! marchander, avec
ce sang-froid, la vie d'un homme, d'un père! la
mettre à un prix qui ferait la fortune de vingt
individus, tels que celui qui me parle! deux cent
cinquante mille francs! Et de quoi vivra cet infortuné en Angleterre? Je serai forcée d'ajouter un
nouveau sacrifice à ceux que j'aurai déja faits. Ma
pauvre fille sera ruinée, ruinée entièrement...
Mais l'échafaud! Oh, mon Dieu! mon Dieu!

Je parle à ce malheureux guichetier. Je tâche
de le faire consentir à une réduction. Il est inexorable. Deux cent cinquante mille francs! J'hésite,
je balance... Honorine tombe à mes pieds. « Maman, laisseras-tu mourir mon père? — T'exposerai-je aux horreurs de l'indigence? — Je la supporterai. — Consulte-toi bien, ma chère enfant.
« Défie-toi d'un mouvement de sensibilité, et d'un
« enthousiasme, qui t'honore; mais qui peut être
« suivi du repentir. — Maman, crains-tu la misère? — Je ne la crains que pour toi. — Supportons-la ensemble, et faisons notre devoir. »

Je me tourne vers ce guichetier. « Quels sont,
« lui dis-je, vos droits à ma confiance, pour que
« je vous livre ma fortune, et le sort du père de
« ma fille? — Le besoin, qui me fait entreprendre,
« et l'impossibilité où je serai de rester en France,
« après avoir exécuté. » Que de choses j'ai à ré-

pliquer à cela! Ce ne sont pas des raisons qu'il faut à cet homme.

M. d'Herbin rentre. Il a vu différentes personnes. Il me répète ce que m'a déja dit ce guichetier : le péril est extrême, et, dans deux jours, les prévenus seront transférés. « Maman, laisse-
« ras-tu mourir mon père ! »

Ce cri me déchire le cœur. J'interroge M. d'Herbin. Il ne lui reste pas la plus légère espérance. « Je paierai la somme exigée, m'écrié-je. Demain
« soir elle sera à votre disposition.

« Il est impossible que vous l'ayez, me dit
« M. d'Herbin. Permettez-moi de vous la procu-
« rer. — Recevez, monsieur, mes sincères remer-
« cîmens. J'ai des fonds considérables chez mon
« banquier. Je les retirerai, et je ferai face à tout
« ce qu'exige cette cruelle circonstance. »

Thomas, témoin du mouvement continuel qui règne dans mon appartement, va, vient, interroge, écoute. Il entre enfin. Il me demande la permission de seconder Pierre, dans ce qu'il fera pour la délivrance de M. de Francheville. M. d'Herbin se met à la tête de cette délicate entreprise.
« Vous refusez ma bourse, me dit-il ; vous ne
« m'empêcherez pas d'exposer ma personne. »

Il y aurait quelque générosité à ne pas profiter d'un semblable dévouement ; mais Pierre et Thomas ont besoin d'être guidés, et M. d'Herbin est intelligent ; il a de la prudence. Que Dieu le préserve de mal! qu'il les en préserve tous trois!

M. d'Herbin ne veut pas me fatiguer de la discussion des moyens à employer. Il sort avec mes dignes domestiques, et ce guichetier. Je regarde Honorine, et des sanglots s'échappent malgré moi. Je gémis en pensant que demain il ne lui restera que sa figure, des qualités et des talens : ce n'est pas cela qu'on épouse aujourd'hui. L'aimable enfant cherche à me calmer; elle est résignée à tout, à travailler, s'il le faut. Elle a plus de courage que moi, et cependant je ne suis pas née dans l'opulence. Peut-être pour bien savoir ce que c'est qu'être pauvre, faut-il l'avoir été?

La pauvreté sera-t-elle le plus grand de mes maux? Sainte-Luce compte épouser une femme qui a un rang, des entours, de la fortune. Que fera-t-il, quand il me trouvera dépouillée de tout cela? Dépourvu de bien lui-même, consentira-t-il à me sacrifier les plus brillantes espérances; à partager mon obscurité? S'il m'abandonne, c'est fait de moi.

Oh! non, non, il ne voudra pas que je meure. Jusqu'à présent, il a tout fait pour moi. Les obstacles, l'absence, le temps, rien n'a changé son cœur. C'est pour moi qu'il voulait être riche : eh bien, je peux l'être encore; je le serai de son amour.

Pierre et Thomas rentrent vers le milieu de la nuit. Tout est arrêté, convenu. La porte du cachot, laissée ouverte; des échelles de corde, des crochets de fer; un mur de soixante pieds de haut à descendre; le carrosse de M. d'Herbin à cinquante pas de là... que sais-je? Je ne peux suivre la conversation. Honorine me sourit; elle me caresse. « Mon père te devra la vie. Oh! combien il « se repentira de t'avoir affligée! »

Le jour reparaît. Il dissipe les idées sinistres de la nuit. Il est l'ami des malheureux, et Francheville en est privé. Puisse-t-il le revoir bientôt, et en faire, à la fin, un emploi utile et honorable!

Je vais chez mon notaire. « Il me faut quatre « cent mille francs, avant quatre heures du soir. « —Y pensez-vous, madame? et comment les « trouverai-je?—Pas de difficultés, pas de remises. « Quatre cent mille francs, avant quatre heures. « —Et sur quoi les demanderai-je?—Sur ma terre. « —Personne ne me prêtera une somme aussi « forte sur un domaine qu'on n'aura pas le temps « de connaître. —Eh bien! vendez-le. —Qui achè« tera, avec cette précipitation, si vous ne con« sentez à une perte considérable? On pensera, « avec raison, que vous êtes forcée de vendre à « la minute. On offrira peu, et on ne craindra pas « la concurrence, parce qu'il n'y a peut-être pas « quatre particuliers dans Paris, qui aient cette « somme en porte-feuille. — Ma terre vaut six « cent mille francs. J'en veux quatre cent mille. « Il me les faut avant quatre heures. Ne perdez « pas un instant. Prenez ma voiture, et ne vous « arrêtez que lorsque vous aurez réussi. »

En sortant de chez mon notaire, j'aperçois Thomas dans un café voisin. Que fait-il là? Je l'appelle; il marque, en me voyant, un extrême embarras. Il s'approche; il me répond, parce qu'il ne saurait s'en dispenser. Le serrurier, chargé de faire nos machines, lui a donné, dit-il, rendez-vous en cet endroit. Un serrurier qui donne rendez-vous à un domestique, dans un des plus brillans cafés de Paris! Thomas balbutiant ce mensonge, osant à peine lever les yeux sur moi... Que dois-je penser de cette conduite? L'attachement de cet homme est prouvé, et cependant il me trompe, je n'en saurais douter. Je le presse de questions, et même de prières. Il me conjure d'être tranquille, d'espérer, et de donner toute ma confiance à ceux qui ne s'occupent que de mes intérêts. Ce n'est pas là répondre, et voilà tout ce que je peux tirer de lui. Attendons.

Je rentre chez moi. Midi, une heure sonnent, et mon notaire ne me fait rien dire encore. Je suis sur des épines.

Deux heures! Ce malheureux périra-t-il? Dieu sait que j'ai fait tout ce qui était en moi pour le sauver, et que je n'ai pas éprouvé de regrets.

« Pas de fonds, maman, pas de fonds, répète à
« chaque instant Honorine. Oh, mon père! mon
« pauvre père!»

Je cède à son impatience et à la mienne. Je retourne, avec elle, chez mon notaire. Une table est couverte d'or; on minute un contrat. « Cet or
« est-il pour moi, monsieur?—Oui, madame.—

« Ah ! maman, mon père est sauvé ! » Elle tombe à genoux ; elle élève, vers le ciel, ses yeux et ses mains innocentes ; elle le remercie ; elle lui offre d'un cœur pur. Pauvre enfant ! ce sont peut-être les derniers que tu auras à lui adresser.

On me prête, sur ma terre, quatre cent mille francs pour un an, et au plus modique intérêt... Il n'y a que M. d'Herbin qui soit capable de ce trait-là. Thomas m'a suivie ; il a épié mes démarches ; il en a rendu compte à mon nouvel ami ; qui a voulu prévenir ma ruine totale. Tout s'explique maintenant de soi-même. « Monsieur, dis-« je au notaire, je ne prendrai point cet argent-« là. — Madame, je n'ai trouvé qu'un seul homme « disposé à m'ouvrir sa bourse. — Toutes me con-« venaient, monsieur, excepté celle de M. d'Her-« bin. » Il m'a entendu d'un arrière-cabinet. Il paraît devant moi.

« Madame, souvenez-vous que mes services ne « vous engagent à rien. Je vous l'ai dit, je vous « le répète. Celui que je vous rends, en ce mo-« ment, n'est pas aussi considérable que vous le « croyez. J'ai emprunté moi-même cette somme à « dix de mes amis, et je ne leur paie pas d'autre « intérêt que celui que vous paierez vous-même. « — Cela n'est pas croyable. — Sur mon honneur, « je vous dis la vérité. Je vous tire de l'embarras « où vous êtes ; je vous donne le temps de vendre « avantageusement votre terre, si vous ne pouvez « la conserver, et cela ne m'a coûté que quelques

« démarches. » Je le tire à part. « Monsieur d'Her-
« bin, vous m'aimez, et je ne peux répondre à
« votre tendresse. — Madame, je ne demande rien.
« — Mais vous espérez tout de vos soins et du
« temps. Vous me mettez dans la nécessité de
« vous faire un dernier aveu. J'aime, j'aime avec
« passion, un homme dont je suis adorée. Nos ser-
« mens nous unissent déja, et nous touchons,
« peut-être, au moment de les répéter de la ma-
« nière la plus solennelle. Voyez, monsieur, si je
« dois accepter vos bienfaits. — Des bienfaits, ma-
« dame, des bienfaits! Je ne vous rends qu'un
« simple bon office, et quoique vous veniez de
« navrer mon cœur, je mets encore toutes mes
« ressources à votre disposition. — Ah! vous serez
« toujours le meilleur, le plus cher de mes amis.
« J'accepte; mais sous la condition expresse que
« vous permettrez que ma terre soit immédiate-
« ment mise en vente, et que je m'acquitte envers
« vous. » Je fais part de mes intentions au notaire;
je signe l'acte d'emprunt; on ferme les rouleaux;
on en charge la voiture de M. d'Herbin; nous y
montons avec lui. Il me regarde avec amour, avec
admiration. Il exprime ses sentimens, avec une
réserve qui me touche. Pauvre d'Herbin! le plus
grand malheur qui pût lui arriver, serait de m'a-
voir pour épouse. Je conçois ce qu'un homme aimant doit souffrir, lorsqu'il ne presse dans ses
bras qu'une femme inanimée. Honorine est au
comble de la joie : son jeune cœur est inacces-

sible encore à l'idée d'un triste avenir. Le mien est un peu soulagé du poids qui l'oppressait. J'entrevois qu'il pourra me rester deux cent mille francs, quand je me serai acquittée envers M. d'Herbin. Je les donnerai à ma fille en la mariant. Je fondrai ma vaisselle, mon mobilier; je redeviendrai Fanchette, et lorsque je serai madame de Sainte-Luce, l'économie d'une vie obscure dédommagera mon mari des biens que je ne lui aurai pas apportés. J'ai tout accepté de M. de Francheville, lorsque je ne connaissais ni le monde, ni les hommes, ni moi-même, et il a trop abusé des droits que donnent les bienfaits. Sainte-Luce est incapable des mêmes procédés; mais il me saura gré de ma modération, et je veux l'enchaîner, par tous les nœuds, qui attachent un galant homme.

La nuit approche, et nous ne pensons plus qu'à l'infortuné que son mauvais sort, ou plutôt ses fautes, placent maintenant entre une fuite incertaine et le supplice. Nous comptons les momens; nous revenons sur les mesures prises, sur celles qui restent à prendre. Tantôt nous les jugeons certaines; quelquefois elles nous semblent peu sûres. Nous nous félicitons, nous nous affligeons, sans motifs bien réels.

Il est onze heures. M. d'Herbin a demandé sa voiture. Il va attendre le malheureux; il l'amènera ici. Ils prendront tout leur or; il les conduira jusqu'à la forêt de Senlis. Là, ils trouveront un cabriolet et des chevaux... Leur or! ils trouveront!...

Le voilà donc associé à un misérable guichetier ; le voilà son égal ! oh, les passions ! les passions !

Minuit !... et personne ne paraît.

Honorine souffre horriblement. Je partage ses souffrances. Quelle nuit ! bon Dieu !

Je crois entendre crier la porte cochère... Je ne me trompe pas ; la voiture entre. Honorine court, vole ; je la suis.

M. d'Herbin, pâle, défait, se présente le premier. Thomas et Pierre sont consternés. Que s'est-il donc passé ?

« Il est mort, dit M. d'Herbin. Il est mort ! m'é-« crié-je. » Honorine s'évanouit. Je la fais revenir avec peine, et elle n'ouvre les yeux que pour déplorer la perte qu'elle a faite. Elle ne sépare pas encore le père de l'homme. Elle est toute à ses sensations, et elles sont extrêmes.

La solitude et le silence régnaient autour de la prison. Pierre et Thomas étaient parvenus, à l'aide d'un plomb, à jeter un bout de l'échelle de corde, par-dessus le mur, qui sépare la cour de la rue. La résistance qu'ils éprouvaient de l'intérieur, leur faisait connaître que l'extrémité de l'échelle était saisie par M. de Francheville. Ils tenaient fortement la partie de cette échelle qui pendait dans la rue, pour qu'on pût monter de l'autre côté. Une pluie, assez forte, favorisait l'évasion.

Un homme passe auprès d'eux. Cet homme passe-t-il simplement ? Est-ce un agent de police ?

Incertain de ce qu'il peut être, Pierre a l'imprudence de crier : *Dépéchez-vous.* Le cri, *aux armes,* répond aussitôt au sien. La garde paraît. Thomas et Pierre lâchent l'échelle et fuient. Elle glisse rapidement sur le faîte du mur; un bruit sourd se fait entendre; des gémissemens lui succèdent. Ces malheureux étaient presque au haut de la muraille. Privés du soutien qu'ils recevaient de l'extérieur, ils tombent comme des masses; ils se brisent sur le pavé de la cour. Pierre et Thomas ont été témoins d'une partie de ces événemens. M. d'Herbin a su les autres du chirurgien de la prison, qui est aussi le sien, et qu'on a mandé aussitôt.

Ainsi a fini l'homme pour qui la nature avait tout fait; à qui surtout elle avait prodigué les moyens de plaire; qui pouvait parcourir une carrière honorable et brillante; qui l'aurait terminée entre sa famille et ses amis; et qui aurait emporté les regrets de tous dans la tombe, s'il avait voulu maîtriser sa tête et son cœur.

Honorine s'afflige sans mesure. « Vous ne pou-
« viez sauver que sa vie, nous dit M. d'Herbin :
« les tribunaux informent contre les contumaces.
« Est-il bien sûr, d'ailleurs, que la conservation
« de cette vie eût cessé de vous être onéreuse ?
« Vous lui aviez fait le sacrifice de presque toute
« votre fortune, et des trésors ne lui auraient plus
« suffi : en deux mois il a dissipé dans sa prison
« le produit des diamans de madame. — Hélas!

« lui répondis-je, je tenais tout de lui. — Mon-
« sieur, n'oubliez pas que cet infortuné était
« mon père. — Mon enfant, je respecte votre dou-
« leur. Mais souvenez-vous combien vous avez été
« près du déshonneur, et puissiez-vous jouir de
« quelque consolation, en pensant que la justice
« ne poursuit pas les morts. »

Non, je ne connais ni l'avarice, ni la bassesse
qui l'accompagne. Je n'ai pas celle de me féliciter, en secret, de la mort de M. de Francheville.
Mais lorsque ma mémoire me retrace tout le mal
qu'il m'a fait, celui qu'il m'eût pu faire encore,
s'il eût joui de sa liberté; quand je pense que
son dernier retour sur lui-même n'était probablement dû qu'à l'excès du malheur, je ne peux
m'affliger profondément sur son sort.

Je rends à M. d'Herbin la somme qu'il m'a prêtée. J'ai la satisfaction de conserver à Honorine
la totalité de sa fortune, et d'avoir rempli rigoureusement mes devoirs envers son père.

Sans doute ce devoir ne s'étend pas jusqu'à
payer les dettes considérables qu'il laisse après
lui. Il a rompu volontairement tous les nœuds
qui m'attachaient à lui : une étrangère ne doit
rien à ses créanciers. Honorine, maîtresse de son
bien, en disposera selon sa volonté, selon son
cœur.

CHAPITRE XXXI.

Respirons.

Je veux distraire Honorine des idées affligeantes qui l'obsèdent. Je vais la transporter dans d'autres lieux; je lui ferai voir des objets nouveaux. Je me fais une espèce de fête de rentrer dans ce château, sur lequel j'ai été si près de perdre tous mes droits. Je suis bien aise aussi d'échapper aux questions indiscrètes, à la feinte compassion qui sert de prétexte à l'oisiveté curieuse.

M. d'Herbin me demande la permission de m'accompagner. Je ne peux la refuser au plus généreux des amis. Je la lui accorde; mais je nous garantirai, lui, du danger des tête à tête, moi, de la gêne qu'ils me causeraient. Je conduirai à ma terre quelques femmes aimables. Seul, au milieu d'elles, il sera recherché. Il a tout ce qui justifie une affection décente; il peut même inspirer un attachement sérieux, et, obligé de se rendre agréable à toutes, il ne pourra s'occuper exclusivement d'aucune.

J'ai fait choix de femmes un peu causeuses, et plus jolies les unes que les autres. Toutes ont accepté ma proposition au premier mot. Quel plaisir d'aller en Champagne, pour de petits êtres qui ne connaissent encore que le bois de Vincennes et celui de Romainville, Saint-Cloud, et

Mont-Rouge! Une de ces dames a la manie des questions, et elle ne les adresse jamais qu'aux hommes, parce que, dit-elle, il est bon de s'instruire. Celle-là s'emparera de M. d'Herbin, quand elle le pourra sans manquer aux convenances. Déja elle se propose d'écrire l'histoire de son grand voyage, à la manière de Bachaumont : je désire qu'elle approche de l'aimable facilité de son modèle. Elle ne sera pas fâchée de trouver un guide dans celui que je lui présenterai en qualité de secrétaire, et c'est M. d'Herbin que j'investirai de cet important emploi. La dame est bien, très-bien; elle est veuve; qui sait ce qui résultera de ces conférences littéraires? L'amour se cache partout; il inspire un quatrain; il se décèle, il se montre, il triomphe : on est surpris, mais on lui cède; et je serais si heureuse du bonheur de M. d'Herbin.

Insensée que je suis! deviens-je incapable de réfléchir, de prévoir? Une lettre de Sainte-Luce : il débarque à Lorient; il arrivera presque aussitôt que sa lettre. Combien je me repens d'avoir pris de pareils arrangemens! beau comme l'amour, attachant par ses graces, brillant par sa conversation, inépuisable dans sa sensibilité, il tournera toutes les têtes. Il n'aimera que moi; mais à chaque instant on le ravira à mes empressemens, à ma tendresse. Je me sens prête à pleurer de dépit.

Laissons l'avenir, occupons-nous du moment. Il est délicieux, après avoir été si long-temps désiré, après les privations, les chagrins amers, les pertes de tous les genres qu'il va me faire oublier. Je dis à Honorine que je vais terminer les préparatifs de notre départ, et que je ne crois pas rentrer pour dîner. Je cours à la poste, je me jette dans un mauvais cabriolet, je promets de l'or aux guides, je ne vais pas, je vole. Mon cœur bat avec violence; je me sens sourire d'espoir, de plaisir et de bonheur.

J'arrive à Sèvres, une chaise y entre par le côté opposé, elle roule à briser le pavé. Nous arrêtons ensemble à la poste; mon œil plonge avec avidité dans la chaise... C'est lui! c'est lui!... Un nuage obscurcit ma vue; mes facultés s'anéantissent; je meurs; mais c'est d'amour, c'est de l'excès de ma félicité.

Je reviens à la vie, je la retrouve dans ses bras. C'est bien lui que j'enlace dans les miens, que je presse sur mon sein! « Oh! mon ami, quelques « heures encore de cette existence, et que tout « finisse pour moi : il n'est pas dans les forces hu- « maines de supporter long-temps le ravissement, « l'ivresse où tu me plonges. » Je meurs, nous mourons ensemble, nous renaissons pour mourir encore.

Il m'a reconnue au moment où nos voitures se sont arrêtées; il s'est élancé de la sienne, il m'a enlevée, privée de sentiment, et balbutiant son nom. Il m'a portée dans cette chambre; il n'a permis à aucune main profane de me toucher. Sa seule présence a transformé une hôtellerie en palais; il a fait du lit le plus simple un autel où il ne cesse de sacrifier au dieu pour qui nous existons.

« Et mon fils, mon fils, me dit-il enfin. » Ces paroles dissipent le charme qui pénétrait tout mon être. Je le regarde d'un air qui lui dit tout. « Ah! il ne manquait à l'accomplissement de tous « mes vœux que de voir, d'embrasser l'enfant que « je devais à mon amie. » Un long silence succède à cette exclamation. L'amour s'est éloigné de l'asyle qu'il embellissait quelques minutes auparavant. La nature en deuil s'est placée entre nous.

Je commence le récit de la déplorable histoire. Je lui rends un compte fidèle de ce que j'ai fait, pensé, dit, de l'instant de son départ à celui qui nous a réunis. Sa figure céleste se couvre d'un nuage lorsque je parle de M. d'Herbin. « Oh! ne « le crains pas, mon ami, plains-le. Ne crains que « de perdre ton amour. Il est le premier ressort « de ma vie; tout se briserait avec lui. »

Il me sourit avec une expression! Avez-vous examiné votre amant sortant de vos bras? Ah! s'il vous regarde ainsi, son cœur est inépuisable.

Les heures fuient; je l'engage à se lever. « Ce « soir, me dit-il... — Oui, mon ami, ce soir, de- « main, tous les jours. »

Il fait monter le dîner près du lit de délices.

Nous nous servons mutuellement. Le meilleur mets est celui qu'il a touché; le vin le plus délicat est celui qu'il boit dans mon verre.

Je me lève enfin. Il m'aide à m'habiller. Il s'y prend gauchement; ma toilette ne finit pas; mais partout je trouve sa main; souvent je la retiens pour la porter sur ma bouche et sur mon cœur.

Mes yeux se fixent sur une glace; ils s'y arrêtent avec complaisance... Je suis contente de moi. Le plaisir anime la beauté; il l'embellit encore.

Il me regarde avec admiration; il est ivre de bonheur. Puisse le temps m'oublier! puisse mon amant me voir toujours la même!

Nous montons dans sa chaise de poste. Que de choses nous avons à nous dire! que de questions à nous faire! souvent nous parlons ensemble; souvent nous nous taisons tous les deux : est-il possible que nos lèvres ne se rencontrent pas, étant si près l'un de l'autre? et quand elles se touchent, peuvent-elles se détacher?

Plus de barrière entre lui et moi; plus d'obstacles à vaincre. Un avenir enchanteur s'ouvre pour nous. Je veux qu'il descende chez moi, qu'il y vive, qu'il y loge. Dès long-temps j'ai prévu ce beau jour, et j'ai disposé mon appartement pour la volupté et le mystère. Sa chambre et la mienne sont aux extrémités; mais j'ai ménagé un couloir propice à l'amour.

Il faut nous séparer à la barrière : il n'est pas dans les convenances que je descende avec lui de sa chaise de poste; je ne dois pas être allée au-devant de lui. Je sacrifie aux bienséances, ou plutôt à ma fille. Ce sacrifice sera le dernier.

Je prends un fiacre. Sa chaise roule, elle me dépasse; mon cœur le suit; mon impatience est extrême. Tendres amans, ne prenez jamais de fiacre, si vous n'y êtes tous les deux.

C'est Honorine qui l'a reçu. Elle lui fait les honneurs de chez moi avec une grace remarquable, avec un empressement dont je lui sais bon gré. Elle semble prévoir que dans un mois, dans quinze jours, il sera plus que son ami.

Si notre première entrevue s'était faite ici, il m'eût été impossible de ne pas me trahir. Je l'accueille avec le ton de l'estime; je l'embrasse comme un homme qu'on est bien aise de revoir; mais rien de fortement prononcé, pas un mot, un geste, un regard qui puisse éclairer la femme la plus pénétrante. Je parle de madame d'Elmont : elle n'est pas logée de manière à recevoir son parent. Je m'étends sur les désagrémens des hôtels garnis. J'offre d'une voix timide, et en rougissant, je crois, une chambre dont je peux disposer. Honorine appuie ma proposition. Elle ordonne à Thomas de faire décharger les malles de M. de Sainte-Luce, et de les mettre dans la chambre du fond. Il se défend... selon l'usage; Honorine insiste, elle le presse; j'ajoute quelques mots, il se rend.

Nous ne pouvons, en présence de ma fille,

parler que de choses indifférentes, et je nomme ainsi tout ce qui n'est pas notre amour. Il nous raconte l'histoire de ses campagnes; il peint ses dangers; il développe ses projets; il se livre à ses espérances. Il sollicitera, sans bassesse, les récompenses qu'il croit avoir méritées. Honorine ne perd rien de ce qu'il dit. Sa figure se dilate ou se voile, selon les circonstances où se trouve le conteur; elle s'identifie avec lui. Il parle avec tant de charmes! Ah! je le vois, et je m'en félicite, il ne coûtera pas à cette enfant de le nommer son père.

M. d'Herbin se fait annoncer. En général les hommes observent peu, lorsqu'ils ne sont pas intéressés à bien voir; mais celui qui aime connaît à l'instant un rival préféré. Le pauvre d'Herbin et Sainte-Luce s'examinent mutuellement. Le premier a saisi d'un coup d'œil les agrémens extérieurs de mon amant, et Sainte-Luce croit que d'Herbin en a trop : une sorte d'inquiétude qu'il ne peut maîtriser, met pour moi son cœur à découvert. Faits pour s'estimer, pour s'aimer, pour vivre ensemble, ils reviendront à l'instant même des préventions fâcheuses qu'ils ont pu concevoir. Une femme sensible et pensante se fait toujours un devoir de les prévenir ou de les dissiper. Honorine, occupée uniquement de Sainte-Luce, préside à l'arrangement de sa chambre. Je profite de la liberté que me laisse son absence, pour m'expliquer dans toute la franchise de mon ame.

« Mon ami, dis-je à Sainte-Luce, vous connais-
« sez les obligations que j'ai à monsieur. Je lui
« dois de la reconnaissance, de l'amitié. Je lui ai
« voué l'une et l'autre, et vous devez partager les
« sentimens qu'il m'inspire, parce que les bons
« offices qu'il m'a rendus vous obligent comme
« moi. Monsieur, dis-je à d'Herbin, je vous ai fait
« l'aveu de mon amour, et je vous ai interdit tout
« espoir lorsque le malheur semblait devoir m'ac-
« cabler; heureuse en ce moment, parfaitement
« heureuse, jouissant de la certitude de l'être tou-
« jours, je vous prie de ménager ma félicité : elle
« serait altérée de la seule idée de vous savoir
« souffrant. Renoncez donc à des espérances qui
« ne se réaliseront jamais. Soyez mon ami, mon
« meilleur ami; soyez aussi celui de Sainte-Luce.
« Ménagez son repos et respectez sa femme. Ma
« maison vous sera toujours ouverte. Conduisez-
« vous-y en l'absence de Sainte-Luce comme s'il
« était présent, ou devant lui comme s'il n'y était
« pas.

« — Madame, il est cruel sans doute de re-
« noncer à vous. Il y a dix ans, cet effort eût été
« au-dessus de moi. Je ne sens aujourd'hui que la
« nécessité de me vaincre, et je crois y réussir.
« J'espérais, je vous l'avoue, avant d'avoir vu
« monsieur. J'éloigne, sans retour, la folle pré-
« somption de l'emporter sur lui. La nature ne
« lui eût-elle pas prodigué tous ses dons, je res-
« pecterais en lui votre choix. L'homme qui ne

« plaît point, ne doit pas avoir le tort d'être im-
« portun. L'importunité éloigne l'amitié ; vous
« m'offrez la vôtre ; elle peut seule me consoler
« de ce que je perds, et je vous donne, à tous
« deux, ma parole d'honneur de m'en montrer
« digne, en me renfermant dans les bornes que
« ce sentiment prescrit. »

Sainte-Luce se lève ; il va au-devant de d'Herbin ; il lui offre sa main ; il le nomme son ami.
Cette confiance est d'une belle ame ; elle ajouterait à mon amour, s'il m'était possible d'aimer
davantage. Il embrasse d'Herbin avec la plus noble franchise, et cela me fait un bien ! Je lui ren-
drais mille baisers pour celui-là, si je ne craignais
d'affliger notre ami commun... Je les lui garde.

Honorine rentre, enchantée, dit-elle, de ce
qu'elle a fait. Elle prend la main de Sainte-Luce ;
elle l'entraîne ; elle veut qu'il applaudisse à ses
dispositions. M. d'Herbin ignorait que Sainte-Luce
loge chez moi. Une teinte de tristesse se développe sur toute sa physionomie. Il n'a pas la force
de cacher ce qu'il éprouve. Il prend congé de
nous. Pauvre ami !

La princesse a emporté notre secret dans la
tombe. Tout l'univers, excepté Sainte-Luce et
moi, ignore qu'il est venu dans cette maison. Il
connaît, comme moi, ma chambre à coucher : le
souvenir de cette nuit surnaturelle lui est cher
comme à moi ; mais il ignore les distributions nouvelles qui assurent nos jouissances. Je saisis cette

occasion toute naturelle; je lui propose de voir mon appartement. Il m'entend; il échappe en riant à l'aimable fille, qui ne compte pour quelque chose que la chambre qu'elle a arrangée. Il me suit, en dépit de sa pétulance et de ses reproches; bientôt il me précède; il va, il court, il entre dans cette chambre... il se jette sur cette chaise longue, où, pour la première fois... il regarde ce lit... ses yeux se portent sur les miens... je rougis; est-ce de pudeur, est-ce de plaisir?

Honorine ne lui fait pas grace d'un instant. Elle l'accuse d'ingratitude. Elle le prend, elle l'entraîne de nouveau, elle le conduit par le couloir même que j'allais lui faire voir. Un coup d'œil, jeté à la dérobée, me dit qu'il m'a comprise.

Nous entrons chez lui. Où donc Honorine a-t-elle pris les jolies choses qu'elle a mises ici? elle a dégarni la cheminée de mon salon; elle a enlevé les draperies de mon boudoir. Elle a bien fait : il n'y a plus pour moi qu'un point dans le monde, celui qu'il occupe, et je n'y peux voir que lui.

Honorine ne cesse de babiller, et il est dix heures! N'est-il pas temps que la nuit commence? Je lui représente que M. de Sainte-Luce vient de faire un long voyage, et qu'il a besoin de repos. Elle le quitte avec peine; mais elle le quitte enfin, et rien sans doute ne la retiendra près de moi.

Oh, je ne me déferai pas d'elle. La voilà dans ma chambre. Elle ne voit plus Sainte-Luce; elle veut m'en parler. Elle loue sa figure, son air, sa taille, sa tournure, le son de sa voix, le choix heureux de ses expressions. Demain elle lui montrera ses dessins, sa broderie; elle chantera pour lui cet air italien que j'aime tant. Elle ne finit pas. Quel plaisir elle m'eût fait il y a huit jours, il y a vingt-quatre heures! mais il est là, il attend l'instant précieux, je le désire autant que lui.

Je me laisse aller sur cette chaise longue : précieuse chaise! je ferme les yeux, je feins de dormir, et j'appelle l'amour. Honorine sort sur la pointe du pied; elle m'envoie ma femme de chambre. Je ne la garde qu'un instant. Je suis au lit; ma porte est entre-baillée. J'attends Sainte-Luce et le bonheur.

Le voilà! le voilà! toujours ardent, inépuisable. Des torrens de feu circulent dans mes veines. Ah! comment ne meurt-on pas de tant de félicité! Que ses paroles ont de charmes! qu'elles sont douces, pénétrantes! Francheville n'avait que des sens; Sainte-Luce est plein d'amour; il s'exhale de toutes les parties de son être.

Le plus aimable repos succède à notre ivresse. Nous pouvons enfin nous parler d'une manière suivie, et nous avons tant de choses à régler. Nous sommes impatiens de pouvoir avouer publiquement notre amour. Je le suis de porter le nom de cet homme adoré; il sera fier de me le voir prendre. Il ne veut pas que la malignité marque deux époques irrégulières de notre mariage à la naissance de l'enfant chéri qui remplacera probablement celui qui, maintenant, comblerait tous ses vœux. Demain, demain, nous ferons les démarches préliminaires. Nous hâterons le moment de rendre hommage aux mœurs publiques, et de subir le joug qu'impose la loi. Qu'il est doux, quand on s'unit à ce qu'on aime!

Notre mariage se fera sans éclat. Nous ne l'annoncerons que la veille du jour où il sera célébré. La mort récente de M. de Francheville me prescrit des ménagemens.

Il verra ses supérieurs, ceux à qui il a des comptes à rendre, ou dont il a des graces à espérer. Quoi qu'on lui accorde, on ne sera que juste à son égard.

Il désire que je ne change rien à mon projet de voyage. Ah! qu'il ordonne. La campagne convient, dit-il, aux amans fortunés. Se rapprocher de la nature, c'est ajouter à son bonheur. Là, nous serons seuls quand nous voudrons l'être. Une société aimable nous distraira quelquefois, et rendra plus vif le plaisir de nous retrouver. D'ailleurs, n'annonçant pas notre mariage, je paraîtrais inconséquente en rompant, sans motif, cette partie presque aussitôt que je l'ai arrangée. Notre mariage! que ce mot flatte mon oreille! qu'il est cher à mon cœur!

Nous n'avons rien dit des conditions. Nous n'en avons pas eu d'idée. Le notaire réglera cela. Nous serons l'un à l'autre : que nous importe le reste?

Le sommeil l'accable. Il repose dans mes bras. Dors, mon ami! je veillerai pour toi, et à l'aube du jour nous nous séparerons. Nous séparer! ce mot à quelque chose de dur, d'attristant. Quinze jours encore, et les nuits entières seront à nous : nous les prolongerons, et elles seront trop courtes.

Il est chez lui, et je me livre au repos à mon tour. Des songes de délices renouvellent mon bonheur. Non, je ne suis pas seule; l'image de Sainte-Luce est là, embellie des charmes de la volupté.

Je m'éveille... il est dix heures! ah! combien de temps j'ai perdu! Je sonne à tout rompre. Juliette entre; elle jette sur moi une robe du matin, et je me dispose à sortir... Je dois au moins un coup d'œil à ma glace : le plus simple négligé est susceptible d'élégance; le désordre le plus piquant est souvent l'effet de l'art, et je veux toujours paraître à mon avantage devant lui! Oh! quels yeux! comme ils sont battus! mais que cette langueur leur sied bien! oui, je suis jolie, très-jolie : je ne m'en félicite que parce que j'aime.

Il est au salon avec Honorine. Le parquet est couvert de dessins; le métier à broder est au milieu de la pièce. Ce désordre est l'image de celui qui bouleverse un jeune cœur. L'aimable enfant n'a que douze ans encore. Dieu la garde des passions orageuses! Elle chante, et elle s'accompagne de son piano. Quelle expression dans sa voix et sur sa physionomie!

Je suis appuyée sur le dos de sa chaise, et ils ne savent point que je suis là. Elle finit son morceau. « On ne chante pas mieux que cela ! lui « dis-je. — Ah, maman, c'est la première fois que « je chante ainsi. » Elle se lève, elle m'embrasse. Sainte-Luce me demande la permission de me baiser la main. Je la lui accorde avec un sérieux, il la baise avec un respect à faire mourir de rire nos confidens, si nous en avions.

Nous déjeunons. Il est enchanté d'Honorine. Il ne cesse de louer sa figure, ses qualités, ses talens. Il la comble d'amitiés, et elle en est rouge de plaisir. Oui, notre maison sera l'asile du calme, de l'amitié, de l'amour, de tous les genres de bonheur.

Nous sommes convenus de nous rencontrer aux Tuileries. Je sors un instant après lui, j'arrive, je le trouve, je prends son bras, je le presse sur mon cœur : en public comme en tête à tête, à pied comme en carrosse, l'amour ingénieux trouve toujours quelque jouissance. Nous marchons, nous nous regardons, nous soupirons, nous parlons, nous rions. Nous voilà chez le notaire, et sur toute la route nous n'avons vu que nous.

Il veut que la totalité de ma fortune appartienne à Honorine. Ses enfans ne doivent pas, dit-il, hériter de M. de Francheville. Il veut m'assurer un douaire sur ses biens à venir ; il se jette dans la région des chimères. J'entends, moi, être

impartiale, et ne pas condamner à l'indigence les petits êtres à qui nous donnerons le jour. Il me semble pouvoir disposer d'une partie de ce qui m'appartient en propre. N'allais-je pas sacrifier le tout pour sauver la vie à M. de Francheville?
« Mais ce bien vient de lui, me dit le notaire; il
« a été votre époux; il était le père de votre de-
« moiselle; elle avait consenti à se dépouiller pour
« lui. Ici, vous lui ôtez ce qui lui appartient de
« droit, pour le donner à une nouvelle famille.
« Vous vous êtes toujours montrée noble et gé-
« néreuse: aujourd'hui vous n'êtes pas même équi-
« table. »

Je mérite cette leçon. Elle me rend confuse, elle m'humilie; mais je la supporte sans humeur. Je baisse les yeux; je me tais. Hélas! j'ai condamné dans M. de Francheville les passions qui ont causé sa perte; ne suis-je pas aussi esclave des miennes? Chère Honorine, pardonne-moi. Oh! combien il faut que j'aime Sainte-Luce, pour avoir oublié un instant ce que je te dois!

Il est arrêté que nous nous marierons sans contrat, et que nous agirons ensuite selon les circonstances. Je me sens soulagée en sortant de chez ce notaire. C'est un honnête homme; il dit la vérité à tous, il la dit sans ménagement; je l'estime, mais je suis bien aise de ne pas le revoir. Sainte-Luce me pénètre; il voudrait dissiper mon embarras, éloigner de moi jusqu'au souvenir de mon injustice. Il n'y réussira pas; elle est gravée au fond de mon cœur; elle sera un préservatif pour l'avenir. Oublier ses fautes, est le moyen le plus sûr d'en commettre de nouvelles.

Nous entrons à la municipalité. L'officier public est un homme aimable, non parce qu'il m'adresse de jolies choses, il a cela de commun avec tous ceux, à peu près, qui m'approchent, mais parce qu'il a dans son ton, dans ses manières, une affabilité qui prévient; dans son travail, une facilité qui annonce de l'esprit, et qu'il aime à dire des vérités agréables. Lorsque nous nous nommons, il se félicite de nous voir, de nous connaître. La renommée lui a appris les exploits de Sainte-Luce; il ignorait qu'il joignît à une valeur à toute épreuve, la figure la plus distinguée. Oh! qu'il est doux d'entendre louer son amant! qu'il est flatteur pour Sainte-Luce d'être l'objet des hommages même de ceux qui ne le connaissent pas! Il est deux sortes de célébrité. Sainte-Luce a aspiré à la bonne; il l'a obtenue. Peut-être m'en doit-il une partie. Je suis orgueilleuse de mon ouvrage. J'ai aussi ma renommée, et monsieur l'officier municipal me loue à mon tour. Ses éloges me touchent peu : je suis encore trop près de l'étude du notaire. Si ce municipal y eût été avec moi, il se tairait, sans doute; ses yeux exprimeraient peut-être le dédain. Que de réflexions à faire sur les réputations usurpées! qu'il est facile de perdre celle qu'on a passé sa vie à mériter!

Tout est disposé au gré de nos vœux. La loi nous impose quinze jours d'attente. Nous les passerons à la campagne. Ils s'écouleront rapidement sur les ailes de l'amour, sous le voile du mystère.

Sainte-Luce me quitte pour aller au ministère de la marine. Je rentre chez moi; je cherche Honorine; je veux la dédommager, par mes caresses, du tort que j'allais lui faire. Où est-elle donc? Ah! dans son cabinet d'étude. Je m'y présente; elle me voit; elle cache précipitamment un papier... Que fait-elle là? je le lui demande; elle rougit; elle balbutie. Je veux prendre ce papier; sa main m'oppose une résistance, à laquelle je ne suis pas accoutumée. « Je croyais avoir des « droits à la confiance de ma fille, et j'étais loin « de supposer qu'elle pût avoir des secrets pour « sa mère. » Sa jolie petite main tombe à l'instant. Je découvre ce papier... C'est une ébauche au crayon. C'est un portrait; c'est celui de Sainte-Luce, qu'elle a commencé de mémoire. Des lauriers ceignent sa tête; les attributs de l'amour et de l'hymen décorent le cartel. « Tu crois donc, « ma fille, que Sainte-Luce pense à se marier? — « Il est bien digne d'une femme estimable. — Je le « pense comme toi. Et quelle est celle que tu lui « destines? — Aucune, maman, je te le jure. — « Pourquoi donc ces attributs? — C'est un jeu de « mon imagination. — Il manque de vérité, puis- « qu'il est sans objet. — C'est en partie pour cela « que je te le cachais. Je me faisais aussi un plai-

« sir de jouir de ta surprise, si je suis assez heu-
« reuse pour saisir la ressemblance. » Pauvre enfant! quoi d'innocent comme tout cela? Et je lui
reprochais d'avoir pour moi des secrets! n'en ai-je
pas pour elle, et de la plus haute importance?
Nous voilà presque toutes : faibles, pour la plupart, et toujours dissimulées; indulgentes pour
nous, exigeantes à l'égard des autres; toujours
prêtes à user de notre autorité sur la faiblesse,
que nous forçons ainsi à nous opposer la ruse,
nous oublions que si la maternité a ses droits,
l'enfance a aussi les siens. Je ne veux plus avoir
d'influence sur ma fille que par mon affection.
Je ne veux pas qu'elle connaisse d'autre crainte
que celle de blesser ce sentiment. Cette manière
de dominer est la seule qui soit digne d'une mère
sensible et éclairée. Je n'en connaîtrai plus d'autre, et, pour dissiper les nuages, qu'a dû exciter,
dans l'esprit d'Honorine, l'espèce de violence que
je viens de lui faire, je la comble de caresses.
Elle me les rend avec le plus aimable abandon.
Excellent petit cœur!

Sainte-Luce rentre. Il est rayonnant de joie.
Il a reçu du ministre, qui l'attendait, l'accueil le
plus flatteur. Le souverain avait donné ses ordres.
Mon amant est baron, contre-amiral, comman-
deur de la légion d'honneur; il a une dotation de
douze mille francs. De l'indigence, dont j'ai été
si près, nous passons à l'opulence et aux honneurs. Il a parlé de notre mariage, et il a obtenu

l'approbation la plus authentique. On a daigné faire de moi l'éloge le plus complet. Ah, monseigneur n'était pas chez mon notaire!

Je suis plus enivrée encore que Sainte-Luce. Il est homme; il en a le caractère. Je me laisse aller à ma sensibilité; elle est excessive. Je me souviens que le désir de me plaire a excité sa première émulation. Je pense que si on fait beaucoup pour lui, il a beaucoup mérité. Je vois qu'il se félicite des graces qu'il a obtenues, parce que leur éclat va rejaillir sur moi. Mon front s'obscurcit de l'idée que l'éclat même de ces graces lui impose l'obligation d'en mériter de nouvelles. Je rejette cette pensée. Il est là, il y sera demain, dans huit jours, dans un, dans deux mois; je veux jouir sans amertume du bonheur de le posséder. Je veux consacrer cette journée tout entière au plaisir.

J'appelle Honorine. Je lui annonce la bienheureuse nouvelle. Elle se jette dans les bras de Sainte-Luce. Elle le caresse, comme elle me caressait tout à l'heure. Elle ne peut se détacher de lui.

Je fais avertir d'Herbin et toutes les dames que j'ai mises du voyage. Je les invite à se rendre à l'instant chez moi. Ma main fera pétiller le champagne. Nous le sablerons au monarque, et au héros qu'il a ceint aujourd'hui d'une quadruple couronne. Honorine court écrire quelques couplets de circonstance. Ils ne vaudront rien; mais son âge, sa jolie figure, sa voix touchante, le mérite de l'à-propos, les feront passer.

On a accepté mon invitation. Deux officiers de marine qui ont servi sous Sainte-Luce, et qu'il a rencontrés dans les bureaux du ministre, viennent le féliciter. Ils sont jeunes, aimables. Je les retiens à dîner; je les mettrai du voyage. Ils occuperont ces dames, et Sainte-Luce pourra donner quelques momens à l'amour.

Nous sommes à table. Une gaieté folle gagne toutes les têtes. Sainte-Luce est en face de moi. Mes yeux le couvrent, le caressent, le mangent. Mes jeunes officiers s'aperçoivent-ils de ce qui se passe dans mon cœur? Ils parlent de ses hauts faits, avec les développemens que sa modestie l'empêche de mettre dans ses récits. Je ne ris plus, j'écoute. Des applaudissemens universels s'élèvent de temps en temps. Je ne me possède pas.

On apporte le champagne : il ajoute à la joie générale. Je glisse à l'oreille de M. d'Herbin qu'Honorine a fait des couplets. Il l'engage à les chanter. Nos convives se joignent à lui. Elle commence.

Je l'avais prévu, les vers ne sont pas bons; mais la pensée est toujours juste; elle exprime toujours l'enthousiasme et la plus vive affection.

Elle est rouge comme une cerise, belle comme un ange; son petit cœur bat avec violence. Ah! il doit être ému des éloges qu'on lui prodigue.

Un de nos jeunes officiers demande la permission de chanter une longue chanson, composée par un contre-maître, qui a eu la jambe emportée à côté de Sainte-Luce. Les vers sont plus mauvais que ceux d'Honorine; mais l'air est grivois, et les expressions fortes. Le brave homme s'applaudit d'avoir reçu le coup fatal. Il fait des vœux pour que son capitaine conserve tous ses membres, et continue à illustrer la marine française.

Honorine est auprès de l'officier. Elle lui prend la main, elle la lui presse. Tout ce qui estime, tout ce qui aime Sainte-Luce lui devient cher.

Demain à midi, il sera présenté à la cour. Nous partons aussitôt après pour ma terre. Nous en reviendrons la veille de la célébration de notre mariage. Je l'annoncerai, après la cérémonie, aux personnes avec qui je suis liée. Les autres l'apprendront par la voix publique.

Nos convives nous quittent à regret. Je ne les retiens pas : il y a long-temps que l'heure des amours a sonné. Puisse cette nuit ressembler à la dernière! puisse-t-elle ramener ces scènes d'enchantement, de délire...

« Mon ami, ne reviens pas ce soir... je suis ac-
« cablée, anéantie... Oh! laisse-moi respirer. »

En vérité, je ne peux me mêler de rien. Je laisse à Thomas le soin de tous les détails qu'exige notre départ. Honorine donne des ordres, surveille tout, et dirige tout bien. Elle se forme avec une rapidité étonnante.

Nos voyageurs se rassemblent. Nous serons douze dans trois voitures. Tout est prêt. Nous n'attendons plus que notre héros.

Le voilà ! « Si je me battais aujourd'hui, dit-il, « je me ferais tuer. Il n'est pas de dangers qu'on « ne brave, encouragé par les expressions hono- « rables qui m'ont été adressées. »

Nous partons. Sainte-Luce et Honorine sont dans mon carrosse, et je m'endors auprès d'eux ! Je crois, pour m'exprimer en termes militaires, que je dormirais sur l'affût d'un canon. Ah ! M. de Sainte-Luce, je modérerai ces transports sans cesse renaissans... Le pourrai-je, mon Dieu ! Est-il bien sûr que je le veuille ?

CHAPITRE XXXII.

Honorine veut faire les logemens. Ah ! par exemple, je ne permettrai pas cela. L'amour a ses arrangemens particuliers, qu'elle ne doit pas connaître; qu'elle contrarierait sans le vouloir, et je ne veux, je ne peux plus vivre que pour Sainte-Luce.

D'ailleurs j'ai déja remarqué ceux qui, par la tournure d'esprit, le caractère, et peut-être le goût, ne tarderont pas à établir entre eux des rapports plus intimes : il ne faut pas que des amis se cherchent d'un bout d'un château à l'autre. Je dispose tout, comme si nous avions vécu trois mois ensemble, et je ne crois pas me tromper. Je m'en rapporte aux femmes, et non aux hommes, qui ne voient clair que dans leurs affaires personnelles.

Mes officiers sont charmans. Ils portent la gaieté dans tous les cœurs. Bientôt, je crois, ils se communiqueront moins. Il faut commencer par être aimable pour toutes, afin de se faire distinguer de celle à qui on veut plaire, et un homme qui plaît généralement, est nécessairement recherché. On craint d'être prévenue; on s'empresse de mettre un terme à ses irrésolutions, et s'il a de la pénétration, il est sûr de la victoire avant d'avoir combattu.

M. d'Herbin cherche la solitude. La dame aux questions ne le laisse pas long-temps à lui-même. Sans doute elle lui demande pourquoi un homme de quarante ans, grand, bien fait, aimable, fuit un groupe de jolies femmes : généraliser les objets est un moyen certain de ne pas se compromettre, et louer un homme en est un de le faire répondre, au gré de celle qui l'interroge.

Sainte-Luce est aussi l'objet des soins les plus doux. Toutes voudraient lui plaire; je redouble d'efforts pour le conserver, et je ne crains pas de rivales. Avant deux jours, d'ailleurs, ces dames liront au fond de nos cœurs, et s'il est flatteur de supplanter une jolie femme, on ne s'y essaie qu'avec l'espoir du succès. Or, je suis la nymphe de ces lieux, me dit, me répète Sainte-Luce; les autres ont l'air de composer ma cour. Il les compare aux Ris, aux Jeux, aux Graces, qui suivent partout la reine des amours, et qui la rendent plus belle. Eh! il pourrait bien avoir raison.

Quatre de ces dames resteront à peu près oisives, et je pourrais déja les nommer. Elles auront la promenade, la pêche, la musique, un peu de lecture, de petits jeux... et la danse : Thomas n'a-t-il pas son violon? il en joue mal; mais quand on est seul on devient nécessaire.

L'ordre des journées est réglé. On déjeune chez soi, ou avec qui on veut. On est libre, parfaitement libre jusqu'à midi. On se rassemble alors, et chacun à son tour propose les amusemens qui conduiront à l'heure du dîner. On se met à table. On cause, on rit, on boit, on chante, non de ces airs qui font péniblement briller une grande voix; mais de ces couplets gais avec finesse, passionnés avec décence, où les paroles sont tout, et le chant un simple accessoire. Tout le monde chante volontiers, quand personne n'a de prétentions. C'est ainsi que faisaient nos aïeux, et ils se connaissaient mieux que nous en franche gaieté.

Après le dîner, on court dans les bosquets; on se perd, on se retrouve, pour se perdre encore.

Souvent Sainte-Luce et moi nous ne pouvons nous dire qu'un mot. Mais avons-nous besoin de nous parler pour nous entendre?

Du haut du perron, Thomas racle le joyeux signal. On se rassemble, on rentre en valsant, on continue de danser au salon, et une nuit fortunée couronne, pour moi, du moins, une journée agréable.

De toutes celles que la figure de Sainte-Luce enchante, entraîne, il n'en est pas qui nous obsède aussi constamment qu'Honorine. Je la trouve partout où est Sainte-Luce, et si je le quitte un instant, je suis sûre de la retrouver près de lui.

Je crois remarquer un air de mécontentement lorsque je viens me remettre en tiers. Je l'ai vue rougir, se pincer les lèvres, quand j'ai pris un prétexte pour l'éloigner de nous. Que veut donc cette enfant? qu'espère-t-elle?... Oh! rien. Peut-être est-elle piquée de se voir traitée comme un petit être sans conséquence... Allons, allons, je la ménagerai.

Nous courons toutes sur le gazon, et chacune de nous finit comme Atalante : quand les Graces fuient devant l'Amour, c'est toujours pour se laisser prendre. Sainte-Luce passe son bras autour de moi; sa main effleure ma gorge. « On nous « voit, mon ami, baisse ta main... » Ciel! Honorine est encore là! m'a-t-elle entendue? Elle pâlit, elle rougit. Elle doit voir combien je suis embarrassée. Un sourire amer agite ses lèvres.

J'ai rejeté un soupçon, qui n'est peut-être que trop fondé. Il faut que je dissipe l'incertitude où je suis. Puissé-je m'être trompée!

Je la laisse avec Sainte-Luce. Je rentre au château; je passe chez elle; je retourne tous les papiers. Je ne trouve pas ce portrait, qui n'était qu'ébauché, et qui déja portait les attributs de l'hymen. Elle l'a vu entre mes mains; je n'ai pas témoigné de mécontentement; je n'ai pas fait même d'observations. Elle y travaillait avec trop de plaisir, pour ne pas l'avoir terminé, et quelque nouveau trait caractéristique et positif m'éclairera peut-être. Mais où est ce portrait?... Des vers, une espèce d'héroïde... une invocation à l'amour... une romance. Ces vers sont mauvais; mais j'y remarque de la passion, quelquefois du délire. Tout cela est alarmant.

Je ne trouve pas ce portrait. Le mien est toujours dans son lit. Est-ce bien celui des deux qu'elle affectionne le plus? Il me semble qu'on y a touché... il n'est plus tout-à-fait droit dans son cadre. Je le décroche... un second verre par-dessous... je retourne mon portrait; je vois celui de Sainte-Luce. Il est terminé; il est frappant de ressemblance. Son chiffre et celui de ma fille sont unis par une chaîne de fleurs. Elle a écrit au bas : *Au plus aimable, au plus aimé.*

Si jeune encore, connaîtrait-elle cette passion terrible, à laquelle il est si difficile, si cruel de résister, ou n'éprouve-t-elle encore que ce désir vague, indéterminé, qui agite avec force, mais qui n'est pas durable lorsque les organes sont encore imparfaits? Eh! mon Dieu, n'a-t-on pas vu des enfans, plus jeunes qu'elle, sans idée du physique de l'amour, en ressentir tous les feux ? A dix ans, la princesse idolâtrait un jeune seigneur, très-assidu auprès de sa mère. Son image troublait son sommeil, et le jour, elle éprouvait les tourmens de la jalousie. On ne se défiait pas d'elle, et pourtant on ne faisait, on ne disait rien de positif devant elle. On faisait, on disait trop; rien ne lui échappait. Honorine a deux ans de plus, et elle est extraordinairement avancée. « On nous voit, mon ami; baisse ta main. » Quelle conséquence ne tirera-t-elle pas de ces mots, si elle les a entendus?... Elle les a entendus; sa rougeur, sa pâleur, ce sourire amer, tout me le prouve. J'abrégerai son supplice, en lui ôtant l'espérance; je justifierai la familiarité intime qui règne entre Sainte-Luce et moi, en annonçant mon prochain mariage à Honorine. Me justifier! Eh! voudrais-je qu'elle parlât ainsi à l'homme qu'elle doit épouser, un jour, une heure avant de le suivre à l'autel? Ne précipitons rien; consultons Sainte-Luce. Il ne peut être indifférent à ceci; mais il n'est pas le père de ma fille, et il conservera son jugement : je me défie du mien. Que de femmes ont cru couvrir une imprudence par des mesures hasardées, et ont achevé de se déceler!

Sainte-Luce a remarqué, comme moi, ces mouvemens impétueux, l'impuissante volonté de les dissimuler, et il ne considère cela que comme un enfantillage qui ne peut avoir de suites. Sainte-Luce sortait des écoles lorsqu'il m'a été présenté; aucun objet séduisant n'avait encore frappé sa vue, et le premier regard qu'il a lancé sur moi, a décidé du reste de sa vie. Il m'eût aimée trois, six, huit ans plus tôt, s'il m'eût rencontrée, et il croit qu'Honorine, que personne ne doit aimer avant l'âge, où il a senti battre son cœur. Il ne veut pas entendre que les occupations d'un jeune homme fixent son esprit; que sa vie, toujours active, prolonge le sommeil de la nature, et qu'une petite fille, qui ne remue que les doigts, a les journées entières, et quelquefois les nuits, pour entretenir, caresser, étendre le délire de son imagination. Celle d'Honorine est si active! On nous élève mal; les conséquences d'une mauvaise éducation sont incalculables, et on a l'injustice de nous les imputer! il ne faut d'ailleurs qu'un mot équivoque, pour éclairer l'enfance sur le but, le résultat de l'amour. Sainte-Luce refuse de se rendre à mes raisonnemens. Je suis convaincue de la justesse de mes observations : je n'ai cessé d'étudier ma fille du jour de sa naissance à celui-ci, et si son extrême jeunesse ne m'eût inspiré d'abord une sorte de sécurité, le moment où Sainte-Luce s'est présenté à elle, eût fixé mes idées.

Oh! oui, elle aime, elle aime passionnément, et elle a conçu des espérances : son chiffre et celui de Sainte-Luce, unis, entrelacés, ne m'en donnent-ils pas la preuve? n'a-t-elle pu calculer que dans deux ans, il sera rigoureusement possible qu'on la marie, et que Sainte-Luce est encore assez jeune pour attendre cette époque; que pour l'y déterminer, il doit suffire de lui plaire, et se dissimule-t-elle que la nature lui a prodigué tous ses dons, et qu'il est facile à un œil exercé de préjuger ce qu'elle sera, quand ses formes, qui ne sont qu'indiquées encore, auront reçu leur développement, leur beauté, et leur fraîcheur?

Pauvre enfant! la voilà donc rivale de sa mère! il faut, pour la rendre à elle-même, que je la frappe d'un coup terrible; que je lui apprenne que Sainte-Luce et moi touchons au moment de nous unir. Coup terrible en effet. Oh! si une rivale, dont je ne soupçonne pas l'existence, paraissait devant moi; si elle me déclarait que ses droits sont plus anciens que les miens; si mon amant se rendait à ses vœux, à ses larmes; s'il retirait de moi cette main prête à tomber dans la mienne, je mourrais, je n'en doute pas. Et je suis parvenue à cet âge, où ce que nous appelons raison, jugement, ont acquis toute leur maturité! et je vais exiger, d'un enfant de douze ans, un sacrifice dont je suis incapable! Quelle position pour une bonne mère! qu'il est affligeant, pour elle, de rencontrer une telle concurrente! Oh, non, il n'est pas, pour moi, du moins, de bonheur qui ne soit chèrement acheté!

J'aime à me flatter, dans certains momens, qu'un aveu positif de ma part détruira un penchant, bien nouveau encore. Je suis persuadée que je peux gagner beaucoup à ne pas le différer, et, qu'au contraire, pendant quinze jours qui s'écouleront encore jusqu'à mon mariage, cette inclination, à laquelle elle paraît s'abandonner sans réserve, peut prendre un accroissement effrayant. Il est au moins sûr qu'il n'y a pas d'inconvénient à lui apprendre aujourd'hui ce qu'elle doit connaître plus tard.

Sainte-Luce partage avec moi cette dernière opinion. Il consent à ce que nous ménagions l'extrême sensibilité de cette pauvre petite. Nous ne nous dirons rien qui ait rapport à la situation de nos cœurs; nous imposerons silence à nos yeux; nous ne nous approcherons plus le jour. Homme aussi bon que charmant! il sacrifie à ma fille une portion de son bonheur! que ne fera-t-il point pour la mère? Ah! combien je le dédommagerai de ce qu'il perd! c'est un devoir; j'en ferai ma félicité. Je le comblais de caresses; je l'en accablerai. Les nuits ne suffiront plus à mon amour.

« Les nuits! pendant que les miennes s'écouleront au sein des délices; que j'épuiserai ce que la volupté a de ravissant, Honorine appellera peut-être, de sa couche solitaire, l'homme que je presserai sur mon sein, à qui je communiquerai mon ivresse. Oh! que cette pensée cruelle ne se présente jamais au milieu des plus doux transports; elle glacerait tout mon être!

Je suis décidée à m'expliquer avec ma fille. Je cherche à arranger, d'avance, quelques phrases qui disent beaucoup, et qui unissent la décence à la clarté. Voici l'analyse exacte de celles qui s'offrent à moi : J'aime, je ne peux me vaincre, et je veux que ma fille soit plus forte que moi. Cet aveu est cruel à faire; il est humiliant, et cependant il est indispensable. Je ne laisserai pas cette enfant en proie à des illusions, que chaque jour rendra plus décevantes. Je ne ressemblerai pas à ces mères barbares, qui ne voient qu'elles; qui ne s'occupent que d'elles; et que leur misérable aveuglement rend insensibles aux maux de ceux qui les entourent. Oui, je m'humilierai. Oh, les passions! les passions!

Une idée, assez satisfaisante, se présente à moi. Je vais passer chez Honorine, je prendrai mon portrait, je le retournerai, je le regarderai. Son embarras, son trouble me dispenseront de trouver ces premiers mots, toujours difficiles à arranger, et si pénibles à dire. Elle parlera, nécessairement elle parlera. Je n'aurai d'abord qu'à répondre, et j'amènerai une explication douce et graduée, qui peut-être ne l'effraiera pas, et qui coûtera moins à ma délicatesse.

« Non, ma charmante amie, non, me répond

« Sainte-Luce, ce moyen n'est pas bon, parce
« qu'il ne vous épargne point une scène affli-
« geante pour toutes deux; parce qu'il ne sera
« pas difficile à Honorine de démêler la ruse,
« l'astuce même qui l'auront amenée, et qu'une
« fille qui croit sa mère capable de duplicité,
« l'estime moins, s'arme en secret contre elle, et
« se tient constamment sur la défensive. Cet état
« détruit la confiance, et mine insensiblement
« l'affection. Déclarons-nous franchement, loyale-
« ment, en présence de tous nos amis, et voyons
« l'effet que produira cet aveu sur l'esprit et le
« cœur d'Honorine. Je présume que la connais-
« sance de notre amour mutuel rétablira le calme
« dans cette petite tête exaltée; mais, quel que
« soit le résultat de cet aveu, vous vous félicite-
« rez de vous être montrée, avec la dignité qui
« convient à une mère et à une femme estimable.

« Vous ne vouliez déclarer notre mariage qu'au
« moment de la célébration : qu'importe que ceux
« que vous avez chez vous en soient instruits au-
« jourd'hui ou demain? La mort récente de M. de
« Francheville vous impose une certaine réserve?
« Ces ménagemens cesseront-ils d'être dans les
« convenances à l'époque que vous avez fixée?
« que sont une ou deux semaines dans la position
« où vous vous trouvez? Vous désirez que notre
« mariage se fasse sans éclat? la confidence, que
« vous en aurez faite à vos amis, vous obligera-
« t-elle à rien changer aux mesures que vous avez

« prises ? Prononçons-nous, je le répète, d'une
« manière tellement positive, qu'il ne reste rien
« à cette enfant des illusions qui l'égarent, si pour-
« tant il est vrai qu'elle soit avancée à ce point.
« Voilà, ma séduisante, ma précieuse amie, ce que
« je pense sur une affaire, à laquelle vous atta-
« chez la plus haute importance. Je laisse à la sol-
« licitude maternelle à suivre ou rejeter mes con-
« seils. J'ai cru pouvoir vous en donner; je me le
« suis permis; mais je n'ai pas la ridicule préten-
« tion de vouloir vous les faire adopter. J'ai dit
« ce que je pense, faites ce que vous croirez être
« bien. »

Oh! oui, oui, même dans les choses indifférentes, une femme doit se complaire à être guidée par l'homme auquel elle s'est donnée, lorsqu'il unit au sentiment le plus vif, une raison
saine et éclairée, et qu'il estime assez son amante
pour la juger digne d'entendre son langage. Que
l'impatience d'un joug, souvent utile, et qui me
sera toujours précieux; que le dépit de ne pouvoir atteindre à cette force d'esprit qui caracté-
rise l'homme bien organisé, fassent dire, à des
femmes superficielles, que ce sexe s'est arrogé
des droits, qui ne sont pas dans la nature, qui
sont uniquement établis sur la force, et sur le
vide de notre éducation. Il serait bien plus absurde, répondrais-je, que le faible gouvernât le
fort; que la légèreté l'emportât sur la sage prévoyance; les arts d'agrémens sur des connais-

sances solides et nécessaires. Les Graces, qui s'essaient à soulever la massue d'Hercule, ne prouvent que leur impuissance.

Oui, oui, j'obéirai à mon amant, à mon époux, et que me prescrira-t-il? de vivre pour lui? c'est mon unique vœu; de n'aimer que lui? que puis-je lui comparer? de partager ses plaisirs? en aurais-je, s'il n'était pas avec moi? de le laisser diriger les affaires? eh, y entends-je quelque chose, et ne me prouvera-t-il pas son amour, en se chargeant seul de ce pénible fardeau?

« Ces raisonnemens, madame, ne prouvent rien,
« sinon que vous aimez.—Eh! madame! pourquoi
« se prendre quand on ne s'aime pas?—L'amour
« n'est pas éternel, et un an plus tard vous au-
« riez remarqué, dans ce que vient de vous adres-
« ser votre amant, des expressions qui tiennent
« à la rudesse, presque toujours inséparable de
« la force, et qui vous auraient blessée dans toute
« autre bouche que la sienne.— L'amour n'est
« pas éternel! j'honore assez mon sexe pour
« croire qu'une femme ne cesse d'aimer que lors-
« qu'on l'abandonne. Nous tenons par tant de
« nœuds à l'homme qui nous a subjuguée! le
« respect des bienséances; la difficulté de mieux
« choisir; la crainte d'une publicité, toujours nui-
« sible à notre réputation, tout nous fixe, nous
« arrête, si nous tenons à l'estime de nous-
« mêmes. Ce que m'a dit Sainte-Luce m'eût paru
« offensant, dans une autre bouche que la sienne,

« sans doute. Il me doit la vérité; mais lui seul a
« le droit de me la dire. Je l'écouterai toujours,
« avec empressement; je lui céderai sans résis-
« tance, parce que sa manière de voir et de juger
« est supérieure à la mienne. Je me complairai à
« donner à l'homme, que j'aime exclusivement,
« des marques de la plus grande confiance, et de
« la considération qu'il m'inspire. Il m'estime
« trop, pour que ma condescendance ne l'élève
« pas à ses propres yeux. Je lui imposerai ainsi
« l'obligation d'être toujours grand et généreux.
« Le monde sera enfin juste envers lui, et l'éclat
« de la réputation qu'il se sera faite rejaillira sur
« moi. Peut-être y a-t-il quelque égoïsme à pen-
« ser, à se conduire ainsi. Eh! n'est-ce pas soi
« qu'on aime dans l'objet qu'on préfère? on l'ai-
« merait peu, on l'aimerait mal, si on ne s'iden-
« tifiait avec lui.

« — Ce que vous pensez de Sainte-Luce, vous
« l'avez dit de M. de Francheville. — Franche-
« ville n'était qu'un homme du monde; Sainte-
« Luce est l'enfant de la nature. Francheville m'a
« trahie, abandonnée, persécutée; Sainte-Luce a
« porté son amour dans les quatre parties du
« monde; il m'a rapporté un cœur long-temps
« vierge, et qui jamais n'a battu que pour moi.
« Tant de constance, après tant d'épreuves, est
« une garantie certaine pour l'avenir. »

Telles sont les objections que je me suis pro-
posées, et auxquelles j'ai répondu, je crois, d'une

manière victorieuse. Plus je pense à mon bonheur, plus je le juge inaltérable.

C'est ce soir, avant le dîner, que je proclamerai mon mariage, d'une manière solennelle. J'aurai la dignité dont Sainte-Luce désire que je me pare. Je pense comme lui : tout ce qui tient extérieurement à cette union, doit être revêtu de formes respectables. Je deviens, chaque jour, plus grande et plus forte auprès de cet homme-là.

Nous sommes rassemblés; on va se placer. Je prends la main de Sainte-Luce; je prononce le vœu de l'aimer toujours, et l'intention de m'unir prochainement à lui. Je le présente à ma fille : « Embrasse celui qui te tiendra lieu de père, et « qui, du fond du cœur, t'a déja nommé sa fille. »

On s'empresse autour de nous. On nous félicite, on nous embrasse. Les plus fins prétendent s'être doutés de quelque chose : ce mal d'amour se cache si difficilement !

Où est Honorine? « Elle est sortie, me dit Sainte-« Luce, en s'efforçant de retenir des larmes qui « la trahissaient. » Il croit qu'elles seront promptement taries. Ah! il ne sait pas de quel sang elle est formée.

Je le charge de faire les honneurs du dîner, et je cherche ma fille; je lui dois des consolations. Différer d'un moment, serait ajouter à ses maux. Je suis comptable des chagrins que je peux lui épargner.

Ces dames m'appellent. Elles ne dîneront pas

sans moi : je n'écoute rien; je vais où m'appellent mon devoir et mon cœur.

Quel tableau! elle est assise devant une table, sur laquelle ses coudes sont appuyés; sa figure angélique est cachée dans ses mains; elle couvre de ses pleurs ce portrait qu'elle a placé devant elle; elle lui parle; elle lui adresse des vœux et des reproches; elle le porte sur ses lèvres; elle le conjure, elle le supplie, elle lui demande grace; elle me demande plus que la vie. Je laisse tomber ma tête sur la sienne; je la presse contre mon sein; je m'afflige avec elle. Elle ignorait que je fusse là; mais elle sait que je l'ai entendue. Elle continue une scène, que j'avais prévue, que je me flattais d'éviter, et qui froisse mon cœur.

Je la caresse, je la plains; je lui parle le langage de la froide raison. Eh! ne sais-je pas combien la raison est impuissante, quand l'amour a parlé, et quel triste et faible dédommagement lui offre la pitié? Elle tombe à mes genoux; elle les embrasse. J'ai toute mon énergie, dit-elle, et la résignation n'est encore pour elle qu'un vain mot. A mon âge, on est maîtresse de soi; au sien, l'amour est un torrent qui ravage, qui entraîne, brûle, dévore. Elle sent combien on doit tenir à Sainte-Luce; elle est sans forces pour lui résister, et les miennes suffisent pour me vaincre. Elle le croit! oh! si cela était ainsi... que ferais-je? je ne sais.

Il faut lui répondre, et je n'ai rien de satisfaisant à lui dire. J'oppose son extrême jeunesse à ses désirs : elle me répond, ainsi que je l'avais prévu, que Sainte-Luce est assez jeune lui-même pour attendre un an ou deux. Je lui fais observer que Sainte-Luce a disposé de son cœur : elle croit qu'il ne lui serait pas difficile de le porter de la mère à la fille. Elle est, dit-elle, mon portrait vivant; ce portrait doit s'embellir tous les jours. Elle n'ose ajouter que chaque jour doit me ravir quelque charme; je le sens; je m'arrête, malgré moi, à cette idée cruelle; elle m'arrache des larmes; je les confonds avec celles d'Honorine.

Sainte-Luce entre; il vient m'engager à paraître. Il est étonné de ce qu'il voit; confondu, ainsi que moi, de ce qu'il entend. Son innocence n'est pas entière; elle a des notions des douceurs du mariage; elle se livre à ses sensations, avec la vivacité et la franchise de son âge. C'est lui maintenant qu'elle presse, qu'elle supplie. « Con-« sentez, lui dit-elle, et maman ne me résistera « pas. »

Sainte-Luce veut terminer une scène, dont la publicité donnerait lieu à de fâcheuses interprétations pour l'avenir. Il l'engage à rentrer avec moi, et à se posséder. Il lui promet que ce soir nous l'écouterons avec complaisance, avec affection. Le ton de bonté avec lequel il lui parle, la calme, et la console. Mais ne pas détruire absolument ses espérances, n'est-ce pas l'autoriser à en conserver? ses larmes se sécheraient-elles, si elle désespérait? Il faudra donc, ce soir, qu'elles coulent encore, et avec plus d'amertume, et cela pour cacher, à quelques personnes, que la pauvre enfant aime à l'âge où communément on s'ignore soi-même. C'est par respect humain que nous renouvellerons, que nous prolongerons sa peine. Certainement cette conduite est injuste.

Quelques années d'expérience nous donnent-elles le droit de la tromper; de nous jouer de sa sensibilité, d'apaiser ou de faire renaître ses douleurs, selon les circonstances? Oh! non, non. Il y a ici abus de sa confiance, de l'influence que nous avons sur elle; c'est la force qui agit, sous le manteau de la ruse, et la force ne se cache que lorsqu'elle rougit de se montrer à découvert.

Je m'en expliquerai avec Sainte-Luce. Je lui suis soumise en tout ce qui me regarde personnellement; mais ma fille a des droits imprescriptibles et sacrés : je les lui maintiendrai.

Nous rentrons. Ses yeux sont rouges; on s'en aperçoit. Qu'a-t-elle? voilà les premiers mots qu'on m'adresse, et auxquels je ne sais que répondre. « Mon bouvreuil vient de s'envoler », dit-elle, avec une assurance qui m'étonne. Sainte-Luce me regarde d'un air mécontent : sa loyauté repousse un mensonge, quel qu'il soit. D'Herbin, nos officiers de marine se lèvent et courent le jardin. « Le voilà, crient-ils ensemble. » Je n'y comprends plus rien.

Honorine soutient le rôle qu'elle a pris. Elle

sort avec empressement; je la suis, je l'interroge. Elle a senti qu'elle aurait besoin d'un prétexte, et en sortant avec nous de sa chambre, elle a ouvert la porte de la cage. Le moyen est adroit; mais la facilité, avec laquelle elle l'a conçu, annonce une imagination très-exercée. Où s'arrêtera-t-elle? ou, plutôt, l'arrêterons-nous? je n'ose rien prévoir. Pourquoi s'affliger d'avance d'un mal qu'on ne peut prévenir? Pauvre enfant! pauvre enfant! ah! je m'afflige involontairement... Les passions! les passions!

L'oiseau est remis dans sa cage. Le dîner continue. On cesse de s'occuper d'Honorine; elle s'empare de toutes mes pensées. Sainte-Luce cherche mes yeux, et j'évite les siens. Ne sent-il pas combien ces regards de feu sont poignans, pour la pauvre petite qui l'observe? Il persiste à ne voir, dans tout ceci, que de l'enfantillage : puisse la suite ne pas l'éclairer d'une manière douloureuse!

Il voit que j'affecte de causer avec d'Herbin, et il marque du dépit. Quel homme! avec toute sa pénétration, il ne sent pas que je ménage Honorine. Il aime éperdûment. Et moi, n'aimé-je pas autant que lui! Mais l'amour est-il un sentiment exclusif? il peut l'être pour Sainte-Luce. Plus heureuse que lui, je joins, à ce sentiment délicieux, celui de l'affection maternelle. Qu'il me l'envie; mais qu'il ne m'empêche pas d'en jouir. Me plaindrai-je, moi, des caresses qu'il prodiguera au fruit précieux... car je crois...

Je l'accuse, et de quoi? de m'aimer passionnément. Exigerai-je qu'il soit maître de lui, au moment même où j'ai déclaré notre mariage? Ne sais-je pas que mes plaisirs, mes chagrins sont les siens? Il s'imposerait des privations, il s'affligerait avec moi, s'il croyait mes craintes fondées.

« Mon ami, je t'adore; je souffre de ne pouvoir
« répondre à tes regards brûlans; mais, je t'en
« conjure, épargne cette enfant. Cette nuit, je se-
« rai toute à toi. » Voilà ce que je lui dis, à l'oreille, en quittant la table, et je me promets bien de ne plus lui adresser un mot de toute la journée.

J'ai rempli ce pénible engagement. J'ai évité l'homme, à qui je voudrais consacrer tous mes instans, tout ce qui me reste de vie. J'ai généralisé la conversation; j'en ai écarté ce qui aurait eu quelque rapport avec mon mariage. J'ai vu quelquefois Honorine sourire. Ah! j'espère. Je me flatte qu'elle se résignera; que mon bonheur ne lui coûtera pas le sien.

L'heure de se séparer arrive. Nous passons, Sainte-Luce et moi, dans la chambre de l'aimable enfant. Elle ferme sa porte; elle vient s'asseoir entre nous deux; elle nous prend une main à chacun; elle nous regarde attentivement. « Et
« bien, dit-elle à Sainte-Luce, d'une voix timide
« et faible, puis-je espérer de vous appartenir un
« jour? »

Je vois qu'il faut revenir au point d'où nous sommes partis; qu'il serait inutile et cruel de lui laisser des espérances; qu'il est essentiel de se prononcer : je n'en ai pas la force. Sainte-Luce lui laisse entrevoir la vérité qu'elle redoute. Il lui promet tout ce qu'il peut, ce qu'il doit lui accorder. Sa protection, ses égards, ses soins, ses prévenances, son amitié ne peuvent lui suffire : c'est de l'amour qu'elle veut. « Répondez-moi, « dit-elle; puis-je espérer de vous appartenir un « jour? — J'appartiens à madame votre mère, et « si un coup aussi fatal qu'imprévu nous séparait « demain, cette nuit même, il serait impossible « que je fusse à vous. »

Elle laisse tomber sa tête sur mes genoux; ses plaintes, ses sanglots éclatent. Sainte-Luce les attribue à une résistance, peut-être trop fortement prononcée; il persiste dans sa manière de voir; il croit que le sommeil, et ses espérances détruites, la rendront à elle-même. Le sommeil? elle ne le trouvera pas. Ses espérances? ai-je renoncé aux miennes, quand nous occupions lui et moi deux points opposés du monde; quand j'avais à redouter des tempêtes, des combats, et peut-être l'inconstance? Notre union détruira tout espoir? Est-il vrai que l'amour ne vive que d'espérances? n'aimais-je pas Sainte-Luce, en dépit de moi-même, à une époque où il paraissait impossible que je lui appartinsse jamais? Elle sera sans cesse auprès de mon mari; elle vivra avec lui, dans la plus entière intimité. Le son de sa voix, un regard, une prévenance, la plus innocente caresse serviront d'aliment à ce déplorable amour. Elle souffrira, je le verrai, et je serais heureuse! Oh! non, non, cela ne peut être. Séparée d'elle, je croirai voir couler ses larmes; elles me poursuivront jusque dans les bras de mon époux. Que faire, mon Dieu! renoncer à Sainte-Luce? eh, quand je le pourrais, est-il une puissance capable de les unir légitimement? Sainte-Luce ne s'est-il pas prononcé? aurais-je l'audace de lui proposer de passer des bras de la mère dans ceux de la fille? ne le détesterais-je pas s'il pouvait y consentir?

Il m'engage à me retirer avec lui. Il croit qu'il suffira d'une femme de chambre. Il veut donc qu'elle renferme sa peine; qu'elle retienne ses pleurs; qu'ils la suffoquent, qu'ils la tuent! Non; elle pleurera devant moi. Si je ne peux tarir ses larmes, du moins je les essuierai.

Je reste. Je la délace, je la mets au lit; je lui fais prendre quelques calmans. « Pourquoi donc, « maman, si tu renonçais à Sainte-Luce, serait-il « impossible que je fusse à lui? » Elle répète cette question, à laquelle je ne peux répondre. Lui avouerai-je que ma conduite est loin d'être sans reproche?

Un sommeil pénible l'accable par intervalles; ses yeux se ferment; des songes pénibles les rouvrent. Elle me demande ma main; elle la porte sur ses lèvres; elle l'y presse d'un air suppliant. « Ah! « si tu le voulais, maman, je serais heureuse. — « Tu le seras, je l'espère; mais ce ne peut être avec

« Sainte-Luce. — Il faut donc mourir, maman. »
Le ton avec lequel elle prononce ces paroles est déchirant.

« Non, mon enfant, tu ne mourras pas. Tu vi-
« vras pour le bonheur de ta mère, le tien, celui
« de l'homme estimable qui t'aura su plaire, et
« qui fera sa principale, son unique étude de se
« conserver ton cœur.—Il n'y a qu'un homme qui
« puisse me plaire; je l'ai trouvé, et tu me le re-
« fuses! Quel est donc cet obstacle qui m'en sé-
« pare à jamais? Tu ne me réponds rien. Tu m'a-
« bandonnes à ma douleur. »

Je l'embrasse. « Ah! ce ne sont pas des caresses
« que je te demande, c'est la vérité. Quel est-il,
« quel est-il donc, cet obstacle insurmontable? »
Elle prévoit tous ceux qui peuvent empêcher un mariage, excepté celui dont je n'ose parler; dont je ne lui parlerai jamais; qu'en ce moment je voudrais me cacher à moi-même. J'étais fière de mon bonheur; il m'inspirait un orgueil que je croyais fondé, légitime. Maintenant il m'humilie, il me confond. Si j'aimais moins, j'éprouverais des remords.

Elle ne m'adresse plus la parole. Elle se parle à elle-même; elle parle à Sainte-Luce, comme s'il était présent; elle peint, en traits de feu, les charmes d'une union assortie. Ce qu'elle dit tient du délire, et me prouve qu'elle est très-instruite. Je lui prends le bras; je crois sentir de la fièvre. Je sonne; je fais lever Thomas; je lui ordonne de prendre la poste, de courir à Paris, de m'amener mon médecin. Le reste de la nuit s'écoule dans des alternatives, plus ou moins affligeantes.

Sainte-Luce entre au point du jour. « Vous êtes « excédée de fatigue, me dit-il; allez vous reposer; « je vais faire descendre vos femmes. — Je vous « l'ai déja dit, ce ne sont pas elles qu'il lui faut. « Mais qu'avez-vous, vous-même? vous êtes dé- « fait, vos yeux sont battus. » Il ne peut prendre de repos, quand il sait ce que je souffre. Il ne s'est pas couché. Il est venu plusieurs fois à cette porte. Il a entendu des choses qui ont entièrement changé sa manière de voir. Ce n'est plus un enfant qu'il considère dans Honorine. Il partage mes craintes; il s'afflige avec moi. Il y a long-temps que j'ai jugé son excellent cœur.

Il insiste sur la nécessité de me livrer au sommeil. Il me presse de me retirer. « Non, mon ami, « la nature a marqué ici ma place. Permettez-moi « d'y rester. »

Elle est assez tranquille. Je me fais apporter une ottomane; je m'arrange près de son lit; j'ordonne qu'on me laisse avec elle. Je promets à Sainte-Luce de me rendre à lui et à la société, si je remarque quelque changement heureux.

Combien de temps a duré mon sommeil? Elle l'a respecté, je le vois. Pauvre enfant! Ses yeux sont fixés sur moi; elle attendait que les miens s'ouvrissent, pour me parler. « Où est Sainte- « Luce, maman? pourquoi n'est-il pas auprès de

« toi, puisqu'il t'aime? que je le voie, au moins.
« Veut-il m'ôter encore cette satisfaction? » Le ferai-je venir? Non. L'absence est un remède lent;
mais quelquefois certain. Eh, quel effet a-t-il produit sur moi? et n'est-elle pas ma fille? D'ailleurs,
dépend-il de moi d'éloigner Sainte-Luce? Ne touchons-nous pas au jour de notre mariage, et consentira-t-il à se séparer, pour un mois, pour un
jour, une heure, un instant, d'une épouse adorée? Peut-être serait-il plus sage d'engager Honorine à rentrer à Écouen. Exiler ma fille! la chasser, parce que j'aime! oh, cela serait affreux. Que
faire donc? mon Dieu, éclairez-moi, ôtez-moi mon
amour!

Eh, quand je n'aimerais plus, son sort changerait-il? Ces nuits fortunées, enivrantes lui sont à
jamais interdites... du moins avec l'homme qui
me les a procurées.

Elle veut se lever; je la retiens. Elle insiste, et
je cède. C'est Sainte-Luce qu'elle va chercher. Du
moins elle ne le verra, elle ne lui parlera qu'en
présence de dix ou douze personnes.

Elle est obligée de s'appuyer sur moi. Elle est
faible, comme si elle sortait d'une longue maladie : son imagination la dévore. Nous entrons au
salon. On s'empresse, on l'entoure. Sainte-Luce
se conduit parfaitement. Il ne lui marque ni l'indifférence qui l'affligerait, ni l'affection qui ajouterait à ses regrets. On raisonne sur son incommodité subite; personne n'en pénètre la cause.

Quel bonheur! Chacun, selon l'usage, me conseille un remède. J'écoute, je remercie, et je ne fais rien.

Mon médecin arrive. Il examine l'intéressante malade. Il cherche les symptômes, il les rapproche, il les compare; il convient franchement qu'il a besoin de quelques jours pour se déterminer. Quelques jours! Je le conduis dans ma chambre. Un médecin est discret; d'ailleurs il s'agit peut-être de la vie de ma fille. Je lui déclare cette passion prématurée, qui ne l'étonne pas, et dont il a vu, dit-il, plusieurs exemples. Il ordonne des calmans; il compte particulièrement sur une prévoyante vigilance. Tout cela ne me rassure point.

Je veux la reconduire chez elle. Elle y consent, à condition que Sainte-Luce l'accompagnera. Il lui contera, dit-elle, quelque chose de ses campagnes. Il conte si bien! Elle trouve toujours un prétexte pour détourner le soupçon.

Comment se refuserait-il à une chose aussi simple, demandée devant autant de témoins! Il nous suit. Il ne s'attendait pas à l'épreuve nouvelle, à laquelle nous allions être soumis l'un et l'autre.

« Je ne veux qu'une grace, nous dit-elle; mais
« je l'exige, parce qu'après y avoir long-temps
« pensé, il me semble que vous n'avez pas le droit
« de me la refuser. Quel est cet obstacle insur-
« montable, que vous m'opposez, et que vous per-
« sistez à ne vouloir pas me faire connaître? Par-
« lez, si vous voulez que je croie qu'il existe; si

« vous craignez que je vous juge sans pitié. Ma
« raison est égarée. Opposez-lui la vérité, qui me
« la rendra peut-être : je ne crois pas qu'on puisse
« désirer long-temps ce qu'il est réellement im-
« possible d'obtenir. Quel est cet obstacle invin-
« cible ? »

Sainte-Luce me regarde. Je vois dans ses yeux
ce qui se passe dans son ame. Il faut l'indécente
inconvenance d'une explication. Il veut se retirer;
elle embrasse ses genoux. Il cherche à lui échapper; elle emploie, pour le retenir, ce qui lui reste
de forces; elle tombe sur le parquet, la tête en
arrière. Je pousse un cri d'effroi; nous la rele-
vons; nous la portons sur l'ottomane. « Laissez-
« moi, me dit-elle; vous ne m'avez jamais aimée.
« Vous me sacrifiez à votre amour, puisque vous
« me refusez l'unique moyen que vous ayez de
« me guérir, la vérité que je vous ai demandée à
« genoux. Ou vous êtes féroces, ou mon union
« avec Sainte-Luce serait un crime. Et vous ne
« voulez pas que je le connaisse, pour m'en ga-
« rantir! laissez-moi, laissez-moi. Je ne veux pas
« de vos soins; je ne veux pas de la vie. » Ses
muscles sont en contraction; sa respiration est ser-
rée; des mouvemens convulsifs la défigurent. Il
faut parler! eh, le puis-je, l'oserai-je?... « Sainte-
« Luce, Sainte-Luce, qu'avons-nous fait?... Sainte-
« Luce, conseillez-moi.

« — Je suis désespéré; mais est-ce à moi qu'il
« convient de faire entendre à cette enfant que sa

« mère... — Eh! mon ami, sa mère, plus humiliée
« que vous, doit-elle avoir plus de courage? que
« sont ici les convenances? on les calcule, on s'y
« soumet, quand le cœur et la tête sont calmes.
« Tout est en désordre chez moi; je ne vois que
« ma fille, son danger. Perdez-moi dans son es-
« prit; mais sauvez-la. »

Il s'approche d'elle; il va parler. Je cache mon
visage dans mes mains... « Je me posséderai, dit-
« elle, je vous le promets. Quel est cet obstacle
« invincible. » Il s'éloigne; il vient à moi. Je ne le
peux, dit-il; je ne le peux. Une crise violente la
saisit, la tourmente. « Je vais parler, m'écrié-je.
« Tu mépriseras, tu haïras ta mère; n'importe, je
« parlerai... » Ma langue se glace dans ma bouche.

Je cours à mon secrétaire. J'en tire ce manuscrit, que j'avais destiné à mûrir, plus tard, son
expérience, et qui ne sera pour elle qu'un mo-
nument de mes faiblesses. « Le voilà, lui dis-je,
« ce secret que tu peux pénétrer, et que je t'au-
« rais caché toute ma vie. Prends, lis, et juge-moi. »

Je m'enfuis. Je vais cacher, à l'extrémité du
château, ma rougeur, ma honte, mes regrets.
Sainte-Luce me suit. Il sent quel besoin j'ai
d'être secourue, et il veut que ces scènes dés-
espérantes soient renfermées entre nous trois.
« Éloignez-vous, lui dis-je, éloignez-vous. C'est
« par vous que j'ai cessé d'aimer mon mari; c'est
« peut-être mon indifférence qui l'a plongé dans
« le désordre, qui a produit sa fin tragique. C'est

« par vous, c'est pour vous que j'ai oublié ce que
« je me devais ; c'est par vous que je suis avilie,
« dégradée dans l'opinion de ma fille. C'est en-
« core vous qui lui donnerez la mort : que m'eût
« fait de plus mon plus cruel ennemi ? Éloignez-
« vous... Ah ! reviens, reviens. Sais-je ce que je
« fais, ce que je dis ? Pardonne-moi d'injustes re-
« proches : mon cœur, dès le premier jour, a volé
« au-devant du tien. Pardonne à une mère dé-
« pouillée de l'estime de sa fille, et tremblante
« pour sa vie : tu sauras à ton tour combien on
« aime son enfant. Pardonne-moi, pardonne. » Je
tiens ses mains, je les mouille de mes larmes ; je
tombe à ses pieds ; j'implore de nouveau son indulgence et sa pitié. Il me relève, il me console,
il me presse dans ses bras ; mes lèvres rencontrent
les siennes, et dans ce moment de trouble, d'affliction, de désespoir, l'amour veut reprendre ses
droits... Un mouvement sympathique agit à la fois
sur nous deux. Nous nous repoussons ; nous nous
éloignons ; nous nous fuyons, par des routes opposées. Pourquoi ceci n'est-il pas écrit encore ?
Elle saurait que sa mère, que son amant sont ca-
pables d'éprouver un sentiment délicat et généreux.

Je rentre au salon. Plusieurs de ces dames
m'annoncent l'intention de me quitter. Les autres profitent d'une occasion favorable, de quelques places qui resteront dans les voitures. Ils
ne peuvent m'être d'aucune utilité, et l'aspect

d'un malade agit trop vivement sur eux. Ah! qu'ils partent. Ils m'ont donné ce que je voulais; ce qu'on doit seulement attendre des amis d'un jour, d'aimables distractions, quand j'étais en état de m'y livrer. D'Herbin reste. « Je crains aussi, « dit-il tout haut, de voir souffrir une enfant aussi « intéressante; mais sa mère est affligée, je ne l'a-« bandonnerai pas à sa douleur. » On n'a pas l'air de l'avoir entendu; on continue à parler de choses indifférentes. Je me retire; je les laisse libres d'arranger leur départ. Je les dispense, intérieurement, d'un froid adieu, insignifiant pour moi, parce qu'il ne peut exprimer que des lieux communs, qu'on voudrait faire ressembler à de la bienveillance, et qui ne trompent personne.

Je me rappelle qu'Honorine est seule. Je lui envoie celle de mes femmes que je crois la moins capable d'interpréter une exclamation, un mot. Je lui prescris ce qu'elle doit faire, et je propose à Sainte-Luce de ramener ma fille à Paris. Elle peut encore supporter la voiture, et je pense que d'Herbin n'était à sa place ici, qu'autant qu'il pouvait s'y perdre dans la foule. Je n'examine pas si son dévouement pour moi tient à son amour. Je lui en sais bien bon gré; mais je ne dois pas permettre que Sainte-Luce et lui soient constamment en présence l'un de l'autre. Il faut épargner l'amour malheureux; l'amour fortuné exige aussi des ménagemens.

Je vais donner mes ordres à Thomas, et, pour

avoir l'air de faire quelque chose, je m'enferme dans ma bibliothèque, où je m'abandonne à des idées, plus affligeantes les unes que les autres.

Vers le soir, on m'envoie demander la permission de prendre congé de moi. Je fais répondre que ma fille n'est pas bien, et que je ne peux ni la quitter, ni recevoir chez elle.

Ils partent; j'entends le bruit des roues, le fouet des postillons. Ils vont chercher ailleurs des plaisirs, que je ne peux plus leur procurer : voilà le monde.

Je me mets au lit, accablée, anéantie, et je compte toutes les heures. Je pense au moment où je reverrai ma fille; à la manière dont elle me recevra; à ce que je pourrai lui dire. Ah! il y a là de quoi penser pour toute la vie. Sainte-Luce me respecte, il se respecte lui-même; il ne vient pas; je l'en remercierai demain.

Honorine n'est pas plus mal, puisque la femme, que j'ai laissée près d'elle, ne me fait rien dire. Je désire et je crains de la revoir. Oh, que cette nuit est longue! les ténèbres doublent nos souffrances, parce que nul objet ne peut nous en détacher.

Le jour renaît enfin. Je me lève; je vais chez Honorine. Je m'arrête devant la porte; je baisse les yeux; je regarde le seuil. Il semble qu'une force invincible m'empêche de le franchir. Je fais un effort sur moi-même; j'écarte les idées qui m'obsèdent; je m'élance; je suis près de son lit, et là, j'éprouve ce qui arrive à celui qui, effrayé la nuit d'un objet fantastique, s'en approche en frissonnant, et respire en reconnaissant son erreur.

Non, mes craintes n'étaient pas fondées. Elle me sourit d'un air mélancolique; mais un sourire, quel qu'il soit, soulage le cœur oppressé qui l'invoque, qui l'espère, qui l'attend. Elle prend ma main; elle la serre avec tendresse. Je sens ma confiance renaître. Je ressemble à l'accusé qui redoutait la sévérité de son juge, et qui n'en reçoit que des marques de bonté. Une mère, tremblante devant sa fille, jugée par elle, attendant, de son indulgente affection, un soulagement presque inespéré ! quelle situation !

« Remets-toi donc, ma bonne mère. Te défies-
« tu de mon cœur? ma manière de voir, de sen-
« tir, est la tienne. Qui croit régler ses affections,
« n'en a point. Tu t'es livrée à ta tendresse? Pré-
« voyais-tu que j'adorerais Sainte-Luce? Ne te
« reproche rien : je n'accuse que ma destinée. Je
« renonce à ton amant. Qu'il soit ton époux, qu'il
« fasse ton bonheur, et je serai moins malheu-
« reuse... Oui, l'obstacle est insurmontable!

« Pardonne-moi de t'avoir contrainte à un aveu,
« qui a dû te coûter beaucoup. Garde-toi de
« croire qu'il a altéré mes sentimens pour toi :
« mon amour est l'excuse du tien. Eh! qui de
« nous est sûre de ne jamais faillir? Tu ne me
« réponds pas! comment, c'est moi, pauvre vic-

« time, condamnée à aimer, à souffrir, qui te
« console, qui t'encourage. Embrasse donc ton
« enfant. »

Je tombe dans ses bras; je me tais. Je suis pénétrée de la douceur de ses expressions; mais je sens combien je suis au-dessous de la dignité qui sied à une mère. Je suis accablée de l'idée que j'ai perdu le droit d'éclairer, de guider ma fille. J'ai conservé son affection; mais nécessairement j'ai perdu son estime... Oh! les passions, les passions!

Peut-être s'est-elle fait violence pour m'adresser les paroles consolatrices, dont elle a jugé que j'avais tant de besoin. Son ton, sa figure ont quelque chose de solennel; mais de contraint. Elle a voulu être sublime; elle jouit du triomphe qu'elle obtient sur elle-même. Triste et courte jouissance! ai-je pu me flatter que la connaissance de ce cruel mystère étoufferait son amour? Lui imposer silence, et n'avoir personne à qui ouvrir son ame, n'est-ce pas doublement souffrir?

Je lui propose de retourner à Paris. Elle est disposée à faire ce qui me plaira. Je lui conseille de voir Sainte-Luce aussi rarement que le permettront les circonstances et l'usage : elle sent la nécessité de suivre ce conseil. Elle me résistait quelquefois, quand elle me croyait irréprochable; elle fait maintenant tout ce que je désire, tout ce qui blesse son cœur, avec une facilité, qui annonce l'intention de me dédommager de ce que j'ai perdu dans son esprit ; de me faire oublier que j'ai rougi devant elle. Pauvre mère ! pauvre enfant !

Je mets Sainte-Luce et d'Herbin dans un cabriolet. Je la prends dans ma berline avec une de mes femmes. Elle me sourit quand nos yeux se rencontrent. Quand je la regarde à la dérobée, je trouve dans tous ses traits l'expression de la douleur. Calme son cœur, ô mon Dieu ! conserve-la-moi. Ne frappe point, en elle, sa mère coupable et désolée.

Nous arrêtons à la Ferté, pour déjeuner. Elle rougit en voyant Sainte-Luce ; ses yeux cernés se raniment. Elle lui présente la main ; elle la retire aussitôt. Sainte-Luce s'avance, et la baise au front. Elle se laisse aller sur un fauteuil. Je cours à elle : « Ce n'est rien, me dit-elle tout bas, que « le sentiment de mon bonheur. Je croyais ne « plus en goûter. » Quel bonheur que celui de Tantale !

Nous arrivons à Paris. Elle se plaint d'un violent mal de tête. J'envoie chercher mon médecin. Il entre, il examine la peau ; il croit voir des dispositions à une éruption violente. Il ordonne peu de chose : il craint de juger trop précipitamment. Sainte-Luce ne veut pas que je passe la nuit avec elle. « Eh, veiller dans mon lit, ou auprès du « sien, n'est-ce pas la même chose ? »

Le mal augmente considérablement vers minuit. La peau est brûlante et sèche. La fièvre se manifeste; le délire se prononce.

Oui, elle s'est fait violence pour me marquer une espèce de calme, une résignation, dont elle est bien loin. L'ardeur de la fièvre ajoute à celle qui la tourmentait déja. Ses expressions sont brûlantes. Quel ravage effrayant l'amour fait dans ce jeune cœur-là! elle en mourra, elle en mourra! Pourquoi lui avons-nous ôté l'espérance!

Oui, dans ce moment-ci, je lui sacrifierais mon amour, si Sainte-Luce n'était déja mon époux. Je les unirais; je fuirais au bout du monde, n'emportant, avec moi, que la satisfaction de l'avoir rendue à la vie, et de la savoir heureuse. Cela ne se peut plus. Non, cela ne se peut plus! Je me jette à genoux près de son lit; je prie pour elle. Des prières, des vœux stériles, voilà tout ce que j'ai à lui offrir... Malheureuse, qu'ai-je dit! Eh, pourquoi le ciel ne m'exaucerait-il pas, quand je l'invoque en faveur de l'innocence!

La crise augmente. J'envoie chez le médecin; on le fait lever; il vient... Il se tait; mais je l'observe, et je crois lire dans ses yeux la condamnation de ma fille. « Qu'a-t-elle, au nom de Dieu, « qu'a-t-elle? ne me cachez rien : l'incertitude a « toujours été pour moi le plus cruel des maux. « —Elle n'est pas bien, madame; mais je suis loin « de désespérer. — Qu'a-t-elle, monsieur, répon- « dez-moi? — Une fièvre scarlatine, madame. —

« Et ces taches foncées en couleur ?... Vous vous
« taisez, monsieur ! qu'indiquent-elles ? — Rien
« de fâcheux, madame. »

Je ne crois pas un mot de ce qu'il m'a dit. Mais j'ai un moyen sûr d'éclaircir les plus douloureux soupçons. Je sonne ma femme de chambre ; je fais descendre Thomas. Je lui ordonne d'aller à l'instant chez mon pharmacien ; de lui rendre compte de l'état de ma fille, et de lui demander quelle maladie indiquent les symptômes et les remèdes prescrits par le médecin... Si la maladie est mortelle, Thomas ne me dira rien. Je jette une robe sur mes épaules, un voile sur ma tête ; je laisse ma femme de chambre auprès d'Honorine ; je sors... « Vous êtes encore là, Sainte-Luce ! vous
« voulez donc mourir aussi, et sans pouvoir être
« utile à cette enfant ! Vous me condamnez donc à
« survivre à tout ce qui m'est cher ! — C'est vous,
« ma digne amie, qui prodiguez votre vie, et...
« — Ne suis-je pas sa mère ? — Eh, ne m'avez-
« vous pas nommé son père ? Si je ne craignais de
« m'offrir à ses yeux, je ne la quitterais pas un
« instant. — Eh bien, suis-moi ; viens t'éclairer
« sur l'état de cette chère et déplorable enfant. »
Je prends son bras, je l'entraîne, nous partons. Thomas me crie qu'il va éveiller mon cocher. Je perdrais une demi-heure, et je suis sur des charbons ardens.

Je pense en route que mon pharmacien me cachera la vérité. Je vais de rue en rue ; je cherche à la faible lueur des réverbères une pharmacie où je sois inconnue. Je ne marche pas, je cours, je vole. Sainte-Luce veut me retenir. Il me parle de ma santé. Il est, dit-il, le père de ma fille, et il oublie qu'elle est mourante!

Personne dans les rues, de qui je puisse obtenir quelque indication. Je vais, je viens, je tourne, je me désole... Je trouve enfin ce que je cherche depuis si long-temps. Sainte-Luce frappe à coups redoublés. Un homme paraît à une croisée, et demande ce qu'on lui veut, d'un ton fort incivil. Tant mieux : celui-là ne déguisera rien. « Un re-« mède à préparer à l'instant, lui répondis-je, et « dix louis à gagner. » Cet homme me prie très-poliment de vouloir bien attendre un peu, et, pendant qu'il s'habille, Sainte-Luce, qui m'a demandé cent fois où j'allais, ce que je voulais, et que je n'entendais pas, répète sa question. Mon immobilité a-t-elle dissipé la contraction d'esprit et l'impatience où j'étais, en lisant, tant bien que mal, des écriteaux d'enseignes ? Je lui réponds ; je lui fais connaître l'objet de la longue course que nous venons de fournir, et je le prie de n'entrer que quelques minutes après moi : je redoute, dans cette circonstance, l'extrême intérêt qu'il me porte. Il voudra me ménager, et un signe, un coup d'œil de lui, adressé à cet homme, m'empêcheraient de connaître la vérité.

La porte s'ouvre. Sainte-Luce s'avance ; je le repousse ; j'entre, je ferme la porte sur moi. Je

compose mon visage et mon ton. Je me donne pour une amie de la mère de la malade; je présente l'ordonnance; je décris la situation de ma fille; je détaille les crises qu'elle a soutenues, et je demande ce qu'on peut craindre et espérer. « La malade, me dit-il, est probablement atta-
« quée d'une fièvre scarlatine. Les taches que vous
« avez remarquées pourraient être du pourpre.
« Le camphre, les acides ordonnés, indiquent la
« putridité qui se déclare; l'ensemble des remèdes
« annonce les progrès effrayans du mal. Je vous
« conseille, madame, de préparer la mère à se
« séparer de son enfant. » Je jette un cri d'effroi et de douleur. Sainte-Luce ouvre la porte; je tombe dans ses bras.

L'espérance avait soutenu mes forces. Ce que je viens d'entendre m'ôte jusqu'à celle de me soutenir. Sainte-Luce me porte dans l'arrière-boutique. Il ne s'occupe que de moi, et il se dit le père de ma fille! « Le remède, le remède, ne
« cessé-je de répéter! » L'homme dont la véracité me désespère, se hâte, tourne, renverse tout, et les minutes me paraissent des siècles! Sainte-Luce croit pouvoir compter sur une demi-heure encore, et il veut aller demander mon carrosse.
« Une demi-heure, m'écrié-je, elle mourra donc
« sans soulagement!... » Nous entendons rouler une voiture... c'est la mienne. Mon bon Thomas me l'a amenée. Il a prévu, dit-il, que j'entrerais chez l'apothicaire le plus voisin de chez moi. Il

a parcouru les rues adjacentes, et il a fait arrêter devant cette boutique, éclairée à deux heures du matin. « Dans quel état est ma fille ? — Hélas ! « madame, nous n'avons pas remarqué de chan- « gement avantageux. — Tu pleures, Thomas ! ma « fille est plus mal. — Madame, le médecin as- « sure que non. — Le médecin est chez moi ! — « Il n'en est pas sorti, madame. Il a pris congé « de vous ; mais il s'est retiré chez M. de Sainte- « Luce, et il a ordonné qu'on l'avertît, si la ma- « lade avait une crise nouvelle. — Elle en a donc « eu une ! — Grace au ciel, madame, elle est ter- « minée. Remettez-vous, ma chère maîtresse ; es- « pérez. — Ah, mon Dieu ! mon Dieu ! je n'ai plus « d'enfant ! »

Le remède est prêt. Je le prends, je m'élance dans mon carrosse ; Sainte-Luce me suit ; nous partons au grand galop. J'arrive ; je monte l'escalier avec la rapidité de l'éclair ; j'entre... Ah ! elle respire, elle respire encore !

Le médecin prend la fiole de mes mains ; il en fait avaler quelques gouttes. Un instant après il administre une dose nouvelle. Les yeux de mon enfant s'ouvrent... Je crois renaître avec elle. L'espoir vient ranimer mon cœur. Espoir perfide, combien de fois ne m'as-tu pas déja déçue !

Elle m'a nommée d'une voix bien faible ; mais enfin elle est revenue à elle. Je me précipite sur ce lit de mort. Je la presse dans mes bras. « Éloi- « gnez-vous, madame, éloignez-vous ; ce souffle

« est contagieux. — Et vous restez, monsieur! — « Mon ministère m'y oblige. — Et ma qualité de « mère ne m'impose-t-elle pas des devoirs plus « rigoureux, plus saints? » Tout cela s'est dit à voix basse.

Sainte-Luce me conjure de me retirer. « Non, « monsieur, je mourrai, ou je vivrai avec elle. » Je fais sortir mes gens. Je m'incline sur ce lit, dont on veut m'arracher, et dont j'ai tourné les rideaux autour de mes reins. « Ma fille, m'en- « tends-tu? — Oui, ma bonne mère. — Je romps « mon mariage; je le romps sincèrement. Reviens « à la vie, et nous irons ensemble pleurer le bien « que nous avons perdu. Nous nous consolerons « mutuellement; nous vivrons l'une pour l'autre, « et, du moins, tu n'auras pas sous les yeux le « spectacle déchirant du bonheur de ta mère. « Guéris, ma chère, mon adorable enfant. Je te « le répète, mon mariage est rompu. J'en jure « par l'honneur, par ta vie, que je demande à « Dieu, par les larmes que je verse en ce mo- « ment. »

Sa figure décomposée reprend un air de sérénité. Elle cherche ma main; elle la porte sur ses lèvres; elle me sourit. Oh! si mon sacrifice me rendait ma fille, non, je ne regretterais pas les efforts douloureux qu'il me coûte. Eh! n'est-on pas heureuse quand on est mère; quand on l'est d'Honorine? Faut-il vouloir la somme de félicité qui suffirait aux vœux de dix mortels.

Je me sens brisée de fatigue, et de ce que j'ai souffert. Le médecin tire un flacon de sa poche. Il emplit une cuiller de la liqueur qu'il contient. Il me propose de la prendre. Elle me rendra des forces, dit-il; elle éloignera le sommeil. Je la prends sans réfléchir, sans résister... Hélas!... ma tête s'appesantit; mes membres s'engourdissent..

. . . .

Je sors d'un sommeil profond. Où suis-je?... Ah! dans la chambre de Sainte-Luce. « Et mon
« enfant, mon ami, mon enfant? Tu ne me ré-
« ponds rien! c'est fait d'Honorine; c'est fait de
« moi! » Je veux me lever; contempler, pour la dernière fois, ces restes déplorables et précieux. Il me retient dans ce lit, d'où je veux m'échapper; il me conjure de m'épargner un spectacle affreux; il me conjure, pour moi, pour lui. Pour lui! il croit me rappeler à l'amour; me faire oublier que j'étais mère; que je ne le suis plus. « L'amour! l'amour! il ne reste plus de place
« pour lui, dans mon cœur déchiré. Je suis en
« proie à toutes les douleurs qui peuvent torturer
« une femme faible, et ces maux qui m'accablent,
« je les ai attirés sur moi. Je me suis donnée à
« Chantilly à un homme que je ne connaissais
« pas. J'ai abusé de mon ascendant pour lui faire
« négliger les devoirs toujours sacrés du mariage.
« J'ai tué madame de Mirville; j'ai tué son fils. J'ai
« méconnu les droits de mon mari, et je vous ai
« aimé. Coupable aussi envers vous, j'ai forcé

« votre inclination ; je vous ai précipité au milieu
« des dangers. J'ai armé votre bras contre Sou-
« langes ; c'est moi qui ai dirigé le coup qui lui a
« ôté la vie. C'est mon fol amour qui vous a ra-
« mené ici. C'est par moi que ma fille vous a
« connu, et que le poison, qui circule dans mon
« sang, s'est glissé dans le sien... La maladie qui
« me l'a enlevée était, me dites-vous, indépen-
« dante de cette passion prématurée, impossible
« à prévoir. Elle en a été la suite naturelle. J'ai
« donné la mort à ma fille. Madame de Mirville est
« vengée. Il y a une Providence ; je la reconnais
« au coup dont elle m'a frappée... Vous voulez
« que je me modère, que je me calme ! du calme,
« au moment où je perds tout ; où ma mémoire,
« trop fidèle, me rappelle des crimes, et pas une
« vertu pour les balancer... Je suis peut-être mère
« encore... je suis peut-être mère encore, dites-
« vous?... Ah! répète-moi ces derniers mots, si
« tu ne veux pas que je succombe à mon déses-
« poir... ma tête s'égare... mes yeux s'obscurcis-
« sent... adieu... adieu... »..................
....
....

Qui me parle, qui m'appelle? qui couvre ma
main de larmes brûlantes? de quelle léthargie
profonde vient-on de me tirer? Je ne peux soulever ma tête. Mes membres affaiblis refusent de
m'obéir. Mes idées n'ont point de suite. Que

m'est-il arrivé? d'où viens-je? rêvé-je, ou suis-je éveillée? suis-je morte ou vivante?

Qui tient ma main, et n'ose lever les yeux sur moi? Ce ne peut être un ennemi : pourquoi donc me craint-il? Je fais un effort; j'essaie à soulever sa tête. Un cri se fait entendre, et c'est un cri de joie. Il se répète autour de mon lit... c'est Sainte-Luce!... est-ce bien lui?... Oui, oui, c'est lui... Qui l'a réduit à cet état d'épuisement? Son teint est flétri; ses joues sont cavées, ses yeux éteints... Voilà Thomas, pâle, défiguré aussi. Ah! je le vois : je reviens d'une maladie longue et douloureuse. Ils se sont exténués, presque anéantis pour moi.

« Ma fille! ma fille! » Voilà les premiers mots qui m'échappent, les seuls que je puisse articuler encore. Il me regarde d'un air suppliant. Il prend ma main; il la porte sur mon sein. « Il est
« là, me dit-il; il te demande grace; je te de-
« mande sa vie. » Qui donc, qui?... Ah, mon Dieu! mon Dieu! tu ne m'as pas frappée dans l'excès de ta colère. Tu m'as punie. Mais pour me permettre d'expier mes fautes, tu me donnes de nouveaux devoirs à remplir. En dédommagement de ce que j'ai souffert, tu me permets d'espérer des jouissances. « Mon ami, effaçons jusqu'à la
« trace de nos faiblesses. Que les lois divines et
« humaines consacrent notre union. Prie l'offi-
« cier public et un prêtre de venir recevoir nos
« sermens. »

Il se relève. Hélas! il était à genoux près de mon lit. Il veut se hâter; il peut à peine se soutenir. Je lui fais un signe de la main; il revient à moi : « Je suis mieux, beaucoup mieux; ne « précipite rien. Ménage l'époux pour qui je veux « vivre, comme je veux ménager la mère de ton « enfant. »

Thomas s'approche. J'ai été dix-sept jours entre la vie et la mort. Sainte-Luce a passé dix-sept jours et dix-sept nuits à côté de moi. Ni Thomas, ni mes femmes n'ont pu le déterminer à prendre un instant de repos! quelquefois ses yeux se fermaient malgré lui; des songes effrayans le réveillaient aussitôt. Il s'approchait de mon lit; il cherchait mon pouls, mon haleine; toutes les puissances de son ame étaient suspendues jusqu'à ce qu'il les ait trouvés. Il passait de la crainte à l'espérance, et bientôt des craintes nouvelles succédaient à l'espoir. Thomas a partagé ces soins pénibles; je le vois à l'altération de ses traits.

Je réfléchis que Sainte-Luce et moi venons de nous expliquer bien librement devant lui. Eh! n'est-ce pas à l'affection, la plus désintéressée, que je dois le zèle soutenu, dont il ne cesse de me donner des marques? A-t-il trahi ma confiance à Crécy? il me sera fidèle. Mes femmes dorment, ou sont à l'office : ce ne sont que des servantes. Mais elles n'ont rien entendu.

D'Herbin demande à partager l'allégresse de

ceux qui s'intéressent sincèrement à moi. Il est venu régulièrement deux fois par jour. Il a marqué à Sainte-Luce le plus vif désir de partager ses fatigues; Sainte-Luce ne lui a permis de me voir qu'une seule fois : j'étais dans un état désespéré. Ils ont confondu leurs plaintes, leurs regrets, leurs sanglots. Ce tableau était déchirant, dit le bon Thomas. « Ah ! qu'il vienne se réjouir « avec nous, celui qui a donné des larmes à votre « mort. »

Je consens à le voir. Il entre; il me regarde, et il ne peut proférer un mot. Ses traits sont agités, par une foule de sentations qui se croisent, qui se heurtent; il éprouve toutes celles qui peuvent frapper nos organes, excepté la sensation si douce que donne l'espérance. Il prend ma main; il la baise avec transport; il embrasse Thomas, il revient à moi, il retourne à ce digne domestique. Il est dans une espèce de délire.

Sainte-Luce revient. L'officier public a bien voulu déroger à l'usage, en raison du danger d'où je suis à peine sortie. Sainte-Luce a pris, pour témoins, nos jeunes officiers de marine. Je prends pour les miens mon bon Thomas... Je n'ai pas la force de proposer à d'Herbin d'être le second. « J'aurai le courage de supporter ce spec- « tacle, me dit-il tout bas. Assurer le bonheur de « votre vie, ne peut être un malheur pour moi. » Quel ami !

Les paroles augustes sont prononcées; nous

avons satisfait à la loi. Il ne manque à notre union que d'appeler sur elle les bénédictions du ciel. Je remarque que la piété est fille du malheur. Brillante de santé, de plaisirs, j'oubliais des devoirs, dont mon état actuel me rappelle l'importance. Que la religion est belle, quand elle console! qu'elle est aimable, quand elle consacre le plus doux des penchans!

Un prêtre, simple et pauvre comme ceux de la primitive église, sans autre prétention que celle de faire le bien, sans autre éloquence que celle du cœur, m'écoute, m'encourage, me rassure. Je n'ai, dit-il, que des faiblesses à me reprocher, et Dieu pardonne au faible qui revient sincèrement à lui.

Je donne encore des larmes à ma fille, en parlant de sa fin déplorable. « La Providence, ma-
« dame, ne fait rien sans motifs. Savez-vous si,
« en vous ôtant cette enfant, elle n'a pas prévenu
« les excès, où l'auraient portée, un jour, les pas-
« sions qui déja maîtrisaient son ame? La mort
« l'a garantie peut-être de l'avilissement et des
« remords. Elle vous épargne la douleur amère
« d'en être témoin. Respectons les voies cachées
« de Dieu, et bénissons-le. »

Sainte-Luce sort avec lui. C'est à son amour que je dois sa soumission à l'église. N'importe. La Providence se sert de tout, a dit le bon prêtre.

Ils rentrent ensemble. La cérémonie com-

34.

mence. Avec quelle ferveur je m'unis aux prières du ministre des autels! Avec quelle ardeur Sainte-Luce jure de m'être toujours fidèle! « Sou-« venez-vous, nous dit le bon prêtre, que vos « sermens sont écrits dans le ciel. Les enfreindre, « c'est déchirer votre feuillet du livre de la vie. »

Il ne nous fait rien signer. Je lui en demande la raison. « Je n'ai pas d'autre désir, madame, « que de remplir dignement mon ministère, et « d'assurer le repos des consciences. Si je tenais « un registre, ne pourrait-on pas croire que j'at-« tends un changement, qui remettrait, entre les « mains du clergé, l'état civil des citoyens ? Dieu « et la loi, je ne connais que cela; je ne veux « pas connaître autre chose. »

Je lui demande encore s'il est heureux, s'il n'aspire pas à une place plus distinguée que celle qu'il occupe. « Je suis l'ami des pauvres, parce « que je suis pauvre comme eux. L'opulence m'é-« loignerait peut-être de ces réduits, où je porte « la consolation et l'espoir. Et puis, madame, les « apôtres ne se faisaient pas appeler *monseigneur*, « et ne portaient pas les décorations que dispen-« sent les rois. »

Sainte-Luce lui fait un cadeau honnête. Il sort pénétré de reconnaissance. Je reverrai ce bon prêtre-là.

Je suis soulagée d'un pesant fardeau, depuis que j'appartiens légitimement à Sainte-Luce. Le souvenir de ma chère enfant altère, par intervalles, ma félicité; mais ce souvenir, si cruel encore, deviendra, avec le temps, un sentiment mélancolique et doux, que je me complairai à nourrir, et auquel je m'abandonnerai, dans ces heures de solitude et de liberté que l'hymen, ainsi que l'amour, amène quelquefois.

Il s'est fait dresser un lit à côté du mien. Rassuré sur mon existence, il fait pour lui-même tout ce que je lui prescris. Déja le sourire reparaît sur ses lèvres, et les roses sur ses joues. Je suis encore bien faible, et ma pâleur m'effraie. Il prétend que cet air de langueur me rend plus touchante. Puisse-t-il toujours voir ainsi!

Ma convalescence est rapide, et il se plaît à remarquer le retour progressif de mes charmes. Il me retrouve, il me reconnaît. Il compare ce que j'étais à ce que je suis. Je ne diffère plus de moi-même, dit-il, que par une certaine froideur qui se dissipera à mesure que mon sang reprendra sa chaleur première... Moi, froide, mon Dieu! Je m'efforce de le paraître, pour ménager ses forces renaissantes... Déja, si je cédais à l'impulsion de mon cœur, je serais dans ses bras.

Il est venu, et nous l'avons hâté, ce jour où l'amour le plus tendre devait rentrer dans tous ses droits. Je joins, à ce que la volupté a de plus vif, la satisfaction de pouvoir publier mes sentimens; d'en présenter l'objet avec orgueil; de jouir des marques d'estime et de considération qu'on lui prodigue, et quand on regarde, avec attendrissement, sa broderie et sa décoration, je me dis, je me répète : Je suis la femme de cet homme-là................................

....

....

....

....

La gloire l'a encore arraché de mes bras, et, pendant son absence, je ne vois personne : il a été jaloux de d'Herbin, lors même que j'étais mourante. Je fais des vœux pour son retour. M'occuper de lui, c'est n'être jamais seule.

Les suites d'une blessure grave à la jambe vont le fixer près de moi. Il doit avoir perdu cette démarche noble, qui le faisait remarquer partout. C'est presque tant mieux. Il est des momens, où je voudrais qu'il fût privé des agrémens de sa figure : je l'aimerais autant, et je serais plus sûre de lui.

Il a ajouté de la gloire à celle qu'il avait déjà acquise. Il revient, porté par l'amour et le désir, et cette fois il a embrassé son fils. Il le trouve beau, parce qu'il me ressemble; il l'aime, parce que je suis sa mère. J'ai trente-quatre ans, et il veut bien me trouver embellie. Je vieillirai, dit-il, comme Ninon. Ah! que je sois toujours belle à ses yeux. Bien certainement je n'imiterai pas celle à qui il me compare, dans son inconcevable légèreté..............................

....

....
....
....
....

Les années s'écoulent, et notre félicité n'a pas souffert d'atteinte. Il est toujours le même, et pourquoi? Des plaisirs faciles ne l'ont pas porté à mal juger des femmes. Il m'a donné son estime avec son cœur; il me l'a conservée, parce que je lui ai résisté long-temps. Il ne peut m'ôter ni l'un ni l'autre, parce qu'on tient à un bien acquis en proportion de ce qu'il a coûté.

Celles, au contraire, qui semblent appeler un vainqueur; qui sont prodigues de bontés, qu'on n'apprécie pas, parce qu'on a eu à peine le temps de les désirer, peuvent-elles se flatter de fixer un amant? Que leur importe d'ailleurs? L'orgueil seul se soulève contre l'inconstant. Le cœur est calme, parce qu'il l'a toujours été. On a confondu les sens avec lui, et les sens ne parlent qu'aux sens. Cette conformité de goûts ne produit que des liens légers, qu'on rompt comme on les a formés. Voilà l'histoire de Francheville, et la moitié de la mienne. Mon amour pour Sainte-Luce en est la seconde partie. Celle-ci ne peut offrir que le tableau d'un bonheur durable. Pas de craintes, de mal réel, d'incidens, de transitions; rien qui puisse intéresser, ou piquer la curiosité, et je dépose ma plume.

FIN DES TABLEAUX DE SOCIÉTÉ.

TABLE

DES CHAPITRES CONTENUS DANS CE VOLUME.

Chapitre Ier. Introduction.............. Page   1
Chapitre II. D'anciens amis vont reparaître.... 14
Chapitre III. Départ pour Toulon............ 23
Chapitre IV. Une larme au malheur.......... 31
Chapitre V. Nous revenons à Brécour........ 39
Chapitre VI. Le concours.................. 49
Chapitre VII. Tout n'est pas mal............ 69
Chapitre VIII. Rose sauvée................. 86
Chapitre IX. Gloire, décorations, espérances, chagrins............................ 104
Chapitre X. Tout s'éclaircit................ 118
Chapitre XI. Devais-je m'y attendre?........ 126
Chapitre XII. L'académie et le parterre....... 142
Chapitre XIII. L'éducation................. 157
Chapitre XIV. La correspondance........... 168
Chapitre XV. Rencontre à l'Opéra.......... 180
Chapitre XVI. Catastrophe................. 191
Chapitre XVII. Le mouchoir................ 208
Chapitre XVIII. Projet louable, sans effet..... 220
Chapitre XIX. Elle part................... 235
Chapitre XX. Où en suis-je?............... 253
Chapitre XXI. Le divorce.................. 269

CHAPITRE XXII. Détails............... Page 292
CHAPITRE XXIII. Succomberai-je?........... 304
CHAPITRE XXIV. Le réveil................ 316
CHAPITRE XXV. Monsieur de Francheville...... 331
CHAPITRE XXVI. Où s'arrêtera l'infortune?.... 348
CHAPITRE XXVII. Calme et tourmens......... 384
CHAPITRE XXVIII. Rencontre imprévue........ 399
CHAPITRE XXIX. Bien donner, c'est prêter..... 413
CHAPITRE XXX. Encore des victimes......... 433
CHAPITRE XXXI. Respirons................ 465
CHAPITRE XXXII......................... 486

FIN DE LA TABLE.

www.ingramcontent.com/pod-product-compliance
Lightning Source LLC
Chambersburg PA
CBHW071419230426
43669CB00010B/1598